GOLDMANN
ARKANA

Buch

In der positiven Psychologie liegt eine ungeheure Kraft. Denn die Schöpfung ist immer positiv. Indem wir positiv sind, verbinden wir uns mit den Schöpfungskräften. Positiv sein bedeutet, »das was ist« anzunehmen und etwas daraus zu machen.

An den Lebenssituationen, wie wir sie vorfinden, können wir erst einmal nichts ändern. Aber wir haben die Wahl, ob wir in ihnen das Positive oder das Negative sehen. Anders als für problemorientierte Ansätze stehen für die positive Psychologie die Lösungen und Möglichkeiten im Vordergrund. Was uns daran hindert, im Einklang zu sein mit dem, was ist, gilt es aufzulösen: Urteile und Bewertungen, gelernte Hilflosigkeit, Schuldgefühle, Mutlosigkeit und Orientierungslosigkeit trennen uns von den Schöpfungskräften. Solche Hindernisse zu überwinden ist die Aufgabe auf unserem Lebensweg. Unser Mitgefühl mit uns selbst und anderen, unser Vertrauen, die Fähigkeit zu akzeptieren und zu integrieren und das Bewusstsein unserer Einheit mit allem Sein sind die Ressourcen, die uns weiterhelfen auf unserem Weg zu unserem wahren Selbst, zu Zufriedenheit, Glück und Erfolg.

Mit der positiven Psychologie erkennen wir, dass wir in jeder Situation die Chance haben, unser Leben positiv zu gestalten – und dass es nichts gibt, was uns von unserem wahren Selbst trennen kann.

Autor

Kurt Tepperwein, geboren 1932 in Lobenstein, war erfolgreicher Unternehmer, ehe er sich 1973 aus dem Wirtschaftsleben zurückzog. Er wurde Heilpraktiker und Forscher auf dem Gebiet der wahren Ursachen von Krankheit und Leid. Er lehrte als Dozent an verschiedenen internationalen Institutionen, unter anderen an der Friedensuniversität in Berlin. Seit 1997 ist Kurt Tepperwein Dozent an der Internationalen Akademie der Wissenschaften in Vaduz. Die von ihm entwickelte Technik des Mental- und Intuitionstrainings ist für viele Menschen unverzichtbarer Bestandteil ihres Lebens.

Von Kurt Tepperwein sind im Goldmann Verlag außerdem erschienen:

Die Geistigen Gesetze (21610) · Geistheilung durch sich selbst (11738) · Kraftquelle Mentaltraining (12141) · Jungbrunnen Entsäuerung (14207) · Der Weg zum Millionär (21551) · Bewusstseinstraining (21549) · Wunder vollbringen durch schöpferische Imagination (21642) · Gesund für immer (21703) · Von Angst zur Lebensfreude (21734) · Verwirklichen (21735) · Gelassenheit (21738) · Erfinde dich neu (21752) · Die hohe Schule des Lebens (21762) · Selbstheilungskräfte aktivieren (21769) · Das Buch der Erfolgsgesetze (21789) · Glücks-Gesetze (21814) · Das Geldgeheimnis (16380)

Kurt Tepperwein

Die Kraft der positiven Psychologie

GOLDMANN
ARKANA

Redaktionelle Mitarbeit: Klaus-Jürgen Becker

FSC
Mix
Produktgruppe aus vorbildlich
bewirtschafteten Wäldern und
anderen kontrollierten Herkünften

Zert.-Nr. SGS-COC-1940
www.fsc.org

Verlagsgruppe Random House FSC-DEU-0100
Das für dieses Buch verwendete FSC-zertifizierte Papier
München Super liefert Mochenwangen.

2. Auflage

Originalausgabe Mai 2007

Umschlaggestaltung: Design Team München
Umschlagillustration: Monika Singer/DominikusVerlag
Redaktion: Dr. Priska Pytlik
WL · Herstellung: sc
Satz: Uhl + Massopust, Aalen
Druck und Bindung: GGP Media GmbH, Pößneck
Printed in Germany
ISBN 978-3-442-21793-9

www.arkana-verlag.de

Inhalt

II Hindernisse für ein erfülltes Leben

III Tugend und innere Qualitäten

Einleitung

Die »positive Psychologie« verfolgt im Gegensatz zur problemorientierten Psychologie und auch im Gegensatz zur Psychoanalyse den »ressourcenorientierten Ansatz«. Sie sucht nach Lösungen und Möglichkeiten, ohne dadurch den Kontakt zum »Hintergründigen«, der Psyche, also zu dem, was die Welt im Innersten zusammenhält, zu verlieren. »Positive Psychologie« ist also alles andere als oberflächlich.

Häufig wird das Wort »positiv« in diesem Zusammenhang völlig falsch verstanden. Positivität bedeutet nicht, die Probleme zu negieren und »Hans guck in die Luft« zu spielen. Sondern es bedeutet, im scheinbar Negativen das Positive zu sehen. Eine Geschichte aus Japan soll dies verdeutlichen.

In einer Stadt lebte ein Mann, der mit sich und der Welt verstritten war. Um Frieden zu finden, trat er in ein Kloster ein. Er fand aber auch dort keinen Frieden und warf den dort lebenden Mönchen vor, sie würden sich in der Abgeschiedenheit vor dem Schlechten in der Welt verstecken. Eines Tages hieß es, dass ein Erwachter zu Besuch in das Kloster kommen würde. Als er endlich kam, ging unser Mann geradewegs auf ihn zu und forderte ihn auf, mit ihm in die nahe gelegene Stadt zu gehen. Sein Hintergedanke war, ihn auf dem Weg dorthin von der Schlechtigkeit der Welt zu überzeugen. Der Erwachte war tatsächlich bereit, mit ihm die Stadt zu besuchen. Und so gingen die beiden durch die Stadt und sahen Schönes und Hässliches, doch der Erwachte schien sich an allem zu freuen, was ihm auf dem Weg begegnete. Erstaunt zeigte ihm der Mann das Elendsviertel der Stadt, doch auch dies schien dessen Glück in keiner Weise zu mindern. Da deutete der Unzufriedene auf eine Ratte, die tot auf dem Gehweg lag. Sie war von einem Raubtier so sehr zerbissen worden, dass ihre Eingeweide herausquollen. Würmer und Insekten machten sich am Kadaver zu schaffen und der Verwesungsgestank war penetrant. Doch der Erwachte lächelte weiter vor sich hin. »Na, ist das Leben nicht entsetzlich«, meinte der Unzufriedene. Doch der Erwachte blickte so liebevoll auf die Ratte, als wäre sie ein guter Freund, lächelte und sagte: »Schau, was für schöne Zähne die Ratte hat, sie muss ein wunderbares Leben gehabt haben!«

An den Lebenssituationen, wie wir sie vorfinden, können wir erst einmal nichts ändern, bis wir gelernt haben, sie so anzunehmen, wie sie sind. Aber wir haben in jedem Augenblick die Wahl, ob wir in ihnen das positive oder das negative, das lebensfördernde oder das lebensvernichtende Prinzip sehen. Die Wahl liegt bei uns, und der Schlüssel für die positive Betrachtung liegt im Annehmen dessen, »was ist«. Ein Pionier des positiven Denkens, Dale Carnegie, schrieb bereits in den 1920er Jahren:

Vor Gitterstäben saßen zwei, die einst gefangen –
der eine sah den Straßendreck, der andere Sterne
hangen!*

Wenn wir in einem Gefängnis sitzen, dann können wir erst einmal nichts daran ändern. Aber wir können uns entscheiden, ob wir uns, wenn wir aus unserem Gefängnis hinausschauen, auf den Dreck konzentrieren und unseren Aufenthalt dadurch zu einem Jammertal machen – oder ob wir uns auf die Sterne am Himmel konzentrieren und so das Leben im Gefängnis, so eng es auch sein mag, mit einer »zauberhaften Aussicht« verbinden.

Wenn wir im Gefängnis unseren Blick auf den Sternenhimmel richten, hält man uns vielleicht für Spinner. Doch vielleicht sitzen eines Tages zwei oder drei andere Gefangene mit vor Ihrem Sternenhimmel und bewundern ihn und finden Frieden in ihrem Schicksal. Und dann erwächst in ihnen positiver Lebensmut, sie fangen vielleicht eine Lehre im Gefängnis an oder lernen ihr Bewusstsein auszurichten, indem sie sich mit positiver Lebenshaltung befassen. Sie bekommen möglicherweise eine interessante Aufgabe im Gefängnis oder eine Ausbildung, die ihnen für die Zeit nach der Entlassung nützlich ist. Sie werden möglicherweise wegen guter Führung vorzeitig entlassen und haben, inspiriert durch die Sterne, trotz schwieriger Vergangenheit eine verheißungsvolle Zukunft vor sich. Andere aber, die sich vom

* Vgl. Dale Carnegie: *Wie man Freunde gewinnt. Die Kunst beliebt und einflußreich zu werden.* Scherz Verlag München

Negativen überrollen lassen, gehen aus lauter Frust womöglich ihre Mitgefangenen tätlich an und bleiben weiter weggesperrt.

Wir alle sitzen in irgendeiner Form in einem Gefängnis, nämlich im Gefängnis unserer Gedanken. Ob wir reich oder arm sind, in einem Arbeitsverhältnis stehen oder schon längst pensioniert sind, ob wir gesund sind oder krank – jeder trägt sein gedankliches Gefängnis, aber auch die Öffnung zur Freiheit in sich.

Die Türen zu unserem Gefängnis gehen nach innen auf, nicht nach außen. Deshalb ist es sinnlos, sich gegen äußere Bedingungen zu stemmen. Indem wir uns öffnen, öffnen sich auch unsere Türen nach innen. Die Tür war nie verschlossen, aber wir haben uns durch unser »Dagegenstemmen« selbst eingesperrt. Es ist eine innere Freiheit, um die es geht.

Auch wenn wir an unserem Schicksal erst einmal nichts ändern können, so können wir doch augenblicklich eine positive Einstellung dazu gewinnen. Und dann öffnet sich dieses Türchen und wir stellen plötzlich fest, dass es offene Tore gibt, wo wir früher Mauern vermuteten. Eine Lücke tut sich auf, nur einen Spalt, doch dieser Spalt reicht aus, um in uns Hoffnung auf eine neue Freiheit aufkeimen zu lassen. Eines Tages erleben wir, dass die Türe weit offen steht: Der Wächter unseres Gefängnisses, das bewertende Denken, tritt zur Seite und wir können das Gefängnis der Gedanken verlassen und einen erfüllten Weg finden, um unsere Freiheit zu leben.

So kann die positive Psychologie weit mehr, als uns innerhalb bestehender Normen »funktionsfähig« zu machen. Die »Kraft der positiven Psychologie« ermöglicht uns, unseren wahren Wesenskern zu berühren und mit ihm gemeinsam eine neue Art von Verbundenheit zu erleben. Haben wir erst einmal unser Gefangensein im bilateralen Denken verlassen, breiten sich unsere Schwingen aus und unsere Seele bekommt Flügel. Je mehr wir unsere wahre Identifikation mit unserem wahren Selbst entfalten, desto leichter und erfüllter wird unser Leben. Als Papst Johannes Paul II. einmal von einem Kind gefragt wurde, warum Engel fliegen könnten, antwortete er: »Weil sie sich nicht so wichtig nehmen!« Darin steckt eine tiefe Weisheit. Die »positive Psychologie« ermöglicht Ihnen diese »Erleichterung«.

Im Laufe des Buches werden wir uns mit drei großen Themen auseinandersetzen:

1. Was ist »positive Psychologie« und was ermöglicht sie? (*Spurensuche*)
2. Welche *Hindernisse für ein erfülltes Leben* gibt es und wie gehen wir damit am besten um?
3. Wie können »*innere Qualitäten*« bei der Lebensmeisterung helfen?

Die »positive Psychologie« holt den Menschen dort ab, wo er steht, aber sie belässt ihn nicht dort. Psychologie ist viel zu wertvoll, um nur Problembehafteten vorbehalten zu bleiben. Im Laufe des Buches werden Sie schrittweise mehr und mehr zum eigentlichen Ziel der »positiven Psychologie« geführt: der Verbindung zu Ihrem Wesenskern, den wir auch in Meditation und Gebet erfahren.

In der positiven Psychologie liegt eine ungeheure

Kraft. Und dies deswegen, weil die Schöpfung immer positiv ist. Indem wir positiv sind, verbinden wir uns mit den innersten Schöpfungskräften. Steigen Sie mit Hilfe dieses Buches aus dem herkömmlichen Denken, Fühlen und Handeln aus und entdecken Sie mit mir gemeinsam die Freiheit zu sein.

Viel Freude dabei.
Ihr
Kurt Tepperwein

Zum Aufbau des Buches

Das vorliegende Werk *Die Kraft der positiven Psychologie* ist in dieser Form einzigartig und neu, weil es sich mit den psychologischen und philosophischen Wurzeln der Positivität auseinandersetzt und mit dem althergebrachten Dogma aufräumt, Positivität habe etwas mit Oberflächlichkeit zu tun. Verschiedene Themen wurden explizit ausgearbeitet, sodass der Leser gerade auf diese Fragen in diesem Buch eine Antwort finden kann.

Der Aufbau dieses Buches über »positive Psychologie« lässt sich auch mit dem Bau eines Hauses vergleichen, bei dem der Leser eingeladen ist, mitzubauen. Hierfür müssen wir erst einmal ein geeignetes Terrain finden. Dieses entdecken wir im ersten großen Kapitel in Form einer »geistigen Spurensuche«. Dabei werden wir uns die folgenden Themen bewusstmachen:

- Wie können wir *Kraft* nutzen, um unser Leben von innen her zu gestalten?
- Haben wir Einfluss auf unser *Schicksal*?
- Gibt es eine *Lücke*, durch die wir aus den herkömmlichen Routinen und Gewohnheiten hinausfinden können in eine wahre Freiheit?
- Worin liegt das Geheimnis der *Positivität*?
- Warum gibt es das sogenannte Böse, das Hässliche, *Negative* auf der Welt und woher kommt es? Was ist der Sinn des sogenannten Bösen, und wie gehen wir

damit optimal um? Auch hierzu werden wir eine Antwort finden.

- Was ist *positives Denken* – und was nicht?
- Das Kernfäule-Dogma: Hier geht es um die weitverbreitete Illusion, in unserem Kern würde etwas nicht stimmen. Forschungen von Seligmann und anderen haben aber gezeigt, dass der Mensch im Kern positiv ist und sogar das Negativste im Menschen eigentlich einer positiven Absicht dient. Der Kern fault nicht, er ist gesund, muss jedoch freigelegt werden. Dann entdecken wir das *grundlegende Gutsein* des Menschen.
- Ist die *Idee des Guten* eine Ausgeburt von viktorianischem Moralismus oder kann sie uns bei der Lebensbewältigung helfen?
- Wie hat sich die *Psychologie* im Laufe der Zeit entwickelt?
- Worin liegt das Geheimnis der *positiven Psychologie* und worin liegt ihr Nutzen für den modernen Menschen?
- Wie hilft ein *positiver Ansatz* uns, in einen »ressourcenreichen Zustand« zu kommen? Moderne Forschungen beweisen, dass negative Emotionen und Gedanken die Kreativität des Menschen stark einschränken. Aus diesem Grund ist es gerade in »negativen« Situationen so wichtig, lebensbejahende Öffnungen zu schaffen, damit die positive Lösung überhaupt gefunden werden kann.
- Das *Geheimnis der Umdeutung* zeigt uns, wie wir unsere Kreativität und Inspiration mit Hilfe von Neubewertungen anregen und ein solides Fundament des Positiven bauen können.

Ist ein geeigneter Boden gefunden, müssen wir den Bauschutt entfernen, die Hindernisse ausräumen. Diese sind mannigfaltig, können aber mit den »Transportfahrzeugen« von Liebe und Sorgfalt sehr gut aus dem Weg geräumt werden. Mit folgenden Hindernissen für ein erfülltes Leben beschäftigt sich das zweite große Kapitel dieses Buches.

- *Abhängigkeit* ist Verrat an der eigenen Selbstwirksamkeit. Ob Sie abhängig oder souverän, frei und spielerisch miteinander verbunden sind, hat nichts mit einem anderen Menschen oder bestimmten Lebensumständen zu tun. Stets geht es um eine *innere* Unabhängigkeit. Selbst wenn Sie eine Xanthippe zur Frau haben, können Sie mit ihr glücklich sein – wenn Sie die Verantwortung für Ihr Glück selbst übernehmen.
- *Co-Abhängigkeit*: Der andere braucht die Chance, zu sich selbst zu erwachen. Dem anderen seine Abhängigkeit zu glauben, hieße, sich selbst mit in sein Gefängnis zu begeben. Man fühlt sich vielleicht als »Retter«, hat sich aber in das Gefängnis des anderen mit eingeschlossen. »Beuge dich zu dem Gefallenen, aber lege dich nicht neben ihn!« Wir werden die Fallen der Co-Abhängigkeit aufspüren und lernen, wie wir aus zerstörerischen Bindungen aussteigen und in eine kooperative Gegenseitigkeit einsteigen können.
- *Drama:* Jedes Drama ist letztendlich selbst kreiert. Das Leben ist so dramatisch oder undramatisch, wie wir es haben wollen. Die Sucht nach dem Drama möchte ersetzt werden durch die innere Ekstase, die pure Lebensfreude ist. Dies gilt auch für kleine Zwischenfälle.

Beispiel: Auch eine Autopanne ist kein Drama – sie ist lediglich eine Autopanne und Sie können die Zeit, bis der ADAC kommt, auch genießen, indem Sie den Baum am Straßenrand umarmen.

- *Fehlidentifikation* ist eine weitverbreitete Unsitte. Viele Menschen identifizieren sich mit ihren Gewohnheiten, Lebensumständen, Bewertungen. Indem wir uns mit unserem »wahren Selbst« identifizieren, erfahren wir die Befreiung von den Neurosen, dem »Wahn des Ich«.
- *Hilflosigkeit* ist, wie zahlreiche Versuche beweisen, gelernt. Doch haben wir einmal gelernt, dass Hilflosigkeit »funktioniert«, werden wir immer wieder versucht sein, Kleinkind zu spielen, statt die Verantwortung für unsere Ressourcen zu übernehmen. Erst wenn wir entdecken, dass es Größeres gibt als Hilflosigkeit, werden wir unser geistiges Erbe in Besitz nehmen.
- *Problembewusstsein:* Wenn wir uns auf unsere Probleme konzentrieren, werden wir uns ein Leben lang mit ihnen auseinandersetzen. Sobald wir jedoch in ein erlöstes Bewusstsein gelangen, werden wir entdecken, dass für jedes Problem die Lösung längst vorhanden ist.
- *Schamgefühle:* Schamgefühle verhindern, dass wir den Mut aufbringen, das zu leben, was durch uns erfahren werden möchte. Indem wir lernen, die Dinge, derer wir uns schämen, anzunehmen und zu lieben, offenbart sich unser wahrer Selbstausdruck.
- *»Schuldgefühle«* sind eigentlich keine realen Gefühle, sondern ein mentales Konstrukt. Wir lernen, reale Schuld und zwanghaftes Schulddenken voneinander

zu trennen. Die allgemein übliche Art und Weise, in »Schuldgefühlen« verhaftet zu sein, dient weder mir noch anderen. Indem wir die wahren Gefühle, die unter dem Schulddenken verborgen sind, aufspüren, befreien wir uns von unguten Bindungen.

- *Widerstand* entsteht aufgrund unserer Vorstellungen und Erwartungen, wie das Leben sein sollte, und ist oftmals der einzige Grund, warum ein Leben nicht im Fluss ist. Wann immer wir das lebendige Potenzial für eine Vorstellung opfern, wann immer wir uns rechtfertigen (sich ein Recht anfertigen), wann immer wir anklagen, jammern, negativ denken, sind wir im Widerstand gegen das, »was ist«. Indem wir diesen Widerstand loslassen, erleben wir die wunderbare Führung und Serendipität mit dem Leben.

Nun können wir beginnen, unser Haus zu bauen, indem wir uns mit Qualitäten verbinden, die seit Urzeiten in uns schlummern und darauf warten, entdeckt und nach außen gebracht zu werden. Mit den folgenden Qualitäten beschäftigt sich das dritte und letzte große Kapitel dieses Buches.

- *Achtsamkeit* bedeutet, »zu tun, was man tut«. Indem wir unser Leben achtsam führen, werden wir von einer grundlegenden Bewusstheit gespeist, die »negatives Denken« entlarvt und überflüssig macht.
- *Akzeptanz:* Immer liegt der erste Schritt zur Positivität darin, zu akzeptieren, was wir vorfinden. Nur dadurch sind wir wirklich und wirksam, nur dadurch sind wir im Hier und Jetzt.

- *Assertivität (Selbstdurchsetzung):* Es genügt nicht, das Selbst zu spüren, wir müssen es auch durch uns wirken lassen, gerade dann, wenn äußere oder innere Negativstimmen dieses zu verhindern suchen.
- *Aufmerksamkeit:* Wohin wir unsere Aufmerksamkeit lenken, dorthin fließt die schöpferische Energie. Deshalb ist es so wichtig, unsere Aufmerksamkeit zu beherrschen.
- *Bodhichitta (Mitgefühl):* Mitgefühl beginnt mit einem liebevollen Umgang mit uns selbst, der sich von uns aus auf unsere Umwelt ausbreitet. Durch Mitgefühl ist es uns möglich, Stärken in Schwächen zu verwandeln.
- *Dankbarkeit:* Indem wir uns bewusstmachen, wofür wir dankbar sein können, wechseln wir von der Beschwerde zur Möglichkeit. Wir klagen nicht mehr über unsere Umstände, wir sind dankbar dafür, dass sie da sind und machen das Beste daraus.
- *Intuition* ermöglicht uns, mit einer umfassenderen Informationsquelle als unserem Verstand Kontakt aufzunehmen, und öffnet uns für Klarheit und neue Möglichkeiten. Zahlreiche Übungen werden unsere Intuition anregen.
- *Kreativität* ist die Gabe, über vorhandene Informationen hinauszugehen. Sie können Ihre Beziehung kreativ gestalten, Ihren Beruf, Ihre Freizeit, Ihr ganzes Leben.
- *Meditation und Gebet* sind nicht nur Handlungen, sie sind Lebensformen. Wir können meditativ leben, arbeiten und lieben, indem wir bewusst aus unserer inneren Mitte heraus denken, reden, handeln und ru-

hen. Das Gebet entfaltet eine zusätzliche Bedeutung, wenn wir das Wort ein wenig anders betonen: ge-*bet*!

Die *Kraft der positiven Psychologie* und ihre Gesetze wirken in *alle* Lebensbereiche hinein. Lassen Sie uns nun beginnen und die Schatzkammer zur Kraft der positiven Psychologie gemeinsam öffnen.

I
Spurensuche

Kraft

Wenn wir von der »Kraft der positiven Psychologie« sprechen, dann können wir das Wort »Kraft« im doppelten Sinn gebrauchen. In der Rechtssprache bedeutet Kraft Gültigkeit, was wir auch an den folgenden Ausdrücken erkennen: *in/außer Kraft bleiben/treten/setzen, rechtskräftig, kraft des Amtes*. In diesem Sinne werden wir hier etwas über die »Gültigkeit der positiven Psychologie« erfahren und darüber, was sie uns für das eigene Leben bedeutet.

Physikalisch gesehen ist Kraft die Fähigkeit, einen Körper zu formen oder zu verformen oder auch die Bewegung eines Körpers zu veranlassen oder zu verändern (in Gang setzen, bremsen, beschleunigen, die Richtung ändern). Hier zeigt sich Kraft als die Fähigkeit, »etwas zu bewirken«.

Kraft erkennt man also an ihrer Wirkung. Diese Wirkung muss nicht unbedingt eine Veränderung nach sich ziehen. Auch das Beibehalten eines Zustandes – ungeachtet aller Gegenkräfte – können wir als Kraft bewerten. Wenn beispielsweise der biblische König Hiob an seinem Glauben festhält, ungeachtet aller Schicksalsschläge, dann muss er sehr viel Kraft, in diesem Fall Glaubenskraft, gehabt haben. Sein Glaube gab Hiob recht: Er erhielt später ein Vielfaches des Verlorenen zurück.

Auch die Zen-Mönche, die den Abwurf der Atombombe in Hiroshima überlebten, müssen über eine innere Kraft verfügt haben. Wir erfahren bereits an dieser Stelle, dass es innere und äußere Kräfte gibt, die sich auf vielfache Weise zeigen können. Und hier sind wir bereits beim Brückenschlag zwischen äußerer und innerer Kraft.

Im Innersten jeder Materie wirken unsichtbare Kräfte, was wir zum Beispiel an den unterschiedlichen Ladungen von Atomkern und Elektronen erkennen können. Dabei tragen die meisten Dinge, die wir in der Welt vorfinden, in sich ein ausgewogenes Verhältnis von positiv geladenem Atomkern und negativ geladenen Elektronen, die sich gegenseitig kompensieren bis auf kleine Ladungsüberschüsse, die zu elektromagnetischer Anziehung oder Abstoßung führen. Ähnlich wie in der Materie wirken auch in der menschlichen Psyche unsichtbare Kräfte, die – im Idealfall – in sich ausbalanciert sind oder über einen Magnetismus verfügen, den wir bewusst und konstruktiv nutzen können.

Seit unserer Geburt auf diesem Planeten bewegen wir uns in einem Feld, in dem bereits Kräfte vorhanden *sind* und die zu unserem Vorteil oder Nachteil wirken. Wir sind im kollektiven Kraftfeld der Erde inkarniert, prägen es mit und werden von ihm geprägt. Die Schwerkraft drückt uns auf den Boden und die elektromagnetischen Kräfte, denen wir auf der Erde begegnen, führen zu Anziehung oder Abstoßung. Dies gilt für die Physis ebenso wie für die Psyche. Darüber hinaus unterliegen wir einem Alterungsprozess, der uns spüren lässt, dass unsere körperlichen Kräfte und Ressourcen von Jahr zu Jahr schwinden und wir diesem Schwund geistige Kräfte sowie einen aufbauenden Lebensstil entgegensetzen müssen, wenn wir nicht vorzeitig degenerieren wollen. Was benötigen wir, um

- eine gute Entwicklung zu beschleunigen,
- eine ungute Entwicklung abzubremsen oder sogar umzukehren,
- den Dingen eine neue Richtung zu geben,
- das eigene Lebensschicksal und uns selbst in einem gewünschten Sinne (mit)zuformen,
- Angriffen standzuhalten,
- aus der Tiefe der inneren Kraft zu schöpfen,
- zu unterscheiden, was für uns gut ist und was nicht,
- negative Einflüsse zu erkennen und umzuformen,
- loszulassen, was nicht mehr zu uns gehört, und dadurch innerlich frei zu werden,
- neue, positive Entwicklungen in Gang zu setzen,
- das Stimmige zu tun, das Unstimmige zu lassen,
- Zerstörerisches zu überwinden?

Bezogen auf das individuelle Leben benötigen wir ganz konkret Kraft, um

- unsere Kinder zu erziehen,
- einen Schicksalsschlag zu verarbeiten,
- eine notwendige Arbeit anzupacken,
- unseren Körper gesund zu erhalten,
- neuen Lebensmut zu schöpfen,
- unserem Leben die richtige Richtung zu geben.

Wir alle suchen Kraft, wir alle wünschen uns Kraft. Das Gegenteil, Kraftlosigkeit, setzen wir mit Schwäche gleich. Wir brauchen Kraft für unseren Körper, unsere Seele und unseren Geist. Also ist es kein Wunder, dass wir nach Quellen der Kraft Ausschau halten. Einige davon sind nachfolgend erwähnt.

Gesunde Ernährung: Es gibt Ernährung, die Kraft raubt, und solche, die Kraft spendet. Ganz allgemein kann man sagen, dass gesunde, vitale Ernährung Kraft spendet und ungesunde Ernährung Kraft kostet. Zucker und Aufputschmittel wie etwa Kaffee geben kurzfristig Energie, kosten aber langfristig Kraft – beispielsweise ist raffinierter Zucker als »Mineralienräuber« bekannt. Biokost ist oftmals gesünder als normale Kost. Fleisch birgt unter anderem die Gefahr der Übersäuerung des Körpers, weshalb Vegetarier grundsätzlich gesünder leben. Ein großer Teil unserer Lebensenergie wird für die Verdauung aufgebracht. Um mehr Leichtigkeit in unser Leben zu bringen und die Vitalkraft der Nahrung besser verwerten zu können, empfiehlt sich gelegentlich eine Fastenkur, am besten unterstützt durch eine Darmreinigung.*

Geistige Nahrung: Neben der äußeren Nahrung gibt es aber auch geistige Nahrung, die wir zu uns nehmen. In erster Linie sind das die Eindrücke, die wir über die fünf Sinnesorgane, insbesondere über die Augen und Ohren, aufnehmen. Deshalb ist es beim Konsum von Presse, Funk, Fernsehen, Büchern usw. wichtig, ob er uns stärkt oder schwächt. Nun können wir nicht generell davon

* Weitere Hinweise dazu erhalten Sie unter anderem unter: www.mazdaznan.de

ausgehen, dass Hochgeistiges immer stärkt und Profanes, wie zum Beispiel das Fußballschauen, immer schwächt. Der Einzelne ist aus diesem Grund aufgefordert, selbst zu prüfen, welche Eindrücke ihm Kraft verleihen und welche ihn schwächen. Hierbei ist der Unterhaltungswert mit der Qualität abzuwägen. Die Freude an einem spannenden Film kann durchaus Lebenskraft schenken, auch wenn der Sinngehalt des Gebotenen manchmal zu wünschen übrig lässt.

Äußere Kraftorte: Es gibt bekannte und unbekannte Orte der Kraft. Neben den bekannten Kraft- und Wallfahrtsorten gibt es sicher auch in Ihrer Nähe »Oasen«, wo Sie auftanken können. Dies kann ein Wasserfall sein oder eine Parkbank, ein Berg, ein See, ein Schloss oder ein Baum in Ihrer Nähe. Ja sogar das hauseigene Gemüsebeet kann ein Kraftort sein. Wichtig ist, dass Sie sich, an Ihrem Kraftort angekommen, ganz auf diesen Platz einlassen. Wenn Ihr Kraftort das Ufer eines Sees ist, dann spüren Sie seine Weite, richten Sie all Ihre Sinne auf Ihren See aus und nehmen Sie ihn mit allen Sinnen wahr. Tanken Sie, trinken Sie geistig den See. Denn wenn Sie sich an einem schönen Platz mit Grübeleien beschäftigen, entgeht Ihnen die Kraft des Ortes. Wenn Ihr Kraftort ein Baum ist, spüren Sie seine starken Wurzeln, beobachten Sie Ihren Atem, während Sie die Wurzeln des Baumes unter sich spüren oder seine erhabene Krone bewundern. Stets ist es so, dass die Energie der Aufmerksamkeit folgt. Dort, wo Ihre Gedanken sind, dort ist auch Ihre Energie. Und wenn Ihr Bewusstsein mit dem Kraftort verschmilzt, dann tanken Sie auch seine Kraft.

Innere Kraftorte: Natürlich können Sie sich auch gedanklich innere Kraftorte einrichten. Wie? Indem Sie sich immer wieder diese Orte in Gedanken vorstellen. Innere Kraftorte können aus der Erinnerung an einen schönen Urlaub entstehen, sie können aber auch im Geiste konstruiert sein. *Empfehlung:* Richten Sie in Ihrem Bewusstsein mehrere innere Kraftorte ein, die Sie je nach Bedürfnis besuchen. Wenn Sie Stabilität brauchen, stellen Sie sich einen mächtigen Berg vor, der allen Anfeindungen standhält. Brauchen Sie mehr Beweglichkeit, imaginieren Sie Wasser, beispielsweise einen Fluss, der sich durch die Landschaft schlängelt. Geborgenheit vermittelt Ihnen möglicherweise eine Bucht oder eine Lagune. Mit ein wenig Übung können Sie diese Orte auch im Traum besuchen und dort Kraft und Freude tanken.

Musik: Musik kann Sie erregen oder beruhigen, motivieren oder auch befreien. Musik wird mittlerweile sogar zur Förderung von Heilungsprozessen verwendet, und wir wissen heute sogar, dass Essen durch harmonische Musik (Mozart) besser verdaut wird. Um die Kraft der Musik zu tanken, ist es sinnvoll, sich eine gute CD-Sammlung anzulegen und jeweils die Musik zu wählen, die zur jeweiligen Spannung passt. Zum Abbau von Wut empfiehlt sich beispielsweise die *Egmont-Ouvertüre*. Eine hoffnungsvolle Stimmung kann durch das Stück *Frühlingsglaube* von Franz Schubert angeregt werden, und die Grenzen des Verstandes lassen sich etwa durch gute Trommelmusik überwinden. Um die Kraft der Musik voll aufzunehmen, ist es wichtig, ganz in den Klängen aufzugehen, also jeden Ton einzeln zu hören und in Gedanken den Klängen weder voranzueilen noch sie zu unterdrücken.*

Innere Musik: Alle heiligen Schriften besagen, dass die Schöpfung aus Licht und Klang entstanden ist. Aus diesem Grund sind Klänge so kraftvoll. Sehr viel Kraft kann die »innere Musik« spenden, der wir mit dem inneren Ohr lauschen können. Zuerst meldet sich dieser Klang ganz zart, meist über das rechte Ohr als Fiepen oder Summen wie von Elektrodrähten. Wenn wir uns auf den Klang näher konzentrieren, steigt der Klang nach oben zur Schädelmitte und wandelt sich in innere Klänge von Wasserfällen, Glöckchen, Glocken, Trommeln usw. Viele große Komponisten haben die Sinfonien, die sie hervorbrachten, zuerst einmal mit dem »inneren Ohr« gehört, bevor sie diese »äußerlich« manifestiert haben. Wir werden am Ende des Buches im Kapitel über Meditation noch einmal auf die Kraft des inneren Klangs eingehen.

Edelsteine: Seit alters her spricht man Edelsteinen besondere Kräfte zu. So steht beispielsweise der Rubin für vitale Kräfte des Herzens, der Saphir für Klarheit und der Diamant für Reinheit und Klarheit. Mythen und Sagen erzählen von besonderen Steinen, die geheimnisvolle Kräfte in sich bergen sollen. Überliefert sind auch Bergkristalle als Hüter der Raumenergie.

Krafttiere: Schamanen in aller Welt verbinden sich geistig mit ihren Krafttieren, um von ihnen zu lernen und mit ihrer Hilfe Vorhaben durchzuführen. Auch heute noch ist es möglich, sich gedanklich wie ein Adler über

* Vgl. Christoph Rueger: *Die musikalische Hausapotheke für jedwede Lebenslage und Stimmungslage von A bis Z*. Ariszon Verlag Genf / München

die Erdenschwere zu erheben und die Dinge aus der Vogelperspektive zu betrachten. Im alten Indien wurde für das Gelingen von Vorhaben der Elefantengott Ganesha angerufen. So wie sich der Elefant seinen Weg durch den Urwald bahnt, so unterstützt uns die Elefantenenergie auf dem Weg zum Erfolg und lässt uns Hindernisse überwinden.

Die Kraft der Ahnen: Natürlich stellen auch unsere Ahnen Kraftquellen dar. Auf dieser Gesetzmäßigkeit basiert unter anderem das Familienstellen nach Bert Hellinger. Sicherlich gewinnen wir Kraft, wenn wir in Einklang und Versöhnung mit unseren Ahnen leben und gegebenenfalls sogar den Segen von unseren Eltern für unsere Vorhaben erhalten. Bereits Goethe sagte: »Was du ererbt von deinen Vätern, erwirb es, um es zu besitzen!«*

Die Kraft der Engel: Hier befinden wir uns bereits in einem schwer fassbaren Bereich. Immer wieder berichten Menschen, dass ihnen in wesentlichen Situationen von Engeln geholfen wurde. Man sagt großen Komponisten wie z. B. Haydn nach, dass ihnen ihre Kompositionen direkt von den Engeln eingegeben worden wären.**

Die Kraft der Religion bzw. der spirituellen Meister: Menschen aus aller Welt bezeugen, dass sie aus ihrer Religion bzw. von ihrem spirituellen Meister ungeahnte Kräfte schöpfen. Die Erfolgsliste geht quer durch alle Religionen und Traditionen, so dass der Einzelne selbst überprüfen muss, aus welcher Religion oder von wel-

* Vgl. Peter Orban: *Die Kraft, die aus der Herkunft stammt. Eine Reise zu den Wurzeln der eigenen Familie.* Kösel Verlag München

** Vgl. Elisabeth Cl. Prophet: *Mit Engeln arbeiten.* Silberschnur Verlag

chem spirituellen Meister er seine Kraft beziehen möchte. Während sich die traditionellen Weltreligionen auf bewährte Formen der Rückverbindung verlassen, braucht es bei der Suche nach einem spirituellen Meister besondere Achtsamkeit, um Spreu und Weizen unterscheiden und das für sich Passende finden zu können.

Wir erkennen, dass es bei der Suche nach Kraft zum einen um das Aufnehmen, zum anderen um das Entwickeln von Kräften geht. Um Kraft aufnehmen zu können, sei es von einem Baum oder einer Religion, müssen wir in der Lage sein, mit dem kraftspendenden Objekt in *Resonanz* zu gehen. Dazu gehört unter anderem auch die Fähigkeit zur Selbsthingabe. Dort, wo keine Resonanz vorhanden ist, werden wir mit der dargebotenen Kraft nicht viel anfangen können. Zu entwickelnde Kräfte werden in unserem Inneren gebildet und stehen oftmals in Resonanz mit ganz bestimmten Menschen oder Umständen, existieren aber mit fortlaufender Entwicklung mehr und mehr unabhängig von ihnen. Zu diesen Kräften zählen unter anderem:

- *Physische Kraft:* Diese können wir beispielsweise im Fitnessstudio trainieren.
- *Gedankenkraft:* Diese lässt sich unter anderem mit Hilfe meines Buches *Kraftquelle Mentaltraining!* trainieren.
- *Mitgefühl:* Mitgefühl ist wie die Liebe eine verwandelnde Kraft, die es uns unter anderem ermöglicht, die Wahrheit hinter dem Schein zu erkennen. Wenn jemand brüllt, steckt häufig ein alter Schmerz dahinter, und hinter Urteilen verbergen sich oft alte Verletzungen.

Doch dies vermag nur das Mitgefühl zu erkennen und aufzulösen. Jedes Mal, wenn wir kritischen Situationen nicht mit Arroganz oder Angst, sondern mit Mitgefühl begegnen, verstärkt sich unser »Mitgefühlsmuskel«. Besonders hilfreich ist Mitgefühl dann, wenn wir es für uns selbst aufbringen und uns so, wie wir sind, umarmen können. Wir werden in einem späteren Kapitel über Bodhichitta noch genauer darauf eingehen.

- *Liebesfähigkeit:* Die Liebe ist eine gewaltige Kraft, die alles zu verwandeln mag, was sie berührt. Wir trainieren unsere Liebesfähigkeit, indem wir uns darin üben, bei allem, was uns geschieht, so weit es uns möglich ist, in der Liebe zu bleiben. Wir gelangen auf dem Weg von der Toleranz über die Akzeptanz zu der verwandelnden Kraft der Liebe. Indem wir unser ganzes Leben als Ausdruck der Einen Liebe betrachten, erleben wir das ganze Leben als positiv.

Wenn ich mit Menschen- und mit Engelszungen redete
und hätte der Liebe nicht,
so wäre ich ein tönend Erz oder eine klingende Schelle.
Und wenn ich weissagen könnte und wüsste
alle Geheimnisse
und alle Erkenntnisse
und hätte allen Glauben, so dass ich Berge versetzte,
und hätte der Liebe nicht,
so wäre ich nichts.
Und wenn ich alle meine Habe den Armen gäbe
und ließe meinen Leib brennen
und hätte der Liebe nicht, so wäre mir's nichts nütze.
Die Liebe ist langmütig und freundlich,

die Liebe eifert nicht, die Liebe treibt nicht Mutwillen,
sie blähet sich nicht, sie stellet sich nicht ungebärdig,
sie sucht nicht das Ihre, sie lässt sich nicht erbittern,
sie rechnet das Böse nicht zu, sie freuet sich nicht
der Ungerechtigkeit,
sie freuet sich aber der Wahrheit, sie verträgt alles,
sie glaubet alles,
sie hoffet alles, sie duldet alles.
Die Liebe hört nimmer auf.
Denn unser Wissen ist Stückwerk, und unser Weissagen
ist Stückwerk.
Nun aber bleibt Glaube, Hoffnung, Liebe, diese drei;
aber die Liebe ist die größte unter ihnen.
(Paulus, 1 Korinther, Kapitel 13)

Schicksal oder Bestimmung?

Die Frage, ob das Leben vorherbestimmt ist oder nicht, beschäftigte die Menschen zu allen Zeiten. So glaubte man bereits im alten Griechenland an die Macht von höheren Wesen, Göttern, und hielt es für möglich, durch Anrufungen, Rauchopfer und vieles mehr die Götter günstig stimmen und Einfluss nehmen zu können. Zugleich suchte man Orakel oder Seher auf, um Informationen darüber zu bekommen, was dem einzelnen Menschen oder auch einem ganzen Volk vorherbestimmt sei und wo das Schicksal offen für eine Einflussnahme ist.

Aus der griechischen Mythologie sind die Prophezeiungen der trojanischen Seherin Kassandra, welche den Untergang ihrer eigenen Stadt voraussah, sowie die Prophezeiung der Irrfahrten des Odysseus bekannt. Gar seltsam mutet der Orakelspruch an, der dem Ödipus gegeben wurde: Ihm wurde prophezeit, ein großer Weiser zu werden, doch auf dem Weg dorthin würde er seinen Vater erschlagen und seine Mutter heiraten, was auch tatsächlich geschah. Auch die Bibel ist voll von Prophezeiungen.

Angesichts der vielen erfüllten Voraussagen liegt die Vermutung nahe, dass der Mensch gar keinen Einfluss auf sein Schicksal habe. Gerade in der östlichen Welt gibt es Menschen, die dem Determinismus, also der Lehre der Vorherbestimmung, frönen. Sie glauben, das Schicksal des einzelnen Menschen und auch das der Völker sei fest vorherbestimmt. Diese Denkweise ist auch unter dem Begriff »Fatalismus« (von lat. *fatalis* = vom Schicksal bestimmt) bekannt. Der Fatalismus geht davon aus, dass alles auf der Erde einer blinden Notwendigkeit unterliegt, der wir ausgeliefert sind. Fatalismus als religiöse Haltung zeigt sich in der bedingungslosen Hinnahme des Schicksals. Wir finden diese Geisteshaltung nicht nur in vielen indischen Traditionen, sondern auch im Islam. »In'ch Allah« heißt es dort – »so Gott will«. So lehrt der Koran Ergebenheit gegenüber der gottgewollten Bestimmung.

Auch im Christentum wurde lange Zeit die Lehrmeinung der Prädestination (lat. *praedestinatio* = Vorherbestimmung) vertreten, welche auf den heiligen Augustinus zurückgeht und das Schicksal als einen »unerforschlichen Ratschluss Gottes« ansieht. Im Zuge der Reformation wurde die Lehre der grundsätzlichen Vorherbestimmung von Calvin aufgegriffen, über die calvinistischen Niederlande nach Südafrika getragen und dort für die Doktrin der Apartheid missbraucht, welche die Weißen als »vorherbestimmt gut« und die schwarze Rasse als »vorherbestimmt schlecht« ansieht. In Deutschland wurde die Idee der Vorherbestimmung von Martin Luther vertreten, aber als Heilslehre dahingehend interpretiert, dass der sündige Mensch erwählt ist, von Gott angenommen zu werden.* Während der Jahrhundertwende rückte man sowohl im religiösen wie auch im gesellschaftlichen Kontext vom Weltbild des Determinismus wieder ab. Der deutsche Soziologe Ferdinand

* *Leuenberger Konkordie*

Tönnies prägte in diesem Zusammenhang den Begriff des »Voluntarismus«, also die Lehre, dass der eigene Wille Einfluss auf das Schicksal nehmen könne. Wenig später entstand aus der Bewegung amerikanischer Freikirchen die Idee des positiven Denkens, derzufolge man sich auf einen gütigen Gott berief und die von Protagonisten wie Dale Carnegie (1888–1955) und Dr. Joseph Murphy (1998–1981) mit stark religiösem Hintergrund in die Welt getragen wurde. Heute ist das positive Denken in aller Munde, wird aber in vielen Fällen losgelöst von seinem ursprünglich religiösen Kontext verstanden und angewendet.

Beide Vorstellungen, die des Fatalismus und die des Voluntarismus, haben ihren Reiz. Folgen wir der Idee, dass alles vorherbestimmt ist, entfällt sowohl der Widerstand gegen das schwere Schicksal als auch der damit einhergehende Schmerz. Wir lernen die Dinge anzunehmen, wie sie von den höheren Mächten gegeben sind, und kommen in Einklang mit dem, was ist. Wir sagen: »Der Herr hat's gegeben, der Herr hat's genommen.« Vielleicht bemühen wir uns sogar, den Willen dieser höheren Macht zu verstehen oder zumindest gedanklich mit ihm in Einklang zu kommen. Positive Beispiele einer solchen Ergebenheit finden wir nicht nur im biblischen König Hiob, sondern auch in modernen Vorbildern wie dem im KZ umgekommenen Pfarrer Bonnhöfer, Mutter Teresa oder modernen Heiligen. Hinter »No Choice« steckt die Idee, endlich die Bürde, für alles verantwortlich zu sein, abzulegen und sich selbst zu leben – und zwar frei von Berechnung, Manipulation, Zweckdenken und Gier. Auf der anderen Seite kennen wir ebenso Negativbeispiele für Fatalismus: Menschen, die hoffnungslos ihr Leben wegwerfen, »da ja doch alles keinen Sinn macht«, die sich nicht um ihren Gelderwerb kümmern, »da ja sowieso alles vorherbestimmt ist«, oder gar zur Droge greifen, um dem »Schmerz des Menschseins« zu entfliehen.

Der Voluntarismus dagegen bietet gerade dem westlichen Menschen viele Vorzüge. »Lebe begeistert und gewinne« ist ein Motto, das sich nicht nur die Yuppies auf die Fahne geschrieben haben. Motivationsgurus wie Anthony Robbins oder Brian Tracy konnten Millionen Menschen motivieren, mehr aus ihrem Leben zu machen. Positivbeispiele für diese Idee finden wir vor allem in Amerika, im Land der unbegrenzten Möglichkeiten, aber auch in anderen Ländern der Welt. Auf der anderen Seite erleben wir aber auch unerwartete Pleiten von Wirtschaftsmogulen und Motivationsgurus, so dass wir uns fragen müssen, woher diese rühren. Gibt es vielleicht doch »höhere« Einflüsse, die man nicht unter Kontrolle hat? Wir können uns nicht vorstellen, dass ein ehemals erfolgsgewohnter Mensch sein negatives Schicksal durch negative Gedanken selbst verursacht haben soll. Wer an den Voluntarismus glaubt und dann an ihm zerbricht, ist psychisch oft gebrochener als jemand, der es nie versucht hat, sein Leben aktiv zu gestalten. Wenn sich jemand um »positives Denken« bemüht und es läuft schief, ist die Gefahr groß, komplett zusammenzubrechen, insbesondere dann, wenn kein verständnisvolles Umfeld steuernd entgegenwirkt. So manch ein leichtgläubiger Positivist bekommt weder den Traumpartner noch das Traumhaus noch den Traumjob, sondern landet auf der Straße, ist pleite und steht nicht mehr auf.

Eine weitere Gefahr des Voluntarismus liegt im »Machbarkeitswahn«, wie wir ihn beispielsweise bei Adolf Hitler, aber auch bei kriminellen Wirtschaftsunternehmen erlebt haben. Wenn es keine richtende Instanz gibt, keinen Gott und kein Karma, sondern nur das Gesetz der Ellenbogenfreiheit, dann kann man doch tun, was man will, ohne dafür bezahlen zu müssen – sofern man sich nicht erwischen lässt – oder?

Wir werden gerade im dritten großen Kapitel, in dem es um die Entfaltung innerer Qualitäten geht, erkennen, dass soziale Fähigkeiten wie Mitgefühl notwendig sind, um den »wahren Erfolg« zu verstehen und zu sichern. Indem wir Mitgefühl entwickeln, finden wir einen Weg, mit der Freude und mit dem Leid umzugehen, einen Weg, der beide Qualitäten durchdringt und dem Machbarkeitswahn vorbeugt.

Eine dritte Gruppe von Menschen glaubt an den teilweisen bzw. »bedingten Determinismus«, wonach ein Teil vorherbestimmt ist und ein anderer Teil dem freien Willen unterliegt. Nach der Theorie des bedingten Determinismus sind wir in einem gewissen Maße den Kräften der Natur ausgeliefert, aber nicht völlig. Es gibt Möglichkeiten der Einflussnahme in dem Maße, wie unsere Kraft dies zulässt. In diesem Weltbild werden Vorhersagen, wenn sie überhaupt getroffen werden, an bestimmte Faktoren gekoppelt. So ist beispielsweise bekannt, dass ein berühmter Astrologe in den 1930er Jahren zu Adolf Hitler sagte, dass er den Krieg verlieren würde, wenn er ihn nicht bis zum Jahre 1941 gewonnen hätte. Ein anderer Astrologe legte dar, dass Deutschland schon zur Zeit der Weimarer Republik den Sprung in eine stabile Demokratie hätte schaffen können, also ohne Krieg und ohne Hitler. Ganz offensichtlich gibt es entscheidende Schnittpunkte im eigenen und fremden Leben, wo wir eine Wahl haben. Es gibt eine exzellente Ausarbeitung von Robert Dowley, die nachweist, dass unsere Welt heute komplett anders aussehen würde, wenn das kollektive Bewusstsein in entscheidenden Augenblicken ein wenig anders entschieden hätte.* Auch im Leben eines jeden Menschen gibt es diese Schnittpunkte. Und genau hier offenbart die »positive Psychologie« die Bewusstseinshilfen, um mit Hilfe der Achtsamkeit oder der Intuition diese Momente zu erkennen und entsprechend zu handeln, bevor der jeweilige, sprichwörtliche Zug abgefahren ist.

Es lohnt sich, sich zu engagieren. Denn so leichtfüßig es sein mag, »völlig losgelöst« durch die Welt zu tanzen, so ist diese Haltung doch mit einem fatalen Nachteil verbunden. Denn wir können nur dort bewusst wirken, wo wir unsere Aufmerksamkeit hingeben. In einem Weltbild des bedingten Determinismus besteht die Chance der Einflussnahme. Viele Menschen haben Angst vor dieser Selbst-Verantwortung und lassen das Leben lieber so laufen, wie es läuft, statt die Schnittpunkte, die entscheidenden Lücken, zu erkennen und zu nutzen. Sie befürchten, dass ihre Anstrengungen doch nichts bewirken, und befürchten die Frustration, die daraus entsteht. Doch es ist heldenhafter, eine eventuelle Frustration zu riskieren und schlimmstenfalls einen Weg aus ihr heraus

* Robert Cowley: *Was wäre gewesen, wenn? Wendepunkte der Weltgeschichte.* Droemer / Knaur Verlag München

zu finden, als es gar nicht erst zu versuchen. Shakespeare sagt in diesem Zusammenhang: »Der Zweifel ist der Verräter des Guten, das wir erringen könnten, wenn wir den Versuch nicht fürchten.«

Wir sind mehr als der Körper, den wir bewohnen und durch den wir agieren. Wir sind, unabhängig von unserer Vitalität, Träger von Kräften, die in uns und *durch* uns wirken und mit denen wir immer besser und souveräner umzugehen lernen. Unser Bewusstsein ist eine eigenständige Kraft. Mit seiner Hilfe können wir Einfluss nehmen in einem gewissen Maße, das im Zuge fortlaufender Übung kontinuierlich wächst.

Könnten wir keinen Einfluss nehmen, wäre jede Anstrengung sinnlos. Wir wären nur Zeugen in einem großen »Theaterspiel Welt«. Es gäbe kein Richtig und kein Falsch, kein Gut und kein Böse, da wir ja sowieso keinen Einfluss nehmen könnten. Dem Wechselspiel von Freude und Leid könnten wir nur entkommen, indem wir uns mit nichts und niemandem identifizieren. Wenn wir in unser Leben schauen, werden wir in der Regel erkennen, dass wir auf jeden Fall einen gewissen Einfluss auf unser Leben haben. Wir können vielleicht nicht alles bestimmen, aber so einiges.

Es gibt Menschen, die glauben, sie hätten 25% freien Willen, andere glauben, dieser Prozentsatz läge bei 50%. Astrologen behaupten, dass der Grad des Einflusses sich aus dem Horoskop ablesen lässt, beispielsweise danach, ob die Geburtssonne im 1. Haus (starker eigener Einfluss) oder im 12. Haus (nahezu kein eigener Einfluss) steht. Doch unabhängig von dem Maß, in dem wir beeinflussen können: Wir haben einen gewissen Einfluss. Selbst wenn dieser nur bei einem Promille liegen würde – wenn wir täglich ein Promille unserer Entscheidungen besser treffen als am Tag zuvor, sind wir am nächsten Tag schon bei zwei Promille und nach einem Jahr bereits bei stattlichen 30%.

Durch eine Geisteshaltung und Handlungsweise, die anerkennt, dass es Vorprägungen gibt, aber unabhängig davon an den Sinn und die Aufgabe der eigenen Anstrengung glaubt, machen wir das Beste aus unserem Leben. Wir geben unser Bestes. Mit Hilfe der Möglichkeiten der positiven Psychologie beginnen wir, uns selbst zu transformieren. In unseren Ressourcen sowie in Meditation und Gebet finden wir den inneren Rückzugsort, aus dem heraus dies möglich ist. Wir beeinflussen unser Leben positiv – und dies in dem Maße, wie wir es bereits können. Es ist noch kein Meister vom Himmel gefallen. Nicht umsonst sagt man: »Übung macht den Meister.« Doch manchmal sind auch Wunder möglich. Von all dem und noch mehr handelt unser Buch.

Unabhängig vom *äußeren* Einfluss auf die Welt, die uns umgibt, haben wir Einfluss auf unsere *inneren* Einstellungen, Wertungen, Interpretationen und damit auf unser Gemüt, unsere Stimmung, unsere Geisteshaltung.

Die moderne Physik weist uns nach, dass wir uns in einer Position der *wechselseitigen Abhängigkeit* befinden. Alles beeinflusst alles und wird von allem beeinflusst. Erfolg und Misserfolg, Freude und Leid, Positives und scheinbar Negatives geschehen uns wechselweise.

Wenn es um den psychischen Umgang mit dem Leben geht, ist es nicht so entscheidend, *was* uns geschieht, sondern wie wir die Dinge interpretieren. Allein indem wir die Dinge um uns herum auf eine sinnvolle Weise neu bewerten, erleichtern wir uns von unseren Beschwerden. Das Buch von Roberto Benigni und Vincenzo Cerami mit dem Titel *Das Leben ist schön* erzählt die Geschichte eines Mannes, der sogar seinem Aufenthalt als Häftling in einem Konzentrationslager positive Seiten abgewinnen konnte. In der Art, wie wir die Ereignisse bewerten, steht bereits der erste Türspalt für eine Wahlmöglichkeit offen.

Dies bezieht auch unsere Zukunftserwartung mit ein. Ob wir eine schlechte oder eine wunderbare Zukunft erwarten, wird sehr stark von unseren Permanenzen bestimmt, also davon, was wir als dauerhaft und was als vorübergehend bewerten. In den Zwanzigerjahren sangen die Comedian Harmonists den Schlager *Im Leben geht alles vorüber*.

Was die wenigsten wissen, ist, dass wir unbewusst entscheiden, was wir innerlich verewigen und was wir nur vorübergehend halten. Der Optimist glaubt, dass das Wahre, Schöne und Gute ewig sei und dass ungute Emotionen, Schicksalsschläge usw. lediglich eine Benebelung ebendieser Tatsache seien – so wie Wolken die Sonne verdecken, aber nicht auslöschen können. Der Pessimist dagegen glaubt, die Welt sei des Teufels und die Sonnentage gezählt.

Wir erkennen Permanenzen an Begriffen wie »immer« oder »nie«. Wenn wir sagen, »immer geht alles schief« bzw. »nie mache ich etwas richtig« sind dies Glaubenssätze, keine Realität. Sogar beim geborenen Pechvogel gibt es manchmal Dinge, die funktionieren. Wenn wir allerdings glauben, *immer* würde alles schiefgehen, dann ist es für uns auch so – und wir laufen an den guten Möglichkeiten des Lebens achtlos vorüber.

Es ist deshalb sinnvoll, negative Permanenzen zu erkennen und aufzulösen. Dies tun wir am einfachsten, indem wir Gegenbeispiele aus dem eigenen Leben suchen. Wenn Sie beispielsweise glauben, Ihr Partner sei *immer* rücksichtslos, dann finden Sie einfach drei Gegenbeispiele, in denen er rücksichtsvoll war, und geben Sie dem Ihre Aufmerksamkeit. Machen Sie dieses Experiment für vier Wochen: Sehen Sie in Ihrem Partner vier Wochen lang sein Potenzial. Wenn Sie ihn dann immer noch als Ekelpaket empfinden, können Sie sich immer noch von ihm trennen.

Wenn Ihnen einmal ein Missgeschick geschieht, liegt es ganz an Ihnen, ob Sie glauben, »es hat ja sowieso alles keinen Sinn, weil sich die ganze Welt gegen mich verschworen hat«, oder ob Sie denken, »na gut, diesmal hat es nicht geklappt, ich werde es noch einmal probieren, aber mit mehr Sorgfalt und Übersicht«.

Das Gleiche gilt für die Bewertung von Glücksfällen. Wenn Sie etwas Gutes erleben, liegt es an Ihnen, ob Sie sich sagen, »na ja, eigentlich haben ich dies nicht verdient und morgen wird es sicher wieder schlechter« oder »das Leben ist Freude, und ich bin ein Teil davon«. Eine sehr schöne Permanenz liefert folgendes Sprichwort: »Immer wenn du denkst, es geht nicht mehr, kommt von irgendwo ein Lichtlein her!«

Übung: Achten Sie einmal auf Ihre Sprache, insbesondere wie Sie Permanenzen verwenden, also auf Worte wie »nie« oder »immer«.

Gott gebe mir die Gelassenheit, Dinge hinzunehmen,
die ich nicht ändern kann,
den Mut, die Dinge zu ändern, die ich ändern kann,
und die Weisheit, das eine vom anderen zu unterscheiden.

Verschiedenen Verfassern zugeschrieben, u. a. Öttingen

Das Geheimnis der Lücke

Es gibt ein »Geheimnis der Lücke«. Um von einer negativen Gedankenschlaufe in eine positive Gedankenschlaufe zu kommen, benötigen wir eine Lücke. Diese Lücke wird uns insbesondere am Anfang des Buches und später noch einmal im Kapitel über Meditation beschäftigen. Die Lücke ist vergleichbar mit der Kupplung im Auto, die uns erlaubt, den Gang zu wechseln. Buddhistische Lehrer erwähnen diese Lücke und empfehlen, die Lücke zwischen zwei Atemzügen zum Objekt der Meditation zu machen. In dieser Lücke erfahren wir eine Qualität, die ein moderner spiritueller Lehrer, Osho, den »no mind« nennt, einen Bewusstseinszustand, der uns gestattet, die Fesseln des negativen Denkens zu lösen.* Im Gewahrsein der Lücke steigen wir aus der Zwangsläufigkeit unserer Neigungen, Gewohnheiten, Muster, Emotionen, Neurosen und Gedankenketten aus und erleben: Wir haben eine Wahl darüber, für welchen Gedanken, welches Gefühl, welche Handlung und welche Einstellung wir uns entscheiden; für das also, was uns und unserer Entwicklung förderlich ist, oder für das, was uns oder unserer Entwicklung schaden könnte. Diese Lücke sollten wir nutzen. Um klar erkennen zu können, was »der rechte Gedanke, das rechte Gefühl, die

* Osho: (Kommentar) *Das Buch der Geheimnisse 1. Diskurse zum Vigyan Bhairav Tantra*. Innenwelt Verlag Köln

rechte Tat« ist, brauchen wir Bewusstheit. Positivität bedeutet nicht blindes »Ja-Sagen« zu Dingen, die gar nicht zu uns passen und nicht für uns stimmen, sondern das, was ist, anzunehmen und eine angemessene, für uns stimmige Position dazu zu beziehen.

Übung: Beobachten Sie einmal zehn Minuten lang Ihren Atem und spüren Sie dabei der Lücke zwischen zwei Atemzügen nach. In dieser Übung sollten sie den Atem weder vorantreiben noch unterdrücken, sondern von selber kommen und gehen lassen.

Übung: Wann immer Sie eine Entscheidung zu treffen haben, halten Sie kurz inne, gehen Sie in die Stille und spüren Sie die innere Stille und die Lücke zwischen den Tagesroutinen. Entscheiden Sie aus dieser Bewusstheit heraus.

Übung: Setzen Sie sich Bewusstseinsmarker, in denen Sie kurz innehalten und von den sich drehenden Rädern des Verstandes Abstand nehmen, zum Beispiel zu jeder vollen Stunde, wenn die Uhr schlägt, sobald das Telefon oder die Haustürklingel läutet oder nachdem Sie eine Sache erledigt haben. Gewinnen Sie so eine immer stärkere Bewusstheit und die Gabe, je nach Wahl aus Routinen aus- oder in sie einzusteigen und dabei bewusst zu bleiben.

Was ist Positivität?

Goethe sagte einmal: »Wie es auch sei, das Leben ist gut!« Diese Aussage stammt aus einer Zeit, als Goethe noch keinen Weltruhm erlangt hatte. Die Jugendjahre von Goethe waren alles andere als rosig. Seine Schwester verstarb früh. Vier seiner fünf Kinder erreichten nicht das Erwachsenenalter. Das fünfte Kind starb mit 30. Er selbst erlebte als Künstler lange Zeiten der Brotlosigkeit und des Mangels, musste sich als Beamter mit viel »Kleinkram« weit unter seinem Niveau abgeben und erlitt viele Niederlagen. Doch offenbar hatte er die Kraft – und die Möglichkeit – sich darüber zu erheben. Die Positivität Goethes finden wir nicht in einem blinden Zweckoptimismus, sondern in der freudigen Bejahung der eigenen Lebensumstände, verbunden mit der Gabe, das Beste, das ihm Gemäße, daraus zu machen.

Wenn wir der wahren Positivität näher auf die Spur kommen, entdecken wir, dass dahinter das lateinische Wort »positum« steckt, welches gleichbedeutend ist mit »das Tatsächliche, das Vorgegebene«. Positivität in diesem Sinne bedeutet also, sich mit dem auseinanderzusetzen und das anzunehmen, »was ist«, statt darüber hinwegzuschauen.

Das Wort »positiv« wird oft völlig falsch verstanden, und so ist es kein Wunder, dass viele Menschen, die sich mit dem Positiven beschäftigten, bereits an den ersten Ansätzen scheitern. Wenn Sie unter »positiv« das Gegenteil von »negativ« verstehen, kommen Sie schnell in einen Zweck-Positivismus, der das Unangenehme, Schwierige leugnet und sich nur dem Angenehmen zuwenden will. Dies allerdings wäre eine Polarisierung, eine Verdrängung des Unangenehmen, die Positur eines »Hans guck in die Luft«, der in den Bach stürzt, weil er nicht mehr auf den Boden der Tatsachen schaut. Positivität, wie sie im Sinne dieses Buches verstanden werden möchte, verschließt nicht die Augen vor dem Unerfreulichen, sondern sucht und findet eine Einstellung dazu.

Gerade weil Positivität nicht als Gegensatz zur Negativität, sondern als eine eigene Größe verstanden werden will, finden wir die endgültige Positivität, die wir suchen, nicht in den Gehirnwindungen unseres Verstandes. Denn unser Verstand kennt nur plus und minus, positiv und negativ, gut und böse. Er kann nur in Gegensätzen denken.

Es geht bei der Positivität keineswegs um einen blinden »Alles-wird-gut-Fatalismus« und darum, die Welt nur durch die rosarote Brille zu sehen. Der Rausch einer solchen falsch verstandenen Positivität ist dem Rausch des ersten Verliebtseins eines unreifen Teenagers vergleichbar. Erst im Laufe der Zeit gelingt es, aus dem Verliebtsein heraus eine tragende Liebesfähigkeit zu entwickeln, und so muss auch die Positivität aus einem falsch verstandenen positiven Denken herausgearbeitet werden. Ist diese Reife etabliert, berührt uns das Gefühl der Positivität auf einer tieferen Ebene, nicht mehr als Illusion, nicht mehr als Rausch, sondern als Realität, als etwas, das über Substanz verfügt, welche tief hinunter bis in den Brunnen unserer Seele reicht und von dort für das Leben schöpft.

Positiv zu sein, bedeutet auch nicht, sich alles gefallen zu lassen. Es bedeutet vielmehr, im Glauben an eine gute Lösung Ressourcen aufzuspüren und das Richtige, Angemessene zu tun. In diesem Sinne bedeutet Positivität auch »Stimmigkeit«. Wahre Positivität erfordert eine Ausrichtung, die das annimmt, was ist, die destruktive Gedanken, Worte, Handlungen vermeidet und, falls erforderlich, Lösungen entwickelt, Handlungen einleitet und so notwendige Ziele erreicht.

Das Hammergleichnis

Paul Watzlawick gilt als genialer Psychologe, der sich häufig des Stilmittels der Ironie bediente, um Menschen auch mit Hilfe von Gleichnissen den Narrenspiegel vorzuhalten und ihnen so zu helfen, zerstörerische Verhaltensweisen lachend loszulassen. Das vielleicht bekannteste Gleichnis von Watzlawick ist die nachfolgend wiedergegebene »Geschichte vom Hammer«.* Sie bietet ein Sinnbild dafür, wie oft wir uns, ohne es zu wollen, durch destruktives Denken um all das Schöne, das auf uns wartet, betrügen.

Ein Mann will ein Bild aufhängen. Den Nagel hat er, nicht aber den Hammer. Der Nachbar hat einen. Also beschließt unser Mann, hinüberzugehen und ihn auszuborgen. Doch da kommt ihm ein Zweifel: Was, wenn mir der Nachbar den Hammer nicht leihen will? Gestern schon grüßte er mich nur so flüchtig. Vielleicht war er in Eile. Vielleicht hat er die Eile nur vorgeschützt, und er hat was gegen mich. Und was? Ich habe ihm nichts getan; der bildet sich da etwas ein. Wenn jemand von *mir* ein Werkzeug borgen wollte, ich gäbe es ihm sofort. Und warum er nicht? Wie kann man einem Mitmenschen einen so einfachen Gefallen abschlagen? Leute wie dieser Kerl vergiften einem das Leben. Und dann bildet er sich noch ein, ich sei auf ihn angewiesen. Bloß weil er einen

* Paul Watzlawick: *Anleitung zum Unglücklichsein*. Piper Verlag

Hammer hat. Jetzt reicht's mir wirklich. – Und so stürmt er hinüber, läutet, der Nachbar öffnet, doch bevor er »Guten Tag« sagen kann, schreit ihn unser Mann an: »Behalten Sie doch Ihren Hammer, Sie Rüpel!«

Woher kommt das Negative?

Es gibt Kulturen und Religionen, die davon ausgehen, dass das Negative durch eine Gegenkraft in die Welt gekommen ist. Es ist schwer zu beweisen, ob an dieser Vorstellung etwas dran ist oder nicht. Sehr offensichtlich ist der enge genetische Zusammenhang zwischen unserem animalischen Erbe und dem, was wir Negativität nennen.

Unsere Vorfahren, die Tiere wie die Urzeitmenschen, mussten jederzeit auf Gefahren gefasst sein. Also lernten sie, ihr Bewusstsein auf mögliche Bedrohungen hin auszurichten. Sich zu überlegen, was schlimmstenfalls passieren kann, und sich dagegen zu wappnen, hat so manchem unserer Vorfahren das Leben gerettet.

In dieser Zeit mussten wir auf das Negative achten, also gewappnet sein. Es wäre für den Urwaldmenschen naiv, darauf zu hoffen, dass der Löwe, der einem gegenübersteht, einen schon nicht fressen wird. Solange wir keinen Einfluss durch unser Bewusstsein haben, ist es wertvoll, die Instinkte und Sinne auf die Gefahren, auf das, was schiefgehen könnte, zu lenken und das Negative abzuwehren, wo wir nur können. Doch je mehr wir unsere kosmische Intelligenz in Anspruch nehmen und lernen, mit unserem Bewusstsein schöpferisch zu werden, desto mehr Positivität können wir uns erlauben.

Für den Erwachten erübrigt sich das Thema der Negativität komplett. Denn er erlebt sich als eins mit »allem, was ist«. Demzufolge kann er auch seinen gedachten und gefühlten Seinszustand des Friedens auf den Löwen, den Aggressor bzw. das Negative übertragen. So wird immer wieder von heiligen Männern berichtet, die weder von Löwen noch von Schlangen angegriffen wurden.

Solange wir die Kraft unserer Aufmerksamkeit nicht kennen, ist es sinnvoll, *realistisch* und nicht blauäugig zu denken. Positivität zu erfahren, das können wir nach wissenschaftlich überprüfbaren Methoden lernen. Doch müssen wir dabei langsam und Schritt für Schritt vorgehen. Wer den zweiten Schritt vor dem ersten macht, fällt auf die Nase. Wenn ein Unerwachter sich suggeriert, »Ich bin ein Millionär, ich bin ein Millionär, ich bin ein Millionär«, und sich im Glauben, bald Millionär zu sein, einen Ferrari bestellt, den er aber nicht bezahlen kann, wird er schneller pleite sein, als ihm lieb ist. Positivität zahlt sich erst in dem Maße aus, in dem uns unsere Schöpferkraft bewusst wird.

Positivität müssen wir schrittweise lernen. Wir müssen Schritt für Schritt erfahren, wie wir selbst unser Leben durch unsere Aufmerksamkeit beeinflussen können. Hierfür müssen wir dort beginnen, wo wir stehen, und nicht dort, wo wir sein wollen.

Hoch entwickelte Yogis sind in der Lage, Säure zu trinken oder sich lebendig begraben zu lassen, ohne Schaden zu nehmen, weil sie ihre Energien so wandeln können, dass durch ihre Positivität sogar Gift oder Sauerstoffentzug unschädlich werden. Aber dorthin müssen wir erst einmal kommen. Es ist keinem Normalsterblichen ohne ausgiebiges Training zu empfehlen, Säure zu trinken oder sich lebendig begraben zu lassen. Positivität im eigentlichen Sinn bedeutet, uns so anzunehmen, wie wir sind, und die eigene Vorsicht und Skepsis genauso wertzuschätzen wie unseren Optimismus und unseren Glauben. Dann haben all diese Dinge, auch das scheinbar Negative, die Möglichkeit, in ihrer wahren Natur zum Ausdruck zu gelangen – weil wir sie nicht abgelehnt, sondern weiterentwickelt haben.

Positives Denken

Positives Denken ist nicht blinder Zweckoptimismus, sondern »stimmiges Denken«. Es gibt für jede Lebenssituation einen stimmigen, d.h. einen bestmöglichen Gedanken, eine bestmögliche Tat, eine bestmögliche Einstellung. Es geht also darum, dieses Bestmögliche zu finden und sich dafür zu entscheiden. Eine nette Geschichte soll den Unsinn von falsch verstandenem und echtem »positiven Denken« erläutern.

Zu einem Lehrer des positiven Denkens kam ein Schüler und beklagte sich, dass es seinem Vater schlecht ginge. Der Lehrer sagte: »Dein Vater *denkt* nur, dass es ihm schlecht geht. Sag ihm, er soll denken: »Ich bin gesund, ich bin gesund, ich bin gesund!« Eine Woche später kam der Schüler erneut und beklagte sich: »Mein Vater hat jetzt hohes Fieber, was kann ich tun?« Der Lehrer sagte: »Dein Vater bildet sich nur ein, dass er Fieber hat. Sag ihm, er soll denken: Mein Fieber ist normal, normal, normal!« Wieder eine Woche später kam der Schüler erneut und sagte: »Bitte helfen Sie mir. Jetzt denkt mein Vater, er sei tot. Sie haben ihn gestern beerdigt!«

Positives Denken ist nicht dazu gedacht, die Realität zu ignorieren, sondern sinnvoll und konstruktiv mit ihr umzugehen. »Wunder« sind erst in fortgeschrittenen Stadien möglich. Sinnvoll ist es, an dieser Stelle zu differenzieren:

- Falsch verstandenes positives Denken (Zweckoptimismus): »Es wird schon alles gut gehen«, »Augen zu und durch!«, das Bauen von Luftschlössern.
- Negatives Denken: »Es ist alles sinnlos«, »Es hat noch nie etwas in meinem Leben funktioniert!«
- Stimmiges (wahres) positives Denken: »Ich finde zur Situation die bestmögliche Einstellung, die bestmöglichen Gedanken.«

Jeder Gedanke, den Sie denken, entspricht sinnbildlich der Erschaffung eines »Gedankenwesens«. Der Mensch denkt durchschnittlich 40 000 Gedanken am Tag, davon viele, oft sogar die meisten, unbewusst. Beim »positiven Denken« reicht es nicht aus, sich generell die höchsten und besten Gedanken vor Augen zu halten. Die Gedanken, die Sie denken, müssen auch zu Ihrer Lebenssituation passen, müssen so exakt wie eine Zahnkrone passen, damit sie ihren Zweck erfüllen. Die gedankliche Ausrichtung muss dafür »greifen«, d.h. mit Ihrer Lebenssituation sowie mit Ihrer innersten Absicht in positiver Resonanz stehen. Dies ist anfangs nicht immer leicht.

Zuerst mag es schwierig erscheinen, die Gedanken zu kontrollieren. Aber wir können sie wahrnehmen, beobachten, und auf einmal ist da diese Lücke, in der wir den Gedankenstrom in eine andere Richtung lenken können. Zudem können wir ein Harmoniegefühl entwickeln, das uns fühlen lässt, ob unsere Gedanken zu uns und zu unserer Stimmigkeit passen, und im Falle von »Disharmonie« die innere Mitte aufsuchen, die Lücke, aus der heraus wir uns wieder konstruktiv ausrichten können.

Vergleichen wir die Stimmigkeit unserer inneren Ausrichtung mit einem Konzert. Wenn Sie Flötist in einem Orchester sind und es wird *Freude schöner Götterfunke* dirigiert, dann gibt es zu jedem Ihrer Einsätze einen optimalen Ton, der zum Ganzen passt. Wenn Sie diesen Ton treffen, klingen die Sinfonie und Ihr Wirken im großen Ganzen harmonisch. Sie geben Ihr Bestmögliches, um sich im Einklang mit dem Ganzen einzubringen. Wenn Sie aber statt *Freude schöner Götterfunke* das Lied *Hänschen klein* spielen, wird der Dirigent abklopfen, selbst wenn es das schönste *Hänschen klein* ist, das die Welt je gehört hat. Warum? Sie spielen nicht im Einklang mit dem, was das Leben von Ihnen erwartet. Der Dirigent wird Ihnen vielleicht sagen: »Sie haben durchaus das Talent zum guten Musiker, aber zuerst einmal müssen Sie verstehen, was Musik eigentlich ist. Hören Sie doch erst einmal zu, ohne etwas zu tun, beobachten Sie wertfrei, nehmen Sie wahr!« Jetzt möchten Sie aus Verärgerung darüber, dass Sie abgeklopft wurden, vielleicht gar nicht hinhören (meditieren), sondern stattdessen mit Ihrer Querflöte schräge Töne von sich geben. Dies wäre die Positur der Negativität und Destruktivität. In diesem Fall würde es unsanfte Reaktionen geben. Doch irgendwann besinnen Sie sich und treffen den Ton, der stimmig ist – dies ist Positivität: Aus dem, was ist, das Beste machen.

Niemand verlangt von Ihnen, Cello zu spielen, wenn Ihr Instrument die Flöte ist, aber es wird erwartet, dass Sie Ihrem »Flötentalent« gerecht werden. Eine stimmige Partitur zu spielen, ist keineswegs nur auf liebliche oder Dur-Töne beschränkt. Es mag manchmal durchaus angebracht sein, Moll-Klänge oder lautere Töne von sich zu geben, wenn die Situation dies erfordert. Wann Dur und wann Moll, wann Lieblichkeit und wann eine deutlichere Sprache angebracht sind, hängt nicht nur vom einzelnen Spieler selbst ab, sondern auch vom Stück, in dem man mitspielt. Je mehr es uns gelingt, unseren Part im großen Ganzen zu entdecken, desto mehr erleben wir unsere eigene »Stimmigkeit«.

Wenn wir genau hinfühlen, werden wir erleben, dass unstimmige Gedanken eindeutig weh tun, nicht nur dem anderen, sondern auch uns selbst. Sie passen einfach nicht zum bewussten Wesen, das wir aus uns heraus entwickeln wollen. Und so ist der Schmerz der eindeutigste Lehrer, den wir haben: Er ist eindeutig unangenehm und hilft uns durch seine Beschaffenheit, zu erkennen, wann wir unstimmig gedacht, gesprochen, gehandelt haben – damit wir daran reifen und weiser werden.

Natürlich ist noch kein Meister vom Himmel gefallen – und doch: Ein jeder von uns hat die Fähigkeit, im Spiel des Lebens sein Stück im Einklang mit dem Ganzen zu spielen. Dies erfordert jedoch zuerst einmal, sich mit der Frage auseinanderzusetzen, wer Sie sind, an welcher Position Sie sich befinden und wie Sie gemeint sind. Genau das ist positiv: Akzeptieren, was ist, und sich daraus weiterentwickeln.*

Übung: Beobachten Sie im Alltag immer wieder Ihre

* Weitere Informationen zum Thema »Was ist positives Denken« in: Kurt Tepperwein: *Verwirklichen. Vom positiven Denken zum positiven Leben.* Goldmann Verlag München

Empfindungen und Gedanken und fragen Sie sich, ob sie stimmig, konstruktiv und der Situation angemessen sind oder nicht.

Gut und Böse

Im Sinne großer Philosophen wie etwa Platon entspricht die Idee des Guten der höchsten Idee innerhalb der gesamten Ideenlehre. Weil alle anderen Ideen Platons durch die »Idee des Guten« Substanz erhalten, nennt man sie auch die »Idee der Ideen« und setzt sie in der Ideenlehre mit der Einen Kraft, mit Gott gleich. Platons Idee bestand darin, den Menschen dazu anzuregen, sich der Idee des Guten zuzuwenden, um dadurch einen so hohen geistigen Stand auf den Weg zu bringen, dass die Höherentwicklung des Menschen, seiner Seele und der menschlichen Kultur immer weiter voranschreiten konnte. So erstrebenswert die Ausrichtung auf das Gute auch sein mag, so verführt eine Idealisierung ohne das Bemühen, das Wesen der Einen Kraft tiefer zu verstehen, leicht zu Problemen. Zwangsläufig taucht die Frage auf, wie ein so guter Gott ein so schlimmes Schicksal dulden könne, wo er doch allmächtig ist.

Im Zuge des Aufstiegs und des Niedergangs von Hochkulturen in der ganzen Welt ist man heute geneigt, tiefer zu schauen. Ethische Werte werden zwar hoch geachtet, aber auch im scheinbar Unguten wird ein Entwicklungspotenzial erkannt. So bezeichnet die Ontologie (die Lehre von der Einheit allen Seins) *jedwedes* Seiende als gut, und zwar einfach deshalb, weil es *ist*, weil es existiert, weil es dem Willen Gottes bzw. der Einen Kraft entspricht, solange es existiert.

Positivität und Negativität werden oft mit Begriffen wie »gut« und »böse« vermischt und damit einer moralischen Wertung unterzogen. Doch Positivität im Sinne der positiven Psychologie ist nicht »gegen« das sogenannte Böse, sondern setzt es an den richtigen Platz, indem sie sich erst einmal mit dem auseinandersetzt was ist, was existiert.

Das sogenannte Böse bekämpfen zu wollen, wäre ein sinnloses Unterfangen. Bereits Jesus sagte: »Wer mit dem Schwert kämpft, wird durch das Schwert umkommen«. Viel angemessener, als das Böse zu bekämpfen, ist es aus diesem Grund, seinen Sinn in der Schöpfung zu erkennen.

Der Begriff des Bösen stammt aus dem althochdeutschen *bosi* bzw. dem vordeutschen *bausja* und ist gleichbedeutend mit »aufgeblasen, gering«. Die Ethik versteht unter dem Bösen das, was ethisch falsch ist, was abzulehnen ist. Hierbei verkennt sie oft, dass wir erst über den Umweg der Erfahrung die Unstimmigkeit erkennen können. Dies wird etwa am biblischen Gleichnis vom verlorenen Sohn offenbar.

Die konkrete Beurteilung, was gut und böse ist, hängt dabei vom einzelnen Menschen und vom Standpunkt des Betrachters ab. Ein General Stauffenberg war aus Sicht des heutigen Deutschlands »gut«, aus Sicht des NS-Regimes »böse«. Im Grunde genommen stellt jeder Freiheitskämpfer eine grenzwertige Positur dar, aber auch der Aussteiger oder Hippie, der auf Kosten der ihn finanzierenden Gesellschaft (Steuerzahler) seine Ideale leben möchte. Eine Katze, die die Farm von Mäusen frei hält, ist aus Sicht der Bauern »gut«, aus Sicht der Mäuse »böse«.

Viele Religionen unterscheiden das – vom jeweiligen Kontext abhängige – »menschliche Böse« als Ausdruck ethischer Verfehlungen vom »numinosen Bösen« als einer eigenständigen geistigen Kraft und sehen die Welt als Schaukampf dieser beiden Kräfte. Manche gehen auch davon aus, dass Engel oder Dämonen den Menschen zu guten oder unguten Gedanken, Worten oder Handlungen motivieren. Der Vorteil dieser Betrachtungsweise liegt darin, dass der Mensch die Wahl zwischen Gut und Böse hat, wobei das, was gut und was böse ist, durch die jeweilige Religionsform vorgegeben ist. Der Nachteil von moralischen Wertungen liegt in der Gefahr der Unterdrückung des Vitalen, der Verdrängung, im Dogmatismus, im Züchten von sogenannten »Schuldgefühlen« und in der Beherrschung des Menschen durch die Kirchendoktrinen.

Historisch ist es erwiesen, dass im Laufe der Christianisierung und im Vormarsch der patriarchalischen »Himmelsreligionen« im Gegensatz zu den matriarchalischen »Erdreligionen« viele heidnische Götter verteufelt wurden. So wechselte beispielsweise der einst als »gut« angesehene Hirtengott Pan infolge der Missionierung Europas zu einer heute weitverbreiteten Darstellung des ziegenböckigen Teufels.

Die Hoffnung liegt in der kulturellen Entwicklung und Verfeinerung des Menschen, darin, dass sich der Mensch aus freien Stücken und aufgrund erlebter Erfahrung dem »Stimmigen« zuwendet, ohne dabei das Ungelöste in sich zu verdrängen. Maßstab könnte das innere Gewissen sein, mit dem Ziel, nach innersten Beweggründen so stimmig wie möglich zu handeln. Oft können wir erst dann, wenn wir Gedanken, Worte und Handlungen einer moralischen Wertung entkleiden, zur eigentlichen Wahrnehmung gelangen.

Die moderne Philosophie charakterisiert das Böse als substanzlos, als »Mangel an Gutem«. Oder, um es mit anderen Worten zu sagen: Das Schlechte ist etwas, dem das Gute fehlt, so wie ein Blinder jemand ist, dem das Augenlicht fehlt. Die Idee, die hinter dieser Betrachtungsweise steckt, ist, dass das sogenannte Böse mit zunehmender Bewusstheit automatisch verschwindet.

Solange wir in Polaritäten denken, gibt es die Auseinandersetzung mit dem sogenannten Bösen, doch wir selbst gehören ihm nicht an. Wie wir im Kapitel über das grundlegende Gutsein des Menschen noch erkennen werden, handelt es sich beim sogenannten Bösen um einen Teil außerhalb von uns, der die Aufgabe hat, uns in die Einheit zu bringen. So lässt Goethe in seinem Meisterstück *Faust* den Mephisto sagen: »Ich bin ein Teil von jener Kraft, die stets das Böse will und stets das Gute schafft!«

Das sogenannte Böse ist da, damit wir dazu aufgerüttelt und ermuntert werden, das für uns Stimmige zu finden, damit wir erkennen, dass es verschiedene – stimmige und weniger stimmige – Möglichkeiten gibt. Erst durch die Erfahrung mehrerer Möglichkeiten können wir vom Gesetz der Freiheit, von der Wahl, Gebrauch machen. Solange wir noch nicht vom »Baum der Erkenntnis« gegessen hatten, gab es für uns noch gar keine Alternativen. Also zeigt uns das »Böse«, dass die Dinge nicht dem entsprechen, was wir uns als Paradies vorgestellt haben.

Gnostiker behaupten, dass die Schlange, die Adam und Eva im Paradies verführte, ihr Wort gehalten hätte, da wir über den Umweg des Menschseins in die Lage gekommen seien, die höchste Kraft im Universum zu erkennen und mit ihr in Einklang und letztendlich in Einheit zu leben.

Buddhismus und Tantrismus zeigen uns einen anderen Weg des Umgangs. Hier geht es weniger um Abstandnahme vom Bösen als vielmehr darum, die Dinge zu wandeln, so zum Beispiel auf dem Wege der wertfreien Beobachtung, der Akzeptanz oder des Mitgefühls. Auch dieser Weg erfordert Bewusstheit und Disziplin. »Gut« im Sinne des Buddhismus bedeutet in diesem Fall, Zeuge zu sein, mitfühlend zu sein und im Geiste des Einheitsbewusstseins zu leben, indem man Polaritäten integriert und übersteigt, statt sie zu bekämpfen.

Denn was ist das Böse anderes als das Gute,
das von seinem eigenen Hunger und Durst gequält wird?
Khalil Gibran: *Der Prophet*

Das grundlegende Gutsein des Menschen

Die positive Psychologie geht davon aus, dass wir in unserer Essenz positiv, d.h. gut sind und alles andere nur »Verkleidungen« sind, die nicht zum essenziellen Wesen des Menschen gehören. Diese Ansicht finden wir in allen heiligen Schriften, so auch in der Bibel, wo es heißt: »Gott schuf den Menschen nach seinem Ebenbild« (Genesis 1,27). Die Wissenschaft spricht vom permanenten Atom, das durch den Menschen wirkt. Bereits Schiller dichtete: »Freude schöner Götterfunke…« Der Mystiker und spirituelle Wissenschaftler Rajinder Singh schreibt in seinem Werk *Die Weisheit der erwachten Seele*: »Die Grund-Eigenschaften der Seele sind Weisheit, Unsterblichkeit, Liebe, Furchtlosigkeit, Verbundenheit und Glückseligkeit. Wenn der Mensch die Kraft der Seele wiedergewinnt, werden diese Qualitäten in vollem Umfang durch ihn wirken.«*

Forschungen von Seligman** haben gezeigt, dass sogar das Negativste eigentlich einer positiven Absicht dient, die im Innersten verborgen ist, aber nicht gehört wurde. Sie bestätigen die Idee, dass der Mensch im Kern

* Rajinder Singh: *Die Weisheit der erwachten Seele*. Urania Verlag Neuhausen

** Martin E. P. Seligman: *Der Glücks-Faktor. Warum Optimisten länger leben*. Bastei Lübbe Verlag Bergisch Gladbach

positiv ist. Der Kern fault nicht, er ist gesund, muss jedoch *berührt* und *freigelegt* werden.

Laut Seligman ist unsere Kultur durch eine Krankheit gezeichnet, die er das »Kernfäule-Dogma« nennt. Es sei eine weit verbreitete Illusion, dass im Kern mit uns etwas nicht stimmen würde, denn unsere wahre Wesensnatur sei positiv und stimmig. Zum Kernfäule-Dogma gehört auch der Irrglaube, natürliches Glücksempfinden sei nicht authentisch. Es gibt in den von Seligman angestellten Forschungen nicht den geringsten Hinweis auf negative Motive der menschlichen Tugend. Auch die Lehre von der nicht wiedergutzumachenden Erbsünde ist laut Seligman ein Zeichen dafür, wie sehr das grundlegende Gutsein verkannt wird. Thomas d'Ansembourg bringt es auf den Punkt:

> Im Grunde genommen ist böswilliges Verhalten der Ausdruck der Verbitterung von Menschen, die ihr Leid nicht aufgearbeitet haben oder keine Gelegenheit dazu hatten. Wenn wir unsere Verbitterung und unsere Ängste ausdrücken können, auch die tief verborgenen und tabuisierten, unsere Enttäuschungen – auch die, die wir nicht zugeben wollen – mitteilen oder daran arbeiten, meinen Sie dann nicht, dass wir dann mit Kraft und Phantasie miteinander leben können, ohne einander anzugreifen? So viele Überreaktionen beruhen darauf, dass Frustrationen nicht bewusst sind und schon gar nicht einem aufmerksamen Zuhörer gegenüber ausgedrückt oder mitgeteilt werden. Gewalt ist nicht Ausdruck unseres Wesens. Gewalt dient dazu, unsere Bedürfnisse auszudrücken, wenn sie

> nicht anerkannt oder auch gestillt werden. Wenn unsere Bedürfnisse anerkannt oder auch gestillt werden, wozu brauchen wir dann Gewalt?*

»Bösartigkeit« in diesem Sinne ist nicht etwas, das eine eigene Substanz hat. Es ist eigentlich nichts anderes als Destruktivität, frei von jeder moralischen Wertung.

Stehen sich Negatives und Positives gegenüber, siegt nicht immer automatisch das Positive, sondern das Stärkere. Deshalb müssen wir, solange wir polarisieren, darauf achten, dass das Positive auch das Stärkere ist. In letzter Konsequenz einer absoluten Auseinandersetzung ist jedoch das Positive automatisch auch das Stärkere. Dies liegt daran, dass der Schatten keine eigene Existenz hat – er borgt sie sich vom Licht. So finden wir die Kraft zum Guten nicht als Kontrast zur »negativen Kraft«, sondern als Suche nach der Quelle aller Kraft selbst, wie immer wir diese Quelle nennen wollen.

Tipp: Spüren Sie immer wieder im Alltag der Qualität Ihrer Gedanken, Gefühle und Worte nach. Gehen Sie immer wieder in die Stille, den Raum der inneren Leere, die Meditation. Mit der Zeit wird es Ihnen immer besser gelingen, »bösartige« Gedanken, Gefühle oder Worte bereits im Ansatz zu fühlen und zu unterlassen, bevor sie in Ihnen die Oberhand ergreifen. Sie erkennen bereits im Ansatz, dass »unstimmige« Gedanken weder Ihnen noch anderen Frieden bringen. Wann immer solche Gedanken auftauchen, sagen Sie zu sich: »Nein, darauf

* Thomas d'Ansembourg: *Endlich ICH sein. Wie man mit anderen zusammenleben und gleichzeitig man selbst bleiben kann.* Herder Verlag Freiburg

steige ich jetzt nicht ein!« Dies bedeutet nicht, Ihre Wut oder Empörung zu unterdrücken oder seicht daherzureden. Es bedeutet lediglich, sie von der Destruktivität zu befreien, so wie man ein Reiskorn schält.

Wann immer Sie »Bösartigkeit« spüren und sich ihr entziehen, wird die reine Unschuld Ihres Selbst spürbar und Sie erleben, was Sie wirklich erleben wollen. Statt destruktiven Impulsen nachzugeben, fragen Sie sich: »Was will ich wirklich erleben?« Erkennen Sie, dass Ihr wahrer Wunsch der ist, Liebe und Erfüllung zu erleben und nicht Zerstörung. Immer wenn wir uns an unser eigenes, grundlegendes Gutsein erinnern, wird es uns leichtfallen, dieses in unserem Nächsten – und damit auch »die Wahrheit hinter dem Schein« – zu entdecken.

Während wir in unserer Kultur den Blick für das Gute im Menschen angesichts moralischer Bewertungen nur allzu leicht verlieren, gehört im Buddhismus das »grundlegende Gutsein« zu den essenziellen Bestandteilen dieser Religion. Dieses »grundlegende Gutsein« des Menschen können wir auch als unsere natürliche Unschuld beschreiben, die wir entdecken, sobald wir unser Herz dafür öffnen und bereit sind, diese zu spüren. Dieses Erspüren erfordert einen Geist, der frei von Vorurteilen ist, also eine reine Wahrnehmung *ohne* Wertung. Solange wir werten, können wir nicht wahrnehmen. Aber sobald wir die Wertungen aufgeben, können wir das grundlegende Gutsein in allem entdecken. Darum ist Meditation, Abstandnahme von unseren Urteilen und Interpretationen, unserem gesamten Gedankenkäfig, so wertvoll.

Übung – Meditation: Gehen Sie in Ihre innere Mitte, wo immer Sie diese wahrnehmen. Spüren Sie Ihre Essenz, Ihr *Wesen*. Erleben Sie, dass Ihr Wesen zum reinen *Sein* gehört und erlauben Sie diesem Sein, durch Sie zu wirken. Geben Sie sich diesem reinen Sein hin und erspüren Sie dabei das grundlegende Gutsein des Menschen.

Wär nicht das Auge sonnenhaft,
die Sonne könnt es nie erblicken,
läg nicht in uns Gottes eigne Kraft,
wie könnt uns Göttliches entzücken.

Goethe: *Farbenlehre*

Das höhere Gute

Das sogenannte »höhere Gute« liegt jenseits moralischer Wertungen, die »das Böse« in Gegensatz zum moralisch »Guten« setzen. Es ist eine innere Instanz, die zwischen den Polaritäten vermittelt und dabei die persönliche Entwicklung des Menschen berücksichtigt.

Die Kraft dieser Unterscheidung obliegt biologisch der Zirbeldrüse:

> Die Zirbeldrüse ist der Vermittler zwischen Polarität [Anm.: Gut und Böse] und Einheit. Sie ist ein kleines, erbsengroßes Gewebe, das auf dem in das Gehirn einmündenden Rückenmark, oberhalb der dritten Hirnhöhle und unterhalb der Scheitelfontanelle sitzt. Sie ist trichterförmig, so als sollte etwas durch sie gegossen werden, und ihre Wände bestehen aus Zellen, die ebenfalls trichterförmig sind. Sind die Trichteröffnungen verstopft, dann sickert das, was hindurch gehen soll, nur langsam durch, man ist »schwer von Begriff«. Auf dem Grund der Zirbeldrüse befindet sich eine weitere kleine linsenförmige Drüse von der Größe eines Weizenkornes, welcher der Sitz des Gesinnes ist. Von ihr gehen Strahlen gleich Sonnenstrahlen aus, die durch den Trichter und die Trichterwände weiterwandern und sich gegenseitig so abspiegeln, dass uns dadurch alle nur denkbaren Farbschattierungen vergegenwärtigt werden. Diese Farbenspiele sehen wir,

verstricken. Wir trachten nach Stimmigkeit, egal ob wir dies nun das »höhere Gute« nennen oder schlicht und einfach von Angemessenheit oder Stimmigkeit sprechen. Indem wir bewusst, souverän und liebevoll mit beiden Polen umgehen, nehmen wir Abschied von der Selbstzerstörung sowie von der unnötigen Gewalttätigkeit gegenüber anderen, erkennen die gute Absicht im scheinbar Bösen und verwirklichen diese. Auf diesem Weg der inneren Alchemie entdecken wir mehr und mehr den Wert des menschlichen Lebens als Schule für besonderes Lernen sowie den allgemeinen und individuellen Sinn in ihm. Um es noch einmal zu betonen: Mit dem Positiven, wovon in diesem Buch die Rede ist, ist nicht der Gegenpol zum sogenannten Bösen, sondern das individuell Stimmige gemeint, das jeder Mensch in seinem tiefsten Inneren selbst zu verantworten hat. Auf diesem Weg finden wir ein Ja zu dem, was ist, und damit eine authentische und wahrhaftige Positivität.

Jenseits von Gut und Böse, da sehen wir uns wieder!
Maulana Rumi

Die Geschichte der Psychologie

Das Wort »Psychologie« kommt aus dem Griechischen (*psychología*) und bedeutet wörtlich übersetzt »Seelenkunde«. Aufgabe der Psychologie ist es, sich mit dem »Hintergründigen«, den subtilen Motivationen, zu befassen, also mit dem, was die Welt im Innersten zusammenhält. Sie fordert dazu auf, nicht auf das vordergründige Verhalten und die vordergründigen Umstände hereinzufallen, sondern tiefer zu sehen und aus der Tiefe zu schöpfen.

Auch wenn diese Wissenschaft erst seit etwa 100 Jahren so genannt wird, beschäftigte sich bereits die Antike mit dem Wissen um die Seele. So entwickelte beispielsweise der griechische Philosoph Platon das Schichtenmodell, das später Grundlage für Sigmund Freuds psychodynamisches Modell werden sollte, und Aristoteles verfasste bereits um 350 v. Chr. sein *Lehrbuch der Psychologie*. Um das Jahr 1000 n. Chr. wurden von Avicenna erste Ansätze für eine kognitive Psychologie gelegt und die Funktionsweisen von Denken, Gedächtnis, Glauben, Verstand und Vorstellungskraft zutreffend beschrieben. Um das Jahr 1250 erforschte Thomas von Aquin den Zusammenhang von Leib und Seele, und 1630 wurde die Existenz der Seele von Descartes psychologischen Betrachtungsweisen unterzogen. Im Sprachgebrauch tauchte der Begriff »Psychologie« erstmals im Jahre 1509 in einer Veröffentlichung von Marko Maruli auf, doch erst gegen Ende des 19. Jahrhunderts fand dieser Begriff allgemein Verwendung.

Es war der aus Mannheim-Neckarau stammende Professor Wilhelm Wundt, der 1879 in Leipzig das erste Labor zur Erforschung psychischer Phänomene einrichtete und mit seiner Wahrnehmungsphysiologie die sogenannte »Leipziger Schule« begründete. 1895 veröffentlichte Sigmund Freud zusammen mit Josef Breuer erste psychoanalytische Fallstudien. Es folgte die Entwicklung der psychodynamischen Sichtweise in Zusammenarbeit mit den Freud-Schülern Carl Gustav Jung und Alfred Adler. Im Laufe der nächsten Jahrzehnte trat die Psychologie ihren Siegeszug in der westlichen Welt an. Wurde sie im Dritten Reich noch vorwiegend zur Manipulation der Massen missbraucht,* so entwickelte sie sich nach dem Zweiten Weltkrieg in den therapeutischen Fachrichtungen weiter. Zunehmend erkannte man, dass die Psychologie zu wertvoll ist, um allein »Problem-Menschen« vorbehalten zu bleiben. Doch es sollte noch einige Zeit dauern bis zur Geburtsstunde der »positiven Psychologie«.

* Vgl. Elias Canetti: *Masse und Macht*. Fischer Taschenbuch Verlag Frankfurt a. M.

Sinn und Nutzen der positiven Psychologie

Der Begriff »positive Psychologie« wurde von dem amerikanischen Psychologen Martin E. P. Seligman geprägt. Es handelt sich hierbei um ein ressourcenorientiertes Vorgehen, das dem Menschen ein erfüllteres und glücklicheres Leben ermöglichen soll.

Eine berührende Geschichte erläutert die Geburtsstunde dieser Wissenschaft. Seligman war im hauseigenen Garten mit seiner fünfjährigen Tochter beim Unkrautjäten. Er wollte möglichst schnell damit fertig werden und hatte keinen Sinn für die Eskapaden seiner Tochter, die, statt zu arbeiten, allerlei Sperenzchen veranstaltete. Seligman reagierte genervt und ungehalten, ja, er schrie seine Tochter sogar an. Doch statt zurückzuschreien, reagierte diese überraschend gefasst und sagte zu ihm: »Papa, ich möchte mit dir reden. Erinnerst du dich noch an den Tag vor meinem fünften Geburtstag? In der Zeit, als ich drei bis fünf Jahre alt war, war ich eine Heulsuse. Jeden Tag habe ich geweint. Als ich fünf wurde, entschied ich mich, nicht mehr sinnlos zu weinen. Das war das Schwierigste, was ich je gemacht habe. Und wenn ich aufhören kann zu weinen, kannst du auch aufhören, zu schreien und zu schimpfen.«

Dies war der Augenblick, als der damals schon bekannte Psychiater begann, seine bisherigen Therapieformen neu zu überdenken. Inspiriert von Wayne Dosick* spielten hierbei Werte und Tugenden, »innere Qualitäten«, von Anfang an eine besondere Rolle. Seligman erkannte jedoch, dass die bloße Vermittlung von Werten und Tugenden für die Gesundung der Seele zwar hilfreich, aber nicht ausreichend war. Er begründete die sogenannte »positive Psychologie«, die ursprünglich auf drei Grundpfeilern beruhte:

1. Sie ist auf das Positive ausgerichtet, auf Werte, Tugenden, Stärken und insbesondere auf Ressourcen.
2. Sie arbeitet auf wissenschaftlicher Basis und sucht die Überprüfbarkeit der Ergebnisse.
3. Sie verfolgt das Ziel, förderlich auf das Erleben und Verhalten im Alltag der Menschen zu wirken und das (wahre) Positive im menschlichen Leben unter psychologischen Gesichtspunkten zu vermehren.

Zur Strategie der positiven Psychologie gehören unter anderem:

- *Vermehrung des vorhandenen Positiven:* Ausarbeitung und Förderung bereits vorhandener positiver Aspekte wie etwa menschliche Werte, Tugenden, Stärken, Fähigkeiten, Ressourcen. Jemand, bei dem die Liebe sehr entwickelt ist, wird über diesen Weg geführt, jemand, der einen sehr starken Sinn für Gerechtigkeit hat, über jenen. Es geht also um die Herausarbeitung der jewei-

* Vgl. Wayne Dosick: *Kinder brauchen Werte. 10 Lebensregeln, die Kindern Halt und Orientierung geben*. Droemer / Knaur Verlag München

ligen Hauptstärke, mit der im Rücken dann auch der Schatten angeschaut werden kann.

- *Schaffung von neuem Positiven:* Herausarbeitung dessen, welche neuen positiven Aspekte und Qualitäten hilfreich sind, z. B. indem man für die richtigen Freunde, Lebensbedingungen, Visionen sorgt und sich dort hinarbeitet.
- *Veränderung:* Herausarbeitung und Verminderung des sogenannten Schattens, indem in einer traumatischen Situation nicht nur das Trauma erlebt wird, sondern auch der positive Aspekt. »Was ist denn gut daran?« – *Beispiel:* Die Frau zieht aus dem ehelichen Schlafzimmer aus, der Ehemann genießt den Vorteil der doppelten Bettbreite, kann nachts wieder im Schlafzimmer Fernsehschauen etc.
- *Verhinderung von neuem Negativen:* Durch Bewusstheit, Umsicht und Achtsamkeit wird das eigene »Instrument« zunehmend dazu motiviert, neue Traumatisierungen zu vermeiden. Dazu gehören auch Gesundheitsvorsorge, ein ständiges Bemühen um Liebe gegenüber sich selbst und dem Partner etc., das Erlernen von »Kernkompetenzen«, die dem Negativen gegenübergestellt werden, so z. B. das konstruktive Lenken von Aggressionen, statt sie zu verdammen.

Wir erleben die Welt nicht so, wie sie ist,
sondern so, wie wir sind.

Der positive Ansatz

Es sind die Interpretationen, die wir dem Leben und unseren Mitmenschen geben, die in uns ein Gefühl von Bewunderung und Erfülltsein hinterlassen oder einen faden Beigeschmack. Mit dem positiven Ansatz möchte die positive Psychologie nicht die Schwierigkeiten leugnen, die das Leben nun einmal zu bieten hat. Licht und Schatten, Freude und Schmerz haben allesamt ihre Berechtigung im menschlichen Dasein. Die positive Psychologie bietet nun eine Möglichkeit zu verhindern, dass wir durch belastende Interpretationen zum Schmerz, den wir einmal erlebt haben, noch den Dauerschmerz, der ein Leben lang anhält, hinzufügen.

Oftmals halten wir an einer negativen Wertung fest, weil wir den Schmerz, der dahintersteht, nicht spüren wollen. Wir packen die Situation oder den betreffenden Menschen in eine Schublade, um nicht fühlen zu müssen, was wir eigentlich fühlen würden, wenn wir die Bewertungen aufgäben. Indem wir das, was wir erleben, positiv umdeuten, verleugnen wir nicht mehr das Gefühl, das Drama, die emotionale Ladung, die wir damit verbinden. Im Gegenteil: Wir übernehmen Verantwortung dafür, dass wir fühlen, was wir fühlen, und erlösen damit die Belastung aus ihrer Abkapselung. Warum wir uns dadurch befreien können, soll nachfolgend dargestellt werden.

In meinem Buch *Kraftquelle Mentaltraining* habe ich

erläutert, wie mental kreiert wird: Wenn ein bildhafter Gedanke mit einem starken Gefühl belegt wird, erzeugt dies eine Kreation, die sich im Alltag zeigen muss.

Bei der *Auflösung* von belastenden Mustern und Kreationen verfahren wir genau entgegengesetzt: Wir erlauben uns, »zu fühlen, ohne zu denken«. Auch ein Problem, ein Muster, ein Symptom sind Kreationen. Der Kreation ist es hierbei völlig egal, ob wir sie mögen oder nicht, ob sie uns Schaden zufügt oder nicht. Sie ist aus dem gleichen Mechanismus entstanden, wie wir es beim Mentaltraining gelernt haben.

Damit wir eine Kreation auflösen können, müssen wir sie erst einmal annehmen, denn wir können nichts bearbeiten, was außerhalb unseres Verfügungsbereiches liegt. Deshalb ist Akzeptanz (siehe Extrakapitel) so wichtig. Höher noch als Akzeptanz steht die Wertschätzung. Der Avatar-Trainer Harry Palmer drückt es folgendermaßen aus: »Jede Kreation verdient Wertschätzung!« Dies ist der positive Ansatz, bei dem das Negative nicht bekämpft, sondern angenommen und umgewidmet wird.

Nun können wir aber kaum etwas annehmen und bewundern, was wir nicht mögen. Hier hilft die positive Psychologie, indem sie die Dinge erst einmal positiv bewertet. Der »positive Ansatz« hilft übrigens bei innerseelischen Problemen genauso wie beim Umgang mit den Mitmenschen. Wenn Sie sich beispielsweise darüber ärgern, dass Ihr Nachbar beim Fußballschauen laut grölt, und wutentbrannt läuten, um ihm die Meinung zu sagen, kann es sein, dass der Hausfrieden gefährdet ist. Wenn Sie den Nachbarn dagegen dafür bewundern, wie kraftvoll er seinen Urgefühlen Ausdruck verleihen kann, und dann läuten, wird das Gespräch viel friedvoller verlaufen.

Wenn jemand mit Kopfschmerzen, die er weghaben will, in die Lebensberaterpraxis kommt, nützt es nichts, mit ihm um den Kopfschmerz zu ringen. Dadurch wird er nur noch stärker. Wenn wir dagegen sagen, »Super, Kopfschmerz, wie machen Sie denn das? – Interessante Kreation!«, wird durch genau diese Bewunderung die unliebsame Kreation aufgelöst.

Übersetzungstabelle negativ – positiv

Einen positiven Ansatz zu lernen, ist wie Vokabelnlernen: Beides hat man uns nicht wirklich beigebracht. Aus diesem Grund erhalten Sie nachfolgend eine Übersetzungstabelle von Opfersprache (negativ wertend) in Bewunderungssprache (der positive Ansatz), die Sie nach Belieben erweitern können*:

- abhängig – verbunden
- aggressiv – kraftvoll
- anderer Meinung – sie weiß, was sie will
- ängstlich – vorsichtig
- arm – selbstgenügsam
- arrogant – selbstsicher
- aufdringlich – durchsetzungsstark
- aufgebläht – wahre Größe
- aufreibend – bemerkbar
- befehlend – richtungsweisend
- begriffsstutzig – sorgsam
- beklemmend – verbindend
- belehrend – zuwendend
- berechnend – vorausblickend
- besserwisserisch – gescheit
- bindungsunfähig – freiheitsliebend
- bohrend – deutlich
- brutal – direkt
- demütigend – lebt die eigene Größe
- derb – natürlich
- desinteressiert – in sich ruhend
- dick – kuschelig
- eigensinnig – selbstbewusst, weiß, was ihm gut tut
- ekelhaft – konfliktfreudig
- falsch – schlau

* Christa Kössner: *Die Spiegelgesetz-Methode. Praktischer Wegweiser in die Freiheit*. Ennsthaler Verlag Steyr

- faul – kann sich gut entspannen
- fett – monumental
- fordernd – lebendig
- frech – eigenständig
- frech – schlagfertig
- fremdbestimmt – gottvertrauend
- freudlos – schutzbedürftig
- frigide – gut geschützt
- geizig – sorgt gut für sich selbst
- genussunfähig – konzentriert auf das Wesentliche
- gierig – bedürftig nach …
- giftig – Zeichen setzend
- gleichgültig – neutral
- grantig – auf Moll eingestellt
- grob – direkt
- hart – durchsetzungsfähig
- hasserfüllt – großes Gefühlspotenzial
- hässlich – markant
- heimtückisch – clever
- hektisch – schnell
- heulerisch – schauspielerisches Talent
- impotent – klar abgegrenzt
- jähzornig – gefühlsstark
- jähzorniger Despot – energiegeladene Persönlichkeit
- kalt – sachlich
- klammernd – bindungsfreudig
- knausrig – sparsam
- lähmend – besonnen
- lasch – sanft
- leidend – dicht bei Gefühlen
- nachtragend – gutes Gedächtnis
- neidisch – nach Fülle strebend
- oberflächlich – locker
- ordinär – authentisch
- pervers – vielseitig kreativ
- primitiv – naturbelassen
- provokant – konfliktfähig
- redefaul – in sich ruhend
- sarkastisch – bringt die Dinge auf den Punkt
- schlampig – aufs Wesentliche konzentriert
- schmarotzerisch – lebenstüchtig
- schüchtern – vorsichtig
- selbstherrlich – liebt seine Einzigartigkeit
- steif – still
- stur – konsequent
- stur – beharrlich, Durchhaltevermögen
- süchtig – genussfähig
- tätowiert – geschmückt
- teilnahmslos – selbstzentriert
- träge – ruhig
- tyrannisch – führungsfähig
- überheblich – selbstwürdigend

- unentschlossen – vorsichtig
- unfolgsam – eigene Meinungsbildung
- ungeduldig – spontan, schnell, dynamisch
- ungerecht – eigene Richtlinien
- unmännlich – sensitiv
- unpünktlich – eigener Zeitbegriff
- unrealistisch – phantasievoll
- unruhig – lebhaft
- unterschwellig – suggestiv begabt
- unverantwortlich – eigenes Wertesystem
- unweiblich – stark
- verantwortungslos – gefestigtes Urvertrauen
- vereinnahmend – beschützend
- verkrampft – konzentriert auf einen Punkt
- verlogen – phantasievoll
- verrückt – kreativ
- voreingenommen – hat eine eigene Meinung
- zurückgezogen – eins mit sich selbst
- zynisch – wortgewandt

Das Geheimnis der Umdeutung

Die positive Psychologie sucht stets den positiven Ansatz im Sinne des lateinischen *positum* (»ausgehen von dem, was ist«). Für diesen Zweck sieht die positive Psychologie in jedem Hindernis, jedem Problem, jedem Symptom eine »Aktualfähigkeit«, die Sie erkennen und würdigen können, um so den Konflikt zu lockern und über das Thema hinauszugehen. Im therapeutischen Prozess bedeutet dies eine Befreiung von Dominanzstrukturen: hier der Erleuchtete, Erfolgsmensch, Allwissende, Könner und dort der Unerleuchtete, Erfolglose, Kranke, Versager. Positive Psychologie basiert auf der Grundlage von Ebenbürtigkeit, bei der Bewunderung und Respekt für das Problem, das Symptom, den Klienten vorhanden sind. Wir gehen also nicht frontal gegen das Symptom vor, sondern lösen es wie das Schwert in der Artussage aus der Versteinerung, indem wir mit dem gehen, was ist, und uns erst dann dem zuwenden, was sich daraus entwickeln kann. Es handelt sich hierbei also um ein »prozessorientiertes« und erst in zweiter Linie um ein zielorientiertes Vorgehen. Der Prozess hat Vorrang vor der Ergebniserwartung. Der Weg *ist* das Ziel.

Wenn Sie genau hinspüren, erkennen Sie, dass genau in den scheinbar negativen Problemen oder Symptomen eine ganz besondere Qualität verborgen ist, die Sie auspacken, aus*wickeln* können: Das Geschenk liegt in Ihrer »Entwicklung«.

> Parallel zur Erhebung der Symptomatik versucht der Therapeut eine allgemeine positive Umdeutung der aufgetretenen Störung. Er gibt die Deutung weiter, die den praktisch effektivsten Standortwechsel begünstigt:
>
> - Welche positiven Aspekte bringt das Erröten?
> - Welche Vorteile bringen Hemmungen mit sich?
> - Welche Funktionen erfüllen Schlafstörungen?
>
> Wenn wir andere Bewertungsmöglichkeiten (Umwertung, positive Deutung, Standortwechsel) versuchen, so nicht, weil diese objektiver wären. Wir tun dies, um unsere eigenen Bezugssysteme, die der Patienten und ihrer Umwelt zu relativieren. Damit verlassen wir das ursprüngliche Symptom und bewegen uns in Bereichen, die der Patient als positiv, d.h. symptomarm empfindet [...] ein Eingehen auf die Fähigkeiten des Patienten.
> Beispiel: Wenn eine Familie sich ständig mit Konflikten beschäftigt, spitzt sich die Situation oft zu. Wenn wir uns aber damit beschäftigen, dass die Familie trotz allem zusammenhält, ermutigen wir die Familienmitglieder, die schon lange in Vergessenheit geratenen positiven Beziehungen wieder zu erinnern. Eine situative Ermutigung kann daraus erwachsen.
> Die Positive Psychologie übernimmt in dem Fall die Aufgaben, die belastenden Umgebungsfaktoren ab-

> zuklären und damit die Belastung des Patienten zu vermindern. Ich beschränke mich nicht darauf, die Patientin als leidend und hilflos zu sehen, sondern erinnere sie an ihre Stärke und Fähigkeiten.*

Dies ist die überraschende Kehrtwende, welche die positive Psychologie zu vollbringen vermag. Sie ist deshalb so hilfreich, weil sie das Ego lockert. Sie erlaubt angesichts von einem Problem oder Symptom, den Selbstwert zu wahren, dadurch den Griff des Egos und seiner Vorstellungen zu lockern und sich gleichzeitig in Richtung Lösung zu bewegen – und zwar auf eine ganz eigene Weise.

> Die positive Deutung setzt gewissermaßen das Wissen um die Leiden und Nöte, Schmerzen, Sorgen und Trauer bei einer Krankheit voraus und konfrontiert mit einer weniger bekannten, für das Verständnis und den praktischen Umgang mit dem Leiden um so wichtigeren Seite der Krankheit: mit ihrer Funktion, mit ihrem Sinn und damit ihren positiven Aspekten. So lässt sich beispielsweise Magersucht interpretieren als »die Fähigkeit, mit wenig Mitteln auszukommen und am Hunger der Welt teilzuhaben«.**

Wie gelangen Sie zur positiven Umdeutung? Das Geheimnis ist ganz einfach: Fragen Sie sich einmal, was

* Nossrat Peseschkian: *Psychosomatik und Positive Psychotherapie*. Fischer Taschenbuch Verlag Frankfurt a. M., S. 88 ff.

** Ebenda, S. 23

geschähe, wenn die Schöpfung den Menschen genau so konstruiert hätte, dass er das Symptom nicht produzieren könnte – was würde dann in der Schöpfung fehlen?

- Wie wäre unsere Welt, wenn unsere Körper nicht die Fähigkeit hätten, krank zu werden?
- Wie wären unsere Beziehungen, wenn wir nicht in der Lage wären, in ihnen Konflikte zu erleben?
- Wie wäre unser Wohlstand, wenn es nicht möglich wäre, arm zu sein?
- Wie wäre unsere Sexualität, wenn es uns nicht möglich wäre, Frigidität oder Erektionsprobleme zu produzieren?
- Wie wäre unser Erfolg, wenn es uns nicht möglich wäre, Misserfolg zu erleben?

Gemäß der Grundlagen der positiven Psychotherapie und ihres Begründers Dr. Nossrat Peseschkian vollzieht sich die Lösung eines Problems, Konflikts oder Symptoms in fünf Stufen*:

1. Wertfreie Beobachtung, Distanzierung, positive Umdeutung
2. Inventarisierung, Klärung des Umfeldes, Verstehen des Hintergrundes
3. Hangeln am positiven Strang, Glaubenssatzarbeit, situative Ermutigung
4. Verbalisierung
5. Zielerweiterung

* Ebenda, S. 492 ff.

Anhand des Beispiels »Frigidität/Impotenz« wollen wir nun untersuchen, wie sich diese Struktur zur Lösung von Aktualkonflikten einsetzen lässt.

1a) *Wertfreie Beobachtung:* In die Lebensberaterpraxis kommt ein Ehepaar: Sie klagt über die Impotenz ihres Mannes, er klagt über die Frigidität seiner Frau. Der letzte befriedigende Liebesakt lag sechs Jahre zurück.

1b) *Distanzierung:* Wir untersuchen, in welchen Kulturkreisen und unter welchen Umständen diese Symptome wahrgenommen und bewertet werden, und erkennen, dass die angesprochene Thematik gerade in der westlichen Zivilisation sehr häufig anzutreffen ist, während sie bei Urvölkern relativ unbekannt ist.

1c) *Positive Umdeutung:* Frigidität ist die Fähigkeit, durch den Körper nein zu sagen. Impotenz ist die Fähigkeit, sich aus dem Konfliktfeld der Sexualität zurückzuziehen (Erektionsstörungen) oder schnell zum Ziel zu kommen (vorzeitige Ejakulation).

2a) *Inventarisierung, Klärung des persönlichen Umfeldes:* Wir sammeln wie bei einer Ladeninventur alles, was wir an Material zu dem Thema in unserem persönlichen Umfeld finden. Wichtig ist es, hierbei weiterhin offen und wertfrei vorzugehen. Die Versteifung auf das Symptom soll gelöst werden. Sinnbild liefert das Lösen eines Knotens, an dem zu fest gezogen wurde, indem die Kordeln im Umfeld gelockert werden. Fragen, die wertfrei zum Thema hinführen, können in unserem Beispiel sein:

- Haben Sie das Gefühl, nicht zum Ziel zu kommen (Mann) bzw. zugeknöpft zu sein (Frau)? Wann und wo?

- Haben Sie als Kind sexuelle Empfindungsfähigkeit gespürt? Gab es einen Zeitpunkt, als diese verloren ging? (insbesondere für die Frau)
- Spielt Leistung für Sie eine große Rolle, insbesondere für Ihren Selbstwert? Empfinden Sie sexuelle Erregung als Leistung? (insbesondere für den Mann)
- Geht Ihr Partner genügend auf Ihre Bedürfnisse ein? Kennt er sie überhaupt? Weiß er, wie Sie sich fühlen, wenn er auf Ihre Bedürfnisse eingeht?
- Haben Sie die Fähigkeit entwickelt, nein zu sagen, wenn Sie etwas nicht möchten?
- Respektieren Sie die Einzigartigkeit Ihres Partners, die sich auch in seinen (sexuellen) Eigenarten ausdrückt?

2b) *Verstehen des Hintergrundes:* Aus psychoanalytischer Sicht ist Impotenz eine Abwehrmaßnahme des Ich gegen die mit der Sexualität verknüpften Ängste und soll der Ich-Stabilisierung dienen: »Rühr mich nicht an!« Biologisch werden die Lustsignale vom Zwischenhirn zu den Genitalien und umgekehrt weitergeleitet. So ist ein lustvoller Verkehr nur möglich, wenn keine negativen emotionalen Zustände diese Reiz- und Nachrichtenübermittlung stören, insbesondere kein Misstrauen gegenüber Sexualvorgängen besteht. Das Bedürfnis, durch den Körper nein zu sagen, geht oft einher mit fehlender Fähigkeit, dem Partner mit Worten im Alltag klar ja und nein zu sagen. Eine Frau, die sich nicht verstanden fühlt, macht von innen zu. Sagt man ihr dann noch, sie sei frigide, landet sie in einer therapeutischen Sackgasse.

3a) *Der positive Strang:* Deuten wir sie jedoch positiv, erleben wir sie als die Fähigkeit, einer unangenehmen

Konfrontation aus dem Weg zu gehen, und können nachfragen, wozu sie eigentlich nein sagen wollte, sich aber nie getraut hat. Hangeln wir uns nun am positiven Strang entlang, also im konfliktarmen Bereich, erfahren wir, dass die Frau den Mann keineswegs grundsätzlich ablehnt, und können die mit dem Konflikt verbundenen Hintergründe mit genügend Gelassenheit und Distanz hinterfragen.

3b) *Glaubenssatzarbeit:* Hier geht es darum, Hintergrundthemen zu finden und zu verarbeiten, dabei belastende Glaubenssätze aufzuspüren und zu verändern.

Hintergrundthema: Der Mann hat bzw. nimmt sich zu wenig Zeit für die Frau im Gegensatz zum Gedanken, sich Zeit für die Liebe nehmen. Weiterführende Fragen:

- Wie fühlen Sie sich, wenn Ihr Partner für Sie wenig Zeit hat? (an sie)
- Was würden Sie tun, wenn Sie mehr Zeit zur Verfügung hätten? (an ihn)

Glaubenssätze: »Zeit ist Geld«, »Ich bin zu sehr im Stress für Sex«, »Um mein Leben zu leben, muss ich vieles vernachlässigen, auch den Sex« können umgedeutet werden in Sätze wie »Zeit kann auch Freude und Reichtum sein«, »Sex kann helfen, sich vom Stress zu befreien«, »Indem ich in den wichtigen Dingen unserer Beziehung nicht schludere, sondern ihnen Aufmerksamkeit schenke, gewinnen wir beide Kraft für das Wesentliche«.

Lösungsansätze: Gezielt Zeit einplanen und sich Zeit nehmen für Dinge, die beiden wichtig sind.

Weiteres Aktualthema: Mann wie Frau fühlen sich blockiert in ihrem sexuellen Vergnügen – und dies im Gegensatz zur Fähigkeit, zu sich und zum Partner eine geschlechtliche Beziehung aufzunehmen. Weiterführende Fragen:

- Was speziell gefällt Ihnen an Ihrem Partner körperlich?
- Welche Wünsche an die Sexualität haben Sie?

Glaubenssätze: »Ich bin sexuell über- bzw. unterfordert«, »Ich fühle mich unter sexuellem Leistungszwang«, »Ich fühle mich sexuell nicht ermuntert« können umgedeutet werden in Sätze wie »Ich bin bereit, meinem Partner in der Sexualität frei von Forderungen zu begegnen, so wie ich bin bzw. er ist«, »Ich erlaube mir, mich in der Sexualität zu entspannen und das zuzulassen, was immer geschehen soll«, »Ich bin bereit, meinen Partner und auch mich selbst zu ermuntern, ich selbst zu sein und mich auszudrücken, und zwar erst einmal in anderen Bereichen, später auch im Sex«.

Lösungsansätze: Einander Zeit und Raum für sexuelle Begegnungen einräumen, die frei von bestimmten Vorstellungen sind.

4) *Verbalisierung:* Beide Partner bestätigen, wie wichtig es für sie ist, erfüllt und glücklich miteinander zu leben. Sie gehen in ihr Herz und lassen ihr Herz sprechen.

5) *Zielerweiterung:* Beide Partner nehmen sich vor, sich mehr Zeit füreinander und für die Liebe zu nehmen, ohne damit irgendeine starre Erwartung oder konkrete Vorstellung zu verbinden. Sie erkennen, dass das Herz und die gemeinsame Herzberührung ein Schlüssel für

ihr ehrliches und authentisches »Ja« und »Nein« ist und dass sie ehrlich nein sagen können, ohne dadurch an Liebe und Wertschätzung zu verlieren. Sie bekunden ihr aufrichtiges Interesse am anderen, wie immer er ist, an seinem Selbst, und verabreden einen freien Abend pro Woche, an dem sie sich ausschließlich dem Miteinander widmen – und der Liebe.

Wir haben uns in den vergangenen Kapiteln mit den Grundpfeilern der positiven Psychologie auseinandergesetzt. Heute ist die Entwicklung der positiven Psychologie so weit fortgeschritten, dass wir moderne Techniken und Hilfen anbieten können, die bisher noch keine Berücksichtigung gefunden haben. Mit diesen werden wir uns an späterer Stelle genauer befassen. Auch wurden im Rahmen der positiven Psychologie neue Tugenden und Werte aufgenommen und auf ihre positive Wirkung hin erforscht. Diese finden Sie im dritten großen Kapitel zum Thema *Tugend und innere Qualitäten*.

Doch zuerst einmal wollen wir uns mit den Hindernissen auseinandersetzen. Warum lebt nicht jeder Mensch so positiv, wie er könnte, und was können gezielte Auswege aus der jeweiligen Beengung sein? Darum geht es im folgenden Kapitel.

II
Hindernisse für ein erfülltes Leben

Wir wollen nachfolgend untersuchen, welche Hindernisse und Probleme bei der Verwirklichung eines erfüllten Lebens auftreten können und wie damit umzugehen ist. Zu Beginn jedes Themas finden Sie die darin verborgene »Aktualfähigkeit«, die eine positive Deutung und Öffnung aufzeigt. Oft genügt bereits das Erkennen der Aktualfähigkeit, um eine Auflösung des Hindernisses einzuleiten.

Abhängigkeit von äußeren Umständen

Aktualfähigkeit: Abhängigkeit ist die Fähigkeit, rezeptiv für äußere Einflüsse zu sein.

Das Gesetz des freien Willens besagt, dass der Mensch tun kann, was er will. Leider kann er nur selten wollen, was er will. Rousseau sagte einmal: »Der Mensch ist frei, doch überall liegt er in Ketten.« Zwar waren es vor allem gesellschaftliche Ketten, die Rousseau meinte, doch können wir seinen Satz auch auf das Gefangensein durch unseren »Mind« (engl. *mind* = Verstand, Gemüt) beziehen. Diese Ketten, die uns in Abhängigkeit halten, sind meistens unsichtbar, aber nicht unwirksam. Durch unseren »Mind«, unsere Art und Weise zu denken und zu empfinden, sind wir gebunden. Wir sind wie eine Spinne, die sich im eigenen Netz verfängt, da wir durch unser Bewusstsein täglich neu an unserem Schicksal weben. Hierbei wirken gute Gedanken, Worte, Handlungen ebenso bindend wie negative Gedanken, Worte, Taten – die einen sind Ketten aus Gold, die anderen Ketten aus Stahl.

Erst wenn wir aus einer erweiterten Perspektive des »höheren Guten« heraus denken, reden und handeln, berühren wir unseren wahren Kern, unsere essenzielle Positivität, und die Ketten können sich schließlich lösen. Bezogen auf das Sinnbild der Spinne können wir sagen:

Sobald wir erkennen, dass wir nicht das Netz sind, das wir weben, sondern etwas jenseits davon, sobald wir mit Abstand die ganze Perspektive sehen, verfangen wir uns nicht mehr in den Spinnweben, sondern lernen, auf ihnen zu laufen. Wir wollen nun einige jener Ketten bzw. Spinnweben, die uns noch binden, anschauen und dabei Möglichkeiten ausleuchten, wie wir uns aus ihnen befreien können.

Angst, sich selbst zu leben: Hinter dieser Angst steckt der Glaubenssatz: »Wenn ich tue, was ich für richtig halte, bekomme ich unangenehme Konsequenzen zu spüren. Der Partner ist eingeschnappt, der Freund macht Ärger, der Chef feuert mich.« Je mehr ich meine Ängste kultiviere, desto abhängiger werde ich. Im Inneren glaube ich, der Partner, Kollege, Chef oder Kunde sei ein Dämon, der mich bedroht. Aus Angst versuche ich, es ihm recht zu machen; statt mich selbst zu leben, verbiege ich mich. Heimlich führe ich ein Schattendasein, das ich anderen vorenthalte. Viele Ängste lösen sich auf, wenn ich mich frage: »Was kann schlimmstenfalls passieren, wenn ich mehr zu mir selbst stehe?« Frieden erfahre ich nämlich nicht, wenn ich es dem anderen bequem mache, sondern wenn ich einen Weg finde, den eigenen Standpunkt zu kommunizieren. Selbstdurchsetzung (siehe Kapitel *Assertivität*), Mitgefühl (siehe Kapitel *Bodhichitta*) und Kreativität helfen mir, die eigenen Ängste zu überwinden. Wie Marshall Rosenberg in seinen Ausarbeitungen über die gewaltfreie Kommunikation zutreffend darstellt, kann nur durch die Wahrnehmung und Kommunikation der eigenen Bedürfnisse dauerhafter Frieden erworben werden. Das Motto einer Rosenberg-Schülerin lautet: »Sei nicht nett, sei echt!«*

Aktualfähigkeit: Angst sich selbst zu leben ist die Fähigkeit, auf andere Rücksicht zu nehmen!

Drogen: Drogen verweisen immer auf ein Thema, das sie überlagern. So stellt die Abhängigkeit von Zigaretten oft ein orales Thema dar, während der Alkoholiker der Härte der Welt entflieht, »die Welt weichtrinken« möchte usw. Indem wir herausfinden, was die Sucht uns sagen will, kommen wir dem dahinterliegenden Thema auf die Spur und können die Sucht einlösen, d.h. durch etwas anderes, Stimmiges ersetzen.

Aktualfähigkeit: Drogenkonsum ist die Fähigkeit, sich Ersatz zu beschaffen!

Fixierung auf eine einzige Bezugsperson: Hinter der Fixierung steckt der Glaubenssatz: »Die Erfüllung meiner Bedürfnisse kann ich nur von einem einzigen Menschen auf der Welt bekommen!« Um die »Nachlieferung« zu sichern, bindet man sich an genau diesen Menschen und fühlt sich auch dann noch an ihn gebunden, wenn der andere gar nicht mehr »liefern« kann oder will. Wir erleben dies bei vielen Mutter-Kind-Beziehungen und ebenso in Partnerbeziehungen. *Beispiel:* Der ehemalige Romeo ist zu einem filzpantoffeltragenden Feierabendmuffel degeneriert. Daran können wir lernen, wie wichtig es ist, die eigenen Bedürfnisse deutlich zu spüren, zu kommunizieren und sich der Erfüllung auf vielen Ebe-

* Kelly Bryson: *Sei nicht nett, sei echt!* Junfermann Verlag Paderborn

nen zu öffnen. Es gilt zu erkennen, dass Bedürfniserfüllung unser Geburtsrecht ist. Indem wir uns auch anderen »Lieferquellen« öffnen, erfahren wir, wie weit und umfassend unsere Möglichkeiten sind, für unsere Bedürfniserfüllung zu sorgen.

Aktualfähigkeit: Fixierung ist die Fähigkeit, mit wenigem auszukommen!

Harmoniesucht: Der Harmoniesüchtige hat keine inneren Ressourcen, mit denen er andersartigen Standpunkten oder gar Disharmonien begegnen kann, er ist nicht »konfliktfähig«. Jeder Konflikt stellt für ihn eine Bedrohung dar. Er ist wie ein Schiff ohne Kiel. Aus diesem Grund kann er nur bei schönem Wetter segeln, weshalb man ihn auch den »Schönwettersegler« nennt. Die Psychologie bezeichnet so einen Menschen als »seelisch impotent«, da seine Macht des Ausdrucks von äußeren Umständen abhängt. Vielleicht meinte dies der ehemalige SPD-Fraktionsvorsitzende Herbert Wehner, als er den damaligen Bundeskanzler Willy Brandt mit den folgenden Worten abqualifizierte: »Der Herr badet gerne lau!« Der Harmoniesüchtige versucht, anderen schön zu tun – und dies unter Aufgabe des eigenen Standpunktes – und manövriert sich dadurch immer mehr in äußere und innere Abhängigkeiten. Vielleicht wurde er als Kind für Widerworte bestraft oder erlebte Konflikte als traumatische Erfahrungen. Aufgrund dieser Abhängigkeiten ist der Harmoniesüchtige prädestiniert für symbiotische Beziehungen. Spürt er irgendwann, dass er sich der Beziehung zuliebe völlig zurückgezogen hat, beginnt er entweder zu resignieren oder er erkrankt an seiner unguten Beziehung. Hinter Harmoniesucht steckt immer auch eine ungute Beziehung zu sich selbst. Gelegentlich kann es sogar zu Gegenreaktionen kommen: Ist der Harmoniesüchtige sehr unter Druck, verhält er sich wie ein Elefant im Porzellanladen und schlägt seine Beziehungen zu Bruch, um wieder frei atmen zu können. Anschließend bedauert er sein Verhalten und fühlt seine Angst vor Disharmonie bestätigt. Der Harmoniesüchtige pendelt mitunter zwischen arroganter Kratzbürstigkeit und Verschmelzungssucht hin und her, bis er die Lösung erkennt: Den eigenen Standpunkt spüren und liebevoll vertreten, den anderen mit seinen Eigenarten respektieren, auch wenn man nicht immer einer Meinung ist. »Ich bin ich, und du bist du. Obwohl wir nicht immer der gleichen Meinung sind, lieben wir uns, respektieren wir uns.« So wird eine »Schwebung« erreicht, so werden Welten überbrückt, so finden wir einen erwachsenen Umgang mit Konflikten.

Übung: Gehen Sie einmal bewusst in eine Atmosphäre, in der eine laute und raue Stimmung herrscht, beispielsweise in ein Bierzelt oder auf den Marktplatz. Und dann spüren Sie dort *sich: den* Teil in Ihnen, der immer war und immer sein wird. Erkennen Sie, dass Ihr wahres Selbst durch Disharmonie gar nicht beeinträchtigt werden kann, so wie ein Spiegel keinen Kratzer davon bekommt, dass man ihm ein Messer zeigt. Erkennen Sie die verborgene Harmonie hinter der scheinbaren Disharmonie.

Aktualfähigkeit: Harmoniesucht ist die Fähigkeit, einem Konflikt auszuweichen.

Meinungen: Oft schätzen wir die Meinung eines anderen höher ein als unsere eigene. Oder wir betrachten es als Lieblosigkeit, eine andere Meinung als unser Nächster zu haben bzw. einer anderen Meinung zu folgen. Dabei sind Meinungen nur Anregungen, und wir müssen aus uns selbst heraus entscheiden, ob wir sie für zutreffend halten oder nicht. Erkennen Sie, dass Meinungen immer aus dem Verstand kommen, nicht aus der Wahrnehmung. Wenn Sie das Kapitel über Intuition durcharbeiten, werden Sie erkennen, dass die unmittelbare Wahrnehmung der Meinung unendlich überlegen ist. Sie brauchen nicht mehr zu »raten«, sondern Sie wissen.

Aktualfähigkeit: Abhängigkeit von Meinungen ist die Fähigkeit, Weltbilder auszuprobieren.

Muster: Wir sind konditioniert durch unsere Erziehung und unseren Werdegang. In Indien werden Elefanten dadurch gezähmt, dass man ihnen von klein auf ein Lasso um den Fuß bindet und an einem Strauch befestigt. Später, wenn sie groß sind, könnten sie den Strauch mit Leichtigkeit aus dem Boden ziehen, aber sie verhalten sich nach wie vor wie gefesselt. Um die Abhängigkeiten von unseren Mustern zu überwinden, müssen wir lernen, uns selbst von außen zu betrachten (siehe Kapitel *Meditation*) und belastende Gewohnheiten und Denkweisen in Frage zu stellen. Oft besteht die Abhängigkeit nur in einem einzigen (falschen) Gedanken.

Aktualfähigkeit: Muster geben uns die Möglichkeit, routiniert zu leben.

Vorstellungen: Jede Vorstellung stellt eine Begrenzung dar. Vorstellungen binden uns und halten uns gefangen. Jede Vorstellung hindert uns am unmittelbaren Erleben, weil sie glaubt, dass die Erfüllung nur auf eine ganz bestimmte Weise erfolgen kann. Sie ist ein mentales Konzept. Nehmen wir einmal an, Sie hätten gerne eine Beziehung. Das ist kein Problem, 50% aller Menschen würden gern in einer Beziehung leben. Es gibt also genug Menschen auf der Welt, die bereit wären mitzumachen. Wenn Sie allerdings denken, Ihr Beziehungspartner müsste blond, blauäugig, schlank, durchtrainiert, romantisch, gutverdienend und BMW-Fahrer sein, dann haben Sie ein Problem. Und so ist dies auch mit vielen Dingen, wo wir von Vorstellungen besessen sind.

Aktualfähigkeit: Vorstellungen sind die Fähigkeit, von Dingen zu träumen, die nicht da sind.

Wenn-Sätze: »Wenn mein Vater mich nur dafür anerkennen würde, was für ein toller Mensch ich bin, dann wäre ich frei, wirklich erfolgreich zu sein!« Wann immer ich in meinem Leben ein »wenn« mit einer Vision verbinde, lebe ich in einer Bedingung. Auch dies ist eine Abhängigkeit, nämlich in Form einer Bedingung. Es ist notwendig, Bedingungen zu erkennen, um uns aus ihnen zu erlösen. Die Verantwortung für unser Leben können wir an niemanden abgeben. Wir können und sollten uns der Einen Kraft hingeben, aber unser Denken, Reden und Tun selbst verantworten.

Aktualfähigkeit: Bedingungen sind die Fähigkeit, seine Macht abzugeben.

Es gab einmal einen Menschen, der betete zum lieben Gott: »Lieber Gott, gib mir deine hilfreiche Hand!« Und aus dem Himmel erhob sich eine Stimme und sagte: »Wenn du eine hilfreiche Hand suchst, dann schau doch mal am Ende deines Armes nach!« Wir können sehr wohl Gottes Segen für unsere Arbeit erbitten und dies ist sicherlich sinnvoll und in vielen Fällen auch notwendig. Aber wir können nicht erwarten, dass er sie auch noch tut.

In letzter Konsequenz ist Abhängigkeit Verrat an der eigenen Selbstwirksamkeit, also der Fähigkeit, aus sich selbst heraus etwas in Wirkung zu bringen. Wenn Sie glauben, dass Ihr Leben von etwas Äußerem abhängt, dann übergeben Sie damit auch die Macht für die eigene Lebensbewältigung an jemand anderen.

Ob Sie verletzt sind oder souverän, frei oder gebunden, hat nichts mit einem anderen Menschen oder bestimmten Umständen zu tun, sondern Sie selbst entscheiden sich jeden Augenblick neu für oder gegen das Leiden. Selbst wenn Sie ein leidgeplagter Sokrates sind und eine Xanthippe zur Frau haben, können Sie mit ihr frei, unabhängig und glücklich leben – wenn Sie die Verantwortung für Ihr Glück selbst übernehmen.

Übung: Fragen Sie sich einmal: »Wovon mache ich mein Lebensglück abhängig?« Erkennen Sie eventuelle Abhängigkeiten und finden Sie für jede Abhängigkeit mindestens drei alternative Wege, Ihre hinter der Abhängigkeit stehenden Bedürfnisse zu erfüllen.

Abhängigkeiten verweisen auf unerfüllte Bedürfnisse

Bedürfnisse zu haben, gehört zum Menschsein dazu. Wollten wir unsere Bedürfnisse leugnen, ist es, als würden wir uns kein Existenzrecht zugestehen. Wir alle brauchen Luft zum Atmen, Essen, einen Schlafplatz, gesundes Wasser und ein bisschen mehr. Es gehört zur menschlichen Natur, in Wechselseitigkeit mit der Natur und anderen Menschen zu stehen. Mit unseren Bedürfnissen spüren wir aber zugleich, dass wir auch auf gesunde Lebensbedingungen und ein unterstützendes Umfeld angewiesen sind.

Bedürfnisse sind immer positiv, konstruktiv und gehören zu dem, was allen Menschen gemeinsam ist, unabhängig von Rasse, Geschlecht oder Hautfarbe. Beispielsweise gibt es kein echtes Bedürfnis nach Rache oder Drogen, da dieses nicht konstruktiv ist. Hinter jedem *unechten* Bedürfnis liegt ein *echtes* Bedürfnis verborgen. Indem wir dem echten Bedürfnis nachspüren, entfällt das unechte Bedürfnis automatisch. Hinter dem unechten Bedürfnis nach Rache steckt unter anderem ein nicht gehörtes Bedürfnis nach Anteilnahme. Drogensucht ist eine fehlgeleitete Strategie: Dahinter steckt ein Bedürfnis nach etwas anderem, das durch die Droge verdeckt wird, beispielsweise nach Sinnerfüllung oder umfassenderen Bewusstseinszuständen.

In früheren Zeiten war es üblich, sich die Bedürfnisse

mit Gewalt zu erfüllen. Dies entstammt unserem animalischen Erbe: Fressen oder gefressen werden. Doch wir wachsen in eine neue Zeit hinein, die wir auch als »globales Dorf« bezeichnen können. Wir finden neue Wege, uns unsere Bedürfnisse miteinander und wechselseitig zu erfüllen, frei von Konkurrenzdenken, Neid und fadem Beigeschmack.

Früher blieb vielen Menschen, die sich der gegenseitigen Gewalt entziehen wollten, nur der Weg des Eremiten, also zurückgezogen in einer Höhle oder Hütte zu leben, sich von den Früchten des Waldes zu ernähren und allem weltlichen Komfort zu entsagen. Nur wenige wurden dauerhaft mit solch einem Weg glücklich. So mancher, der seinen weltlichen Abhängigkeiten durch den Rückzug aus der Gesellschaft entflohen war, fand sich nach seiner Rückkehr aus der Einsiedelei wieder mit den gleichen Abhängigkeiten konfrontiert.

Wir erkennen darin, dass wir die Befreiung von Abhängigkeiten nicht durch völlige Entsagung erreichen können. Denn die Abhängigkeit besteht in erster Linie in unserem Denken. Jeder Mensch hat ganz bestimmte »needs« (engl. *needs* = Notwendigkeiten, Bedürfnisse). Dieses englische Wort trifft es vielleicht besser als unser deutscher Begriff, worum es geht. Von den Bedürfnissen müssen wir die Strategie trennen, mit der wir unsere Bedürfnisse bisher erfüllt haben.

Abhängigkeiten entstehen nicht dadurch, dass wir Luft zum Atmen, Wasser zum Trinken, Zärtlichkeit usw. benötigen. Das sind keine Abhängigkeiten, sondern menschliche Notwendigkeiten. Doch sobald wir Vorstellungen darüber haben, *wie* und *durch wen oder was* diese Bedürfnisse erfüllt werden sollen, leben wir mit einer »Strategie«, statt das Wunder zu erleben, dass das Leben selbst für die Erfüllung unserer Bedürfnisse sorgt, wenn wir bereit sind, sie zu spüren, zu benennen und zu ihnen zu stehen.

Als wir klein waren, haben wir gelernt, dass wir aus uns heraus nicht überleben können, dass wir Mami und Papi dafür brauchen. Wir haben innerlich ganz bestimmte Bezugspersonen für die Erfüllung unserer Bedürfnisse verantwortlich gemacht. Doch wenn wir heute immer noch ganz bestimmte Menschen oder Umstände für die Erfüllung unserer eigenen Bedürfnisse verantwortlich machen, dann laufen wir heute noch »mit geistigen Pampers« umher.

Ein Klient erzählte einmal, dass er als Kind die Nachmittage mit seinen Eltern auf der Golfsportanlage verbrachte, aber keine Limonade und auch nichts anderes zu trinken bekam, da die Eltern mit dem Golfen beschäftigt waren und er sich nicht traute, sie zu stören. Immer wieder kamen Klubkameraden, die dem Kind etwas zu trinken geben wollten. Aber das Kind weigerte sich, etwas von anderen Menschen zu trinken, weil es meinte, dass allein die Eltern dafür verantwortlich seien.

Viele Menschen verhalten sich wie dieses Kind. Sie suchen einen Menschen oder Umstand, den sie für ihre Mängel verantwortlich machen können. Wie man so schön sagt: »Es gibt keine Milch von einem Ziegenbock!« Jeder kann nur das geben, was in seinem Repertoire angelegt ist. Falls man das Gefühl hat, der andere lässt einen »am ausgestreckten Arm verhungern«, gilt es, auf eigene Faust Wege zu finden, diesen Mangel zu beheben.

Wenn Sie etwa ein Bedürfnis nach Naturverbundenheit haben und Ihr Partner ist dazu weder bereit noch in der Lage, dann gilt es, einen Weg zu finden, Ihrem Bedürfnis gerecht zu werden, beispielsweise indem Sie dem Gartenbauverein oder einem Wanderverein beitreten oder mit Ihrer Busenfreundin zum Wandern gehen. Die eigenen Bedürfnisse wahrzunehmen und für sie zu sorgen, nennt die positive Psychologie »Bedürfniskompetenz«. Zur »Bedürfniskompetenz« gehört auch das Eingeständnis der Notwendigkeit unserer Bedürfnisbefriedigung. Denn nur wenn für dafür sorgen, dass wir bekommen, was wir brauchen, können wir anderen etwas von unserem Wohlsein abgeben. Wir haben ein Recht, uns der Erfüllung unserer Bedürfnisse zu öffnen. Wir sollten dem Leben allerdings nicht vorschreiben, *wie* es die Bedürfnisse erfüllt – denn sonst entstehen Abhängigkeiten.

Wir müssen hin und wieder unsere Gewohnheiten ändern, um an die Erfüllung unserer Bedürfnisse zu gelangen. Wenn wir es beispielsweise gewohnt sind, immer beim gleichen Brunnen Wasser zu holen, um unser Bedürfnis nach Trinken zu erfüllen, und der Brunnen versiegt, dann müssen wir nach einer neuen Quelle Ausschau halten.

Was sind lebensbejahende Bedürfnisse? (Übersetzungstabelle)

Die Erstellung der nachfolgenden Liste ermöglicht es, Pseudo-Bedürfnisse von echten Bedürfnissen zu unterscheiden. Darüber hinaus hilft sie im Fall von Abhängigkeiten dabei, aufzuspüren, welches Bedürfnis die Abhängigkeit erfüllen soll, und dabei, sich schließlich auf das Bedürfnis zu konzentrieren statt auf die Person bzw. das Suchtmittel. Die »Umformatierung« von Suchtmitteln in Bedürfnisse funktioniert übrigens auch bei eindeutig schädlichen »Gewohnheiten« wie der Sucht nach Gewalt, Streit oder Selbstzerstörung.

1. Achtsamkeit
2. Alleinsein
3. Annahme
4. Aktualisierung
5. Akzeptanz (der Andersartigkeit)
6. Anerkennung
7. Anregung
8. Ästhetik
9. Aufmerksamkeit
10. Aufrichtigkeit
11. Ausdruck der eigenen Persönlichkeit
12. Ausgeglichenheit, innere
13. Ausgewogenheit
14. Austausch
15. Authentizität
16. Autonomie
17. Beitragen
18. Berechenbarkeit
19. Berührung
20. Bestätigung
21. Beständigkeit
22. Bewegung
23. Bewusstsein
24. Dankbarkeit
25. Danksagung
26. Dauerhaftigkeit
27. Dienen
28. Diskretion
29. Durchführen
30. Effektivität
31. Ehrfurcht
32. Ehrlichkeit

33. Einbezogen sein
34. Einfachheit
35. Einfühlsamkeit
36. Einsicht
37. Empfangen
38. Empathie
39. Entdecken
40. Entfaltung
41. Entspannung
42. Entwicklung
43. Erfahrung
44. Erholung
45. Ernst
46. Erreichen
47. Feiern
48. Fitness
49. Freiheit
50. Freude
51. Freundschaft
52. Frieden
53. Ganzheit
54. Geben
55. Geborgenheit
56. Geburt
57. Genauigkeit
58. Gemeinsamkeit
59. Gemeinschaft
60. Gerechtigkeit
61. Gesellschaft
62. Gesundheit
63. Gewissen
64. Gleichgewicht
65. Gleichwertigkeit
66. Glück
67. Handeln
68. Harmonie
69. Heilung
70. Herausforderung
71. Hilfe
72. Hoffnung
73. Humor
74. Individualität
75. Information
76. Inspiration
77. Integrität
78. Intensität
79. Intimität
80. Klarheit
81. Komfort
82. Kommunikation
83. Können
84. Kongruenz
85. Kontakt
86. Kontinuität
87. Kreativität
88. Lernen
89. Liebe
90. Lebenserhaltung
91. Loslassen
92. Meisterschaft
93. Menschlichkeit
94. Mitgefühl
95. Mitteilung
96. Nähe
97. Nahrung
98. Offenheit
99. Ordnung
100. Orientierung (-spunkte)
101. Platz finden, eigenen
102. Präsenz
103. Pflege
104. Privatsphäre
105. Respekt
106. Rhythmus
107. Rituale einsetzen
108. Ruhe
109. Sättigung
110. Schaffen
111. Schönheit
112. Schutz
113. Sein
114. Selbstbestimmung
115. -bestimmung der Werte, Träume, Visionen
116. -entfaltung
117. -erkenntnis
118. -respekt
119. -verantwortung
120. -verwirklichung
121. -wertgefühl
122. -wertschätzung
123. Sexualität
124. Sicherheit

125. Sinn
126. Spaß
127. Spiel
128. Spiritualität
129. Stabilität
130. Stille
131. Stimmigkeit
132. Stimulation
133. Struktur(en)
134. Teilnahme
135. Tiefe
136. Toleranz
137. Transparenz
138. Trauer (Verlust)
139. Treue
140. Trost
141. Unabhängigkeit
142. Unterkunft
143. Unterstützung
144. Ursache sein
145. Verantwortung
146. Verbindlichkeit
147. Verbindung
148. Verbundenheit
149. Verlässlichkeit
150. Verständigung
151. Verständnis
152. Verstehen
153. Vertrauen
154. Vertraulichkeit
155. Vitalität
156. Wachstum
157. Wahlmöglichkeit
158. Wahrgenommen werden
159. Wahrhaftigkeit
160. Wärme
161. Wechselbeziehung
162. Weiterkommen
163. Wertschätzung
164. Wissen
165. Wissen um den Weg
166. Würde
167. Würdigung
168. Zärtlichkeit
169. Zeit für Integrität
170. Zugehörigkeit
171. Zuhören
172. Zuneigung
173. Zusammenarbeit
174. Zuspruch
175. Zweckbestimmung

Diese Liste hilft Ihnen, unechte Bedürfnisse und Strategien von den dort genannten »echten« Bedürfnissen zu unterscheiden, und ermuntert Sie, zu Ihren wahren Bedürfnissen zu stehen. Diese haben alle Menschen gemeinsam, wenngleich sie situationsbedingt in jedem Menschen in unterschiedlichem Ausmaß aktiv sind. Indem wir »unsere« Bedürfnisse etikettieren, erkennen wir immer klarer, was wir wollen – und was wir nicht wollen.

Übung: Denken Sie an einen Menschen, einen Lebensumstand, ein Suchtmittel, ohne das Sie Ihrer Meinung nach nicht leben können. Finden Sie anhand unserer Liste heraus, welches Bedürfnis dadurch erfüllt werden soll. Finden Sie mindestens drei *neue* Wege, sich dieses Bedürfnis zu erfüllen. Dadurch werden Sie frei von der Projektionsfläche Ihrer Bedürfnisse.

Das Gesetz der Habituation

Das »Gesetz der Habituation« besagt, dass wir keine dauerhafte Bedürfnisbefriedigung erhalten, wenn wir uns in immer kürzeren Abständen immer stärkere Sinnesreize zufügen. Dies offenbart das Suchtmuster starrer Gewohnheiten und zeigt, dass uns die Überhöhung einer ganz bestimmten Form der Bedürfnisbefriedigung vom Leben entfernt.

Ein Mensch, der mit einer Habituation zu kämpfen hat, ist deswegen nicht »böse«. Er steckt lediglich in der Anfangsphase eines Prozesses fest, wie ein Auto, das sich im Schlamm festgefahren hat. Um sich von einer Habituation zu lösen, ist es notwendig, das eigene Seelengefährt wieder aus dem Schlamm herauszubringen. Um sich aus dem Schlamm zu lösen, muss man erst einmal verstehen, was der Schlamm, in dem wir feststecken, ist und nach welchen Gesetzen wir dort gebunden sind bzw. herauskommen.

Ein wissenschaftliches Experiment zeigt die Gefahren der Habituation auf: Forscher pflanzten mehreren Ratten kleine Drähte an den Lustzentren im Gehirn ein. Mittels einer Taste konnten die Ratten einen lustfördernden Schwachstrom auslösen. Die Forschungen ergaben, dass alle Ratten diesen Stromstoß dem Essen und sogar der Paarung vorzogen: Sie betätigten die Taste immer wieder, meistens so lange, bis sie tot waren. Es zeigte sich, dass der elektrische Stimulus bei den Ratten einen Reiz, vergleichbar einem Juckreiz, auslöste, der nur durch erneutes Betätigen der Taste gemildert werden konnte. Die Ratte war im Teufelskreis der Sucht gefangen.*

Ähnlich wie den Ratten mag es auch den Rauchern oder Alkoholikern ergangen sein, denen zwar die erste Zigarette oder das erste Glas Alkohol überhaupt nicht geschmeckt hat, die aber mittlerweile durch Habituation davon abhängig geworden sind.

Wir können an dieser Stelle erkennen: Wann immer uns die Erfüllung eines Bedürfnisses nicht frei macht, sondern in uns einen zwanghaften Wiederholungsreiz, vergleichbar einem Juckreiz, auslöst, haben wir das wahre Bedürfnis durch eine Sucht bzw. Abhängigkeit ersetzt. Als Sinnbild mag uns hier auch ein Hund dienen, der kräftig auf einen Knochen beißt und süchtig nach dem Blutgeschmack ist, der aber nicht aus dem Knochen kommt, sondern auf die Verletzung des Gaumens durch die Knochensplitter zurückzuführen ist. Ein weiteres Beispiel dafür wäre auch der Geistliche, der heimlich ins Bordell geht oder sich zwanghaft Pornos ansieht.

Wie entsteht diese Abhängigkeit durch Habituation? Unsere Nervenzellen sind so konzipiert, dass sie auf neue Sinnesreize hin beginnen, zu »feuern«. Das Ganze funktioniert über das Prinzip der regenerativen Bioelektrik. Forscher haben jedoch nachgewiesen, dass der elektrische Impuls ausbleibt, wenn die Sinnesreize keine neue Qualität und keine neuen Informationen enthal-

* Peter Shizgal: *Neural Basis of Utility Estimation.* In: *Current Opinion in Neurobiology* 7 (2), S. 198–208

ten.* Unsere Neuronen benötigen eine sogenannte Refraktärphase (Erholungsphase), also eine Zeit des Reizentzugs. Bis dahin ist das Neuron nicht in der Lage, zu feuern. Wir finden dieses Prinzip sehr deutlich im Rahmen der Ejakulation des Mannes, der »danach« seine Ruhe braucht, um sich neu aufzuladen, bevor er sich wieder neuen Reizen öffnen kann.

Ein sehr schönes Beispiel liefert auch das Thema »Süßigkeiten«: Unser Körper signalisiert uns ein Bedürfnis nach Wohlgefühl, und wir greifen zur Schokolade. Um Geld zu sparen, nehmen wir eine billige Schokolade, die viel Zucker und wenig Kakao enthält, und voller Gier essen wir die ganze Tafel auf einmal. Der Zuckerspiegel schnellt hoch, fällt aber in relativ kurzer Zeit umso rapider wieder ab. Wir greifen zur nächsten Süßigkeit und wundern uns dann, wenn uns unsere Geliebte abends mit unserem neuen Spitznamen »Rollmops« begrüßt.

Wir erlösen uns aus der Habituation, indem wir erkennen, dass jede Sucht bzw. Abhängigkeit für ein reales Bedürfnis steht, das allerdings in keiner befreienden Form gelebt wird, und indem wir neuen, besseren Möglichkeiten der Bedürfniserfüllung auf die Spur kommen. Wenn wir mindestens 21 Tage lang unsere Bedürfnisse auf eine neue Weise erfüllen, wird der Griff der bisherigen Gewohnheit gelockert und wir erfahren die Erfüllung auf eine neue, stärkere und befreiende Weise.

Gewohnheiten können lebensfördernd oder belastend sein. Dort, wo sie uns nicht guttun, sollten wir sie durch

* Martin E. P. Seligman: *Der Glücks-Faktor. Warum Optimisten länger leben.* Bastei Lübbe Verlag Bergisch Gladbach

neue, bessere Verhaltensweisen ersetzen. Statt der blinden Habituation weiter zu frönen, sollten wir einen neuen Weg finden, Bedürfniserfüllung zu gewinnen. Ein Motto, das der Refraktärphase unserer Nervenzellen gerecht wird, lautet: »Qualität statt Quantität.«

Um beim Schokoladenbeispiel zu bleiben: Wir kaufen statt der Billigschokolade eine Tafel teure Zartbitterschokolade mit hohem Kakaogehalt und geringem Zuckeranteil. Hier gibt es wunderbare Sorten, die mit Gewürzen wie Ingwer, Pfeffer, Chili oder auch Mandelsplittern angereichert sind. Davon brechen wir ein Stückchen ab und lassen es fünf Minuten lang im Mund zergehen, ohne zuzubeißen. Wir schließen dabei die Augen und versetzen uns geistig an einen Ort unserer Wahl, vielleicht an einen Sandstrand in der Karibik. Und dann, aber erst dann, wenn das Stückchen Schokolade im Mund ganz zergangen ist, öffnen wir die Augen und arbeiten weiter, bis wir uns eine Stunde später das nächste kleine Stückchen gönnen und dabei wieder auf eine Urlaubsreise unserer Wahl gehen. So kultivieren wir unsere Sinne und entwickeln sie in Richtung höherer Genüsse, statt auf der profanen Ebene stehen zu bleiben.

Gerade im bewussten Verzicht auf Reizüberflutung liegt das Geheimnis des bewussten Genießens. Dies ist nämlich nur im Zustand großer Bewusstheit möglich. Wir erleben dann bewusst, dass der Reiz anschwillt, seinen Höhepunkt erreicht und wieder abschwillt, und genießen das Hoch ebenso wie das Nachschwingen des Geschmacks. Es ist die Bewusstheit, die wir in unsere Sinneswahrnehmungen bringen und die uns Bedürfniserfüllung schenkt, nicht die Überreizung.

Dasselbe gilt auch für den Koffeinspiegel: Um Ihrer Kaffee-Abhängigkeit zu begegnen, trinken Sie Ihren Kaffee in Schnapsgläschen statt in Kaffeetassen. So können Sie, über den Tag verteilt, zehn Portionen Kaffee trinken – und sich davon immer wieder anregen lassen, ohne Ihren Körper zu belasten.

Es gibt in uns einen Punkt des »reinen Seins«. Wenn wir die Kunst des Genießens optimal nutzen wollen, sollten wir den Stimulus dazu nutzen, uns auf seiner Welle zum »reinen Sein« tragen zu lassen. Die eigentliche Erfüllung erleben wir nicht am Höhepunkt des Sinnesreizes, sondern im Nachschwingen, das uns im Kern berührt. Um dies zu erleben, ist es wichtig, nach dem sinnlichen Genuss diesem meditativ nachzuspüren.

Gerade im Bereich des erotischen Erlebens können sexuelle Possessionen auf dem Weg aufgelöst werden, indem wir im Liebesakt unsere Sinnlichkeit in höchster Bewusstheit – ohne auf die Entladung zu drängen – genießen und uns schließlich von der Welle des Abebbens in unser eigentliches Sein tragen lassen. Wir lassen uns vom »nackten Wind des Meeres« streicheln und schöpfen aus einem erfüllten Eros die Kraft für den Alltag. Es ist dem Australier Barry Long zu verdanken, dieses feine Hinspüren unter dem Begriff »stilles Liebemachen« in den Westen getragen und damit zu einer Befreiung von sexuellen Fixierungen beigetragen zu haben.* Sogar etwas so Profanes wie ein einfaches Stück altes Brot kön-

* Barry Long: *Sexuelle Liebe auf göttliche Weise*. Neue Erde Verlag Saarbrücken

nen wir für unseren Sinnengenuss nutzen. Daran erkennen wir, dass der Genuss selbst nicht vom Stoff abhängt, sondern davon, was wir daraus machen.

Übung: Nehmen Sie ein Stück trockenes Brot ohne Belag. Lassen Sie es einmal bewusst im Mund zergehen, lutschen Sie es, bis es flüssig ist. Während es sich mit dem Speichel vermengt und flüssig wird, beginnt es süß zu werden und besser zu schmecken als das köstlichste Dessert. Die Quelle aller Süße und aller Erfüllung liegt in Ihnen selbst. Probieren Sie es aus!

Erfüllung ist also nicht eine Frage des »Stoffes«, den Sie bekommen, sondern eine Frage der Qualität unserer Bewusstheit, die wir in unser Erleben hineinlegen. Wir kreieren unser Sinneserlebnis selbst, und je mehr wir erkennen, dass wir selbst die Quelle unseres sinnlichen Empfindens sind, desto mehr verschwindet die Abhängigkeit von äußeren Dingen.

Die Fähigkeit, mit Hilfe des Bewusstseins Erfüllung zu erleben, hat sich sogar in Extremsituationen bewährt: Es ist bekannt, dass Juden im KZ angesichts äußerster Entbehrungen eine Wasserschüssel vor sich hinstellten und in das Wasser hineinschauten, bis sie dort wundersame Farben, Formen und Welten entdeckten.

Erfüllt und unabhängig zu leben, ist eine Lebenskunst und nicht abhängig von den Umständen – die meisten von uns brauchen ein Leben lang, um dies zu lernen, manche lernen es nie, doch Sie selbst können heute damit anfangen!

Abhängigkeit, Kontra-Abhängigkeit und erlösende Beziehungen

Die Entwicklung aus der Abhängigkeit hinein in erlösende Beziehungen zu Menschen und Stoffen ist nichts, was wir von heute auf morgen anknipsen können, sondern ein zyklischer Prozess, der dadurch fruchtet, dass wir dranbleiben. Das bedeutet: Das Hineinwachsen in erlösende Beziehungen braucht Zeit, hat Anfang, Mitte und Ende. Dies ist vergleichbar mit der Entwicklung des Menschen vom abhängigen Säugling zum reifen Homo sapiens.

Die nachfolgende Struktur zyklischer Entwicklung können wir in jedem Lebensbereich finden, völlig unabhängig davon, ob es sich um prozessuale Unternehmensentwicklung, eine Partnerbeziehung oder den persönlichen Befreiungsprozess handelt. Sie wurde bereits – bezogen auf das Thema »Beziehungen« – ausführlich in meinem Buch *Von der Sprachlosigkeit in Beziehungen* dargestellt.*

Zyklische Prozesse sind Geburtsprozesse. Sie gebieten, bei allem, was wir tun, Anfang, Mitte und Ende zu übersehen, so gut uns dies möglich ist. Das deutsche

* Kurt Tepperwein: *Von der Sprachlosigkeit in Beziehungen*. Michaels Verlag Peiting

Sprichwort sagt es bereits: »Wer A sagt, muss auch B sagen.« Und wir könnten an dieser Stelle weiterführen: »Und nur wer B gesagt hat, kann zu C kommen.« Habituationen verlaufen nach der Gangart des Krebses: vorwärts, rückwärts, vorwärts, also A-B-A-B, ohne zu C zu kommen. Der Schritt zu C erfordert ungeheuren Mut, und nur wenn wir zu C übergegangen sind, können wir erahnen, dass es dort noch ein D gibt. Insoweit finden wir in Habituationen häufig steckengebliebene geistige Geburten.

Wir wissen heute, dass die meisten abhängigen Beziehungen zu Menschen genauso wie zu »Stoffen« lediglich Wiederholungen der Abhängigkeit von den Eltern darstellen, ohne die Entwicklung zur Reife zu vollenden. In unerlösten Beziehungen spielen zwei traumatisierte Kinder im Erwachsenenkostüm miteinander das Spiel der wechselseitigen Abhängigkeit, ohne zu erkennen, dass ihre Handlungsweise eine fixierende Strategie ist, mit der der eine versucht, den anderen zu binden bzw. einzubinden, zum Beispiel indem er es ihm schön macht, ihn dominiert, recht hat, sich ihm unterwirft oder Ähnliches. Strategien gibt es viele. Erst wenn wir den Zyklus zur eigenen Reife abgeschlossen haben, spüren wir in uns das Rüstzeug, solche unerlösten Spiele zu unterlassen. Um den Entwicklungsweg von der Abhängigkeit hinein in die erlösenden Beziehungen aufzuzeigen, ist es sinnvoll, die dazugehörenden Phasen näher zu untersuchen.

Es ist der Unternehmensberaterin Roswita Königswieser zu verdanken, die nachfolgende Struktur für den Businessbereich verfügbar gemacht zu haben. Wir wollen die Darstellung von Königswieser* unter dem Gesichtspunkt der positiven Psychologie und ihrem Nutzen für den einzelnen Menschen betrachten und auf folgende Themen anwenden:

A) Abhängigkeit
B) Kontra-Abhängigkeit
C) Ebenbürtigkeit (Interdependenz, Wechselseitigkeit, erlösende Beziehungen)

A) Die Abhängigkeitsphase

1. *Als Kind:* Direkt nach der Geburt ist das Kind ohne die Mutter lebensunfähig. Der Säugling kann noch nicht zwischen sich und der Mutter unterscheiden. Er erlebt alle Gefühle und Konditionierungen seiner Mutter, die er allerdings im Laufe seines Lebens loslässt. Die Befriedigung entsteht oral (orale Fixierung, Saugen an der Mutterbrust). Der Säugling braucht Schutz und Anlehnung, um seine Ängste und Ohnmachtsgefühle abwehren zu können, und definiert sich über die Gebote und Verbote der Mutter, kann deshalb auch nicht zwischen gut und böse unterscheiden. Ist die Mutter abwesend, gelten ihre Gesetze nicht mehr. Die Märchen mit ihrer magischen Welt helfen dem Kind, seine Ohnmachtsgefühle und Ängste zu verarbeiten.** Die Anwesenheit eines Elternteils bedeutet Sicherheit, Geborgenheit, Orientierung. Va-

* Skript *Mutter-Hexe-Trainerin*; Buchempfehlung: Roswita Königswieser: *Einführung in die systemische Organisationsberatung*. Carl-Auer Verlag Heidelberg

** Vgl. Bruno Bettelheim: *Kinder brauchen Märchen*. Dtv Verlag München

ter und Mutter werden als übermächtig, göttlich fantasiert, um sich gegen die eigenen Ohnmachtsgefühle zu schützen. Wird dieses Weltbild gefährdet, wandelt sich das Sicherheitsgefühl in Wut und Vernichtungsgefühle. Durch das Nachahmen der Eltern wird die Autorität »Eltern« internalisiert und zur Stimme des eigenen Gewissens. Das »Über-Ich« (Eltern) überlagert das »Es«. Dies ist ein vorübergehend natürlicher Zustand. Menschen, die nie eine erfüllte Abhängigkeitsphase erlebt haben, sind heimatlos, autistisch, gestört in ihrer Hingabe zum Leben und suchen die eigene Abhängigkeit im Alltag immer wieder zu erleben, letztendlich aber mit dem Ziel, sich von ihr wieder zu befreien.

2. *In Beziehungen:* Die Frau findet ihre Abhängigkeit, indem sie sich über den Status des Mannes definiert. Sie lässt sich beispielsweise mit »Frau Doktor« anreden, weil ihr Mann einen Doktortitel hat. Den Mann versucht sie zum Erfolg hin zu manipulieren, um die eigene Nahrungsversorgung und die der Familie sicherzustellen. Der Mann steigt in diese Abhängigkeit ein, indem er sich über die Attraktivität (Marktwert) seiner Frau definiert und dadurch, inwieweit sie seine Werte und sein Bedürfnis nach Sinnengenuss befriedigt. Ist der Partner abwesend, ist eine abhängige Beziehung dadurch gekennzeichnet, dass die Ehegesetze an Gültigkeit verlieren. Bei Abwesenheit des Partners geht sie etwa fremd oder er schaut sich heimlich erotische Filme an. Die Idee des Übervaters bzw. der Übermutter wird auf den Partner übertragen, der Partner als verbotschaffende Macht erlebt. Heimlichkeit, Lügen, »so tun, als ob« sind weitere Kennzeichen des schwachen Identitätsgefühls, das aus

einem Rückfall in die orale Phase herrührt. In einer abhängigen Beziehung soll der Partner die Orientierung geben, man klammert sich an eine gemeinsam zurechtgezimmerte Ordnung oder eine Vorstellung von ihr. Manchmal kompensiert man auch die eigene Haltlosigkeit, indem man dem anderen Vorschriften macht.

Irgendwann entdeckt man aber, dass der Partner nicht den eigenen Vorstellungen von einem Gott bzw. einer Göttin entspricht, sondern »nur« menschlich ist. Dieser Ernüchterung hält keine abhängige Beziehung stand. Das Sicherheitsgefühl wandelt sich in Wut oder den Zorn eines enttäuschten Kindes oder – falls unterdrückt – in Bitterkeit, Kälte und Frigidität. Wird die Illusion völlig enttäuscht (enttäuscht = befreit von der Täuschung), können sogar Vernichtungsgefühle gegenüber dem Partner oder bei starker Innenbezogenheit Selbsthass entstehen. In einer abhängigen Beziehung zerstört man lieber den anderen oder sich selbst, als aus der Illusion zu erwachen. Um die eigene Ohnmacht zu verbergen, kaschiert man die Enttäuschung darüber, dass der andere kein Übermensch ist, indem man selber im negativen Sinne zum Übervater bzw. zur Übermutter wird und den Partner maßzuregeln und zu erziehen beginnt (»den bzw. die werde ich mir schon hinbiegen«).

Auch Abgrenzungsprobleme wurzeln in der oralen Phase: Die Beziehung schwankt hin und her zwischen Verschmelzungssehnsucht einerseits und Wut bzw. Zorn über das Misslingen dieser Symbiose andererseits. Sexuell gesehen, finden wir hier die Quelle sexueller Hörigkeit und sexueller Spiele, die den oralen Bereich und im Extremfall Bondage-Praktiken einbeziehen. Hierbei ist es übrigens bedeutungslos, welcher der beiden Partner »hörig« ist, da beide einander bedingen.

Phase A soll jedoch nicht negativ bewertet werden, denn als Durchgangsstadium kann sie durchaus helfen, Stehengebliebenes in den Prozess einzubringen.

Beispiel: Wenn man frisch verliebt ist, regrediert man vorübergehend noch einmal. Man empfindet eine Angst, die nur durch die Zuwendung des Geliebten genommen werden kann. Während des Zusammenseins erlebt man totale Einheit und das Gefühl des Verschmelzens wie einst mit der Mutter. Es ist egal, wie es einem finanziell geht oder wo man lebt. Wichtig ist nur die Anwesenheit des anderen. Die Grenzen verschwimmen. So wie als kleines Kind sehnt man sich nach Zärtlichkeit, Küssen, Saugen, Umarmen. Die Verliebten sprechen in Verniedlichungsformen von- und miteinander. Der Partner wird mit magischen Vorstellungen besetzt. Der Segen des Verliebtseins ist die Aufhebung des infantilen Trennungstraumas. Die narzisstischen Vollkommenheitsfantasien scheinen wieder zum Greifen nahe. Durch Idealisierung des Partners versucht man, auf magische Weise eine Ähnlichkeit zur früher geschauten göttlichen Mutter bzw. zum Vater herzustellen und die kindliche Trennungsenttäuschung wiedergutzumachen.*

3. *Im Alltag:* Hier zeigt sich die Abhängigkeit durch Autoritätshörigkeit und Opportunismus. »Wessen Brot ich ess, dessen Lied ich sing!« Beruf und Lebensstil werden so gewählt, dass der Betreffende am schmerzfreis-

* Vgl. Ernst-Konrad Specht: *Die psychoanalytische Theorie der Verliebtheit.* In: *Psyche* 2, 1977

ten überleben kann, selbst wenn dies Selbstverrat und Heuchelei bedeutet. Man läuft Gefahr, ein Heuchler zu werden, und dies allein um der Bequemlichkeit willen.*

4. *Bei religiösen Führern, spirituellen Lehrern, charismatischen Seminarleitern, Leitbildern, Therapeuten, Lebensberatern, Gurus:* Die Anwesenheit des Führers bedeutet Sicherheit, Geborgenheit, Orientierung. Der Führer wird als übermächtig und göttlich fantasiert, um sich gegen die eigenen Ohnmachtsgefühle zu schützen. Wird dieses Weltbild gefährdet, wandelt sich das Sicherheitsgefühl in Wut, Vernichtungsgefühle und Hass. In Gruppenprozessen verherrlicht man den Seminarleiter, liest ihm jedes Wort von den Lippen ab. Der Guru wird »vergottet«, er ist Zauberer, allmächtiger Beschützer. In den 1970er Jahren gab es einen satirischen Spielfilm mit dem Titel *Ein Guru kommt*: »Wir atmen frei und ohne Angst, denn wir haben ja unseren Guru!«

In den letzten Jahren gingen immer wieder Meldungen über skandalöse Beziehungen zwischen Gurus, spirituellen Lehrern bzw. Priestern und ihren Schülern durch die Presse, die sich als ungelöste Beziehungen kennzeichnen lassen. Der Schüler wehrt die eigene Ohnmacht durch seine intime Beziehung mit dem Führer ab und kompensiert die elterliche Trennungsenttäuschung durch liebendes Verehren, für das man sich zudem eine narzisstische Belohnung erhofft. Der Führer andererseits unterstützt diese Rolle oftmals, wenn sie seinem ungelösten Narzissmus entgegenkommt. In einer reifen Beziehung zwischen

* Vgl. Arno Gruen: *Der Verrat am Selbst. Die Angst vor Autonomie bei Mann und Frau.* Dtv Verlag München

Lehrer und Schüler werden solche Formen von Abhängigkeit bemerkt und auf eine andere, erlöste Ebene gebracht. Schließlich geht es um die Erfahrung, den Stoff, der vermittelt werden soll, nicht um Personenkult.

B) Die Kontra-Abhängigkeit (Trotzphase)

1. *Als Kind und Jugendlicher:* In der Trotzphase und später als Teenager probiert das Kind seine Grenzen aus. Es weiß noch nicht, was es will, aber es weiß genau, was es *nicht* will. Es übt die Verweigerung schrittweise durch eigene Abgrenzung. Man tut das Gegenteil von dem, was die Eltern wollen. Diese Auseinandersetzung mit der Autorität ist immer noch eine ungesehene Abhängigkeit von der Autorität, denn man tut »das Gegenteil« und noch nicht »das Eigene«. Im Alltag zeigt es sich, dass man »das Böse« auf etablierte Kräfte oder andere Kräfte außerhalb seiner selbst verlagert, oder man nimmt das Böse bewusst auf sich, weil man glaubt, sich dadurch die Freiheit von ethischen Normen zu verschaffen. Im Extremfall drückt sich Kontra-Abhängigkeit durch abspaltende Texte aus, beispielsweise im Lied von Michael Jackson *I'm bad*.

2. *In Beziehungen:* Der Betreffende hat keine Vision. Er weiß nur, was er nicht will. Statt auf das Gute, das er erreichen will, konzentriert er seine Energie vorwiegend darauf, sich gegen all das Böse, was er nicht will, zu wehren. Man tut das Gegenteil von dem, was der Partner für gut hält, nicht weil dieses Gegenteil als gut empfunden wird, sondern weil man die Fixierung durch den Partner (den übertragenen Vater bzw. die übertragene Mutter) abstreifen will wie eine Schlangenhaut, notfalls

sich vom Leibe reißen will, selbst wenn dies Wundschmerz nach sich zieht. Sexuell gesehen, finden wir hier alle Formen von aggressiver bzw. rebellischer Sexualität, im Extremfall den Ausdruck von sexuellem »no respect« (Piercing, Sadomasochismus etc.).

Auch Bindungsunfähigkeit im Sinne von »Ich brauche niemanden« gehört zu dieser Phase. Sie ist die Abwehr gegen Phase A, manchmal auch geschmückt durch Hippie-Parolen wie »Wer zweimal mit demselben pennt, gehört schon zum Establishment!«

Es ist die Phase der »Vertreibung aus dem Paradies«, der Augenblick, als Apoll die Doppelwesen in Mann und Frau teilte (so in *Das Gastmahl* von Platon). Im günstigsten Fall werden unterschiedliche Bedürfnisse in der Beziehung klar. In dieser Phase überlebt die Beziehung entweder die Unterschiedlichkeit der Interessen und wächst in ein gegenseitiges Respektieren hinein oder sie geht auseinander, woraufhin jeder mit einem neuen Partner wieder bei Phase A beginnt.*

3. *Im Alltag:* Im Alltag zeigt sich die Trotzphase als Rebellion gegen Ersatzautoritäten, Polizei, Politiker, Gesellschaften, Lehrer. Man wird vielleicht Mitglied der DKP oder ein Punk. Oft schließt man sich in rebellierenden Gruppen zusammen, um aus dem Gefühl der eigenen Ohnmacht herauszukommen und die eigene Stärke im »Dagegensein« zu demonstrieren. Man lehnt etablierte Berufe ab, wird zum Aussteiger. Im günstigsten Fall erprobt man seine Grenzen und begibt sich so auf die Su-

* Vgl. Eva Heller: *Beim nächsten Mann wird alles anders.* Fischer Verlag Frankfurt a. M.

che nach der eigenen Identität. Es gibt einige Unternehmen, die recht geschickt den kollektiven Wunsch nach Kontra-Abhängigkeit durch Marktsegmentierung ausdrücken. Dazu gehört etwa IKEA oder auch die Werbung: »Ich bin doch nicht blöd – Mediamarkt!«

4. *Bei Leitbildern, Gurus etc.:* Man lehnt Leitbilder, Gurus etc. aus Prinzip ab, ohne ihre Motivation und ihre Werte im Detail zu prüfen. Man stellt sich gegen den Führer oder Lehrer, beschimpft ihn und sucht alles, was an ihm nicht in Ordnung ist. Statt »Gott« ist der Leiter nun ein Bild des Abscheus. In Gruppenprozessen rebelliert man gegen den Seminarleiter. Im günstigsten Fall lernt man die Dinge zu hinterfragen, ohne dabei einem Revoluzzer-Rattenfänger auf den Leim zu gehen. Man findet einen Mentor, der einen weise in seinem Prozess der Rebellion begleitet und dabei hilft, den eigenen Standpunkt herauszufinden.

C) Ebenbürtigkeit und Wechselseitigkeit (Souveränität)

1. *Als Kind und angehender Erwachsener:* Man beginnt, *eigene* Werte zu entdecken, und erfährt, in welch ungeheurem Ausmaß eigene Werte den Rücken stärken (siehe dazu das dritte große Kapitel *Tugend und innere Qualitäten*). Hat man sich in Phase B von den übergestülpten Werten gelöst, findet man nun seine eigenen Werte. Man spürt, wie arm man ohne Werte bisher war. Man sucht nicht mehr die Rebellion, sondern »das Gesetz, nach dem man angetreten«. Im Zuge dessen findet man auf der Suche nach den wahren Bedürfnissen auch seine Werte und inneren Qualitäten. Man erkennt, was einem »wirklich wichtig« ist, weil es einem ein Bedürfnis ist, weil es einem

»wert-voll« ist. Man lebt seine Eigenart in Form von *individuell* stimmigen Werten und bringt sich damit verantwortlich in das Ganze ein, ohne in Symbiose zu verfallen. Man erkennt die Wechselseitigkeit und respektiert die Ebenbürtigkeit: »Was du nicht willst, das man dir tu, das füg auch keinem andern zu!«

Nun weiß man um seine »guten« (d.h. »bewusst wahrgenommenen«) und »bösen« (d.h. »ungelösten, verdrängten«) Anteile und sucht das »höhere Gute«, das jenseits von »Gut und Böse« liegt, die individuelle Stimmigkeit, die aus dem scheinbar Guten und dem scheinbar Bösen (nach elterlichen Normen) das für einen selbst stimmige, »höhere Gute« schöpft.

Beispiel: Die Eltern haben ihrem Kind als höchsten Wert »Sicherheit« eingebläut, vielleicht weil sie selbst im Krieg die Flucht erleben mussten. Als Erwachsener entdeckt der Betreffende, dass der für ihn stimmige, höchste Wert nicht »Sicherheit«, sondern »Intensität« ist (Bedürfnis: »Ich will das Leben in jeder Faser meines Körpers spüren«), und er wird – zum Entsetzen der Eltern – ein Abenteurer: Jemand, der sich und andere in und durch Abenteuer führt und dabei immer wieder seine Sicherheit aufs Spiel setzt, dies aber nicht aus Trotz, sondern aus Berufung. Letztendlich stellt er fest, dass das größte Abenteuer des Lebens in ihm selbst liegt. Er macht sich auf, seine innere »Buddha-Natur« zu entdecken, die alle drei Zyklen – Kind, Heranreifender und Erwachsener – in sich vereint. Am Gipfel seiner Erfahrung erlebt er schließlich die Vereinigung seines eigenen Wertes »Abenteuer« mit den Werten anderer, denn er führt nunmehr ein abenteuerliches, aber zugleich sicheres Leben. Sehr schön wird diese dreizyklische Entwicklung in Hermann Hesses Erzählung *Siddharta* dargestellt.

2. *In Beziehungen:* Liebe, Partnerschaft, Freundschaft sind hier möglich. Man ist weder einseitig abhängig (A) noch in permanenter Opposition (B), sondern sieht die reale, naturbedingte Interdependenz als Wechselseitigkeit. Die eigenen Bedürfnisse werden mit dem Partner sinnvoll abgestimmt. Wechselseitiges Annehmen der gegenseitigen Bezogenheit auf der Ebene von Respekt und Wertschätzung bedeutet, sich frei zu fühlen und einander diese Freiheit auch zu ermöglichen. Die Partner leben *freiwillig* zusammen. »Inter-esse« – also »Inter-Sein« (Wechselseitigkeit) – wird gesehen und akzeptiert, so wie Bäume und Menschen aufgrund des Sauerstoff/Stickstoff-Kreislaufs in Wechselbeziehung stehen. Beide Partner empfinden, dass sie jederzeit gehen könnten, sich aber aus freien Stücken weiter aufeinander beziehen wollen. Man nutzt die Beziehung, um einander in die Freiheit zu führen.

3. *Im Alltag:* Man lebt seine Berufung und die Durchsetzung seiner eigenen Werte. Das noch Ungelöste drängt zur Bearbeitung und Auflösung. Dies geschieht leicht und freiwillig. Es funktioniert, da der Betreffende intrinsisch motiviert ist, nicht aufgrund einer Doktrin. In dieser Phase erlebt sich der Mann als wahrer Mann, die Frau als wahre Frau, der Bürger als wahrer Bürger, der Unternehmer als wahrer Unternehmer usw. Das Leben und der Beruf machen Freude. Die Motivationsstrategie »Fish!«* ist Ausdruck dieses Lebensgefühls.

* Vgl. Stephen C. Lundin: *Fish! Ein ungewöhnliches Motivationsbuch.* Ueberreuter Verlag Frankfurt / Wien

4. *Bei Leitbildern:* Man akzeptiert die Errungenschaften des Leitbildes und den Nutzen daraus für den eigenen Entwicklungsprozess, ohne sich an Persönlichkeitsmerkmale oder Projektionen zu klammern. Man macht sich auf, die Kraft und die Liebe in sich selbst zu finden und sinnvoll mit anderen zu verbinden. Leitbilder, Führer, die bei dieser Selbsterinnerung helfen, werden als Verbündete betrachtet. »Möchtegern-Gurus«, die in narzisstischer Selbstüberhöhung leben und uns in der Projektion – die uns zum Trottel und den »Guru« zum Allwissenden macht – gefangen halten, werden als Ablenkung vom eigentlichen Ziel entlarvt und losgelassen. Wir erkennen den wirklichen Meister – im Innen wie im Außen – in der Person, die uns an unsere eigene Meisterschaft erinnert und diese in uns fördert.

Nebenbei bemerkt, lässt sich die eben skizzierte Darstellung auch auf Unternehmensberatungen, Organisationsentwicklungen und Firmenseminare anwenden. Wer sich dafür interessiert, dem seien die Arbeiten von Königswieser empfohlen, die sich damit eingehend befassen.

In seinem Werk *Also sprach Zarathustra* beschrieb Friedrich Nietzsche die drei Phasen von der Abhängigkeit über die Kontra-Abhängigkeit hin zur Wechselseitigkeit auf eindrucksvolle Weise. Hier finden wir folgende Analogie:

- *Phase A – Kamel:* Zuerst ist der Mensch wie ein Kamel. Er trägt die Last seiner Konditionierungen und Ab-

hängigkeiten durch die Wüste des Lebens. Im Schweiße seines Angesichts verdient er sein Brot.
- *Phase B – Löwe:* Dann ist der Mensch wie ein Löwe. Er rebelliert gegen alles und stellt alles auf den Kopf. Er steigt aus etablierten Normen aus, sprengt Grenzen, wo er nur kann, und findet all das heraus, was ihm nicht passt.
- *Phase C – die Buddha-Natur des ewigen Kindes:* Zuletzt ist der Mensch unschuldig wie ein Kind, aber weise wie ein Greis. Durch souveräne Befolgung der von ihm selbst erkannten Spielregeln wächst er zunehmend in ein »gelingendes Leben« hinein und damit in eine Unabhängigkeit auf allen Ebenen.

Wir befreien uns »in die Buddha-Natur des ewigen Kindes hinein«, indem wir erkennen, dass alles, was wir an Wunderbarem erleben, nichts mit einer Person oder dem »Stoff« zu tun hat, sondern mit unserer Wechselseitigkeit, unserer Resonanz. Der andere oder der Umstand »erinnert« uns nur an jene »inneren Qualitäten« und Erlebnisfähigkeiten, die in uns sind. Drei Beispiele sollen verdeutlichen, dass wir nicht von Einzelpersonen, Orten, Umständen oder Stoffen abhängig sind.

Beispiel 1: Wenn wir einen ganz besonders schönen Urlaub erlebt haben, können wir uns daran erinnern. Und doch sind wir nicht angewiesen auf diesen Urlaubsort. Denn es sind *unsere* Augen, die die Schönheit des Ortes sehen, *unsere* Ohren, die lauschen, *unsere* Nase, die riecht. Wir können viele Orte auf der ganzen Welt finden, die in uns ähnlich tiefe Glücksgefühle auslösen.

Beispiel 2: Wenn wir mit einem Menschen ganz besonders tiefe Liebeserfahrungen machen, dann können wir dafür dankbar sein, aber wir müssen uns nicht an diesem Menschen klammern. Denn diese Erfahrungen sind zwar ausgelöst durch diese Person, aber auch mit anderen Menschen erlebbar, denn das Potenzial für solche Erfahrungen tragen wir ganz offensichtlich in uns, sonst hätten wir diese Dinge nicht erlebt.

Beispiel 3: Wenn wir eine besonders schöne Vergangenheit erlebt haben, denken wir gerne daran zurück. Doch wir können sie zugleich loslassen. Vielleicht sind wir schon älter geworden. Der eine oder andere Zug am Bahnsteig unseres Lebens ist bereits abgefahren. Und doch gibt es immer wieder neue Züge, die ankommen und in die wir einsteigen können, wenn wir die Augen dafür öffnen.

Abhängigkeiten erwachsen immer aus dem Aberglauben heraus, ganz bestimmte Lebensumstände für das eigene Lebensglück zu benötigen. Die beste Möglichkeit, solche Abhängigkeiten aufzulösen liegt darin, sie zu erkennen und dann zu hinterfragen: »Kann ich wirklich wissen, dass dies wahr ist?« Die Idee, »Mein Leben wäre besser, wenn ...« bzw. »Damit ich glücklich bin, brauche ich ...«, erweist sich in vielen Fällen als Illusion. Diese Illusion zu entlarven, bedeutet wirklich frei zu sein.

Eigene Abhängigkeiten zu erkennen und innerlich wie äußerlich loszulassen, sind notwendige Schritte, um mit der eigenen Essenz, dem essenziellen Kern, in Berührung zu kommen, und unabdingbare Voraussetzung für das Erleben der eigenen Selbstwirksamkeit. Jegliches mentale Konstrukt darüber, *wie* die Erfüllung erfolgen soll, stellt hierbei eine unnötige Begrenzung dar. Was das innere Erleben anbelangt, so hängt alles von Ihnen selbst, Ihrem inneren Erleben und Bewerten ab, nicht von Ihren Umständen.

Solange jemand noch glaubt, von einem äußeren Umstand abhängig zu sein, hat er seine innerste (Buddha-)Natur noch nicht erkannt und weiß noch nicht, wer er *wirklich* ist: Allumfassendes Bewusstsein und damit mehr als alle Konditionierungen, Glaubenssätze und Meinungen. Die eigene, allumfassende Natur zu erkennen, bedeutet, sich voller Mitgefühl der Welt zu öffnen, wie sie ist. Was gäbe es zu fürchten, woran müsste man festhalten und was gäbe es abzulehnen, wenn wir dies erkennen würden?

Übung:

1. Machen Sie sich Ihre echten Bedürfnisse bewusst und lernen Sie, diese von Strategien zu unterscheiden. Eine Liste der echten Bedürfnisse haben Sie bereits an anderer Stelle erhalten.
2. Erstellen Sie eine Liste Ihrer Abhängigkeiten. Machen Sie sich dann bewusst, welches Bedürfnis hinter jeder dieser Abhängigkeiten steckt. Wenn Sie beispielsweise von der Meinung Ihres Vaters abhängig sind, steckt dahinter möglicherweise das Bedürfnis nach Anerkennung. Probieren Sie neue Methoden aus, sich genau diese Bedürfnisse zu erfüllen, um zunehmend freier von diesen Abhängigkeiten zu werden.
3. Betrachten Sie Ihre einzelnen Lebensbereiche wie Beruf, Beziehung, Freizeit usw. Erstellen Sie eine Liste mit abhängigen, kontra-abhängigen oder für Sie be-

deutsamen Lebenssituationen. Dies kann eine Auseinandersetzung mit dem Chef, Kollegen oder Partner sein, der Besuch bei Ihrem Trainer, Seminarleiter, Leitbild und vieles mehr. Nehmen Sie für jeden einzelnen Lebensbereich wahr, ob Sie sich dort als Kamel, Löwe oder Buddha fühlen, und kennzeichnen Sie dies mit den Buchstaben K, L oder B. Dort, wo Sie sich als Kamel fühlen, üben Sie sich in der Kunst des Disputierens. Finden Sie Gegenargumente, Dinge, die zu verbessern wären, um sich vom blinden Gehorsam zu lösen. Dort, wo Sie auf Kontra eingestellt sind, üben Sie Integration und Souveränität, indem Sie Ihre eigenen Werte und Standpunkte finden. Werden Sie so mehr und mehr frei von Abhängigkeiten. Und dort, wo Sie sich bereits in der Buddha-Natur des ewigen Kindes sehen: Baden Sie in diesem Bewusstsein und übertragen Sie es auf andere Lebensbereiche.

4. Erstellen Sie eine Liste zum Thema »Mein Leben wäre besser, wenn …«. Nehmen Sie sich jeden einzelnen Punkt auf der Liste vor und hinterfragen Sie ihn: »Kann ich mit absoluter Sicherheit wissen, dass dies wahr ist?« Hierbei sollten Sie nicht Ihren Verstand fragen. Sinken Sie ein in Ihr Herz, gehen Sie in die Stille Ihres Herzens und lassen Sie aus der Intelligenz des Herzens die Antwort kommen. In den meisten Fällen werden Sie erleben, dass Ihre Herzensintelligenz antwortet: »Nein, ich kann dies nicht mit absoluter Sicherheit wissen!« Sie wissen nicht mehr als Gott, die Eine Kraft, Sie kennen weder Ihre Zukunft noch die absolute Wahrheit. Und genau diese Unschuld, diese Bereitschaft, Vorstellungen von dem, was wahr ist

und was sein sollte, loszulassen, befreit Sie von Abhängigkeit.*

Als Anregung und Beispiel soll Ihnen folgende Auflistung möglicher Wenn-Sätze und möglicher Antworten dienen:

Mein Leben wäre besser, wenn …	Kann ich wirklich wissen, dass dies wahr ist? Möglicherweise ist es gerade gut, wie es ist, weil ich auf diesem Weg …
… ich die Anerkennung meiner Eltern/der Gesellschaft hätte.	… lernen kann, frei von dem Bedürfnis nach Anerkennung zu werden.
… ich ein festes Gehalt bekäme statt der Einnahmen als Selbständiger.	… Selbstdisziplin und Eigenverantwortung erfahren kann.
… ich in der Karibik wohnen und dort die Sonne im Winter genießen könnte.	… mich mit der heimischen Kultur auseinandersetzen kann.
… ich sozial abgesichert wäre mit hoher Altersversorgung, Krankenabsicherung.	… meine Gesundheit und Leistungsfähigkeit bis ins hohe Alter selbst verantworte.
… ich weniger arbeiten müsste.	… mich auf das Wesentliche konzentriere.
… ich zwanzig Jahre jünger wäre.	… die Früchte meiner Erfahrungen genieße.
… mein Freund mit mir regelmäßig zur Meditation gehen würde.	… einen Lebensbereich habe, den ich für mich alleine leben kann.
… mein Körper leistungsfähiger wäre.	… Gesundheit und Fitness zu schätzen weiß.

* Vgl. Byron Katie: *The Work*. Goldmann Verlag München

… mein Partner die gleiche Spiritualität hätte wie ich.	… Toleranz, Akzeptanz und Liebe lerne, ohne in Symbiose zu verfallen.
… meine Freundin die gleichen Vorstellungen hätte wie ich.	… mit ihr immer wieder zur Wahrheit hinter dem Schein vordringen kann.

Stelle dir das Weltall schön und gerecht vor
– und dann wisse, die Existenz hat es besser mit dir gemeint!

Richard Bach: *Illusionen*

Co-Abhängigkeit

Aktualfähigkeit: Co-Abhängigkeit ist die Gabe, andere Menschen in das eigene Lebensspiel einzubeziehen.

Die ursprüngliche Bedeutung von Co-Abhängigkeit (nicht zu verwechseln mit »Kontra-Abhängigkeit«) liegt darin, sein Selbstwertgefühl davon abhängig zu machen, wie andere auf einen reagieren, also ein ausschließlich von außen gesteuerter Selbstwert.

Typisch für Co-Abhängige ist, dass sie *andere* Menschen zum Mittelpunkt *ihres* Lebens machen. Sie überlassen also die Hauptrolle im Leben jemand anderem. Das eigene Leben erscheint weder lebens- noch liebenswert. Dahinter stecken oft Programmierungen aus der Kindheit, die das Gewähren von Liebe, Aufmerksamkeit und Zuwendung von Leistungen abhängig machen (»soll-gestreichelte Kinder«). Gründe für Co-Abhängigkeit können auch darin liegen, dass das eigene Leben als unbedeutend und langweilig empfunden wird. Dies ist beispielsweise dann der Fall, wenn der Vater oder die Mutter so stark mit ihren eigenen Problemen, Projektionen und Lebensthemen beschäftigt sind, dass sie die Bedürfnisse des Kindes und das, was es wirklich braucht, nicht wahrnehmen wollen oder können. Eine weitere Gruppe von Co-Abhängigen finden wir bei Menschen, die glauben, mit ihrem Lebensziel gescheitert zu sein.

Beispiele:

- Persönlicher Konkurs oder Offenbarungseid wegen Zahlungsunfähigkeit;
- Körperlicher Zusammenbruch mit dauerhaften Folgen;
- Das Empfinden, den falschen Partner geheiratet zu haben, sich aber nicht von ihm trennen zu können oder zu dürfen;
- Ein wesentliches Grundbedürfnis wird nicht oder nur unbefriedigend erfüllt;
- Man verweigert sich das Recht auf ein eigenes Leben aufgrund von »Schuldgefühlen« oder aufgrund von Moralismus, z.B. weil man glaubt, nur dann in den Himmel zu kommen, wenn man sich selbst verleugnet. In diesem Fall wird der eigene Selbstwert beispielsweise von der Absolution durch die Glaubensgemeinschaft bzw. Kirche abhängig gemacht.

Dem Co-Abhängigen erscheint das Leben erst mit der Bindung an einen, oftmals belasteten, Menschen oder durch Selbstaufopferung bis hin zur völligen Leugnung aller eigenen Bedürfnisse lebenswert. Nur darin erkennt man den eigenen Wert. Der irrige Glaubenssatz lautet: »Nur wenn ich mich aufopfere, bin ich wertvoll, nicht wenn ich mich selbst lebe.«

Der Co-Abhängige hat nicht den Mut, zu sich selbst zu stehen. Manchmal ist auch die Angst davor, so wie man ist, für böse gehalten zu werden, Anlass dafür, sich an ein *aufgesetztes* »Gutsein« zu klammern. Viele Co-Abhängige sind süchtig nach Anerkennung und geben alles dafür, um von außen Liebe, Anerkennung und Wertschätzung zu erhalten, was bis zur völligen Selbstverleugnung gehen kann. Sie nehmen freiwillig oder unfreiwillig die Opferrolle in ihren Beziehungen (zu Kindern, Eltern, Geschwistern, Partnern, Kollegen) ein, was häufig auch einer Art Helfer-Rolle in aussichtsloser Position gleichkommt.*

Indem Co-Abhängige anderen sagen, was sie tun sollen, und diese gleichzeitig in deren Rolle des Hilfsbedürftigen festhalten, fixieren sie sich und andere in einem Rollenspiel, aus dem keine der beiden Parteien einen Ausweg findet. Nach dem Motto »Der Kapitän verlässt zuletzt das sinkende Schiff« beziehen sie ihren Selbstwert daraus, die Nähe zu einem hilflos wirkenden Menschen zu halten und ihn »retten« zu wollen. In ihrer Grandiosität oder auch in ihrem Leiden, ein Märtyrer zu sein, erleben sie Burn-out, Stress und Probleme. Dies lenkt sie letztlich vom eigentlichen Kernthema, der eigenen Problematik, ab und wurzelt häufig in Minderwertigkeitsgefühlen, dem Gefühl von Bedeutungslosigkeit sowie dem nicht eingestandenen Wunsch nach äußerer Anerkennung bzw. der Angst davor, diese zu verlieren.

Der Angehörige eines Suchtkranken zu sein, ist eine Sonderform der Co-Abhängigkeit. In diesem Fall ist die von einer Droge abhängige Person an den Co-Abhängigen in einer schwierigen Form gebunden. Manchmal ahnt der Co-Abhängige, dass er sich in einer fatalen Position befindet, sieht aber keinen Ausweg. Weder kann er den Süchtigen gewaltsam aus seiner Sucht befreien noch ist es der Erlösung förderlich, wenn er die Sucht

* Vgl. Wolfgang Schmidbauer: *Die hilflosen Helfer*. Rowohlt Verlag Reinbek

des Abhängigen in grenzenloser Manier unterstützt. Hilfreicher ist es, im anderen das anzusprechen, was in ihm stimmig ist, ohne sich persönlich in die Thematik des anderen verwickeln zu lassen. In co-abhängigen Beziehungen braucht der andere eine Chance, um zu sich selbst zu erwachen. Die eigenen Ängste, Sorgen und Projektionen in die ungelöste Beziehung einzubringen hieße, den Suchtcharakter nur noch zu verstärken. Empathie bedeutet mitzufühlen, ohne den anderen und sich selbst gedanklich in der Abhängigkeit zu halten. Nach dem Motto zu handeln, »Wenn ich dem anderen nicht alles recht mache, bringt er sich um«, hieße, sich selbst mit in das Gefängnis der Sucht zu begeben und den Schlüssel wegzuwerfen. Man fühlt sich vielleicht als »Retter«, hat sich aber in das Gefängnis des anderen mit eingeschlossen. Ein kluger Spruch besagt: »Beuge dich zu dem Gefallenen, aber lege dich nicht neben ihn!«

Wenn wir uns in der Natur umsehen, erkennen wir, dass ein Baum, der sich für einen anderen Baum aufopfert – etwa weil er zulässt, dass ein Baumwürger ihn in seinem Wachstum einengt –, nicht richtig blühen kann und keine rechte Freude bereitet. Sich an andere zu verschenken, kann immer nur aus einer Haltung der Fülle geschehen. Und auch dies macht die Natur uns richtigerweise vor. Denken wir nur an einen wunderbaren Apfelbaum, der uns, nachdem er selbst geblüht hat, mit seinen vielen Äpfeln beschenkt.

Uns mit Äpfeln zu beschenken tut der Baum aus einer Fülle heraus, nicht weil er Anerkennung möchte. Ein Apfelbaum bezieht seinen Selbstwert nicht daraus, wie viele Äpfel er hervorbringt. Er folgt einfach seiner Natur, indem er Blüten hervorbringt und sich dann mit seinen Äpfeln verschenkt.

In vielen Gebetskreisen* ist es üblich, zuerst für sich selbst zu beten, für die eigene Erfüllung, und dann für die anderen. Dies ist eine Haltung, die verhindert, dass wir uns in eine arme Opfer- oder Büßer-Position begeben. Ein Gebet um Befreiung kann hilfreich sein und muss sich immer auf alle drei Aspekte beziehen – auf einen selbst, die Sucht und den Süchtigen – und sollte nicht aus der Arroganz einer Überlegenheit heraus gestellt werden. Ergänzend empfiehlt sich der Besuch einer Gruppe der anonymen Co-Abhängigen-Gruppe.**

* Bruno Gröning-Freundeskreis. Informationen unter: www.bruno-groening.de

** Informationen unter: www.coda-deutschland.de

Wie Sie aus dem Drama-Dreieck der Co-Abhängigkeit aussteigen

Das Sinnbild vom Drama-Dreieck wurde erstmals 1968 von Stephen Karpman präsentiert und leistet seitdem einen entscheidenden Beitrag zum Erkennen und Auflösen von Co-Abhängigkeiten. Karpmann fand bei der Analyse von Märchen, Sagen, Legenden und Beziehungen drei wiederkehrende Rollen: Opfer, Täter und Retter. Ein Märchen, das dieses Drama-Dreieck auf eindrucksvolle Weise versinnbildlicht, ist *Rotkäppchen*. Rotkäppchen verkörpert, psychologisch gesehen, die verführerische Frau (Rot = Farbe der Leidenschaft), die zum »Opfer« des bösen, triebgebundenen Täter-Mannes wird (Wolf) und vom braven Retter, dem Jäger (»Zerstörer des Bösen«), befreit wird. Im alltäglichen Leben oder auch in der Weltpolitik finden wir ähnliche Strickmuster. Das Grundmuster der Opfer-Täter-Retter-Beziehung spiegelt sich in allen Lebensbereichen wider, bis hinein in die eigene Familie.

Beispiel: Vater und Mutter reden aneinander vorbei. Der Vater versteht nicht, was die Mutter sagen will. Da springt das Kind ein: »Was Vati sagen will, ist ...« Darauf sagt der Vater verärgert zum Kind: »Misch dich da nicht ein, ich kann für mich alleine reden.« – Kind: »Ich wollte ja nur helfen.« – Das Kind startet also mit der Retterposition: Es springt bei, ohne darum gebeten worden zu sein. Es wird vom Vater (Täterposition) zurechtgewiesen und kritisiert. Dies bewirkt beim Kind den Wechsel in die Opferposition, in der es sich unverstanden fühlt.

Das Drama-Dreieck spielt aber nicht nur in Familien und Liebesbeziehungen eine große Rolle, sondern auch in Geschäftsbeziehungen:

Beispiel: Ein bankrottes Unternehmen wendet sich von seiner Belegschaft ab (Täter) und verkauft seine Aktienanteile an einen Großkonzern, der als Retter auftritt. Opfer ist die Belegschaft, der Entlassung droht und die wiederum beim Staat einen Retter und Fürsprecher sucht usw.

Auch innerbetrieblich finden wir das Drama-Dreieck vor, beispielsweise beim »Jobkarussell«, und natürlich auch in der Regierungsbildung, wenn der Koalitionspartner als Retter einspringt und die Opposition als Opfer dasteht.

Kennzeichnend für das Drama-Dreieck ist, dass die Akteure wie in einem Drama eine der drei Rollen einnehmen, die alle ungelöst sind. Sie geben damit ihre bewusste oder unbewusste Zustimmung zu einem Spiel der Co-Abhängigkeit, wie es fast überall gespielt wird.

Wie wir am Beispiel der Familie gesehen haben, wechseln die Beteiligten während des Spielverlaufs ihre Rollen. Das Opfer kann zum Retter des vermeintlichen Retters oder auch zum Verfolger bzw. Täter werden. Häufig ist bei einem solchen Rollenwechsel nicht mehr klar, wer eigentlich für was verantwortlich ist und womit es angefangen hat. Sachlichkeit, Ziel und eigentliche Aufgabe der Konstellation verschwinden in einem dramatischen und sich endlos wiederholenden »Bermuda-Dreieck«.

Zurück bleibt das dynamische und verwirrende Hin- und Herschieben von Verantwortung, Schuld, Ärger, Wut, Enttäuschung und Ohnmacht, das Kraft kostet und die Nerven unnötig zerrüttet.

Beispiel: Nach dem Ersten Weltkrieg fühlte sich Deutschland als Opfer der Repressionen, die ihm auferlegt worden waren; die Siegermächte waren die Täter, und Hitler erschien als Retter. Dieser degradierte daraufhin die Juden zu Opfern, wurde selbst zum Täter und rief die Alliierten als Retter auf den Plan. Erst in der Versöhnung von Deutschen und Juden und unter Verzicht auf Vorbehalte ist ein Weg hinaus aus dem Drama-Dreieck zu finden.

Beispiel: Ein Kind (Opfer) wurde in jungen Jahren als Blitzableiter für die elterlichen Emotionen (Täter) missbraucht. Die Flucht aus der westlichen Zivilisation erscheint dem Jugendlichen als Rettung aus der gesellschaftlichen Destruktivität. Er wandert aus und kümmert sich auch dann nicht (Täter) um seine Eltern, als diese, alt und gebrechlich, dringend Hilfe benötigen. Die Eltern (Opfer) vermachen daraufhin ihr Vermögen der Haushälterin (Retter), die sie im Alter gepflegt hat, und das Kind kann sich wieder als Opfer fühlen.

Menschen, die in kindgelernten Drama-Dreiecken stecken bleiben, betrügen sich um ihr geistiges Erbe. Sie binden im Laufe des Lebens immer neue Bezugspersonen in ihre Drama-Dreiecke ein und halten sich und diese Personen in jenen Spielchen fest, die immer noch in ihrer Psyche herumgeistern, ohne jemals wieder auf Aktualität überprüft worden zu sein. Bei vielen Drama-Dreiecken sind »Schuldgefühle« und Ängste der Kittstoff für diese unguten Allianzen, die die Freiheit verhindern.

Für die Wirksamkeit der positiven Psychologie ist es unerlässlich, Drama-Dreiecke aufzuspüren und zu kappen. Da häufig unbewusste Drama-Dreiecke aus der Vergangenheit herrühren und weiterbestehen, kommt die Erkenntnis meist einer nachträglichen Befreiung aus unbewusst angelegten Strukturen gleich. Durch das Erkennen muss man nicht mehr die gleichen Spiele, die man als Kind erlebt hat, mit dem Partner wiederholen. Wir wollen daher nun die drei Positionen des Drama-Dreiecks psychologisch untersuchen und herausfinden, mittels welcher Erkenntnisse und Anregungen die positive Psychologie hier einen Ausweg zeigt.

1. Das Opfer bzw. die Abhängige ist die Person, der etwas vorgeworfen wird, die für etwas verantwortlich gemacht werden soll oder die für andere etwas erdulden muss. Das Opfer selbst übernimmt diese Rolle, das heißt, es sieht sich selbst als Opfer und betrachtet die anderen Personen, den Partner, die Gesellschaft, die Umstände entweder als Verfolger oder als Retter, moralisch als »besonders böse« oder als »besonders gut«. Sich als Opfer zu fühlen, heißt: »Die anderen sind verantwortlich dafür, dass es mir so schlecht geht. Ich selbst kann an meiner Situation nichts ändern.« Dies ist der stillschweigende Glaubenssatz, der in der Psyche des Opfers »schwingt«. So gibt das Opfer die Verantwortung für die Folgen seines (Nicht-)Handelns an andere ab. Zum Opferdasein gehören Sucht, Demütigung, Vorurteil, medizinische Vernachlässigung und vor allem die Suche nach einem Retter – oft unter gleichzeitiger Verweigerung jeder wirklichen Hilfe. Konkret zeigen sich die Einstellung und das Verhalten einer Opferperson an folgenden Merkmalen und Glaubenssätzen:

- Sie glaubt, dass ihr die Kraft zum Problemlösen fehlt.
- Sie glaubt, dass ihre Bedürftigkeit sie vom Problemlösen abhält.
- Sie glaubt, dass ihre Denkfähigkeit nicht ausreicht für einen Lösungsentwurf.
- Sie glaubt, dass der Retter weiß, was zu tun ist oder richtig wäre.
- Sie unterschätzt eigene Handlungsmöglichkeiten und Fähigkeiten.
- Sie blendet eigene Fähigkeiten und Handlungsmöglichkeiten aus.
- Sie überschätzt die Handlungsmöglichkeiten und Fähigkeiten des Retters.
- Sie überlässt die Verantwortung für eigene Probleme dem Retter.
- Sie leidet oder hat gelitten, will Mitgefühl erfahren.
- Sie traut den anderen zu, dass sie das Problem lösen können.

Übung: Beschreiben Sie eine Situation (besser noch: zehn) aus Ihrem Leben, in der Sie sich als Opfer gefühlt oder präsentiert bzw. »Opfer gespielt« haben.

Übung: Überprüfen Sie die eben aufgezählten Glaubenssätze bzw. Geisteshaltungen und lösen Sie diese auf, indem Sie diese in geeignetere Glaubenssätze umwandeln.

Für die Auflösung belastender Glaubenssätze hilft im Rahmen der positiven Psychologie die Glaubenssatzarbeit, so etwa nach der »Simonton-Methode«, die dazu anregt, einen negativen Glaubenssatz durch einen *glaubwürdigen* positiven Glaubenssatz zu ersetzen.

Beispiel: Sie ersetzen den Glaubenssatz »Ich habe keinen Einfluss« nicht durch »Alles ist möglich« (das wäre abgehoben und unrealistisch für so einen Menschen), sondern durch »Manchmal habe ich ein wenig Einfluss und dafür öffne ich mich, wann immer ich kann«. Das Lebensgefühl »Alles ist möglich« wird sich möglicherweise eines Tages einstellen, aber der Weg dahin muss durchfühlt und durchschritten, nicht überflogen werden.

Beginnen Sie Ihre Arbeit mit Glaubenssätzen mit einem kleinen, wichtigen ersten Schritt. Denn auch eine Reise von 1000 Meilen beginnt mit einem einzigen Schritt, und nur auf diesen kleinen Schritt kommt es jetzt an.*

2. *Der Täter (auch Verfolger oder Kläger genannt)* ist derjenige, der dem Opfer aktiv nachstellt, es strafen oder zur Rechenschaft ziehen will. Ebenso wie der Retter, scheint auch der Verfolger genau zu wissen, was benötigt wird. Seine Idee ist jedoch nicht, zu helfen, sondern vielmehr das Durchsetzen seiner – natürlich richtigen – Lösung mit Härte. Glaubenssätze eines Täters sind: »Strafe muss sein, ich will nur das Beste, das gehört sich so, die Welt ist so,

* Weitere Hinweise und Techniken für die Arbeit mit Glaubenssätzen erhalten Sie unter anderem in den Büchern *Die Arbeit mit Glaubenssätzen* von Klaus Grochowiak und Susanne Haag (Schirner-Verlag), *The Work* von Byron Katie und *Wieder gesund werden* von O. C. Simonton (Rowohlt Verlag).

Rache ist süß, der andere muss erzogen werden, Fehler müssen bestraft werden, das Recht hat der Stärkere.« Mal tritt der Täter im Gewand des Staatsanwalts auf und wähnt das Recht auf seiner Seite. Terrorist wie Terrorbekämpfer finden allen Grund für ihre Handlungen und wechseln dabei zwischen Täter- und Opferprofil. Zum Täterprofil passen auch der offensichtlich Kriminelle oder der Gewalttätige, der keinen Grund für sein verletzendes Handeln findet – wie der Wolf im *Rotkäppchen*-Märchen. Die Einstellung und das Verhalten eines Täters, Verfolgers bzw. Anklägers erkennen wir an folgenden Details:

- Er setzt andere herab, verletzt und kritisiert sie übermäßig.
- Er will andere bestrafen, sich gegebenenfalls rächen. (Verfolger)
- Er ist bereit, unangenehme Dinge anzusprechen.
- Er hat etwas Wichtiges zu sagen, sagt es aber auf eine unannehmbare Art, z. B. arrogant, anklagend, verächtlich, herablassend. (Staatsanwalt)
- Er verursacht durch sein Verhalten, dass andere unter ihm leiden. (Täter)
- Er ist nicht bereit, den Schmerz, den er anderen zufügt, zu fühlen. (Abwehr)

Aufgabe: Beschreiben Sie einige Situationen, in denen Sie sich als Verfolger, Täter oder Ankläger gefühlt oder präsentiert haben. Finden Sie heraus, welches Grundmotiv oder welcher Glaubenssatz Ursache für Ihr Verhalten war. Ersetzen Sie gegebenenfalls einen zerstörerischen Glaubenssatz durch einen geeigneteren.

Beispiel: Statt »Ich muss mich rächen« sagen Sie sich »Ich bin bereit, meinem wahren Bedürfnis auf die Spur zu kommen, das ich in der Sache habe, und dieses mit anderen oder dem Betreffenden zu kommunizieren«. Oder sagen Sie statt »Ich muss meinen Trieb danach, zu zerstören, zu dominieren, andere zu benutzen oder mich durchzusetzen, gewaltsam ausleben« besser »Ich bin bereit, die bestmöglichen Mittel und Wege zu finden, um mit meinem (An-)Trieb umzugehen.«

*3. **Der Retter*** ist die Person, die helfend aktiv wird und oft gleich die gesamte Verantwortung für die Situation und deren Lösung übernimmt. Der Retter erkennt den scheinbaren Lösungsweg und versucht, dem Opfer zu helfen oder ihm beizustehen. Je nach Überzeugungskraft beherrscht der Retter die Situation für eine Weile. Der Retter spielt die Rolle unter dem Vorzeichen, dem Opfer großzügig und selbstlos zu helfen, ohne jedoch sicherzustellen, das Opfer in seinem Eigenengagement anzuregen. Beim Versuch, Suchtkranke (Opfer) zu retten, kann dies besonders fatal sein. Der Retter verführt den anderen auf *seine* Wege. Da der Retter im Sinne dieser Definition nicht selbstlos dient, sondern von seinem Ego gespeist wird, brennt er dabei innerlich aus. Woran erkennt man die »Retter-Persönlichkeit«?

- Sie unterschätzt die Handlungsmöglichkeiten und Fähigkeiten des »Opfers«.
- Sie übernimmt das Denken und Problemlösen für andere.
- Sie tut mehr für andere, als sie ihnen mitteilt.

- Sie tut Dinge, die sie eigentlich nicht tun mag.
- Sie überschätzt die eigenen Handlungsmöglichkeiten und Fähigkeiten.
- Sie blendet eigene Schwächen und Bedürfnisse aus.
- Sie übernimmt ungefragt Verantwortung für andere.
- Sie glaubt zu wissen, was zu tun ist oder was richtig wäre.
- Sie ist bereit, viel zu tun für andere.
- Sie glaubt, dass es »böse« ist, einfach nur sich selbst (aus-)zuleben.
- Sie möchte endlich den verdienten oder vermeintlich verdienten Dank bekommen und für ihren Beitrag geschätzt werden.

Aufgabe: Beschreiben Sie einige Situationen, in denen Sie sich als Retter gefühlt oder präsentiert bzw. »Retter gespielt« haben. Untersuchen Sie, auf welchen Glaubenssätzen oder Motiven Ihr Verhalten beruht und ersetzen Sie diese Motive durch andere.

Das Drama-Karussell, dem wir uns nun zuwenden wollen, ist ein sich verselbständigendes Drama-Dreieck, bei dem im Laufe der Zeit die Rollen getauscht werden.

Beispiel: Nach einer gewissen Zeit frustrierender Fehlschläge oder weil eigene Bedürfnisse und Hoffnungen nicht erfüllt werden, wird der Retter ärgerlich und wechselt in die Verfolgerrolle: Er klagt das Opfer an, beleidigt, vernachlässigt und bestraft es. Möglicherweise wirft er dem Opfer vor, undankbar zu sein. Daraufhin wechselt das Opfer in die Verfolgerrolle, indem es einen Gegenangriff startet, beleidigt oder gewalttätig reagiert oder »mitternächtliche Notfälle« schafft. Der ehemalige Retter ist nun das Opfer im Spiel. Dieser Ablauf des Wechselns kann sich endlos im Drama-Karussell weiterdrehen.

Beispiel: Eine Frau lebt in einer unerfüllten Ehe, sie fühlt sich als »Opfer« ihres egoistischen Ehemannes (Täter) und fühlt sich in ihrem Bedürfnis nach sinnlicher Erfüllung unverstanden. Daraufhin sucht sie sich einen Liebhaber (Retter), einen einsamen und liebeshungrigen Single. Sobald dieser sich auf die Ehefrau einlässt, wird der Liebhaber zum »Täter« (Einbruch in die Ehe), die Ehefrau zum Retter (sie erlöst den Single aus seiner Einsamkeit) und der betrogene Ehemann zum Opfer. Im weiteren Verlauf macht der Ehemann dem Liebhaber seine Frau wieder abspenstig (wird dadurch zum Täter), die Frau kehrt zu ihrem Mann zurück und »rettet« dadurch die Ehe. Zurück bleibt der allein gelassene Liebhaber mit seinem Trennungsschmerz (Opfer).

Die positive Psychologie gibt klare Hinweise dazu, dass ein Ausstieg aus dem Drama-Dreieck bzw. Drama-Karussell an jeder Stelle, aus jeder Position möglich ist. Ebenso zeigt sie, welche inneren Qualitäten dafür entwickelt werden müssen. Für jede der drei Ausstiegspositionen gilt:

- Jeder übernimmt Verantwortung für sich selbst und die eigene Bedürftigkeit;
- Respektvoller Umgang mit sich und allen Beteiligten;
- Verzicht auf Geringschätzung, Überschätzung, Ausblendung;
- Verzicht auf unverlangte Hilfe oder Kritik;

- Klärung der Erwartungen, Hoffnungen, Gegenleistungen, Verpflichtungen;
- Statt unausgesprochenen Handelns: ein schriftlicher oder mündlicher Vertrag mit klaren Abmachungen.

Gerade der Mensch, auf den die Retterfunktion projiziert wird bzw. der sie sich anmaßt, sollte überprüfen, inwieweit er weiß, was er tut, und inwieweit er zur Degeneration beiträgt. Der Psychologe Claude Steiner hat in seinem »Erste-Hilfe-Koffer für Retter« vier Fragen entwickelt, die dem Retter helfen, klar zu sehen, ob sein Wirken opportun ist:*

1. Habe ich *Lust,* dem anderen zu helfen?
2. Bin ich *geeignet* dazu, also kompetent? (Mittel und Fähigkeiten prüfen)
3. Bin ich verantwortlich?
4. Bin ich explizit dazu *aufgefordert* worden? (Vertrag)

Faustregel: Ab drei »Ja's« darf der Retter helfen, bei weniger als drei sollte er sich zurückziehen bzw. sein Eingreifen modifizieren.

Entscheiden Sie sich zu helfen, dann wird der oben bereits erwähnte Vertrag erforderlich, der zumindest mündlich ausgesprochen und im Detail geklärt werden sollte. Hier müssen zugleich alle unbewussten Erwartungen, Nebenabreden und Vorstellungen gegenseitig

* Vgl. Claude Steiner: *Die Kunst, sich miteinander wohl zu fühlen. Emotionale Kompetenz in Familie und Partnerschaft.* Herder Verlag Freiburg

bewusst gemacht und offengelegt werden. Nur so kann eine co-abhängige Beziehung vermieden werden.

Zu klären sind folgende Punkte:

1. Ist die Einladung zur Erfüllung der Aufgabe echt oder nur ein Köder?
2. Gibt es eine definierte Aufgabe – oder wird »Karussell gespielt«?
3. Ist dem Retter die Aufgabe klar? Wie lautet sie?
4. Wofür übernimmt der Retter wie viel Verantwortung? Warum?
5. Bezieht sich das (Rollen-)Verhalten des Retters auf die Aufgabe, oder macht er Übergriffe bzw. würde er sie gerne machen?
6. Fühlt sich der Retter gleichwertig, minderwertig oder besser als die anderen, und womit hat das zu tun?
7. Konzentriert sich der Retter auf seinen Teil oder überschreitet er seinen Rahmen?
8. Ist der Hilfsbedürftige bereit, seinen Teil der Aufgaben zu erfüllen, Mitverantwortung zu tragen?
9. Kennt der Retter seine eigenen Interessen, Bedürfnisse und Absichten (auch jene, die nicht erfüllbar sind), die ihn unterschwellig motivieren? Was will er für seine Hilfeleistung?
10. Kann der Retter Aufgabenebene und Beziehungsebene sauber trennen?

Im stabilisierten Dreieck werden die Positionen Opfer, Täter und Retter durch folgende Werte ersetzt: innere Stärke (statt Opfer), Liebe (statt Anklage) und echtes Mitgefühl (statt Retter). Die einzelnen Werte sind dann angemessen vertreten, wenn sie in ihrem Zusammenwirken zur Aufgabenerfüllung beitragen. Das jeweilige Maß für die drei Werte lautet: So viel wie zur Erfüllung der Aufgabe nötig ist, nicht mehr und nicht weniger.

Es gibt eine sehr schöne Betrachtung, derzufolge man das Drama-Dreieck durch das RAM-Dreieck ersetzen kann. Die Idee des RAM-Dreiecks stammt aus dem Roman von Paulo Coelho *Auf dem Jakobsweg* und soll nachfolgend dargestellt werden.

Nachdem Coelho von einer alten Bruderschaft, deren Mitglied er ist, die »Meisterweihe« versagt worden war, entschied er sich, den Jakobsweg zu gehen, um die Kraft in sich selbst zu finden. Der Jakobsweg, einer der vier Pilgerwege Europas, zieht sich über 700 km hin, von den Pyrenäen bis nach Santiago de Compostela im Nordwesten Spaniens. Schon im Mittelalter war er einer der wichtigsten Pilgerwege. Nach vielen Entbehrungen und spirituellen Prüfungen während seiner Reise nach Santiago de Compostela ging Coelho mit drei Tugenden aus dieser Reise hervor: Rigor (Stärke), Amor (Liebe mit ihren Vorformen Toleranz und Akzeptanz) und Misericordia (Mitgefühl). Hierbei ist Mitgefühl etwas völlig anderes als Mitleid. Es bedeutet, die ebenbürtige und wechselseitige Verbundenheit allen Seins, insbesondere in der Begegnung mit dem Du, zu fühlen. Nehmen wir aus dem D-RAM-A-Dreieck die Projektionen an den Enden (D und A) heraus, kommen wir zu besagtem Rigor-Amor-Misericordia-Dreieck.

Wie lässt sich das RAM-Dreieck im Alltag leben?

Beispiel (Außenbeziehung): Eine Ehefrau, Mutter mehrerer Kinder (Opfer), möchte gerne regelmäßig zum Tanzen gehen. Sie leidet unter dem Desinteresse ihres Mannes am Tanzen und sucht sich deshalb einen Tanzpartner (Retter), was den Ehemann eifersüchtig macht (Ankläger) und die Ehe vor eine Zerreißprobe stellt.

Die Lösung zeigt sich im erlösten RAM-Dreieck wie folgt:

- Das »Opfer« (Ehefrau) übernimmt Eigenverantwortung für die in der Ehe nicht erfüllbaren Bedürfnisse, ohne dadurch den Ehepartner zu entwürdigen. Sie lebt ihre Außenbeziehung in Respekt und Achtung vor allen Beteiligten. Sie gelangt dadurch von der Opferrolle zur Stärke (Rigor).
- Der Ankläger (Ehemann) akzeptiert die Situation unter der Bedingung klar definierter Grenzen. Er kommt so von der Akzeptanz über die Toleranz zur Liebe. Sein Vorteil ist: Er darf sich selber leben und muss keine Leistungen erbringen, die ihm zuwider sind. Seine Liebesfähigkeit wird dadurch erweitert (Amor).
- Der »Retter« (Tanzpartner) hält sich an klar definierte Grenzen und ehrt die Innenbeziehung (Ehe). Er partizipiert an der Außenbeziehung in Hilfsbereitschaft und im Dienste der Aufgabe und achtet darauf, dass ihm dies selbst ebenso Freude bereitet, ohne weitere Erwartungen zu hegen. Vielmehr lebt er mit Respekt und in Achtung vor dem Dritten, dem Ehemann, also in universellem Mitgefühl (Misericordia).

Jeder Gedanke, jedes Wort, jede Geste, die in sich den Keim tragen, Bestrafung auszudrücken oder sich als Opfer darzustellen, tragen einen unguten Keim in sich. Sie kreieren ein Drama-Dreieck, ob wir dies wollen oder nicht.

Wenn wir weise sind, beobachten wir im Alltag unsere Gedanken und Reaktionen:

- Sind sie kraftvoll? (R)
- Sind sie liebevoll? (A)
- Sind sie mitfühlend? (M)

Wenn nicht, sollten wir sie verwerfen und einen anderen Ansatz wählen.

Übung: Erinnern Sie sich an eine Situation, in der Sie sich als Opfer, Täter oder unerlöster Retter fühlten. Beobachten Sie Ihre damaligen Selbstgespräche. Gibt es da nicht auch in Ihnen einen Ankläger, der Ihnen manchmal sagt, Sie seien zu dumm, zu faul, zu ungeschickt? Entlarven Sie ihn und führen Sie ihn mit der weiter oben angeführten Liste in seine natürliche und stimmige Position zurück. – Und gibt es in Ihnen nicht auch ein inneres Opfer, das meint, im Leben zu kurz gekommen zu sein? Sprechen Sie mit ihm und lehren Sie es innere Stärke, Selbstverantwortung und Stimmigkeit der eigenen Handlungen. Und gibt es in Ihnen nicht auch einen vermeintlichen inneren Retter in Form von Ausweichmanövern, Suchtmitteln, oberflächlichen Gedanken, Zerstreuung usw.? Unterstützen Sie diesen Aspekt in Ihnen dabei, befreiendes Mitgefühl zu empfinden mit der wichtigsten Person in Ihrem Leben – Sie selbst!

Übung: Wie denken Sie über Ihren Partner, Chef, Ihren Vater oder Ihre Mutter? Wie denken Sie über die Handlung oder Einstellung Ihres Gegenübers oder über ein

Tagesgeschehen? Suchen Sie sich eine Sache, die Sie belastet, ein Ereignis oder eine Person. Wählen Sie dann eine Betrachtungsweise, die Ihnen und anderen Kraft (R) gibt, die auf Liebe (A) basiert und die mitfühlend (M) und damit auch ebenbürtig und wechselseitig ist.

Beispiel (Selbstgespräch): Das Verhalten meines Chefs finde ich mies, insbesondere wie er mich gestern angemacht hat (Opferdenken). – Na ja, eigentlich gibt er sein Bestes und ich gebe mein Bestes (Kraft). Ich nehme mich an dafür, dass ich mein Bestes gebe, umarme mich selbst auch in einer unterlegenen Position und respektiere auch meinen Boss, so wie er nun einmal ist (Toleranz-Akzeptanz-Liebe). – Eigentlich wollen wir ja gemeinsam das Beste für die Firma und ziehen am gleichen Strang. – Ich werde morgen mit ihm das Gespräch suchen, ihm berichten was ich gestern erlebt habe und ihn fragen, wie es ihm mit mir geht, und ihm meine Bedürfnisse mitteilen und so eine gemeinsame Basis suchen (Mitgefühl). Auf diese Weise lässt sich gemeinsam eine Allianz der Stärke schmieden.

Wenn das Drama-Dreieck zum »Drama-Karussell« geworden ist, sind drei weitere, ergänzende Haltungen nötig, um den Wandel einzuleiten: die sogenannte »SHA-Haltung«. Jene besteht aus:

1. Stille (um das Drehen des Drama-Karussells zu stoppen)
2. Heiterkeit (um Leichtigkeit und Freude hineinzutragen und Mangel auszuschließen)
3. Authentizität (damit jeder bei sich selber bleiben kann)

Wenn angesichts eines Drama-Karussells alle grundlegenden Entscheidungen aus Stille, Heiterkeit und Authentizität getroffen sind, verwandelt sich die Energie ins Positive. Die Co-Abhängigkeit löst sich auf und stattdessen entsteht die Befreiung, die wir suchen. Wir erleben dann die Dreiheit von der stabilisierenden Seite her, wie wir sie vom Triumvirat, der Dreieinigkeit oder vom Dreischemel her kennen. Aus These und Antithese entwickelt sich die allseits beglückende Synthese.

Fragen Sie sich in jeder Situation: Was will ich *wirklich* erleben?

- Bestätigung meines Dramas oder befreiende Erlösung?
- Opfer, Täter, Retter – Spiele oder eine Allianz innerer Verbundenheit?
- Selbstachtung oder Selbstzerstörung?
- Bewusstheit oder Abgleiten in die Unbewusstheit?

Drama-Neigungen sinnvoll auflösen

Aktualfähigkeit: Dramatisieren ist die Fähigkeit, das eigene Leben und das Leben anderer aufregend zu gestalten.

Im allgemeinen Sprachgebrauch bezeichnen wir als »dramatisieren« das künstliche Hinzufügen einer Spannung, oftmals begleitet durch Emotionen, die weit über den eigentlichen Anlass hinausgehen. Für das Dramatisieren benötigt man kein Drama-Dreieck, man vermag dies auch alleine. Wenn ein Mensch dramatisiert, stecken hinter seinen Dramatisierungen in der Regel nicht verarbeitete, traumatische Ereignisse, die weiter zurückliegen als der eigentliche Anlass.

Für ein Kleinkind ist Dramatisieren völlig normal, und wir nehmen es nicht weiter ernst. Wenn einem Kleinkind die Eiskugel von der Waffel rutscht und in den Dreck fällt, beginnt es zu heulen und zu schreien, als würde seine Welt untergehen – was aus der Sicht des Kleinkindes auch tatsächlich so ist. Später werden wir erwachsen und erkennen, dass wir uns jederzeit eine neue Eiskugel kaufen können. Und trotzdem sind wir geneigt, auch als Erwachsene weiterhin zu dramatisieren. Woher kommt das?

Unser Körper ist ausgestattet mit einer ganz bestimmten inneren Chemie, mit einem Cocktail an Hormonen, Botenstoffen, Säuren, Basen usw. Der Körper hat sich im

Laufe des Lebens an diesen Cocktail gewöhnt wie an eine Droge. Die Zusammensetzung der inneren Chemie ist über die Jahre gewachsen und ermöglicht der betreffenden Person die Erfahrung von Kontinuität und Zuverlässigkeit. Wenn jetzt ein Körper darauf programmiert ist, immer wieder Stresshormone zu erzeugen, wird dieser Mensch im späteren Leben ein Verlangen nach diesen Stressoren verspüren, da er sich sonst nicht lebendig fühlen kann. Also wird er sich Krimis im Fernsehen anschauen oder in seiner Außenwelt Dramen inszenieren, um sein Hormongleichgewicht wiederherzustellen. Er wird vielleicht (unbewusst) das Essen anbrennen lassen und sich dadurch in Stress versetzen, denn nun muss er noch schnell ein Essen zaubern, bevor die Kinder aus der Schule kommen. Nur so bleibt das »Stressgleichgewicht« dieser Person gewahrt. Manche Menschen dramatisieren allerdings nicht während einer Begebenheit, sondern nachträglich, um ihren Hormonspiegel hochzufahren, beispielsweise indem sie Sachverhalte überzeichnen.

Beispiel: Der Ehepartner ist mit der Urlaubsplanung seiner Frau nicht einverstanden. Kurz darauf ruft die Frau ihre beste Freundin an und behauptet, ihr Mann habe sie »missbraucht«.

Auch wenn durch Dramatisierung der innere »Drogencocktail« erst einmal stimuliert ist, erweist sich das Dramatisieren langfristig doch als ziemlich destruktiv:

- Viele Menschen wollen mit einer »Dramatante« bzw. einem »Dramatiker« nichts mehr zu tun haben.
- Der Dramatisierende fühlt sich wie benebelt und ist

über Stunden nicht in der Lage, klar zu denken oder zu handeln.

- Alle Beteiligten werden in emotionale und mentale Verstrickungen hineingezogen, so dass ein Erleben von dauerhafter Harmonie unmöglich erscheint.
- Dramatisieren benebelt die Wahrheit.

Eine schnelle erste Hilfe bei Dramatisierungen leisten wir, wenn wir auf das zurückkommen, was tatsächlich geschehen ist. Wann immer jemand dramatisiert, können wir ihn danach fragen, was *wirklich* passiert ist – ohne Wertung und ohne Interpretation, so wie bei einer Zeugenbefragung vor Gericht.

Seit sich die gewaltfreie Kommunikation nach Marshall Rosenberg durchgesetzt hat, lernen immer mehr Menschen, sich auf die reinen Tatsachen zu beziehen: »Was hast du beobachtet, was ist wirklich geschehen?« Jenseits einer moralischen Wertung lernen sie, so neutral zu berichten, als würde man die Handlung eines Spielfilms beschreiben. Allein durch die Konzentration auf die Tatsachen kann »Alltagstauglichkeit« im Umgang mit bisher als dramatisch empfundenen Situationen erreicht werden, selbst wenn dies für alle Beteiligten erst einmal eine »Entwöhnung« von der »Droge Drama« und eine »Ernüchterung« bedeutet.

In der positiven Psychologie gehen wir jedoch noch darüber hinaus. Wir lernen Dramen positiv abzuschließen. Dadurch steht die emotionale Qualität, die bisher im Drama gespeichert war, wieder frei zur Verfügung und – damit verknüpft – auch die entsprechende Lebensfreude.

Für ein tieferes Verständnis müssen wir uns die ursprüngliche Wortbedeutung und den Sinn des Dramas bewusstmachen. Ursprünglich war das Drama (griech. = Handlung) lediglich die Erzählung und Darbietung einer spannenden Geschichte, die einem ganz bestimmten Aufbau folgte und nicht immer in einer Katastrophe enden musste. Das klingt doch schon ganz anders, wenn Sie feststellen, dass Ihnen Ihr Partner, Boss oder Nebenbuhler mit seinem Dramatisieren eine »spannende Geschichte« oder sogar ein »emotionales Event«, die beide auf jeden Fall eine Katharsis beinhalten, zum Besten gibt. Wenn wir das Drama als Kunstform betrachten, erkennen wir, dass es in der griechischen Kultur eine der drei literarischen Gattungen repräsentierte:

- *Lyrik:* Lyrik bedeutet dem Griechischen zufolge »zur Musik der Leier gesungene Dichtung« und beinhaltet Minnegesang ebenso wie Gedichte.
- *Epos:* Hierzu gehören Prosa, Roman, Novelle, Anekdote, Kurzgeschichte, Romanze Aphorisma, Rätsel, Märchen, Sage, Legende, Fabel, Parabel usw.
- *Drama:* Die Darbietung einer spannenden Handlung nach der klassischen Fünfteilung (nach Horaz).

Im Rahmen der positiven Psychologie können wir uns die ehemals klassische Fünfteilung des Dramas zunutze machen, um dem inneren Mechanismus des Dramatisierens eine neue Bedeutung zu geben. Betrachten wir aus diesem Grund die Fünfteilung, die jedem Drama innewohnt, im Detail:

1. Exponate/Exposition (griech. = Einleitung): Einführung der Personen, Andeutung eines Konfliktes.
2. Komplikation (griech. = Steigerung): Die Situation spitzt sich zu.
3. Peripetie (griech. = plötzlicher Umschlag): Masken fallen, Unerwartetes wird offenbar, der Held des Dramas kommt in Bedrängnis, der Konflikt erreicht seinen Höhepunkt.
4. Retardation (griech. = Verlangsamung): Die Spannung wird in der Verlangsamung gehalten, damit die Spannung bis zum Ende erhalten bleibt.
5. Katharsis: Katastrophe oder Erlösung.

Wenn wir dramatische Erzählungen oder Erlebnisse nicht genießen können, liegt dies oft daran, dass der Erzähler oder die Situation im Drama stecken geblieben sind und der verblüffende Ausweg aus dem Drama nicht gefunden wird. Manche Menschen bleiben seit Kindesbeinen an in einer Drama-Phase stecken, die sie dann später auf Lebenssituationen übertragen. Sie weigern sich, Dramen abzuschließen, weil sie die Katastrophe befürchten, und laufen deshalb lieber weiterhin mit Ungelöstem herum. Doch nicht jedes Drama endet mit einer Katastrophe. Es liegt an uns, ob wir in der fünften Phase aus dem Drama ein Massensterben wie bei Hamlet oder eine Massenumarmung wie in *Nathan der Weise* kreieren.

Von Einstein wissen wir, dass ein Problem nie auf der Ebene gelöst werden kann, auf der es entstanden ist. Deshalb sollten Sie, wenn Sie mit einem Drama konfrontiert werden, lernen, das Drama zu genießen, indem Sie die Situation akzeptieren (wie sie ist), und nach der Katharsis, der verblüffenden positiven Wende, Ausschau halten. Hier mag uns besagtes Sinnbild von Nathan dem Weisen als Vorbild dienen, deshalb nachfolgend die Geschichte in Kurzfassung.

Der Jude Nathan muss dem muslimischen Eroberer von Jerusalem, dem König Saladin, die Frage beantworten, welche der drei Religionen – Judentum, Christentum oder Islam – die wahre Religion sei. Die Katastrophe bahnt sich an: Soll er für seine eigene Religion plädieren und dabei einen Konflikt mit dem mächtigen Sultan, vielleicht sogar seinen Kopf riskieren? Soll er sich zum Islam bekennen und damit seine eigene Religion verraten? Oder soll er sich zum Christentum bekennen – immerhin hat ja ein christlicher Tempelherr seine Tochter aus dem Feuer gerettet?

So zeigt sich uns folgendes Drama-Dreieck: Nathan als Opfer, Saladin als Täter und die Lüge als Retter. Doch Nathan findet mit seinem nachfolgend dargestellten Ringgleichnis eine Position der inneren Stärke, der Liebe und des Mitgefühls (RAM-Dreieck), das am Ende alle jubeln lässt. Statt direkt zu antworten, erzählt Nathan dem König die folgende Geschichte:

Ein Vater besaß einen Ring, der über die magische Eigenschaft verfügte, seinen Träger »vor Gott und den Menschen geneigt« zu machen. Dieser Ring wurde über viele Generationen hinweg vererbt, und zwar (falls mehrere Söhne vorhanden waren) stets an jenen, den der Vater am meisten liebte. Der Vater hatte nun aber drei Söhne, die ihm alle gleichermaßen lieb waren, so dass er nicht wusste, wem von den dreien er den Ring hinterlassen sollte. Er behalf sich, indem er von einem Goldschmied zwei weitere Ringe herstellen ließ, die beide dem ursprünglichen Ring glichen. Er hinterließ jedem der Söhne einen Ring, wobei er jedem versicherte, sein Ring sei der echte. Nach dem Tode des Vaters zogen die Söhne vor Gericht, um zu klären, welcher von den drei Ringen der echte sei. Die beiden anderen Ringe waren allerdings so perfekt gearbeitet, dass auch der Richter sie nicht unterscheiden konnte. Statt einem Sohn den konkreten Zuschlag zu geben, erinnerte der Richter jeden einzelnen der drei Männer daran, dass der echte Ring die Eigenschaft hätte, den Träger bei allen anderen Menschen beliebt zu machen. Wenn aber dieser Effekt bei keinem der drei eintreten würde, dann könnte das wohl nur heißen, dass der echte Ring verloren gegangen sei. Jedenfalls sollte ein jeder von ihnen danach trachten, die Liebe Gottes und die all seiner Mitmenschen zu erfahren. Wenn dies einem von ihnen gelänge, so wäre er der Träger des echten Rings. Berührt von dieser Geschichte bittet Saladin den weisen Nathan, sein Freund sein zu dürfen.

Diese Geschichte ist noch aus einem weiteren Grund erwähnenswert. Denn sie berichtet, dass am Ende dieses Dramas alle Beteiligten eine verblüffende und beglückende Katharsis erleben. Die »Schwebung«, das Einheitsbewusstsein (die neue Raumschale im Sinne Einsteins) wurde erreicht. Konflikte im menschlichen Dasein und auch Dramen sind manchmal unausweichlich. Doch es liegt an uns, ob wir uns verhalten wie Othello oder wie die Personen in Lessings *Nathan*. Dies gilt für die Menschheit ebenso wie für den Einzelnen.

Die drei Söhne in der Geschichte hätten sich ja auch weiterhin streiten, zweifeln oder argwöhnen können. Sie hätten insgeheim denken können, »Die anderen beiden haben die falschen Ringe«, aber dann hätten sie die dahinterstehende Botschaft verkannt.

Übertragen wir die Lehre dieses Bühnenstücks auf unseren Alltag, erkennen wir: Die Neigung zum Dramatisieren ist gelernt, muss aber nicht endlos fortgesetzt werden. Vielleicht beruht unser Dramatisieren auf früheren Traumatisierungen, oder unser Leben erscheint uns ohne Dramen zu langweilig? Wir können mit der Welt und unserem Partner, Kind oder Chef im Dauerkrieg leben oder aber unser Dasein und Zusammensein genießen. Dies hängt nicht von anderen, sondern von uns selbst ab.

Wir sollten, wenn es um Dramatisierungen geht, erkennen, wann es um Lappalien geht. Diese können wir lösen, indem wir bei der Sache bleiben: »Was genau habe ich beobachtet!« – und zwar ohne Emotionen oder Interpretationen beizumischen. Wenn Sie eine Autopanne haben, genügt es, den ADAC anzurufen. Es ist nicht notwendig, noch zusätzlich einen Nervenzusammenbruch zu bekommen. Hilfreich ist es bei solchen Lappalien auch, sich der eigenen Gedanken, Gefühle, Bewertungen bewusst zu werden, ohne auf sie einzusteigen. Was kann schon schlimmstenfalls passieren? Lappalien werden Sie unbeschadet überleben. Statt mich über das kaputte Auto aufzuregen – was keinen Vorteil bringt –, können Sie in dieser Zeit auch einen Baum umarmen oder auf der Wiese neben der Autobahn ein wenig relaxen.

In jedem Fall stehen Dramatisierungen mit einem ernst zu nehmenden, oftmals ungehörten Bedürfnis in Verbindung. Jemand brüllt, weil er Hunger hat oder weil ihm die Nerven durchgehen – in dem Fall hilft ihm etwas zu essen oder hochdosiertes Vitamin B und ein wenig Ruhe. Wenn der andere brüllt, ist es hilfreicher, ihm ein Glas Wasser anzubieten (das beruhigt) als zurückzuschreien. Indem wir uns, statt zu dramatisieren, auf unsere Bedürfnisse konzentrieren – und die des anderen – finden wir das, was wir wirklich brauchen.

Wie aber gelangen wir in die dafür notwendige Bewusstheit? Indem wir angesichts eines eigenen oder fremden Dramas augenblicklich innehalten, in den »no mind« gehen, die Gedankenstille. Dann bemerken wir immer wieder diese »Lücke«, die es uns gestattet, aus- bzw. abzukoppeln und eine andere Wahl zu treffen. Eine Wahl tut sich auf: Dort ist die Einladung, auf ein Drama einzusteigen, und hier die Öffnung für eine neue Möglichkeit.

Dort, wo Dauerdramen chronisch unsere Seele umkreisen und nach Ausdruck drängen – wir erkennen dies an den sich stets wiederholenden Mustern und Gesprächsthemen –, bietet die klassische Fünfteilung des Dramas die Möglichkeit, Ursachen aufzuspüren und verblüffenden Lösungen zuzuführen. Das nachfolgende Beispiel einer Lebensberatung ist in stark verkürzter Form wiedergegeben. Tatsächlich brauchte es drei Sitzungen, bis das Ergebnis auf dem Tisch lag. Aus Gründen der Effektivität sind hier lediglich die wesentlichen Wegmarkierungen aufgeführt.

Beispiel (Klienten-Sitzung):

1. *Exposition:* Klient: »Ich habe ein Problem mit meiner finanziellen und meiner partnerschaftlichen Situation!« – Therapeut: »Das haben doch viele Menschen!«
2. *Komplikation:* Klient: »Sie sagen das so einfach, bei mir ist das sehr kompliziert. Mein Geschäftspartner hat mich betrogen, und es ist nicht sicher, ob ich das Geld wiederbekomme. Zudem hat meine Freundin einen neuen Liebhaber. Ich weiß überhaupt nicht, wie ich das lösen soll!« – Therapeut: »Können Sie eigene Beteiligung an dem Konflikt erkennen?«
3. *Peripherie:* Klient: »Eigene Beteiligung? Natürlich, ich bin an allem schuld. Ich bring mich um, ich bring mich um, es hat doch alles keinen Sinn. Und Sie Dämlack könnte ich glatt erwürgen, Sie reden so gescheit daher, als wenn Sie alles besser wüssten!«
4. *Retardation:* Therapeut (öffnet sein Herz für Mitgefühl): »Nun mal langsam mit den jungen Pferden. Was ist denn ganz genau passiert? Erzählen Sie mir doch einmal, wie alles entstanden ist, in allen Einzelheiten!« – Klient: »Ja, also es begann mit einem scheinbar tollen Angebot. Meine Freundin und ich waren damals verlobt und lebten in festen Verhältnissen. Alles schien bis an das Lebensende gesichert. Dann kam diese Möglichkeit, sich an einem Steuersparprojekt zu beteiligen. Ich habe all mein Geld dort hineingesteckt, doch das Projekt erwies sich als Geldschneiderei. Letztendlich verlor ich meine ganze Habe. Meine Freundin, die das alles nicht verkraftet hat, hat sich einen neuen Liebhaber genommen und ist zu ihm gezogen. Eine Weile war ich obdachlos und habe unter

der Brücke geschlafen. Mittlerweile habe ich ein Blues-Sängerin kennengelernt und reise mit ihr quer durch Europa, werde von ihr versorgt, allerdings ohne eigenes Geld zu haben!«

5. *Katharsis:* Therapeut: »Wow, was für ein reiches Leben. Die armen Leute, die eingemauert in ihr Bürgertum auf ihre Rente warten und nichts erleben dürfen. Das muss doch richtig aufregend sein, ständig neuen Menschen und Städten zu begegnen?« – Klient: »Wenn Sie es so sehen: Ja. Und meine neue Freundin ist auch verdammt hübsch!« – Therapeut: »Oftmals sind es nur unsere Bewertungen, die eine Sache als Verlust oder als Gewinn klassifizieren. Was aus finanzieller Sicht wie ein Ruin aussieht, ist für die Seele oftmals von ungeheurem Reichtum. Vielleicht kennen Sie den Film *Der König der Fischer*? Wenn Ihr Leben keine Katastrophe, sondern ein *Hans im Glück*-Märchen wäre, welchen Reichtum hätten Sie dann gewonnen und wie können Sie ihn nutzen?« – Klient: »Ich habe gelernt, andere Menschen so zu respektieren, wie sie sind, Hilfe anzunehmen, mich auf das Jetzt einzulassen und meine Ängste vor dem Morgen loszulassen. Ich habe tiefe, echte Freundschaften gewonnen mit Menschen, die mich nicht aus Berechnung lieben, sondern weil ich so bin, wie ich bin!« – Therapeut: »Wow, wenn ich in einer Krise wäre und ich bräuchte einen Menschen mit Ihrer Erfahrung, ich glaube, ich würde mich an Sie wenden!« – Klient: »Da haben Sie recht, vielleicht sollte ich Krisenberater werden für Menschen in Not, ich glaube, das würde mir Spaß machen!«

Übung: Suchen und finden Sie eine Situation, die bei Ihnen dramatisch geladen ist, und finden Sie die dafür kathartische Öffnung nach dem oben skizzierten Strickmuster. Hilfreich ist es oftmals, sich angesichts der Lebenssituation zu fragen: »Was will mir die Situation günstigstenfalls signalisieren, mich günstigstenfalls lehren?«

»Haben Sie den richtigen Mann fürs Leben gefunden?« – »Nein, aber inzwischen amüsiere ich mich mit dem Falschen!«

Nossrat Peseschkian: *Positive Psychotherapie*

Fehlidentifikation und die Erlösung von begrenzenden Rollenspielen

Aktualfähigkeit: Fehlidentifikation ist die Fähigkeit, überall mitzumachen.

Der Mensch ist das, womit er sich identifiziert. Damit sind sein Gedeih und Verderb verbunden – nicht unauflösbar, aber doch wirksam. Ausgestattet mit unserem Bewusstsein haben wir die Möglichkeit, uns mit jedem und allem zu identifizieren und die Freude und das Leid unserer Identifikation zu teilen.

Identifizieren wir uns mit unserer heimischen Fußballmannschaft und diese erringt einen Sieg, fühlen wir uns toll. Bei einer Niederlage fühlen wir uns mies, obwohl dieser Sieg oder diese Niederlage eigentlich gar nichts mit unserem persönlichen Leben zu tun hat.

Wir identifizieren uns damit, ein Deutscher zu sein, ein Familienvater, ein Intellektueller, und stets hat unsere Identifikation eine Rückwirkung auf uns. Wenn wir uns beispielsweise damit identifizieren, intellektuell gebildet zu sein, und jemand anderes zettelt eine Diskussion an, dann kann es sein, dass wir bis in die Nacht hinein mit dem anderen darüber streiten, ob Karl der Große ein guter oder ein schlechter Kaiser war, Wagner ein großer Komponist oder der Zweite Weltkrieg hätte verhindert werden können. Am späten Abend werden wir feststellen, dass all unsere Gedankenakrobatik uns kein bisschen glücklicher gemacht hat.

Wenn wir uns damit identifizieren, ein Vater zu sein, der in der Lage ist, seine Kinder gut zu erziehen, und unser Kind kommt mit einer Fünf oder gar mit Rauschgift nach Hause, dann bricht für uns eine Welt zusammen. Und wenn wir uns damit identifizieren, erfolgreich zu sein, und erleiden eine geschäftliche Niederlage, kann uns dies depressiv machen.

Eine Tageszeitung berichtete kürzlich, dass sich ein Mann umbrachte, weil beim Endspiel der Fußballweltmeisterschaft sein Fernseher kaputtgegangen war und er dieses Spiel nicht sehen konnte. Wenige Wochen zuvor hatte ein Orientale seinen besten Freund umgebracht, weil dieser mit seiner volljährigen, unverheirateten Schwester Sex hatte und die Sippe damit entehrt sei. So weit kann Identifikation gehen!

Sie sind nicht Ihre Nationalität, Ihr Geschlecht, Ihr Beruf, Ihr Körper, Sie sind etwas weitaus Umfassenderes. Wann immer wir unangemessen reagieren, liegt dem eine falsche Identifikation zugrunde. Und es gibt viele falsche Identifikationen. Hier ein paar Beispiele:

- *Der Problemlöser* identifiziert sich damit, dass er versucht, seine eigenen Probleme – und die anderer Menschen – zu lösen. Kein Wunder, dass er immer wieder in neue, noch kompliziertere Probleme verwickelt wird, die ihm erlauben, seine Identität beizubehalten. Ein bezeichnendes Beispiel: In einer Vorstandssitzung präsentierte der Marketingdirektor eine geniale Werbeidee. Daraufhin sagte der Controller der Firma, der den Marketingdirektor nicht mochte, lauthals: »Da müsste doch ein Problem zu finden sein!« Wer glaubt, seine Daseinsberechtigung hinge davon ab, Probleme zu finden, wird ein Leben lang Probleme finden und lösen, finden und lösen.

- *Der Ankläger* identifiziert sich damit, dass etwas nicht in Ordnung ist. Er stemmt sich gegen die Umweltverschmutzung, die Dekadenz in der Gesellschaft und die Korruption in der Politik. Wie immer die Umstände auch sind, der Ankläger wird immer Grund zur Anklage haben – im öffentlichen Bereich wie zu Hause am heimischen Herd.
- *Der Therapeut* identifiziert sich damit, Menschen zu therapieren. Dies setzt voraus, dass vor ihm jemand sitzt, der eine Therapie braucht, und dass er selbst über Instrumente verfügt, mit denen er dem Patienten »helfen« kann. Ignaz Bubis sagte einmal zutreffenderweise: »Als Therapeut haben Sie keine Chance, jemanden zu therapieren!« Dies bedeutet: Solange Therapie ein fest verabredetes Rollenspiel ist, hier der Therapeut, dort der Patient, wird es keine Befreiung und keine Heilung von seelischem Leiden geben. Der Patient wird (unbewusst) in einer negativen Rolle als derjenige fixiert, der ein Problem hat. So gibt es Menschen, die seit über 20 Jahren zur Psychoanalyse gehen und inzwischen süchtig nach Therapie geworden sind. Die eigentliche Aufgabe der Therapie bzw. des Therapeuten sollte aber die sein, sich darauf zu konzentrieren, das »Heilsein« im Menschen anzusprechen und zu fördern. Dies erfordert allerdings er-

wachte Therapeuten, die ihr eigenes »Heilsein« bereits erfahren haben.

Wenn wir genau hinschauen und tiefer blicken, um zu erfahren, wer wir wirklich sind, müssen wir auch alle Rollen, Masken, Persönlichkeitsmerkmale, Muster, emotionalen Strukturen, Denkgewohnheiten, ja sogar auch den Körper loslassen, denn nichts von alledem sind Sie wirklich. Wenn Sie in einen Spiegel schauen, dann sehen Sie dort einen Körper. Aber sind Sie dieser Körper? Der Körper kann nicht »ich« sagen, sehen, hören, denken, sondern da ist etwas, das durch diesen Körper wirkt und dieses »Etwas«, das sind wirklich Sie.

Wenn ein Mensch gestorben ist, sehen Sie den gleichen Körper noch vor sich liegen wie zu Lebzeiten, aber dieser Körper kann nicht mehr schauen, riechen, schmecken, denken, sprechen. Also kann der Körper nicht Ihr wahres Selbst sein. Auch der Glaube, Ihr Körper zu sein, ist eine Fehlidentifikation, selbst wenn Sie für die Dauer eines Lebens mit ihm verbunden sind.

Manche Menschen machen den Fehler, dass sie ihren Körper vernachlässigen. Sie haben erkannt: »Ich bin ewiges, unsterbliches Bewusstsein, also warum sollte ich mich um meinen Körper kümmern.« Ein solcher Gedanke ist ebenso nachlässig, wie wenn Sie Ihr Auto verrosten lassen, kein Öl mehr nachkippen und es weder pflegen noch zur Inspektion bringen, weil Sie Ihr Auto ja nicht »sind«. In der Konsequenz würden Sie in diesem Fall ziemlich schnell erleben, dass Ihr Auto zu qualmen beginnt, der Motor überhitzt, vielleicht bekommen Sie einen Kolbenfresser. Und dann sagen Sie sich: »Was habe ich nur für ein Pech mit diesem Auto, Autos sind wirklich der letzte Schrott, ich hatte doch wirklich das Recht, mich nicht um dieses Auto zu kümmern!« Genau auf diese Weise vernachlässigen viele Menschen ihren Körper. Der Körper ist ein wertvolles Instrument, denn nur durch den Körper, den sie tragen, können sie menschliche Erfahrungen machen und aus ihnen heraus wachsen und reifen. Und je länger und besser dieser Körper funktioniert, desto weiter kann er sie bringen.

Andere Menschen haben erkannt, dass sie nicht ihr Verstand sind. Sie haben in irgendeinem Vortrag etwas von »no mind« gehört und missverstehen diese Vorstellung als »no brain – no pain«. Vielleicht trinken sie Alkohol, um zu vergessen, dass sie einen Verstand haben, oder gehen zurück in die Wildnis. Zu erkennen, dass sie nicht der Verstand sind, bedeutet jedoch nicht, dass sie ihren Verstand nicht benutzen dürfen. Dies wäre genauso unsinnig, wie jemand, der weiß, dass er kein Computer ist, und deshalb auf Internet und moderne Datenverarbeitung verzichtet. Der Verstand ist ein guter Diener, aber ein schlechter Herr. Statt den Verstand zu verteufeln sollten wir lernen, unsere Identifikation von ihm zu lösen. Statt das Denken zu verteufeln, sollten wir aufhören, »mentale Schallplatten« abzuspielen, also mechanisch die immer gleichen Denkvorgänge zu wiederholen. Stattdessen sollten wir unseren Verstand dazu einsetzen, die Qualitäten, die wir im »no mind«, der Gedankenstille, der Meditation und dem »Supermind« erfahren, in eine menschlich übersetzbare Form zu bringen – ohne uns mit unserem Verstand zu identifizieren.

Viele Menschen identifizieren sich mit ihrer Religion, spirituellen Gemeinschaft oder Sekte, ohne jemals zum essenziellen Kern dieser Lehre vorgedrungen zu sein. Damit verpassen sie das Wesentliche. Das, was unser wahres Selbst ausmacht, ist allen Menschen gemeinsam – unabhängig von Rasse, Hautfarbe oder Religion. Wir können diese Form der Rückverbindung Liebe, Mitgefühl, Verbundenheit, »innere Qualität« oder wie auch immer nennen – in der Wahrheit gibt es keine Unterschiede.

Wir sind das, was *immer war* und *immer sein wird*. Hier finden wir unsere wahre Identifikation. Da dieses Bewusstsein zu umfassend ist, als dass wir es sofort verstehen könnten, bedienen sich viele Sucher eines spirituellen Lehrers oder Religionsgründers, mit dem sie ihren Glauben verbinden. Dabei verkörpert dieser Lehrer lediglich die in uns wohnende, aber vielleicht noch nicht zur Gänze entwickelte Meisterkraft, das Selbst. So sagt Angelus Silesius: »Und wäre Christus tausendmal in Bethlehem geboren und nicht in dir – wäre die Welt dennoch verloren!«

Wie bereits im Kapitel *Abhängigkeit, Kontra-Abhängigkeit und erlösende Beziehungen* deutlich wurde, hat die Meisterkraft, die wir erinnern wollen, in letzter Konsequenz nichts mit der Persönlichkeit des Lehrers zu tun. Die Persönlichkeit des Lehrers ist letztlich nicht mehr als ein »Finger, der zum Mond zeigt«, nicht aber der Mond selbst. Er ist eine Hilfe, die »Errungenschaft«, die wir in uns aufzunehmen begehren. Der gegenwärtige Papst Benedikt XVI. wurde einmal gefragt, wie viele Wege zur

Erlösung es gäbe. Und er antwortete lächelnd: »So viele, wie es Menschen gibt!«

Beschäftigen wir uns im Rahmen dieses Kapitels über Fehlidentifikation daher noch kurz einmal mit dem Thema »Leitbild«. Zu Beginn des Weges haben wir ein sichtbares oder unsichtbares Leitbild, ein »Vor-Bild«. Aufgrund persönlicher Sympathien und Affinitäten fühlen wir uns zu einem ganz bestimmten Weg, zu einer ganz bestimmten Person hingezogen. Wir üben uns in der Nachahmung, bis wir uns dafür entscheiden müssen, ob wir die Kopie unseres Leitbilds werden oder unserem eingeborenen Original nachspüren wollen.

Wir verlassen die Idee des Vor-Bilds, sind aber noch nicht so stark auf uns gestellt, um weitergehen zu können. Das, was uns rief, das Leitbild, die strahlende Idee, geht nicht mehr vor uns, sondern hinter uns und stärkt uns den Rücken. Irgendwann erfahren wir, dass die Meisterkraft in uns selbst liegt, und wir nehmen diese Identifikation an. Zu diesem Zeitpunkt beginnt der *eine* Meister bewusst durch uns zu wirken.

Wir entdecken unser wahres Selbst, das durch uns wirkt, und leben in tiefer Hingabe an dieses wahre Selbst. Dies ist nicht das Ende, sondern der Beginn unserer eigentlichen Reise.

Erwachen ist nur der Anfang. Die Liebe zur Wahrheit deckt unaufhörlich neue Muster auf, deren Aufrechterhalten enorm viel Energie verbraucht. Es geht nicht darum, etwas anderes zu erreichen als das, was wir bereits sind, und dabei voller Staunen zu erleben, wie Glaubenssätze, die der Menschheit seit Jahrhunderten

Schwierigkeiten machen, von selbst nach Hause kommen.*

Zu den Eigenschaften der erwachten Seele gehören neben den bereits genannten universellen Werten (Weisheit, Unsterblichkeit, Liebe, Furchtlosigkeit, Verbundenheit, Glückseligkeit) die im dritten großen Kapitel dieses Buches behandelten »inneren Qualitäten« wie Achtsamkeit, Akzeptanz, Assertivität, Aufmerksamkeit, Bodhichitta, Dankbarkeit, Intuition, Kreativität, Meditation, Kraft usw.

Wann immer wir uns mit etwas anderem als diesen Grundqualitäten identifizieren, ist es Zeit, in die eigene Mitte zu kommen, damit die Identifikation von uns abfallen kann. Ramana Maharshi, der Weise vom Berg Arunachala, beschreibt die »falsche Identifikation« als einen Dieb, der sich als Polizist verkleidet und vorgibt, einen Dieb zu suchen. »Wer hat denn da überhaupt ein Problem? Wessen Schwierigkeit ist es, die ich gerade erlebe? Wer bin ich wirklich?« sind in diesem Zusammenhang Fragen, die zur Befreiung führen.

Das »wahre Selbst« zu erkennen, sich mit ihm zu identifizieren und aus ihm heraus zu leben, bedeutet allerdings nicht, sich in einen konturlosen »Schlaffi« zu verwandeln. Im Gegenteil: In innerer Verbindung zu unserem »wahren Selbst« beginnen wir, unsere Konturen stärker und stärker wahrzunehmen und zu verwirklichen, während wir *gleichzeitig* die Einheit allen Seins erleben und uns mit dieser Einheit identifizieren. Der griechische Phi-

* Isaac Shapiro; Quelle: *Prisma* Juli/August 2006, www.prismamagazin.de

losoph Pindar, ein Zeitgenosse Buddhas, drückte dies mit folgenden Worten aus: »Werde der, der du bist!« Ein Eichensame soll ein großer Eichenbaum werden, ein Adlerküken ein großer Adler, und auch Sie selbst sollen genau der werden, als der Sie gemeint sind.

Im Inneren identifizieren Sie sich mit *dem* Einen und wachsen in dieser Einheitsverbindung stärker und stärker. Im Außenbereich dagegen verleihen Sie Ihrem wahren Selbst Kontur. Das ist ein Vorgang, der im Zuge der Selbstrealisierung automatisch geschieht. So ist es kein Widerspruch, dass die großen Philosophen und Mystiker des letzten Jahrhunderts wie Krishnamurti, Steiner, Osho, Yogananda usw. ausgesprochene Persönlichkeiten waren, während sie sich gleichzeitig mit ihrer Persönlichkeit in keiner Weise identifizierten.

Aristoteles betonte schon vor vielen tausend Jahren, dass jedes Geschöpf dazu aufgerufen sei, die ihm eigene »Gestalt« in dieser Welt der Formen auszudrücken. Aus diesem Grund ist der Individuationsprozess zugleich ein Differenzierungsprozess: »Dies bin ich – und jenes bin ich nicht! Dies entspricht mir – und jenes entspricht mir nicht!« Man würde von einer Eiche ja auch nicht erwarten, wie eine Birke zu wachsen (obwohl manche Baumzüchter heute so etwas Widernatürliches versuchen).

Es geht bei der richtigen Identifikation also nicht darum, in irgendeinem Lebensbereich »der Größte« zu werden oder ungemäßen Vorbildern nachzueifern, dies wäre genau *die* Fehlidentifikation, die wir meiden sollten, sondern es geht darum, genau der zu werden, der man ist. Klassifizierungen finden nur nach kollektiven Maßstäben statt. Je mehr wir in unsere eigene Individuation erwachen, desto mehr finden wir unseren eigenen Maßstab. Individuation bedeutet aber auch nicht Verzicht auf Strebsamkeit. Auch dies haben viele Hippies, die aus den gesellschaftlichen Zwängen aussteigen wollten, missverstanden.

Wenn beispielsweise der nächste Stadtlauf ausgeschrieben ist und man fühlt sich vom Laufsport angesprochen, dann ist es eine wunderbare Erfahrung, dort mitzumachen. Der Hippie würde sich vielleicht dem Stadtlauf verweigern, denn dafür müsste man ja trainieren, sich anstrengen usw. Der übertrieben Ehrgeizige würde sein Leben daransetzen, Erster zu werden, und womöglich sogar bei einer fiebrigen Erkrankung antreten. Derjenige aber, der sich mit seinem wahren Selbst identifiziert, würde gleichfalls laufen, dabei vorher ebenso trainieren, und zwar so, wie es *ihm* entspricht.

Denis Waitley beschreibt in seinem Buch *Der Beste sein*, dass für den Erfolg nur der eigene Maßstab zählt. Es kann sein, dass zu besagtem Stadtlauf fünf verschiedene Läufer antreten, und jeder ist auf seine Weise der Beste. Der eine, weil er die kürzeste Zeit gelaufen ist, der zweite, weil er am meisten Freude von allen hatte, der dritte, weil er seine Kräfte am besten eingeteilt hat, der vierte, weil es für ihn am wenigsten anstrengend war, und der fünfte, weil er der Lässigste von allen war. Aus der richtigen Identifikation ergeben sich automatisch der eigene Maßstab, die eigenen Werte und der eigene Ausdruck.

Die Erfahrung des Erwachens zur eigenen Natur ist zugleich verbunden mit der Annahme nicht nur des inneren Selbst, sondern auch der äußeren Erscheinungsform, den Talenten und Schwierigkeiten der »eigenen« Persönlichkeit und des »eigenen« Lebens. Gerade diese machen die Besonderheit des einzelnen Menschen aus. Während sich der Erwachte im Inneren mehr und mehr dem Selbst hingibt, erfährt er zugleich die Stimmigkeit der eigenen Persönlichkeit und ihre automatische Weiter- und Höherentwicklung. Im Rahmen der richtigen Identifikation erwirkt das Wesen zunehmend mehr Autonomie. Dies bedeutet ein fortwährendes Abstreifen von Fremdbestimmung durch andere Menschen, Ideen, Werte, aber auch von Kräften des Unbewussten sowie die fortwährende Rücknahme von Projektionen. Reste von kollektiven Maßstäben (»Man sollte …«) und von elterlichen, erzieherischen und sonstigen Konditionierungen weichen mehr und mehr einer bewussten Selbstverantwortung, welche die Liebe zu allen Wesen mit einbezieht.

Im Rahmen einer stimmigen Identifikation wird sogar das Unterbewusstsein transzendiert, die Verhaftung in den Archetypen der Psyche, in möglichen »früheren Leben«, im kollektiven Unbewussten, in der Welt der Träume und im kollektiven Mind. Wir kommunizieren weiterhin liebevoll mit all dem, erkennen aber, dass wir all das nicht *sind*. Auch die Welt der Phänomene und die Jagd nach Ekstasen lassen wir hinter uns, wenn sie uns nichts mehr zu geben haben. Phänomene und Ekstasen kommen und gehen und haben mit dem, was wir *sind*, nichts zu tun.

Wie Om C. Parkin zutreffend darstellt, sind auch die Archetypen des Enneagramms Masken der Persönlichkeit, die wir *nicht* sind – so in der Dezember-Ausgabe der Zeitschrift *Connection* aus dem Jahre 1996. Sie stellen – ebenso wie die Strukturen der Astrologie, des Maya-Kalenders oder des »Human-Design-Systems« – Fahrzeuge dar, die wir zwar benutzen können, die aber mit uns selbst nichts zu tun haben. Was zählt ist die Kraft, die durch das Fahrzeug, durch die Maske wirkt, nicht aber die Maske selbst.

Held, Retter, Sieger oder Verlierer, Versager, Feigling sind alles Masken der Persönlichkeit. Es ist hilfreich, an keiner der Identifikationen zu hängen, denn sie alle sind Masken.

Beispiel: Ein Klient, der sein Hab und Gut verloren hat, kam in die Beraterpraxis und sagte: »Ich bin ein Versager!« Der Therapeut fragte ihn: »Woher wissen Sie das?« – Klient: »Ich habe mein Hab und Gut verloren, das sagte ich doch bereits?« – Therapeut: »Und dies heißt, dass Sie ein Versager sind??« – Klient: »Warum nicht?« – Therapeut: »Weil ein Versager zu sein, eine *Identität* ist. Das *sind* Sie nicht. Alles, was Sie benennen können, sind Sie nicht. Schließen Sie doch einmal die Augen und gehen Sie nach innen. Fragen Sie sich, ob Sie überhaupt die Macht haben zu versagen. Wer ist da, ist da überhaupt jemand, der versagt hat?« – Klient: »Da ist ein Gedanke, ich habe versagt, mehr nicht!« – Therapeut: »Und, sind Sie dieser Gedanke? Wenn Sie diesen Gedanken wahrnehmen, muss doch jemand da sein, der Zeuge dieses Gedankens ist – und wer sind *Sie*?« – Klient: »Ich bin derjenige, der diesen Gedanken wahrnimmt!« – Therapeut: »Also können Sie nicht zugleich der Gedanke sein, Sie sind nicht der Gedanke, Sie sind nicht der Mensch, der all diese Versagensgedanken hat, Sie sind der Zeuge. Verstehen Sie?« – Klient: »Ja, das verstehe ich, da ist ein Gedanke von Versagen, und da bin ich. Nur wenn ich mich mit dem Versagen identifiziere, bin ich ein Versager. Ich könnte Chef von Daimler Benz sein und mehrfacher Millionär – wenn ich mich mit dem Versagen identifiziere, würde ich mich auch als Millionär als Versager fühlen!« – Therapeut: »Drehen Sie es um!« – Klient: »Ich bin reines Bewusstsein und kann mein Sein genießen. Ich bin ein König ohne Königreich, ist es das, was Sie meinen?« – Therapeut: »Genau!«

Manche Menschen unterliegen der Versuchung, sich mit positiv besetzten Rollen zu identifizieren, beispielsweise um Bewunderung zu ernten. Andere sind mehr auf Mitleid aus und besetzen deshalb lieber die negativen Rollen. Richtige Identifikation bedeutet, an keiner der beiden Rollen zu kleben, sondern beiden zu entsagen. Dies ist die wahre Entsagung, frei vom »Wahn des Ich« zu sein. Während wir uns immer mehr dem Selbst nähern und mit ihm verschmelzen, erleben wir zugleich wachsendes Mitgefühl.

In diesem Zusammenhang schrieb einmal C. G. Jung: »Die Beziehung zum Selbst ist zugleich die Beziehung zum Mitmenschen und keiner hat den Zusammenhang mit den Mitmenschen, es sei denn, er habe ihn zuvor mit sich selbst!« Im Klartext: Sich (dem) selbst nahe sein, ist gleichbedeutend mit »dem anderen nahe sein«. In dem Sinne werden wir »kerniger«, individueller und zugleich beziehungs- und sozialfähiger. Ein skurriler Künstler oder Mystiker, der sozial- und beziehungsunfähig ist, ist noch nicht erwacht, sondern noch auf dem Weg dorthin. »Erwachen« zeigt sich als Einswerdung mit der Kontur, wie man gemeint ist, und zugleich mit allem Sein, der ganzen Menschheit, allen Wesen dieser und aller Welten.

Im Außen mag man weiterhin widersprüchlich erscheinen, so wie eine Eiche zugleich zart in ihren Blättern und kraftvoll in ihrem Stamm ist, im Inneren vereinen wir jedoch alle Gegensätze in uns und erleben diese Einheit, ohne uns an der scheinbaren Widersprüchlichkeit zu stören. Häufig sind es gerade die inneren Widersprüche, die allesamt durch unsere Einheit einen Ausdruck suchen und uns, allesamt gelebt, ein ausgewogenes und in den Gegensätzen ausbalanciertes Wesen schenken. Natürlich zeigen wir Kontur, da wir in einer Welt der Formen leben. Außenstehende könnten meinen, wir würden uns mit den Konturen identifizieren. Doch in Wahrheit beziehen wir unsere Identifikation aus dem Inneren und zeigen sie lediglich durch unsere Persönlichkeit.

Wir werden dadurch automatisch wunderbare Architekten, Gärtner, Künstler, Lebenskünstler, Liebhaber, Meditierende, Mystiker, Sänger, Schriftsteller und erfüllen uns in unserem Ausdruck, so wie er sich durch uns zeigen möchte, und fühlen uns wie »von der Muse geküsst«.

Übung: Wann immer Sie eine Entscheidung treffen müssen, ein ungutes Gefühl verspüren oder sich beim Denken, Reden oder Handeln beobachten, nehmen Sie wahr, in welcher Identifikation Sie dies vollbringen.

Die Idee der Identifikation mit *dem* Selbst soll nicht zum Größenwahn anregen (»Ich bin ein Meister, der andere nicht«), sondern zur Bescheidenheit. Denn die *Eine* Kraft, die Sie so verehren, wirkt auch in jedem anderen Menschen, der Sie umgibt – mehr oder weniger bewusst. Es geht vielmehr um Ganzheitlichkeit, Annahme der Qualitäten der erwachten Seele und um »richtige Identifikation«.

Tipp: Viele Situationen können Sie spielerisch auflösen, wenn Sie dem Gedanken, dem Gefühl, dem Handlungsimpuls, der Sie gerade anfliegt, sagen: »Falsche Identifikation!« und dann kurz nach innen gehen, um eine angemessenere Haltung zu entdecken. Wenn Sie einmal in einer falschen Identifikation hängen, könnte Ihnen folgende Frage helfen: »Was würde ein Meister in dieser Situation an meiner Stelle tun?« – Nehmen Sie diese Frage tief nach innen, statt sich mit vorschnellen Vorstellungen darüber, was es heißt, ein Meister zu sein, abspeisen zu lassen, und handeln Sie – frei von Vorstellungen – als Meister, soweit es die durch Sie wirkende Meisterkraft zulässt. Spätestens abends, bevor Sie schlafen gehen, können und sollten Sie sich wieder an den erinnern, der Sie *wirklich* sind.

Der Adler, der sich für ein Huhn hielt

Ein Mann fing einen jungen Adler, brachte ihn heim und steckte ihn in den Hühnerhof zu seinen Hennen, Enten und Truthähnchen. Nach fünf Jahren erhielt der Mann den Besuch eines naturkundigen Mannes. Als sie miteinander durch den Garten gingen, sagte der: »Der Vogel ist kein Huhn! Er ist ein Adler!«

»Ja«, sagte der Mann, »das stimmt, aber ich habe ihn zum Huhn erzogen. Er ist jetzt ein Huhn, auch wenn seine Flügel drei Meter breit sind.« »Nein«, sagte der andere, »er hat immer noch das Herz eines Adlers und das wird ihn hoch hinauffliegen lassen in die Lüfte!« »Niemals«, sagte der Mann, »er lebt jetzt von Hühnerfutter und wird niemals fliegen!«

Sie beschlossen, eine Probe zu machen. Der naturkundige Mann nahm den Adler, hob ihn in die Höhe und sagte beschwörend: »Der du ein Adler bist, der du dem Himmel gehörst und nicht dieser Erde: Breite deine Schwingen aus und fliege!«

Der Adler saß auf der hochgestreckten Faust und blickte um sich. Hinter sich sah er die Hühner nach ihren Körnern picken, und er sprang zu ihnen hinunter. Der Mann sagte: »Ich habe dir gesagt, er ist zu einem Huhn geworden!« »Nein, nein«, sagte der andere, »er ist ein Adler. Versuchen wir es noch einmal.«

Am anderen Tag stieg er mit dem Adler auf das Dach

des Hauses, hob ihn empor und sagte: »Adler, breite deine Schwingen aus und fliege!« Aber als der Adler die scharrenden Hühner im Hof erblickte, sprang er abermals zu ihnen hinunter und scharrte mit ihnen. »Lass es mich noch ein einziges Mal versuchen!«, bat der Mann.

Am nächsten Morgen erhob er sich früh, nahm den Adler und brachte ihn weit weg von den Häusern an den Fuß eines hohen Berges. Die Sonne stieg gerade auf und vergoldete den Gipfel des Berges. Jede Felszinne erstrahlte in der Freude eines wundervollen Morgens. Der Mann hob den Adler hoch und sagte zu ihm: »Du bist ein Adler! Breite deine Schwingen aus und fliege!«

Der Adler blickte umher. Er zitterte, als erfüllte ihn neues Leben – aber er flog nicht. Doch als der naturkundige Mann ihn direkt in die Sonne schauen ließ, breitete der Vogel plötzlich seine gewaltigen Flügel aus, schwang sich mit dem Schrei eines Adlers in die Luft, flog höher und höher und kehrte nie wieder zurück.*

* Geschichten aus Ghana; Serena Rust: *Wenn die Giraffe mit dem Wolf tanzt*. KOHA Verlag Burgrain

Gelernte Hilflosigkeit und die Rückkehr zur Selbstwirksamkeit

Aktualfähigkeit: Gelernte Hilflosigkeit ist die Fähigkeit, andere für sich arbeiten zu lassen.

Gelernte Hilflosigkeit ist die Vorstellung, man könne nicht eingreifen. Sie beinhaltet den Glaubenssatz: »Egal, was ich tue und wie sehr ich mich anstrenge, es bringt doch nichts.« Es ist, als wenn jemand glaubt, er säße als Passagier in einem Bus, den er nicht steuern kann. Dabei sitzt er in einem Auto und hat das Steuer in der Hand. Dies hat nichts mit wirklicher Hilflosigkeit zu tun, sondern mit einer Betriebsblindheit, bei der sich ein früheres Gefühl von Hilflosigkeit auf spätere Lebenssituationen überträgt und angemessenes Denken, Reagieren und Handeln verhindert.

Der Begriff der gelernten Hilflosigkeit wurde 1967 von den amerikanischen Psychologen Steven F. Maier und Martin E.P. Seligman geprägt. Ihren Überlegungen lagen folgende Entdeckungen aus Tierversuchen zugrunde:

In einer großangelegten Untersuchung wurden Tieren Elektroschocks verpasst, die sie jedoch abstellen konnten, indem sie eine ganz bestimmte Taste betätigten. Die Tiere lernten schnell, bei einem Schock die Taste zu betätigen. Eine zweite Gruppe von Tieren erhielt Schocks, aber das Betätigen der Taste hatte keinen Einfluss auf die

Schocks. Nach einer Refraktärphase, in der sich die Tiere erholen konnten, wurden beide Tiergruppen in Doppelkäfige gesteckt. In einem der Käfige wurden die Elektroschocks angeschaltet. Die Tiere konnten den Schocks leicht entkommen, indem sie den Käfig wechselten. Die Tiergruppe, die zuvor die Schocks mittels Taste abstellen konnte, wechselte sofort in den anderen Käfig und vermied so weitere Schocks. Die Tiere, die aber »gelernt« hatten, dass ihr Verhalten keinen Einfluss auf die Schocks hatte, blieben im alten Käfig, ertrugen die Schocks und wurden apathisch.* Seligman zog daraus folgende Schlussfolgerungen:

- *Hilflosigkeitshypothese*: Die Tiere, die den unkontrollierbaren Schocks ausgesetzt waren, haben gelernt, hilflos zu sein. Sie haben gelernt, dass ihr Verhalten keine Konsequenzen, im Gutem wie im Bösen, hatte. Für diese Tiere war es schwer bzw. fast unmöglich, eine Assoziation zwischen ihrem Verhalten (Ursache) und der Konsequenz der Schockvermeidung (Wirkung) zu lernen. Hier finden wir eine Parallele zur menschlichen Angst, Depression und Hilflosigkeit.
- *Unaufmerksamkeitshypothese:* Während die Tiere zu Beginn des Versuchs noch aufmerksam waren und versuchten, den Zusammenhang von Ursache und Wirkung zu erfassen, schalteten die Tiere in der zweiten

* Martin E. P. Seligman: *Erlernte Hilflosigkeit*. Beltz Verlag Weinheim; L. Y. Abramson, M. E. P. Seligman, J. D. Teasdale: *Learned Helplessness in Humans: Critique and Reformulation*. In: *Journal of Abnormal Psychology* 87 (1), 1978, S. 49–74

Phase auf Unaufmerksamkeit um, da sie glaubten, ihr Verhalten habe ja doch keine Bedeutung. Dies entspricht dem Schicksal jener Menschen, die sich im Alltag unaufmerksam verhalten, deswegen immer wieder Autounfälle, Stürze oder Versagen erleben und daraus die Berechtigung ihres Glaubenssatzes, man könne ja sowieso nichts machen, ziehen.

- *Inaktivitätshypothese:* Inaktiv zu sein, erschien den Tieren weniger schmerzhaft als die ständige Frustration darüber, stets neue Möglichkeiten auszuprobieren, die dann doch zu nichts führten. Die Tiere lernten die neue Möglichkeit nicht, da sie sich inaktiv verhielten. Der »biologische Aufwand«, sich gegen das Schicksal zu stemmen, erschien als vergebliche Mühe. Dies steht in Zusammenhang mit menschlicher Untätigkeit und Apathie.

Obiges Beispiel zeigt, dass mit gelernter Hilflosigkeit oft auch Apathie einhergeht. Apathie (griech. *apatheia*) zeigt sich unter anderem in Teilnahmslosigkeit, Leidenschaftslosigkeit, mangelnder Erregbarkeit und Unempfindlichkeit gegenüber äußeren Reizen. Im Rahmen der positiven Psychologie können wir allerdings auch eine positive Umdeutung der Apathie vornehmen, wenn wir sie als positive Leidenschaftslosigkeit im Sinne der Stoiker verstehen.

Aktualfähigkeit: Apathie ist die Fähigkeit, die Ruhe zu bewahren und sich durch nichts aus der Bahn werfen zu lassen.

Die nachfolgenden Versuche von Prof. Curt Richter zeigen uns, dass wir Hilflosigkeit nicht nur erlernen, sondern auch wieder verlernen können, und weisen uns den Weg dazu auf.

Richter ließ in einem Versuch Ratten in einem Bassin schwimmen, aus dem sie nicht entweichen konnten. Einige von ihnen hielten sich an die 80 Stunden über Wasser. Andere Ratten versanken nach einigem wilden Umherpaddeln innerhalb von zwei Minuten wie ein Stein. Sie legten Arme und Beine an und gingen unter. Es schien, als würden sich diese Ratten aufgeben. Richter untersuchte, was es mit diesen Ratten auf sich hatte, und entdeckte Folgendes: Ein Forschungsassistent, der sich vor Rattenbissen fürchtete, hatte genau diese Ratten zuvor verängstigt und misshandelt. Seine Aufgabe war es gewesen, der einen Gruppe von Ratten die Barthaare abzuschneiden, um ihren Orientierungssinn zu testen. Aus Angst davor, von den Ratten gebissen zu werden, stülpte er einen Sack über die Tiere, packte sie sehr fest an, erledigte das Abschneiden der Barthaare und warf die Ratten dann direkt aus dem Sack ins Bassin. Es waren genau diese Ratten, die nach zwei Minuten untergingen. Ganz offensichtlich war die Traumatisierung Ursache für das »Durchhängen«, »Absinkenlassen«, die Selbstaufgabe der Tiere. Richter fragte sich nun, ob er diesen Ratten ihren Überlebenswillen wieder antrainieren könnte. Dazu zog er die Tiere einige Sekunden bevor sie abzusinken drohten, aus dem Wasser und ließ sie zwei Minuten auf einem Tisch ausruhen. Hatten sie sich auf diese Weise beruhigt und ihre Sinne wieder beieinander, konnten sie im Laufe weiterer Trainings viele Stunden lang schwimmen. Gab der Forscher den Tieren vor dem Schneiden der Barthaare die Möglichkeit, den Sack spielerisch kennenzulernen, und ging er während der Prozedur sanft mit ihnen um, schafften es auch diese Tiere, 80 Stunden am Stück zu schwimmen. Indem er sie kurz vor dem Untergehen immer wieder aus dem Wasser holte, konnte er sie sogar dazu bringen, neue Langzeitrekorde aufzustellen.*

Was tat Richter nun genau?

1. Er forderte die Ratten nicht über die Grenzen ihrer Möglichkeiten hinaus und belohnte sie auch für kleine Erfolge.
2. Er gönnte ihnen immer wieder Regenerationszeiten.
3. Er löste Traumatisierungen, indem er sie erfahren ließ, dass Situationen, die bisher als traumatisch erlebt wurden, nun spielerisch und angenehm erlebt werden konnten.

Aus diesem Beispiel ergeben sich Konsequenzen für Ihr eigenes Leben. Wann immer Sie »negative innere Selbstgespräche« in Form von Formulierungen wie »Man kann ja doch nichts machen«, »Egal, was ich tue und wie sehr ich mich anstrenge, es verändert ja doch nichts« bemerken, sollten Sie innehalten und die innere Lücke aufsuchen, den Wendepunkt. Ersetzen Sie solche destruktiven Glaubenssätze durch glaubwürdige positive.

* Siegfried Brockert: *Du sollst dich lieben. Das neue Menschenbild der Positiven Psychologie*. Bertelsmann Verlag München

Vermeiden Sie aber, wie bereits erwähnt, einen unrealistischen Zweckoptimismus im Sinne von: »Ich kann alles, wenn ich nur will!« So eine Formulierung ist angesichts der noch vorherrschenden negativen Glaubenssätze unrealistisch und führt zum Scheitern der neuen Bemühungen und somit wieder zur Bestätigung des irrigen Glaubens, dass man doch nichts machen könne. Wir müssen uns stets dort abholen, wo wir stehen. Besser ist es also, realistische Formulierungen zu wählen, die die Situation, in der man sich befindet, mit einbeziehen, also beispielsweise: »Ich fühle mich gerade nicht besonders wohl, aber ich weiß, dass ich durch meinen Fleiß und ein wenig Glück immer wieder kleine Öffnungen mit ungeahnten positiven Folgen erlebt habe.« Oder: »Sobald ich innegehalten, gespürt und getan habe, was im Moment wirklich wichtig war, und von meiner Seite aus versucht habe, mich korrekt zu verhalten, habe ich immer wieder Hilfe von außen erfahren!«

In vielen Fällen kann Glaubenssatzarbeit dabei helfen, die gelernte Hilflosigkeit zu überwinden. In chronischen Fällen ist es allerdings notwendig, tiefer nach den Ursachen zu graben. Die positive Psychologie kennt eine Reihe von Gründen für gelernte Hilflosigkeit, die häufig – aber nicht immer – in der frühen Kindheit liegen. Die wichtigsten Faktoren und Gründe für gelernte Hilflosigkeit sind in alphabetischer Reihenfolge:

- Altersheim oder Pflegeheim;
- Bedürfnisse wurden ignoriert: Das Baby schreit nach der Flasche, wird aber nicht gehört und bekommt die

Flasche erst, wenn es der Mutter passt, nicht dann, wenn es Hunger hat.

- Behinderung;
- Erziehung, bei der Belohnung und Strafe vom Verhalten des Kindes abgekoppelt werden, etwa wenn das Kind ohne einen dem Kind ersichtlichen Grund geschlagen oder belohnt wird;
- Fremdbestimmung: Ein Partner oder Verwandter behandelt den Betreffenden über längere Zeit wie eine unmündige Person, die zudem keine Chance hat, sich dagegen zu wehren;
- Gefängnisaufenthalt oder – im Extremfall – Konzentrationslager;
- Gewalteinwirkung oder Gewaltandrohung: Ein Kind, das durch Gewalteinwirkung oder Gewaltandrohung, sei es durch Klassenkameraden oder die Eltern, eingeschüchtert wurde, traut sich auch später nicht, sich zu wehren, selbst wenn es überlegen und stärker ist. Sinnbild: Der Löwe, der glaubt, ein Schaf zu sein, und Angst vor dem Wolf hat.
- Krankenhausaufenthalt oder im Extremfall Aufenthalt in einer psychiatrischen Klinik;
- Kriegserfahrung;
- Misserfolg: Versuche, eine belastende Situation zu wenden, scheitern immer wieder;
- Muttersöhnchen: Das Kind muss lieb sein, den Wünschen der Mutter (»artig« und »nett« sein, Eigenwilligkeit ablegen) gehorchen, damit es bekommt, was es braucht. Das Kind lernt, andere (die Mutter) zu manipulieren, um an Notwendiges zu kommen, es hat dabei nie gelernt, für sich selber einzustehen.

- Ohnmachtssituation als Embryo bzw. Baby: Beispielsweise ist die Mutter durch die Schwangerschaft überfordert, fühlt sich ihr ausgeliefert, das Kind identifiziert sich damit.
- Sucht: Jede Sucht, insbesondere die Drogensucht, kreiert das Empfinden von Hilflosigkeit, wird aber oft durch genau diese initiiert. Befreiung aus der Sucht erlebt der Süchtige, wenn er erkennt, »was er *wirklich* will«.
- Trotzphase, gestörte: Wird das Kind in der Trotzphase massiv gestört, verliert es die Kraft, zu sich selbst zu stehen, und fühlt sich den Einwirkungen der Stärkeren hilflos ausgeliefert.
- Versagen und schwere Niederlage: möglicherweise in Verbindung mit einem Trauma;
- Willensbrechung: Dem Kind oder Heranwachsenden wird im Verlauf seines Lebens der Wille gebrochen. Dies kann durch einen Vater geschehen sein, der das Kind körperlich oder geistig niederbügelt und als Konkurrent auftritt, oder dadurch, dass »das Kind« seinen Beruf oder Ehepartner nicht frei wählen durfte.

Wir können die gelernte Hilflosigkeit in zwei Gruppen einteilen:

A) *Hilflosigkeit aufgrund eines traumatischen, stressenden, belastenden Ereignisses:* Wenn ein Mensch in irgendeiner Phase seines Lebens erfahren hat, dass sein Verhalten keinen Einfluss auf seinen Erfolg hat, ist es nur allzu logisch, dass er sich hilflos fühlt. Dies zeigt unser Beispiel von den Ratten und den Elektroschocks. Wenn die Erfahrung der Hilflosigkeit einen traumatisierenden Charakter hat, wird sie auf sämtliche späteren Lebenssituationen übertragen. Das bedeutet: Der betreffende Mensch fühlt sich hilflos bzw. schaltet in kritischen Situationen auf »hilflos« um.

Eine frühe Prägung der Hilflosigkeit finden wir auch bei einem Kind vor, das mit Kaiserschnitt geboren wurde. So eine Geburt kann für das Kind zum Trauma werden, denn es musste schließlich erfahren, dass die eigenen Bemühungen während des Geborenwerdens nutzlos geblieben waren. Desgleichen wird dem Baby aber auch das Muster vermittelt, dass im Notfall die Hilfe immer von außen, nie von innen kommt. Kaiserschnitt-Kinder lernen manchmal erst sehr spät, worauf sie Einfluss nehmen können und worauf nicht und wie sie nachträglich durch die Wehen »hindurchfinden« zur wirklichen Befreiung.

B) *Erlernte Hilflosigkeit aufgrund von Verwöhnung:* Eine andere Form der gelernten Hilflosigkeit finden wir, wenn wir erleben, dass die Dinge von außen für uns erledigt werden und eigene Bemühungen keine Vorteile bringen. Es ist das Sinnbild der attraktiven Frau, die bei einer Autopanne die Motorhaube aufklappt, sich an den Straßenrand stellt und darauf wartet, dass ein Kavalier ihr aus der Patsche hilft. Wir brauchen nur mit den Wimpern zu klimpern und uns dumm zu stellen, und schon werden die Probleme für uns gelöst. Haben wir einmal gelernt, dass Hilflosigkeit »funktioniert«, werden wir immer wieder versucht sein, die Verantwortung anderen zu überlassen. Allerdings kann man feststellen, dass Menschen, denen in ihrer scheinbaren Hilflosigkeit geholfen wurde, nicht immer dankbar reagierten. In Fällen, in denen der andere wirklich körperlich hilflos ist – z.B. durch Alter, Gebrechlichkeit oder schwere Krankheit –, ist Dankbarkeit für unser Engagement durchaus zu finden. Dort aber, wo wir den anderen in seiner gelernten Hilflosigkeit in unangemessener Weise unterstützen, ist die Wahrscheinlichkeit groß, dass wir Undank ernten. Das Sinnbild hierfür ist der Mann, der seine von ihm finanziell abhängige Frau auf Händen trägt, ihr alle Wünsche von den Augen abliest, dafür sorgt, dass sie keinen Finger krumm machen muss, und dabei nicht bemerkt, dass er sie in einem goldenen Käfig hält und ihre gelernte Hilflosigkeit fördert, anstatt gegenseitige Ebenbürtigkeit möglich zu machen.

Die Grenzen liegen dicht beieinander, und wir wissen nicht genau, ob die Hilflosigkeit durch ein Trauma erzeugt oder einfach nur aus Bequemlichkeit erlernt wurde. Erlernte Hilflosigkeit ist häufig durch ein Ausweichen vor Problemen gekennzeichnet: Man verhält sich wie ein Kind, das Verstecken spielt, indem es sich die Hand vor die Augen hält und meint: »Wenn ich die anderen nicht sehen kann, können die mich auch nicht sehen.« Wenn man anstehende Probleme ignoriert, »weil man ja sowieso nichts machen kann«, erlebt man, dass diese immer größer werden – bis hin zur tatsächlichen Unlösbarkeit. Schließlich bestätigt sich erneut die These, dass man nichts machen könne und seinem Schicksal ausgeliefert sei. Das Gegenmittel lautet: Genau hinschauen und Probleme lösen, solange sie klein sind.

Beispiel: Man hat sein Auto an jemanden verliehen, der zu schnell gefahren ist, und bekommt einen Bußgeldbescheid. Statt darauf zu reagieren, wirft man ihn weg. Kurz darauf wird man vor Gericht geladen. Man geht nicht hin. Daraufhin kommt die Polizei und zieht den Führerschein ein. Mit dem Kommentar: »Schicksal!« gibt man den Führerschein ab und darf nicht mehr Auto fahren. Dabei wäre durch eine frühzeitige Reaktion (Widerspruch einlegen, Radarfoto vorlegen lassen) das Problem schnell lösbar gewesen.

Beispiel: Jemand hat Zahnweh und geht nicht zum Zahnarzt. Irgendwann ist der Schmerz so schlimm, dass er gehen *muss*. Die Karies ist aber mittlerweile so weit fortgeschritten, dass der Zahn gezogen werden muss. Wäre der Betreffende frühzeitig hingegangen, wäre die Sache mit einer einfachen Füllung behoben gewesen.

Nicht alle Menschen reagieren auf eine Situation der Hilflosigkeit gleich. Laut Seligman* betrachten Personen in einem Zustand der erlernten Hilflosigkeit Probleme entweder als persönlich, generell oder permanent.

Persönlich: Sie sehen sich selbst als das Problem. Glaubenssatz: »Ich bin in diesem Lebensbereich derart minderwertig, dass ich – im Gegensatz zu anderen – unfähig bin, das Problem zu lösen!« Zur Rubrik *persönlich* gehört auch der Glaube an »spezielle Besonderheiten«, so etwa: »Im Gegensatz zu anderen Menschen habe ich in meinem Horoskop die Sonne im 12. Haus, damit bin ich für den Rest des Lebens darauf festgelegt, mich hilflos zu füh-

* Martin E. P. Seligman: *Der Glücks-Faktor. Warum Optimisten länger leben.* Bastei Lübbe Verlag Bergisch Gladbach

len!« oder auch: »Ich wurde mit Kaiserschnitt geboren, solche Menschen haben keine Chance auf Selbstwirksamkeit!« Diese Problembereiche lassen sich relativ leicht auflösen, indem man Gegenbeispiele findet und Glaubenssatzarbeit betreibt.

Generell: Sie sehen das Problem als allumfassend. Glaubenssatz: »Unter diesen Umständen kann *niemand* dieses Problem lösen!« Oder ein anderer Glaubenssatz: »Es handelt sich bei meiner Überschuldung um ein allumfassendes Problem, das mit der Weltwirtschaftskrise zusammenhängt, bald wird sowieso die Welt untergehen, da kann man nichts machen! Mit meiner finanziellen Misere liege ich voll im Trend der Zeit!« Hilfreich ist hier die Frage, ob es dem Betreffenden mit seinem Glaubenssatz gut geht oder ob er diesen umwandeln möchte, vielleicht in den Satz von Luther: »Und wenn morgen die Welt unterginge, pflanzte ich heute noch ein Apfelbäumchen« oder in das Bewusstsein: »Nach mir kommt *nicht* die Sintflut!«

Permanent: Sie sehen das Problem als unveränderlich. Glaubenssatz: »Das hat noch *nie* funktioniert, das wird auch nicht funktionieren, da kann man sowieso nichts machen!« Hier ist es hilfreich, sich Beispiele dafür zu suchen, wie unlösbar erscheinende Probleme gelöst wurden und worin der Lösungsschlüssel lag.

Wenn wir aufhören, unsere Mitmenschen in ihrer gelernten Hilflosigkeit zu unterstützen, und ihnen Eigenverantwortung zumuten, können sie genau mit den Ohnmachtssituationen und Traumata konfrontiert werden, die durch ihre gelernte Hilflosigkeit überdeckt sind.

Vielleicht kommen dort auch Depression oder Wut zum Vorschein, die auf uns projiziert werden. Das Gleiche gilt für uns, wenn wir selbst aus der Hilflosigkeit aussteigen möchten. Gelernte Hilflosigkeit ist ein Muster – wie ein unsichtbarer Käfig, der uns umgibt. Der Ausweg aus diesem Käfig muss erst einmal entdeckt und dann eigenverantwortlich beschritten werden. Hier geben innere Qualitäten sowie Meditation und Gebet die dafür notwendige Unterstützung. Ergänzend dazu gibt es im Umgang mit der erlernten Hilflosigkeit viele Wege der Befreiung – einige davon sind nachfolgend aufgeführt. Es obliegt dem Einzelnen, sich für *den* Weg zu entscheiden, der für ihn stimmig ist.

1. *Richtige Identifikation:* Wir fragen uns, wer wir »wirklich« sind, und entdecken aus dieser Perspektive heraus eine stimmige Haltung, Einstellung und Handlung zu den Umständen. So erwirken wir auf diese Weise eine positive Verhaltensänderung, in der wir bereit sind, »das Unsrige« zu tun und den Rest höheren Kräften zu überlassen.
2. *Verbündete finden:* Wir finden Menschen, die uns unterstützen. In diesem Fall erfahren wir, dass wir nicht hilflos sind, weil wir in der Lage sind, uns Hilfe zu holen. Wenn wir beispielsweise eine Steuererklärung abgeben sollen und nicht wissen, wie, suchen wir einen Steuerberater auf, bei Computerproblemen einen Computerspezialisten. Wenn wir geschickt sind, machen wir uns solche Leute zu Freunden und unterstützen uns wechselseitig.
3. *Glaubenssatzarbeit:* Wir finden heraus, auf welchem

falschen Glaubenssatz die Hilflosigkeit beruht, und entdecken neue Glaubenssätze bzw. Überzeugungen, die wir stattdessen annehmen können.

4. *Trauma-Arbeit:* Dort wo ein schweres Trauma die positive Selbstwirksamkeit behindert, ist es sinnvoll, das Ursprungstrauma aufzuspüren und zu erlösen, etwa mit Hilfe der Werkzeuge, die in meinen Arbeiten über das Loslassen erläutert sind.
5. *Liebende Annahme:* Dieser Weg wird oftmals unterschätzt. Indem wir unsere Hilflosigkeit erst einmal bewusst annehmen und uns in ihr begleiten, ohne in ein Drama abzurutschen, tauchen die befreienden Lösungen von selbst auf. Mehr zum Thema »liebende Annahme« finden Sie im Kapitel *Akzeptanz* im dritten Teil dieses Buches.

Begleitend können Sie sich selbst mit Energiefeldtherapie (EFT) und anderen angstlösenden Therapieformen unterstützen – so etwa mit solchen, wie sie in meinem Buch *Von der Angst zur Lebensfreude* aufgeführt sind, oder auch mit dem »In-die-Mitte-Gehen«, wie es Brandon Bayce in ihren Kursen lehrt.* In der Mitte eines jeden Gefühls – egal ob Stress oder eine andere Empfindung – finden Sie einen ressourcenspendenden Frieden.

Wenn Sie Hilflosigkeit erleben, ist es wichtig, diese nicht zu dramatisieren, sondern sie als *normal* zu erleben – viele Menschen werden immer wieder mit Hilflosigkeit konfrontiert – und dabei so stressfrei wie möglich nach Ressourcen Ausschau zu halten. Es ist keine Schan-

* Brandon Bays: *The Journey. Der Highway zur Seele.* Ullstein Verlag Berlin

de, sich hilflos zu fühlen, aber es ist klug, angesichts von Hilflosigkeit die Ruhe zu bewahren.

Beispiel: Sie halten im Seminar einen Vortrag. Plötzlich stockt Ihr Atem, kalter Schweiß bricht aus, Ihr Herz rast, und Sie bringen kein Wort mehr hervor. In einer solchen Situation halten Sie inne. Gestehen Sie sich Ihre Hilflosigkeit ein, ohne zu dramatisieren. »Aha, jetzt fühle ich mich hilflos!« Denken Sie nun: »Obwohl ich mich jetzt hilflos fühle, akzeptiere ich mich voll und ganz!« Erinnern Sie sich daran, wer Sie wirklich sind. Machen Sie sich bewusst, dass diese Situation nicht Ihr Leben kosten wird. Spüren Sie, wie in Ihrem Bewusstsein eine stimmige Lösung heraufdämmert. Kommen Sie ganz ins »Hier und Jetzt« und erleben Sie, wie durch Sie eine Lösung erwächst und sich durch Sie ausdrückt, beispielsweise indem Sie die Teilnehmer fragen, wie sie weitermachen wollen.

Übung: Erstellen Sie eine Liste zum Thema »Wo fühle ich mich unterstützt?« Diese Liste kann sich erstrecken vom Bäcker, der Ihnen das Brot verkauft, bis hin zu einem Freund, der bereit ist, sich Ihre Sorgen anzuhören. Lesen Sie diese Liste immer durch, wenn Sie sich hilflos fühlen. Am besten tragen Sie diese Liste bei sich, um sie sich im Falle von Hilflosigkeitserlebnissen vorlesen zu können. Indem Sie sich immer wieder der Unterstützungen gewahr werden, die Sie erhalten haben, erlangen Sie die Gewissheit, dass Sie einerseits durch alles unterstützt werden und Sie andererseits durch Ihr Sein, wie immer Sie auch sind, selbst ein wertvoller Beitrag sind, der das Ganze unterstützt!

Die Hilflosigkeit hat auch ihre positiven Seiten, derer wir uns ebenfalls in diesem Kapitel bewusst werden wollen, um mit ihr Frieden zu schließen, denn: Hilflosigkeit ist das Antidot zum Machbarkeitswahn, zur Idee, alles mit Gewalt und immer auch alleine schaffen zu können und zu müssen. Sie lehrt uns, dass es höhere Gesetzmäßigkeiten und Kräfte gibt, die zu berücksichtigen sind. Die positive Seite dieser Positur zeigt sich beispielsweise in der 12. Tarotkarte *Der hängende Mann*.

In den germanischen Sagen gibt es den Mythos des Gottes Odin: Nächtelang hing Odin kopfüber an der Weltenesche und verharrte in dieser Position der Untätigkeit so lange, bis ihm das Geheimnis der Runen offenbar wurde. Manchmal geht es gar nicht darum, der Ohnmacht zu entkommen, sondern sie zu durchleben. Der Mystiker nennt diese Phase »die dunkle Nacht der Seele«. Wenn wir diese positive Seite der Hilflosigkeit annehmen, erleben wir die Ohnmacht unseres Egos und dahinter das Auftauchen des Einen Selbst. Dies kann uns in einen tiefen Kontakt bringen mit unserem wahren Sein – dem, was größer ist als wir selbst, dem »höheren Guten« – und uns dadurch in Resonanz mit *den* Kräften setzen, die jenseits der Hilflosigkeit liegen.

Unser Handeln ist dann nicht mehr durch das Ego motiviert (Motto: »Ich bin der Größte«), sondern durch ein »Dein Wille geschehe«, eine Haltung, bei der wir aber auch die Hände anlegen, um *Seinen* Willen umzusetzen. In dem Maß und in der Form, wie die Eine Kraft durch uns handelt, geben wir dem Raum, denn schließlich hat Gott keine anderen Hände als die unsrigen. In dieser Selbst-Verantwortung erfahren wir die Richtigkeit des Sprichworts: »Jeder ist seines Glückes Schmied!« Wir erkennen, dass dieser Spruch nicht dem Ego gilt (Machbarkeitswahn), sondern auf ein verantwortliches Handeln abzielt, das aus innerer Rückverbindung – durch stimmige Gedanken, Taten, Handlungen, die mit der »Unschuld des Herzens« einhergehen – gute Ergebnisse erwachsen lässt, also etwas, das sich, wie das Geschmeide beim Schmied, fügt.

Problembewusstsein und die Chance zur Entwicklung

Aktualfähigkeit: Problembewusstsein ist die Fähigkeit, sich und anderen immer wieder Rätsel aufzugeben.

Vergleichen wir ein Problem mit einem großen Stein, der vor uns auf dem Weg liegt. Der »Problemverdränger« tut so, als wäre der Stein gar nicht da. Er sieht den Stein schon von weitem, spielt aber »Hans guck in die Luft« und wundert sich dann, wenn er über den Stein stolpert und hinfällt. Dies ist die Haltung eines Menschen, der Aufforderungen vom Finanzamt oder Strafanzeigen feierlich verbrennt und meint, damit sei das Problem gelöst.

Kürzlich berichtete die Zeitung über einen Mann, der ins Gefängnis musste: Dieser hatte lediglich falsch geparkt, dies aber über 800 Mal, wobei er den Strafzettel jedes Mal weggeworfen hatte. Eigentlich eine Bagatelle, aber in der Summe nun ein ausgewachsenes Problem. In den Wochen, während das Gerichtsverfahren lief, erhielt er 200 weitere Strafzettel. Als Begründung gab der Mann an, es hätte keinen anderen Parkplatz gegeben.

Ebenso gibt es Menschen, die sich vor einem Problem fürchten oder gar einen Nervenzusammenbruch bekommen, nur weil sie vor einem Problem stehen. Ein Stein liegt auf ihrem Weg, aber anstatt ihn wegzuräumen, fürchten sie sich davor und wagen weder ihn wegzuräumen noch darüberzuklettern.

Des Weiteren gibt es Menschen, die sich aus den Problemen, die auf ihrem Weg liegen, ein Haus bauen – dies ist die weiseste aller Haltungen.

Probleme sind stets *für* uns, sonst hießen sie ja »Kontrablem«. Doch kaum einer bricht in Jubelschreie aus, wenn er auf ein Problem stößt, im Gegenteil, die meisten wollen Probleme »weghaben«. Deswegen verhalten wir uns oft so, als wären die Probleme gar nicht da, und übersehen dabei das *Wesentliche*. Probleme sind verpackte Geschenke des Lebens an uns – das Geschenk liegt in der »Entwicklung«, die wir erfahren, wenn wir das Problem »auswickeln«. Jedes Problem ermuntert uns nämlich dazu, eine positive Qualität zu entwickeln, indem wir es zu unserem Vorteil nutzen. Dies wird bereits an der sprachlichen Herkunft deutlich: Das Wort *Problem* stammt aus dem Griechischen (*problematon*) und bedeutet: »Das, was (zur Lösung) vorgelegt wurde«! Damit wird klar, was das Problem von uns fordert: eine Lösung. Es geht darum, ein Hindernis zu überwinden, eine Lösung zu finden und uns auf dem Weg weiterzuentwickeln. Jedes Problem besteht aus drei Elementen: einem Ist-Zustand, einem Ziel-Zustand und einem Hindernis dazwischen.

Wann immer wir vor einem Problem stehen, müssen wir uns deshalb folgende Fragen stellen:

- *Ist-Zustand:* Was ist los? Wie ist der Ist-Zustand? – Hier geht es darum, diesen *wertfrei* zu beschreiben, z.B. »Der Computer funktioniert nicht richtig«, »Es ist zu wenig Geld auf dem Konto«, »Meine Freundin trifft sich mit einem anderen Mann«.

- *Ziel-Zustand:* Wie wäre es ideal? Was will ich, wie hätte ich es gerne?
- *Hindernis-Analyse:* Worin besteht das Hindernis und welche Lösungsansätze gibt es dafür?

Um auf diese Fragen die bestmöglichen Antworten zu finden, sollten wir zuerst einen Rundum-Check machen. Denn dann, und nur dann, liegt in der Antwort bereits die Lösung. Prüfen wir deshalb:

1. »Bin ich mental klar?« – Wenn nicht, sollten Sie erst einmal kurz in die Stille gehen, Ihre Gedanken sortieren bzw. loslassen und so lange warten, bis Sie mit Ihrem ganzheitlichen Denken in Kontakt stehen.
2. »Bin ich emotional ausgeglichen?« – Wenn nicht, sollten Sie Ihre Emotionen bewusst wahrnehmen und sich erlauben, diese wertfrei zu spüren. Dann begeben Sie sich in die Mitte Ihrer Emotionen und erleben Sie, wie Frieden automatisch durch Sie zu wirken beginnt, wenn Sie in der Mitte Ihrer Emotionen angekommen sind.
3. »Ist mein Energiefeld stressfrei und klar?« – Wenn nicht, hilft gegebenenfalls ein Waldspaziergang, ein Bad, eine kurze Ruhepause oder auch die Energiefeldtherapie (EFT).
4. »Bin ich spirituell verbunden?« – Meditation und Gebet (siehe Kapitel am Ende des Buches) können hier wichtige Hilfe leisten, insbesondere wenn Sie für die Lösung des Problems auf »Hilfe von oben« angewiesen sind.

Wissenschaftler unterscheiden verschiedene Arten von Problemen, die nachfolgend skizziert sind.

Entscheidungsprobleme: Hier geht es erst einmal nur darum herauszufinden, welche von mehreren Alternativen die richtige bzw. bestmögliche ist, ohne sich um die nähere Struktur zu kümmern. Es gibt viele Möglichkeiten, die für Sie stimmige Entscheidung zu ermitteln, beispielsweise mit Hilfe Ihrer Intuition oder Ihrer Instinkte, mit Hilfe von Runen, Pendeln, Visualisierungen etc. Wichtig ist es, angesichts der intuitiven Wahrnehmung zuerst einmal in die innere Mitte zu kommen und innerlich still zu sein, um die innere Wahrnehmung von den lärmenden Stimmen Ihres Verstandes und Ihrer Emotionen unterscheiden zu können. Andere Wege, Entscheidungsprobleme zu lösen, sind Selbstreflexion, Logik, Gespräche mit Freunden und Beratern etc.

Definierte Probleme: Hier stehen die Merkmale der Lösung bereits fest, nur noch das Wie ist unklar. – *Beispiel:* Sie müssen heute Vormittag einen Vortrag ausarbeiten und sich zugleich um Ihre Kinder kümmern.

Optimierungsprobleme: Hier geht es darum, die Erreichung eines ganz bestimmten Ziels zeitlich, mengenmäßig, finanziell oder qualitätsmäßig zu optimieren. – *Beispiel:* Ein junger Berufstätiger möchte das Abitur nachmachen, zum Lernen reicht die zur Verfügung stehende Zeit allerdings nicht aus. *Lösung:* Er entscheidet sich, mit dem öffentlichen Bus – statt mit dem Motorrad – zur Arbeit zu fahren, und lernt im Bus für das Abitur.

Undefinierte oder falsch definierte Probleme: Dies sind Situationen, in denen Sie das Ziel erst noch finden müssen. In der Regel ergibt sich die Zieldefinition, sobald es uns gelingt, das Problem genau zu benennen. Wir müssen uns also fragen: »Worin liegt eigentlich das Problem?« Bereits die exakte Definition des Problems bietet uns die Lösung an. Es ist wie im Märchen vom Rumpelstilzchen: Erst wenn Sie den Namen für das eigentliche Problem gefunden, also das eigentliche Problem exakt definiert haben, sind Sie Ihren Plagegeist los. – *Beispiel:* In die Lebensberaterpraxis kommt ein junger Mann, der darunter leidet, dass er mit zwei Frauen eine Beziehung hat: Er liebt beide und kann sich für keine der beiden ganz entscheiden. Auf die Frage, worin denn das eigentliche Problem liegt, bekundet er, dass jede der beiden Frauen ihre eigenen Vorzüge hat, er aber durcheinanderkommt, wenn er sich auf beide Frauen einlässt. Im Laufe des Gesprächs berichtet er, dass eine der beiden Frauen voll verfügbar ist, während die andere liiert ist. Seine Zieldefinition erreichte er durch einen klaren und stimmigen Umgang mit der Situation. Er fand die Lösung, indem er sich dafür entschied, sich zukünftig nur noch auf die »verfügbare Frau« einzulassen. Die andere aber wollte er als guten Kumpel behalten und dort jene emotionalen Qualitäten tanken, die letztlich der Hauptbeziehung zugute kommen konnten.

Offene Probleme: Die Lösung ist zwar offensichtlich, aber noch nicht konkret. Dies ist beispielsweise bei der Suche nach dem richtigen Beruf, Partner oder Wohnort der Fall. Bei offenen Problemen ist es sinnvoll, die kosmische Intelligenz um innere Führung, um Hinweise, Zeichen oder Zufälle, die uns den Weg weisen, zu bitten. Zudem brauchen wir in uns ein Gefühl für Stimmigkeit, das wir trainieren können.* Darüber hinaus sollten wir alle Kriterien abstecken, die für uns wichtig sind. Wir sollten uns eine Liste darüber machen, was uns bei der Wahl eines neuen Wohnortes, Partners, Berufes wichtig ist.

Einsichtsprobleme: Hier handelt es sich um Probleme, die mit dem bisherigen Bewusstsein nicht zu lösen sind, sondern eine neue Einsicht erfordern – dann löst sich das Problem wie von selbst. Bei einem Einsichtsproblem ist eine neue Sichtweise auf die Situation nötig, um die Situation zu lösen. Bereits Einstein sagte, dass ein Problem nie auf der Ebene gelöst werden kann, auf der es entstanden ist. Bei Einsichtsproblemen müssen wir uns fragen, wo wir an Selbstverständlichkeiten unnötigerweise festhalten. Die rettende Einsicht erkennen wir an einem Gedankenblitz, einer Aufhellung des Bewusstseins, einem inneren Lächeln, einem Strahlen in unserer Seele, insbesondere dann, wenn dieses bleibt. In vielen Fällen gilt es, eine Grundvoraussetzung zu entdecken, die hinterfragt werden muss, um zur Lösung zu kommen. Die entscheidende Frage beim Einsichtsproblem ist: »Kann ich das Problem auch einmal aus einem ganz anderen Blickwinkel betrachten?« Maßstab ist die Positivität, das Einsichtsproblem sollte zur Lösung führen. – *Beispiel:* Der Juniorchef, Sohn eines Fabrikbesitzers, ist – bedingt durch die Erziehung seines Vaters – sehr erfolgsbewusst. Immer wieder verzweifelt er jedoch daran, dass er die für seine Arbeit notwendige Konzentration nicht auf-

* Vgl. zur Praxis des Mentaltrainings etwa meine Bücher *Praxisbuch Mental-Training* oder *Kraftquelle Mentaltraining* oder *Mental-Training. Kraftquelle im Alltag.*

bringen kann. Stattdessen ertappt er sich regelmäßig dabei, wie er von Märchenwelten träumt. Im Zuge einer Lebensberatung gelangte er zu der rettenden Einsicht, dass für ihn der Erfolg im klassischen Sinn überhaupt keine Bedeutung habe und er am liebsten Märchenerzähler werden würde. Er begann, seinen Traum zu realisieren, schrieb Märchen, die er in Schulen und Kindergärten vortrug, und lebte ein zwar bescheideneres, aber sehr viel glücklicheres Leben.

Psychische Probleme: Sie sind Ausdruck einer innerseelischen Auseinandersetzung und verweisen auf eine »Reise nach innen«. Sie lassen sich weder verdrängen noch ist es sinnvoll, sich in ihnen zu ergehen. Fast alle psychischen Probleme sind – oft unerkannte – »Transformationsprobleme«, da sie zu einer inneren Wandlung aufrufen. Gerade bei psychischen Problemen können die Methoden, Techniken und Werte der positiven Psychologie wertvolle Hilfe leisten.

Übung: Vergegenwärtigen Sie sich eine Situation, die für Sie momentan noch nicht so ist, wie sie sein könnte, und ordnen sie diese einem der oben angeführten Problemtypen zu.

Über den erlösten Umgang mit Problemen (Lösungsbewusstsein)

Um ein Problem lösen zu können, müssen wir es erst einmal annehmen. Wenn das Leben uns ein Problem gibt, ist dies selten zufällig. Dies wird vor allem dann deutlich, wenn wir immer wieder mit den gleichen Problemen konfrontiert werden. In diesem Fall handelt es sich eigentlich gar nicht um mehrere Probleme, sondern vielmehr um *ein* Problem, das mit einem immer wieder anderen Gesicht auftritt. Hierzu einige Beispiele.

- Es gibt Menschen, die immer wieder auf denselben Typ Mann/Frau hereinfallen, mit dem sie später unglücklich sind. Sie wiederholen dabei – in der Regel – unbewusst immer wieder das gleiche Strickmuster. Sie denken zwar »Beim nächsten Mann wird alles anders«, machen aber dann doch wieder die gleichen Erfahrungen.
- Andere sind immer wieder mit Mobbing am Arbeitsplatz konfrontiert, egal wie oft sie die Arbeitsstelle wechseln. Auch hier ist das Problem in der psychischen Grundstruktur des Betroffenen zu finden.
- Manche Menschen erleben immer wieder Unfälle, Belästigungen, Übergriffe, Beleidigungen, während andere Menschen zwar davon gänzlich verschont blei-

ben, selbst aber nahezu chronisch in finanziellen Schwierigkeiten stecken, gesundheitliche Probleme haben oder irgendetwas nicht loslassen können.

- Eltern oder Lehrer, die mit mehreren Kindern zu tun haben, machen die Erfahrung, dass immer die gleichen Kinder mit den gleichen Problemen aufwarten.
- Der Lebensberater wird damit konfrontiert, dass immer wieder die gleichen Klienten in die gleichen seelischen Probleme verwickelt sind.
- Und wer im Laufe seines Lebens mehrere Partner hatte, weiß, dass jeder Partner andere chronische Problemzonen hat. Was für den einen überhaupt kein Problem ist, bringt den anderen zur Raserei – und umgekehrt.
- Erfahrene Seminarleiter und Trainer stellen nicht nur fest, dass es immer wieder die gleichen Teilnehmer sind, die das Seminar oder Training erschweren, sie erkennen auch, aufgrund welcher Schwachstelle sie genau diesen aufdringlichen, aggressiven, gelangweilten oder hinterhältigen Teilnehmer in den Griff bekommen.

Natürlich könnte man als Seminarleiter oder Trainer jene Störenfriede vom Unterricht ausschließen – doch wenn bei der nächsten Seminaranmeldung der gleiche Unhold mit einem anderen Gesicht auftaucht, weiß man, dass man das Problem bei sich selbst lösen muss und nicht, indem man alle Menschen, mit denen man Schwierigkeiten hat, aus seinem Leben verbannt. Das Gleiche gilt natürlich auch für schwierige Beziehungen: Erst wenn die Lernaufgabe gelöst ist, die beide Partner zusammengeführt hat, ist man frei, zu bleiben oder zu gehen – ansonsten bekommt man das gleiche Problem mit einem anderen Gesicht.

Wir können sicher sein, dass die Probleme, mit denen wir konfrontiert werden, in irgendeiner Form mit uns selbst zu tun haben. Dies bedeutet nicht, dass alles, was uns geschieht, angenehm ist, aber es soll genau so sein, wie es ist. Woher weiß ich, dass es so sein soll? – Weil es so ist! Byron Katie sagt in diesem Zusammenhang: »Wenn ich mich mit der Realität anlege, verliere ich immer, aber nur zu 100%!« Jedes Problem ist erst einmal eine Realität, die *mich* meint. Dabei ist jedes Problem ein Maßanzug.

Um dies zu erkennen, müssen wir uns der Erkenntnis öffnen, dass das Problem »mich« meint. Gerade die Weigerung herauszufinden, warum gerade ich genau dieses Problem habe, ist ja das Problem. Solange ich nicht dazu bereit bin zu erkennen, dass das Problem mich meint, kann ich das Problem verdrängen, zur Seite schieben, ignorieren, darunter leiden – bis ich irgendwann bereit bin, es zu lösen. Nur wenn ich das glauben kann, packe ich das Problem des Daseins an der Ur-Wurzel. Ich löse das Problem dann und dort, wo ich es lösen kann. Dabei ist noch kein Meister vom Himmel gefallen. Wie wir später noch sehen werden, steht Selbstannahme vor der Problemlösung.

Wenn dem Kosmos eine Ordnung zugrunde liegt, können wir davon ausgehen, dass alles, was uns geschieht, genau so geschehen soll, wie es geschieht. Dies lässt sich mittlerweile sogar wissenschaftlich erklären. Das »Human-Design-System« geht davon aus, dass jeder Mensch über einen magnetischen Monopol verfügt, mit dem er – aufgrund der Ladung dieses Monopols – sein eigenes Schicksal und seine Lebensumstände ebenso magnetisch anzieht, wie ein Erdmagnet Eisenfeilspäne an sich bindet. Erst wenn das hinter dem Problem stehende Problem gelöst ist, verändert sich der eigene Magnetismus. Das Problem kommt dann nie mehr wieder. Man hat keine Resonanz mehr dazu. Esoterisch betrachtet: »Das Schicksal verschwendet keine Lektionen!«

Beispiel: Ein Klient wurde als Junge immer wieder verprügelt. Manchmal kamen völlig unbekannte Raufbolde sogar von weitem quer über die Straße gelaufen, nur um ihm nachzustellen. Daraufhin entschied er sich, Taekwondo, eine Kampfsportart, zu lernen. Im Zuge seiner Nahkampfausbildung lernte er ganz nebenbei, seine Schüchternheit abzulegen und sich aggressiv-konstruktiv mit dem Leben auseinanderzusetzen. Er bekam mehr Biss in sein Leben. Beispielsweise machte er seine Schulaufgaben nicht mehr irgendwann im Laufe des Abends, sondern direkt nach dem Mittagessen. Er lernte es anzupacken, wo immer es notwendig wurde. Und natürlich wurde dieser Klient nie mehr von irgendjemandem verprügelt, nicht einmal angepöbelt. Seine Ausstrahlung hatte sich komplett verändert – und damit auch sein Magnetismus.

Wir erkennen an diesem Beispiel, dass es nicht ausreicht, das Problem als »zu uns gehörig« zu akzeptieren. Zugleich müssen wir herausfinden, wozu es uns auffordert, und die Erkenntnis in stimmiger Weise umsetzen – ansonsten löst es sich nicht von uns.

Beispiel: Vor einigen Jahrzehnten entschied ich mich

aus altruistischen Motiven, Seminare kostenlos anzubieten, anstatt Geld dafür zu verlangen. Meine Lektion ließ nicht lange auf sich warten: In diese Seminare kamen genau die respektlosesten und schwierigsten Teilnehmer, die ich je hatte, und am Ende des Seminars ließen sie mich außerdem wissen, dass ihnen das Seminar keinerlei Vorteil gebracht hätte. Daraus lernte ich, wieder Geld für meine Seminare zu nehmen, und augenblicklich bekam ich dankbare, anspruchsvolle und liebevolle Teilnehmer, die auch gerne bereit waren, etwas für das Gebotene zu bezahlen. Dies trifft bestimmt nicht für alle Seminarleiter zu, aber für mich – das Problem meinte ja mich, niemand anderen. Wir lernen hier also auch, dass Lösungen, die für den einen richtig sind, für den anderen falsch sein können. Eigentlich muss jeder seine Lösung selbst finden, zur Lösung werden.

Das, was uns geschieht, ist nicht »zufällig«, sondern Teil eines Musters, das sich so lange periodisch wiederholt, bis es gelöst ist. Bei einigen unbewussten Menschen beträgt die Wiederholungsrate drei Wochen, bei anderen drei Jahre, bei wieder anderen drei Inkarnationen.

Das Problem taucht immer in einem *Jetzt* auf, doch fast immer ist es so alt wie das Ungeheuer von Loch Ness. Die Probleme, die wir haben, sind nicht neu. Wir schleppen sie seit Urzeiten mit uns herum. Wann immer Sie ein ungutes Gefühl angesichts eines Menschen oder einer Situation erleben, fragen Sie sich doch einmal, ob Sie dieses Gefühl früher schon einmal erlebt haben. Falls ja, hat das Gefühl mit dem Menschen bzw. der Situation ursächlich nichts zu tun. Alles, was uns geschieht, hat seine Geschichte. Und doch können wir jedes Problem, so alt es auch sein mag, immer nur im Jetzt lösen.

Wenn wir glücklich leben wollen, geht es erst einmal nicht darum, das Problem abzuwürgen, sondern zu überprüfen, ob wir zu den Umständen, dem anderen Menschen, dem aktuellen Problem eine problematische Haltung haben. Wir müssen uns erst einmal von dem Problem lösen, bis wir es lösen können. Dann erkennen wir: Probleme sind niemals unlösbar. Es ist ein geistiges Gesetz, dass für jedes Problem mindestens eine gute Lösung vorhanden sein muss. Schon aufgrund des Energieerhaltungsgesetzes muss dies so sein.

Hilflos ausgeliefert sind wir unseren Problemen nur dann, wenn wir die Handlung oder Wandlung, zu der uns das Problem auffordert, verweigern und auf unsere Probleme starren wie das Kaninchen auf die Schlange. Wenn wir die uns geschickten Probleme verdrängen oder sie auf andere abwälzen (»Der andere ist schuld bzw. das Problem«), bleiben wir auf unseren Problemen sitzen – schlimmstenfalls ein Leben lang.

Sobald wir nun erkennen, dass das, was wir erleben, »unser« Problem ist, erahnen wir auch das Geschenk, das in unseren Problemen liegt, und seinen Beitrag zu unserer eigenen Lebenssinnerfüllung. Wir können die Probleme, die wir bekommen, dazu nutzen, den Glauben an unsere Beschränktheit und vor allem unsere falschen Identifikationen loszulassen. Unsere größte Angst ist nämlich, wie Nelson Mandela sagt, nicht die Angst vor unserer Kleinheit, sondern die vor unserer Größe. Es ist gar nicht möglich, dass jemand ein Problem bekommt, das ihn überfordert. Doch erst wenn wir das

Problem annehmen, erkennen wir das Kompliment des Lebens an unsere Lösungsfähigkeit: Je größer das Problem, desto größer das Kompliment, desto mehr traut die Schöpfung uns zu.

Nie können wir ein Problem jedoch mit jener Haltung lösen, die das Problem geschaffen hat, erst recht nicht mit Duckmäusertum und Selbstverleugnung. Das Schlimmste, wie wir auf ein Problem reagieren können, ist es zu bedauern, je gelebt zu haben, denn damit leugnen wir den Schöpfer allen Seins, wie immer wir ihn auch nennen. Ebenso sinnlos sind »Schuldgefühle«. Denn mit ihnen lehnen wir das Geschenk des Universums an uns, das Problem, gleichfalls ab. Sie müssen bereit sein, Verantwortung für das, was Sie erleben, zu übernehmen – was immer es ist. Sie sollten sich nicht dafür verdammen, dass Sie »erfahren, was Sie erfahren« und »erleben, was Sie gerade erleben«, sondern eine wertfreie Haltung dazu entwickeln.

Ein Problem ist wie ein Kind, das von uns herangezogen werden möchte, bis es uns von selber loslässt, und zu dem wir nicht nein sagen können, weil es so lange zu uns gehört, bis es flügge geworden ist. Wir können vielleicht vor einem Räuber davonlaufen, aber nicht vor unseren Kindern und unseren Problemen. Sie sind wie der Schatten des Peter Pan: uns an die Fersen geheftet. Wir können uns nur umdrehen und die Probleme konfrontieren. Sobald wir ja zu unseren Problemen sagen, wachsen unsere Kräfte und Muskeln, die uns auch dann noch erhalten bleiben, wenn wir das Problem bereits gelöst haben. Wie beim Rätsel der Sphinx geht es auch bei jedem Problem darum, *wer* wir sind, *als wer* wir unsere

Probleme angehen: Ob als Verlierer oder als Durchschreitender, ob als Opfer oder als jemand, der weiß, dass es wieder einmal um die Frage geht, wer man ist.

Indem wir erkennen, wer wir sind, lösen wir zugleich die »problematische Einstellung«, die bereits früher zu ähnlichen Problemen geführt hat. Gelingt es uns beispielsweise, angesichts einer schwierigen partnerschaftlichen Situation in der Liebe zu bleiben, verändern wir *für alle Zeit* das Muster, das lange Zeit unsere Beziehungsprobleme verursacht hat. Wir löschen das Muster, das uns so lange belastet hat. Und dies nicht nur für uns, sondern für unser ganzes Umfeld. Hierbei kann nicht oft genug betont werden, dass unser Problem zwar uns meint, aber wir nicht das Problem *sind.* In diesem Zusammenhang berührt jedes Problem unsere Identität. Und hier liegt ein ganz entscheidender Ansatz: »*Als wer* konfrontiere ich das Problem?« Als erwachtes Sein, als Problemlöser oder bin ich gar selbst das Problem? Aus den hintergründigen Motiven können wir sehr viel über unsere Identität erfahren. Menschen identifizieren sich damit, Probleme zu haben, und zwar aus ganz eigenen Gründen:

- Als Beschäftigungstherapie: »Ich kann nicht mit euch im Garten arbeiten, ich muss Probleme lösen!«
- Als Freizeitgestaltung: »Ich komme nicht mit zum Baden, ich habe Probleme zu lösen?«
- Als Kommunikationsmittel: »Hast du irgendein Problem, bei dem ich dir helfen könnte!«
- Um als ehrenhaft zu erscheinen: »Ich tue keinem was Böses, ich löse Probleme für mich und andere!«
- Um Verantwortung abzugeben: »Ich bin voller Prob-

leme, ich kann mich wirklich nicht noch um anderes kümmern!«

- Um als intelligent zu gelten: »Ich habe schon so viele Probleme gelöst, ich bin ein toller Problemlöser!« – Nur schade, dass sie so nie ihre Probleme loswerden, sondern ständig neue kreieren.
- Um Intimität und Nähe zu vermeiden, z.B. mit dem Partner: »Lass mich in Ruhe! Ich habe ein Problem.«
- Um Mitleid zu erzeugen: »Ich tue mir so leid, denn ich habe so viele Probleme, ist jemand da, der mir helfen kann?«
- Um Neid und Missbilligung zu vermeiden: »Ihr habt es viel besser als ich, denn ihr seid ohne Probleme!«
- Um sich die Erlaubnis zu geben, »die Sau rauszulassen«: »Bei den vielen Problemen, die ich habe, ist mir alles erlaubt!«
- Um sich wichtig zu tun: »Ich kann Probleme lösen!«

All diese Strategien mögen im Einzelnen eine Reihe von Vorteilen bieten, doch halten sie uns in einem Käfig gefangen, der »Problem« heißt. Wir sind wie ein gefangener Vogel, der mit einer der eben aufgezeigten Strategien vielleicht gutes oder schlechtes Vogelfutter bekommt, einen stählernen, silbernen oder gar goldenen Vogelkäfig kreiert – doch eines ermöglicht uns unser Problembewusstsein nicht: zu fliegen!

Es ist wichtig, nicht sich selbst zum Problem zu werden. Deshalb ist die erste Frage im Umgang mit vielen Problemen: »Habe ich selbst eine problematische Haltung zu diesem Problem, und wenn ja, wie sieht diese aus, und was wäre eine bessere Einstellung dazu?«

Um fliegen zu können, müssen wir das Problem annehmen und dabei unsere problematische Einstellung dazu lösen. Dies tun wir am besten mit folgender Formel: »Obwohl ich dieses Problem habe, akzeptiere ich mich voll und ganz!« Wann immer Sie auf etwas stoßen, was von Ihrem Optimum abweicht und sie darunter leiden – dies können äußere Umstände oder inneres Verhalten sein –, sagen Sie sich laut: »Obwohl ich dieses Problem XY habe, akzeptiere ich mich voll und ganz!« Benennen Sie dabei Ihr Problem exakt. Darin liegt der Schlüssel zur Wandlung!

In letzter Konsequenz müssen wir vom *Problem*bewusstsein zum *Lösungs*bewusstsein gelangen. Ein Sprichwort sagt: »Sucher suchen und Finder finden!« Wir müssen vom Sucher zum Finder werden, vom Problem zur Lösung. Dies erfordert eine Neuausrichtung der Aufmerksamkeit, die ich gerne das »*Wo-ist-er-denn*-Bewusstsein« nenne. Hierzu eine kleine Geschichte.

Zur Musterung bei der Bundeswehr kam einmal ein junger Mann. Er wurde nach seinem Namen gefragt, doch statt zu sagen, wie er heißt, rief er nur immer wieder den Satz: »Ja, wo ist er denn?« Daraufhin wurde er zum Bundeswehrpsychologen geschickt, doch was immer dieser ihn fragte, unser Mann antwortete stets mit dem einen Satz: »Ja, wo ist er denn?« Daraufhin entschied das Musterungskomitee, dass man solche Leute bei der Bundeswehr nicht brauchen könne, und stellte ihm einen Entlassungsschein aus. Kaum hatte der junge Mann diesen in der Hand, rief er: »Da ist er ja!«

Erkennen Sie, dass es für *jedes* Problem eine Lösung gibt. Indem Sie sich fragen »Ja, wo ist sie denn?«, werden Sie immer wieder die Lösung entdecken und ausrufen: »Da ist sie ja!« So wie ein Pilzesammler im Wald seine geliebten Champignons findet, so können Sie an jeder Straßenecke immer wieder Ihre Lösungen entdecken. Sobald Sie das kleine »Ich« loslassen, das meint, das Problem isoliert vom Rest der Welt für sich lösen zu müssen, erkennen Sie, dass die ganze Welt ein Bewusstsein ist, das Ihnen an jeder Straßenecke die Lösungen zuspielt.

Ich möchte in diesem Kontext das Lösungsbewusstsein mit dem Skatspiel vergleichen. Das Problem ist der Spieler, der alleine spielt. Sie und das Leben sind Mitspieler, die gegen das Problem gewinnen wollen. Wenn Sie und das Leben sich geschickt die Karten zuspielen, hat das Problem keine Chance, und Sie können dem Problem sogar »Schneider« ansagen – Sie werden immer gewinnen.

Haben wir erst einmal erkannt, dass wir uns von Problemen lösen können, indem wir unsere problematischen Einstellungen und Fehlidentifikationen loslassen, lösen wir im Laufe des Lebens ein Problem nach dem anderen, ebenso das dahinterstehende problematische Muster, und gewinnen ein Spiel nach dem anderen. Die Probleme kippen um wie Dominosteine, weil wir uns abgewöhnen, in einer problematischen Haltung zu verharren.

Das Problem sagt an, was gerade Trumpf ist, egal ob es um Finanzen, Beziehungen, Liebe oder Kommunikation geht, um Kreuz, Pik, Herz oder Karo, aber Sie bestimmen, wie Sie sich dazu stellen. Indem Sie sich selbst in diesem Spiel akzeptieren und erkennen, dass das Problem *Sie* meint, sind Sie in der Lage, das Problem zu durchschreiten und dann loszulassen. Mehr und mehr genießen Sie das Bewusstsein, stimmig und damit problemerlöst zu leben.

Transformationsprobleme sind Chancen, ein neuer Mensch zu werden

Aktualfähigkeit: Ein Transformationsproblem ist die Fähigkeit, sich an sich selber festzuhalten, während sich außen herum alles wandelt.

Gerade die entscheidenden Probleme in unserem Leben bieten uns ein großartiges Geschenk, nämlich das Geschenk der Wandlung, was sich insbesondere bei sogenannten Transformationsproblemen zeigt.

Transformationsprobleme sind Probleme, die bei uns komplette Veränderungsprozesse einleiten. Im Extremfall sind hier Menschen betroffen, die in einer Lebenskrise sind und aus ihr heraus die Sinnhaftigkeit ihres Tuns überdenken und eine neue Lebensausrichtung suchen. Auch einschneidende Veränderungen wie Scheidung, Tod, Krieg, Berufswechsel, eine schwierige private oder berufliche Beziehung, persönlicher Zusammenbruch etc. erfordern eine solche Neuausrichtung.

Transformationsprobleme sind Probleme, mit denen wir erst einmal schwanger gehen müssen und die ihre Lösung erst im Laufe der Zeit preisgeben. Es sind genau jene Probleme, die von uns eine komplette Wandlung fordern. Die klassische Astrologie geht in diesem Kontext davon aus, dass wir im Laufe des Lebens durch mindestens eine grundlegende Wandlung gehen, über deren Ausrichtung die Konstellation der Mondknoten Auskunft gibt.* Auch unsere Märchen-, Fabel-, Sagen- und Romanwelt ist voll mit Transformationsproblemen, angesichts derer sich der Protagonist verwandelt. Beispiele für Transformationsgeschichten sind:

- Im Märchen vom Froschkönig lässt die Prinzessin ihre Überheblichkeit los und lernt, sich mit dem Niederen, Ungeliebten (dem Frosch) abzugeben, und wird dafür belohnt.
- Im Märchen vom Hans im Glück lernt Hans loszulassen und im Brunnen seiner Seele seine Freiheit und seinen Seelenfrieden zu finden.
- Im Märchen von Hänsel und Gretel lernen zwei Kinder, sich gegen die böse Hexe durchzusetzen und sich aus ihrem Haus zu befreien.
- In der Geschichte von der Möwe Jonathan lernt die eigenwillige Möwe grenzenlose Freiheit kennen und wird zum Lehrer für andere.

Die folgenden Praxisbeispiele zeigen, wie gegensätzlich die Transformationsherausforderungen sein können: Der gesellige Karl, der bisher in einem geschützten Klima von den Zuwendungen anderer gelebt hat, verliert bei einem Bombenangriff seine gesamte Familie, muss auswandern und übernimmt die alleinige Verantwortung für das eigene Leben. Peter, der sich eigentlich im-

* Martin Schulman: *Die Mondknoten und Reinkarnation*. Urania Verlag München

mer für den Größten hielt und meinte, alleine in der Welt zurechtzukommen, lernt nach einem Zusammenbruch, mit anderen Menschen umzugehen und mit ihnen zusammenzuarbeiten. Die ehrgeizige Anna, die bisher ihre Bestätigung in ihrem Berufsleben fand, entdeckt mit vierzig ihre große Liebe und entwickelt frauliche Qualitäten. Die gefühlsbetonte Petra leidet darunter, dass ihr Mann arbeitslos ist, und entscheidet sich dafür, wieder zur Arbeit zu gehen und berufliche Leistungen zu erbringen.

Wir wissen, dass auch berühmte Persönlichkeiten des öffentlichen Lebens durch Wandlungen hindurchgingen. Auch hierzu einige Beispiele:

- Der XIV. Dalai Lama war geistiges Oberhaupt von Tibet, wo er in einem Tempel regierte, bis ihn die Chinesen vertrieben. Heute ist er als Weltenwanderer ein Friedenssymbol für die Welt.
- Buddha war ein Königssohn, der freiwillig zum Bettler wurde, Jesus ein Zimmermannssohn, der zum Wegbereiter einer neuen Religion wurde.
- Anthony Robbins war arm und erfolglos, bevor er als Erfolgstrainer für Zehntausende wirkte.
- Der Lebemann Saulus wurde zum biblischen Apostel und Kirchengründer Paulus.

Gibt es einen Schlüssel, um Transformationsprobleme anzugehen? Zuerst einmal benötigen Sie wie immer die Bereitschaft, das Problem als solches anzunehmen, innezuhalten und dabei sich selbst zu spüren. Dabei erkennen Sie, dass das Problem zwar Sie *meint*, aber Sie nicht das Problem *sind*. Dies gilt für Transformationsprobleme ganz besonders. Wieder wollen wir das Sinnbild vom »hängenden Mann« heranziehen, welchem wir bereits bei der »gelernten Hilflosigkeit« begegnet sind, doch diesmal unter dem Gesichtspunkt der Transformationsprobleme.

Die Tarotkarte *Der hängende Mann* steht für die besinnende Schau, das Akzeptieren der Stagnation, bis die Einsicht erfolgt ist, mit deren Hilfe das Problem gelöst werden kann. »Ich bin, was ich bin« oder mit anderen Worten: »Obwohl ich dieses und jenes Problem erlebe, akzeptiere ich mich voll und ganz!« Praktisch bedeutet dies angesichts eines Transformationsproblems: Wir hängen erst einmal ab und fragen uns ganz existenziell: »Was ist los?« Wir stellen uns auf den Kopf, sehen die Dinge einmal andersherum, kommen zur Besinnung. Letzteres müssen wir schon deswegen tun, damit wir angesichts eines Transformationsproblems nicht »außer uns« geraten. Um das Problem zu erfassen, müssen wir erst einmal uns selber spüren, ganz bei uns bleiben. Dies bedeutet, wertfrei wahrzunehmen, »zu fühlen, was wir fühlen«, die eigenen Gedanken zu beobachten, ohne zwanghaft auf sie zu reagieren: »Aha, da ist der Gedanke ›Es ist alles ganz schlimm‹, aber ich muss auf dieses Drama nicht einsteigen!«

Angesichts von Stockungen fühlen Sie vielleicht Selbsthass, Depression, Wut, Ärger, Angst, Blockierung oder Verwirrung. Cool down! Indem Sie abhängen, verhindern Sie destruktive Handlungen. Glaubenssätze können auftauchen und dadurch entlarvt und verändert werden. Nur wenn Sie distanziert wahrnehmen, was Sie erleben, und die Sache einmal ganz andersherum betrachten, kann sich eine Öffnung offenbaren. Marshall Rosenberg sagt in diesem Zusammenhang: »Tu nicht irgendetwas, sei still!«

Nachdem die Öffnung erfahren wurde, geht es jedoch darum, die problematische Haltung, die zu dem Problem geführt hat, loszulassen. Dies ist für unser Ego und für unsere Vorstellungen vergleichbar mit dem »Sterben«. Es ist der Tod des Alten. Dies zeigt sich sehr schön in der 13. Tarotkarte, welche der 12. Tarotkarte, dem *hängenden Mann*, folgt und *Der Tod* heißt. Wenn jemand im Tarot den *Tod* zieht, heißt das nicht, dass jemand sterben wird, denn eigentlich ist es eine Befreiungskarte. Sie zeigt, dass der alte Daseinszustand verschwinden möchte. Die 13. Tarotkarte, die dem *hängenden Mann* folgt, sagt: Die Stagnation ist vorüber. Sei nun bereit, den alten Daseinszustand sterben zu lassen, damit das Neue geschehen kann, so wie eine Raupe als Raupe sterben muss, um als Schmetterling wiedergeboren zu werden.

Jedes Transformationsproblem führt uns in ein Sterben unserer Vorstellungen und damit eine Erlösung vom ungelösten, kleinlichen »Ich« (Fehlidentifikation), hinein in das universelle Selbst. Es ist das Sterben des Problembewusstseins zugunsten einer Offenheit für die Lösung. Ein Mensch kann die wandelnde (Er-)Lösung nur finden, wenn er bereit ist, sich selbst als Problem sterben zu lassen. Das »kleine Ich« kann das große Problem nicht lösen, sosehr es sich auch abstrampelt. Der Zustand des »kleinen Ich« hat ja gerade das Problem hervorgebracht. Das Problem zeigt Ihnen, wo Sie noch am »kleinen Ich« festhängen. Indem Sie das Problem und die Herausforderung, die damit zusammenhängt, annehmen und sich durch das Problem wandeln lassen, geschieht Evolution – bis das Problem Sie loslässt und das Geschenk sich offenbart.

Beispiel 1: Eine Frau wird Mutter. Was für eine gewaltige Herausforderung. Eine Wandlung steht bevor, von der Frau zur Mutter. Sie kann daran festhängen, dass dies problematisch ist, oder ihre Mutterschaft als Kompliment des Lebens an ihre Bewältigungskraft ansehen.

Beispiel 2: Ein notorischer Junggeselle geht eine feste Beziehung mit einer Frau ein und wird Vater. Eine Veränderung des Seinszustands ist von ihm gefordert. Diese kann er als Schicksalsschlag oder als Chance sehen.

Sterben müssen auch die Muster, Glaubenssätze und Widerstände gegen eine Problemlösung, gegen ein »gelöstes Leben«. Sitze ich auf meinen Mustern und Glaubenssätzen und will mit ihnen Recht bekommen (z. B. darin, dass die Welt grausam ist, meine Eltern mich falsch erzogen haben usw.), ist keine Chance zur Wandlung vorhanden. In unserem Beispiel: Wenn der notorische Junggeselle sich weigert, die Verantwortung für seine Vaterschaft zu übernehmen, weil er glaubt, nur als Junggeselle ist sein Leben wertvoll, oder wenn die Schwangere ihr Kind abtreiben lässt, bleibt die problematische Einstellung im Menschen bestehen, selbst wenn das äußere Problem scheinbar gelöst ist.

Der Problemverhaftete glaubt vielleicht, ein wenig Macht und Unsterblichkeit zu erhalten, wenn er sich an seine problematische Haltung klammert. Doch damit ist er wie ein Baum, der an seinen Herbstblättern festhält, statt sie sterben, das heißt fallen zu lassen, damit im Frühjahr das neue Blatt hervorsprießen kann.

Wahre Identifikation bedeutet zu erkennen: Ich bin der Baum und nicht das Blatt – das Ewige, nicht das Problem. Wenn ich weiß, dass ich nicht das Problem bin, kann ich auch meine problematische Einstellung zum Problem loslassen.

Damit ist die Wandlung aber noch nicht vollzogen. Nach dem Loslassen brauche ich die Bereitschaft, das, was ich bisher als Problem erlebte, in »das rechte Maß« zu bringen, das heißt, die stimmige Lösung zu vollziehen. Dies entspricht der 14. Tarotkarte *Mäßigkeit*, die der 13. Karte, dem *Tod*, folgt. Bei Crowley heißt diese Tarotkarte *Kunst* und ist die Karte der Alchemie, der Wandlung und der Schaffung von etwas Neuem, Wertvollem.

»Kunst« bedeutet, angesichts immer wieder einmal auftauchender Probleme in einer unvollkommenen Welt zu leben und damit so vollkommen wie möglich umzugehen. Erwacht zu leben, meint nicht tote Perfektion in einer vollkommenen Welt, sondern vollkommener Umgang mit der Unvollkommenheit der Welt. Dies bedeutet, auch mit eigenen Versäumnissen liebevoll umzugehen. So zeigen die aufeinanderfolgenden drei Tarotkarten *Der hängende Mann*, *Tod* und *Mäßigkeit* wie wir das, was bei uns aus der Ordnung gefallen ist und sich als Problem zeigt, wieder in die Stimmigkeit rücken und somit selbst ein Stückchen mehr stimmig werden können.

Im Kontext der Transformationsprobleme ist es wichtig, dass sich der Wille zur Wandlung immer auf *sich selbst* bezieht, nicht auf einen anderen Menschen, da ich andere nicht gegen ihren freien Willen beeinflussen kann und sollte. Verändere ich meinen Magnetismus positiv, müssen sich meine Umstände logischerweise ins Positive wandeln. Wie sich das im Gegenüber zeigt, muss ich der universellen Energie überlassen. So lerne ich ganz nebenbei auch Vertrauen in die Wandlungen des Lebens. Immer wieder gilt es zu erkennen, dass das Problem zwar Sie *meint*, aber Sie nicht das Problem *sind*. Fragen Sie sich immer wieder: »*Als wer* erlebe ich das Problem, und *in was* soll ich mich wandeln?«

Haben wir erst einmal erkannt, wie wir uns von Problemen und insbesondere von problematischen Einstellungen lösen können, lösen wir im Laufe des Lebens eine problematische Einstellung nach der anderen, woraufhin unsere Probleme schließlich umkippen wie Dominosteine, weil wir uns abgewöhnen, in problematischen Haltungen zu verharren. So werden Wandlungsprobleme zu Wandlungschancen. Ein Problem gelöst zu haben, bedeutet dann: sich gewandelt zu haben.

So leben wir schließlich in der Fülle unseres Ausdrucks. Nachdem wir unsere eigene Fülle erkannt und erfahren haben, kann es sein, dass ein Transformationsproblem »alles« von uns fordert, wie es die nachfolgende Geschichte beschreibt – doch bis dahin sollten wir das Leben und auch uns selbst genießen. Ein Baum sollte blühen, Früchte tragen und sich erneuern, so lange, bis seine Zeit gekommen ist.

Das Märchen vom Bambus

In einem großen Garten wuchs ein edler Bambus. Er war ganz besonders schön und genoss seine Schönheit. Alle Pflanzen im Garten bewunderten ihn für seinen geraden Wuchs. Und unser Bambus wusste, dass er schön war und dass sein Herr ihn liebte. Eines Tages näherte sich der Herr des Gartens dem Bambus und blieb nachdenklich vor dem geliebten Bambus stehen. Er schaute ihn lange an. Dann sagte er: »Lieber Bambus, ich brauche dich!«, und der Baum antwortete: »Herr, ich bin bereit! Gebrauche mich, wie du willst!« Der Herr des Gartens entgegnete: »Bambus, um dich zu gebrauchen, muss ich dich beschneiden.« – »Mich beschneiden? Deinen schönsten Baum willst du beschneiden? Nein! Bitte, tu das nicht! Ich will leben, wachsen und mich entfalten! Ich habe Angst! Verwende mich doch zu deiner Freude, Herr, aber bitte beschneide mich nicht!« – »Das geht nicht«, sagte der Herr des Gartens. »Ja, ich kann dich verstehen. Wer lässt sich schon gerne beschneiden! Ich weiß, es tut weh! Wenn du aber dein derzeitiges Leben festhalten willst, dann kannst du anderen nicht helfen. Bambus, ich brauche dich, doch wenn ich dich nicht beschneide, kann ich dich nicht gebrauchen!« Im Garten wurde es ganz still. Der Wind hielt den Atem an. Langsam beugte der Bambus seinen herrlichen Kopf. Dann sagte er leise: »Herr, wenn du mich anders nicht gebrauchen kannst, dann beschneide mich! Tue mit mir, wie du willst!« Der Herr des Gartens fuhr fort zu sprechen: »Mein geliebter Bambus, um dich in meinem Sinne zu gebrauchen, muss ich auch deine Blätter und Äste abschneiden!« – »Ach, Herr, bewahre mich davor! Zerstöre meine Schönheit, aber lass mir meine Lebensmöglichkeiten, meine Blätter und Äste!«, erwiderte der Bambus. »Wenn ich sie dir nicht abschneide, kann ich dich nicht gebrauchen, nun liegt es an dir, zu entscheiden!«, sagte der Herr des Gartens. Die Sonne versteckte ihr Gesicht. Ein Schmetterling flog ängstlich davon. Der Bambus, bis ins Mark getroffen, zitterte. Er hatte schreckliche Angst vor dem, was jetzt auf ihn zukam. Nach einer Weile flüsterte er leise: »Herr, schlag sie ab!« – »Mein geliebter Bambus, ich muss dir noch mehr antun. Ich muss dich mitten durchschneiden. Wenn ich das nicht tue, kann ich dich nicht gebrauchen!« Der Bambus zitterte und schwieg: Sterben des Alten ist also der Preis, den man zahlen muss, um einem neuen Zweck zu dienen? Nach einer Weile neigte sich der Bambus bis zur Erde und sagte gefasst: »Herr, schneide und teile!« So schnitt der Herr des Gartens den Bambus, hieb ihm die Äste ab, streifte seine Blätter fort und teilte ihn in zwei Teile. Dann trug er ihn durch die trockenen Felder zu einer Quelle. Dort verband er mit dem Bambusstamm die Quelle mit der Wasserrinne in dem Feld. Die Quelle sang ein Willkommenslied und das klare Wasser schoss freudig durch den zerteilten Körper des Bambus. Es floss weiter auf die dürren Felder, die so durstig waren und so sehnsüchtig auf Wasser gewartet hatten. Die Saat ging auf und wuchs. Eine reiche Ernte kam, und das ganze Reich lebte auf. Früher lebte der Bambus nur für sich alleine, doch jetzt wurde er ein Kanal und Segen für alle. Wenn er diese Transformation abgelehnt hätte, hätte er das Feld nicht bewässern können.*

* Märchen unbekannten Ursprungs aus dem alten China.

Scham und Schuld

Aktualfähigkeit: Scham ist die Fähigkeit, seine Blöße zu bedecken.

Der falsche Umgang mit Scham und Schuld gehört zu den größten Geißeln der menschlichen Psyche. Er ist verantwortlich für Rigidität, Verklemmungen, Selbsthass, Isolationsgefühle und so manch andere Leiden. Scham und Schuld verfügen über tiefe religiöse und gesellschaftliche Wurzeln, wobei Religion und Gesellschaft stark ineinander übergreifen. Oftmals ist es schwer zu differenzieren, ob eine religiöse Einsicht die Gesellschaft geprägt hat oder ob aus gesellschaftlichen Gründen einer Religion bestimmte Schamgrenzen oktroyiert wurden.

Beispiel: Das religiöse Gebot zur kompletten Bedeckung des ganzen Körpers für islamische Frauen hängt möglicherweise eng mit der Heißblütigkeit der Orientalen zusammen (Vorbeugung sexueller Übergriffe).

Historisch können wir die Gesellschaften in Scham- und Schuldgesellschaften aufteilen. Diese Unterscheidung wurde von dem Oxforder Historiker Eric Robertson Dodds im Jahre 1951 geschichtlich belegt und ist seitdem Bestandteil der Völkerkundeforschung. Das Thema der Scham ist insbesondere bei den Zivilisationen, die sich als *Kollektivbewusstsein* verstehen, besonders ausgeprägt. Bei vielen Urwaldstämmen wird das Ausgestoßensein mit der Todesstrafe gleichgesetzt, da ohne die Hilfe des Stammes ein Überleben im Urwald nicht möglich ist. Das Gleiche gilt ebenso bei Wüstenvölkern. Auch die Chinesen und Japaner sind sehr kollektiv ausgerichtet. So ist es kein Wunder, dass diese Kulturen sehr *schamorientiert* sind. Noch heute ist es in China üblich, ein Vergehen dadurch zu bestrafen, dass der Verurteilte sich öffentlich ausstellen muss mit einem Schild auf dem Bauch, das sein Vergehen beschreibt.

Soziologisch gesehen kennen viele Gesellschaften, die noch über einen rudimentären Stammesbezug verfügen, höchst unterschiedliche Gegenstände der Scham, sind also »Schamgesellschaften«, während nur einige Zivilisationen »Schuldgesellschaften« sind. Das schlimmste Vergehen in einer Schamkultur besteht darin, sich nicht zu schämen, wenn man sich schämen sollte. Wer sich schämt, kann oftmals mildernde Umstände bei den Mitmenschen geltend machen. Die Übertretung der gesellschaftlich sanktionierten Schamgrenze wird mit Gesichtsverlust bestraft. Um ihn zu vermeiden, muss man »Haltung« bewahren.

Scham zu empfinden, gilt in Schamkulturen als Tugend – und zwar beim Täter wie bei den Betroffenen. Beim Täter fördert die Scham den seelischen Druck, materielle Wiedergutmachung anzubieten. Beim Betroffenen, der geschädigt, verletzt, beleidigt oder dem Unrecht zugefügt wurde, drängt die Scham dazu, den öffentlichen Makel wieder wettzumachen.

So lässt sich sogar das Bedürfnis nach Blutrache, beispielsweise bei sexuellem Missbrauch, über den Begriff der Scham erklären. In vielen Schamkulturen gab es nämlich früher noch keine Gerichtsbarkeit. Die Untat war dort nicht öffentliches Anliegen, sondern der Geschädigte hatte die Aufgabe, sich um »Wiedergutmachung« zu kümmern, wobei dieses Wort natürlich am Wesentlichen vorbeigeht: Indem Rache geübt wird, wird die Tat dadurch keineswegs wiedergutgemacht. Deshalb gaben viele Schamkulturen dem Täter vor der Blutrache die Chance der Entschädigung, beispielsweise durch einen materiellen Beitrag.

»Genugtuung«, wie auch immer sie erfolgte, sollte die Ehre des Geschädigten wiederherstellen, da nur so gesellschaftliche Achtung und Einbezogensein in dem Stamm wieder möglich war. Hier finden wir den engen Zusammenhang zwischen Rache und Scham. Ein Beispiel: Erst wenn der Vergewaltiger Strafe erfahren hat, kann die vergewaltigte Frau wieder vor sich selbst bestehen.

Wir können grundsätzlich davon ausgehen, dass eine Person, die sehr schamorientiert ist, ein sehr starkes Bedürfnis nach kollektiver Anerkennung hat, während eine schuldbezogene Person individualistisch betont und mit sich selbst beschäftigt ist. In einer schamorientierten Kultur ist nämlich nicht das gute Gewissen, sondern die öffentliche Wertschätzung das höchste Gut. Vergehen, die niemand bemerkt, sind deshalb in ihr kein Grund, sich zu schämen. Öffentliche Beleidigungen, den anderen das Gesicht verlieren zu lassen, boten jedoch in Schamkulturen immer wieder Grund dazu, entweder sich selbst oder den anderen umzubringen. So erklärt sich auch, dass Schamgesellschaften großen Wert auf Verschwiegenheit legen und Heimlichkeiten eine große

Rolle spielen. »Was ich nicht weiß, macht mich nicht heiß!« Typische Schamkulturen finden wir im Osten der Welt, beispielsweise in Thailand. Und so sollen uns zwei Analogien bzw. Beispiele aus diesem Land auch die Denkweise der Schamkultur näherbringen.

Beispiel 1: Der auf dem Dorf lebende arme Vater einer Prostituierten in Thailand ist eigentlich dankbar, dass seine Tochter so viel Geld verdient und davon ihn und seine Familie ernährt. Solange dies niemand weiß, sind alle glücklich darüber. Wird ihm darüber berichtet, streitet der Vater es ab. Sobald die Tatsache allerdings allgemein bekannt wird, zerrt er seine Tochter vor das Dorfgericht, rügt und bestraft sie öffentlich – um sie danach heimlich zu trösten. So ist die öffentliche Ehre wiederhergestellt.

Man kann sich in einer schambasierten Kultur oder mit einem schamorientierten Menschen alles erlauben, nur nicht, ihn hinterrücks lächerlich zu machen, ihn das Gesicht verlieren zu lassen oder heimlich sein öffentliches Ansehen oder seine Autorität zu untergraben.

Beispiel 2: Eine Geschichte, die dies sehr schön darstellt, ist *Anna und der König von Siam* von Margaret Landon. In dieser Geschichte stellt die englische Erzieherin Anna Owens das Leben des Königs von Siam vollkommen auf den Kopf. Die beiden sind so verschieden, wie man es nur sein kann: Sie ist eine kultivierte Lehrerin und er ein ungehobelter Klotz, der Frauen als nicht ebenbürtig ansieht. Für Anna, die den königlichen Harem und die 16 Kinder des Regenten unterrichten soll, ist diese rückständige Denkweise natürlich völlig inakzeptabel. Aus diesem Grund setzt sie alles daran, sich den

Anordnungen des Königs zu widersetzen. In ihr scheint der raubeinige Despot endlich eine ebenbürtige Gegnerin gefunden zu haben, die mit Witz, Charme und pädagogischem Nachdruck seine raue Schale zu durchbrechen vermag. Zum Konflikt kommt es jedoch, als Anna sich öffentlich über ein Todesurteil des Königs empört, das aus ihrer Sicht zu Unrecht verhängt worden war. In einer öffentlichen Debatte verspricht sie dem Volk, sich beim König für die Begnadigung einzusetzen. Doch statt auf ihren Wunsch einzugehen, wird der König rasend vor Wut und sagt ihr unter vier Augen, dass durch ihr öffentliches Auftreten das Leben des Verurteilten nicht gerettet, sondern verloren sei, da er nun keine Begnadigung aussprechen könne, ohne öffentlich das Gesicht zu verlieren. Hätte Anna die Begnadigung jedoch im Geheimen vorgeschlagen, wäre das Leben des Delinquenten zu retten gewesen. An diesem Beispiel erkennen wir, wie in einer Kultur, die auf Scham basiert, die öffentliche Ehre sogar zu Ungerechtigkeiten verleitet. Doch was steckt hinter der Scham?

Die Philosophie definiert »Scham« als Missvergnügen angesichts eigener Makel bzw. gegenüber gesellschaftlich unangemessenem Handeln. In der Scham schwingt die Vorstellung mit, wegen der eigenen Unvollkommenheit – etwa wegen Hässlichkeit, wegen begangener Handlungen oder auch wegen erduldeter Erniedrigungen (»Mit dem kann man es ja machen.«) – von anderen abgelehnt oder geringgeschätzt zu werden. Deshalb spielt die öffentliche Ehre im Kontext der Scham eine so große Rolle.

Der typische Ausdruck eines Schambesessenen ist: »Was sollen nur die Leute sagen!« Tun sich schambesessene Menschen zusammen, kann es sein, dass sie »Vorzeigefamilien« gründen: Außen hui, innen pfui. Doch wehe jemand behauptet, die Familie wäre nicht ideal – er riskiert einen Sippenkrieg, selbst wenn die Ehefrau bereits Depressionen aufgrund der schwierigen Ehe hat. Gefahren von Schamgesellschaften sind Heucheleien und das »So-tun-als-ob«. Der Stil soll die Wahrheit überdecken. Und so bleiben in vielen Ehen die Menschen lediglich aus Angst vor der öffentlichen Scham und Ächtung beisammen, selbst wenn es unerträglich ist.

Auch wenn die Thematik der Scham wesentlich stärker mit dem gesellschaftlichen Ansehen zusammenhängt als die Frage der Schuld, gibt es auch eine gesellschafts*unabhängige* Scham. Diese kann sich auf Gedanken oder unliebsame Neigungen beziehen. Hier finden wir etwa die sexuelle Scham des heimlichen Homosexuellen, die Scham des Biedermannes, der heimlich »seines Nächsten Weib« begehrt, des Tugendhaften, der insgeheim dem Alkohol frönt, oder des Friedfertigen, der in seinen Gedanken Gewaltvorstellungen hegt.

Individuelle Scham erfahren wir als Kinder, beispielsweise wenn wir wegen eines Geburtsfehlers (Hasenscharte, Segelohren etc.) verspottet werden. Hier zeigt sich, dass der Scham kein wirklicher Fehler zugrunde liegen muss. Sowohl Hasenscharte als auch Segelohren stellen keinerlei Beeinträchtigung des Körpers dar. Sie widersprechen lediglich einem kollektiven Ideal. In einem Land, in dem alle Menschen eine Hasenscharte oder Segelohren hätten, würden diese als normal und freundlich gelten, und es müssten sich diejenigen schämen, die keine hätten.

Dort, wo Scham mit einer körperlichen Behinderung oder einem Geburtsfehler zusammenhängt, fordert sie uns oftmals auf, besondere Fähigkeiten zu entwickeln.

Beispiel: Der griechische Gott Hephaistos war keine Schönheit – er hatte einen Klumpfuß. Doch er war ein derart geschickter Goldschmied, dass ihn sogar Götter um seine Geschmeide bewunderten. Ihm gelang es, die schönste Frau der Welt, Aphrodite, für sich zu gewinnen.

Beispiel: Ein Klient litt seit frühester Kindheit unter seinen Segelohren und machte sie dafür verantwortlich, dass er als Teenager immer noch keine Freundin hatte, während Mitschüler bereits seit Jahren mit einem Mädchen »gingen«. Angesichts der Scham, die er dabei empfand, entschied er sich, die Psyche der Frauen zu studieren, und wurde eines Tages ein begehrter Frauenheld, der nahezu jede Frau fesseln und für sich gewinnen konnte – trotz Segelohren.

Wie individuell Schönheitsideale bewertet werden, erkennen wir beispielsweise an Narben: Es gibt Kulturen, in denen sich Menschen bewusst Narben zufügen und sogar Salz in die Wunden streuen, damit die Narben breiter werden – weil Narben dort als attraktiv gelten und man meist Tapferkeit und Auszeichnung mit ihnen verbindet. In anderen Kulturen gelten Narben als Makel (»Hüte dich vor den Gezeichneten!«).

Das Gleiche ist bezüglich der Körperfülle der Fall: In so manchen orientalischen Ländern und auch hierzulande zur Zeit des Barock schämten sich Frauen, wenn sie schlank waren, da dies mit Armut gleichgesetzt wurde

(»nicht genug zu essen haben«), während in den meisten westlichen Ländern des 21. Jahrhunderts Schlanksein als attraktiv gilt und sich Beleibte meistens, aber nicht immer, ihrer Körperfülle schämen.

Es gibt viele Möglichkeiten, Scham zu empfinden: Schämen kann sich der Intellektuelle wegen seiner mangelnden körperlichen Geschicklichkeit und der einfache Arbeiter wegen seines weniger ausgebildeten Intellekts. Frauen schämen sich, weil ihr Busen entweder zu groß oder zu klein oder zu normal ist. Der Junge im Sportunterricht, der beim Fußball als Letzter in die Mannschaft gewählt wird, schämt sich ebenso wie das junge Mädchen, das beim Tanzunterricht regelmäßig als Letzte aufgefordert wird.

Immer liegt in der Scham die Aufforderung verborgen, daraus etwas zu machen. Im Idealfall übt das unattraktive Mädchen heimlich tanzen und sticht später ihre Mitschülerinnen durch ihre Tanzkunst aus. Von vielen bekannten Schauspielern wissen wir, dass sie als Kinder unter starken Schamgefühlen litten und diese später durch ihre öffentlichen Auftritte kompensierten.

Wenn wir jedoch Scham kompensieren, indem wir andere maßregeln oder uns geistig über andere stellen, um unsere Minderwertigkeitsgefühle an Dritte weiterzugeben, oder den Schmerz der Scham durch Arroganz überdecken, trennen wir uns nur von unseren wahren Gefühlen ab und können so der Scham beikommen. Um aber Scham zu erlösen, bedarf es mehr als nur der Kompensation. Wir müssen beginnen, von unserer Scham zu lernen, und dann über sie hinausgehen.

Die Scham ist ein großer Lehrer. Sie lehrt uns, mit uns und anderen nachsichtiger zu sein. Statt uns unserer Andersartigkeit zu schämen, können wir Mitgefühl empfinden für andere Außenseiter, die ebenfalls gesellschaftliche Ächtung erfahren. Dies ist der Weg der Wahrhaftigkeit. Die Lösung von Scham geschieht im Mitgefühl für andere und uns selbst, darin, dass wir uns selbst annehmen und mit unserer Scham unter dem Arm spazieren gehen.

Im Idealfall können wir unsere falschen Identifikationen loslassen, über die eigenen Schwächen lächeln, statt uns ihrer zu schämen. Es ist ja nicht schlimm, ein schlechter Fußballspieler oder eine miserable Tänzerin zu sein. Wir werden heute deshalb weder aus der menschlichen Zivilisation ausgestoßen, noch kostet es uns das Leben.

Wenn ein Mensch durch seine Scham hindurchgegangen ist, verfügt er über sehr viel mehr Freiheit als andere. Er kennt sich und seine wahren Werte ganz genau und weiß, was er kann und was er nicht kann. Er ist dadurch unabhängig von den Meinungen anderer und hat es gar nicht mehr nötig, gut dastehen zu wollen. Er kann über sich und seine Fehler lächeln und ist frei davon, an falschem Stolz festzuhalten. Er hat seine Masken abgelegt, sich von den äußeren Normen befreit und seine eigene Lebensform herausgearbeitet. Er kann sogar, da er unbestechlich ist, ein Führer für andere sein.

Menschen, die selbst keine Scham verspüren, aber mit einem schambehafteten Menschen zusammenleben, stehen vor einer großen Herausforderung. Der Film *Das Phantom der Oper* offenbart die hysterische Seite des

Schämenden, wenn seine Sensibilität nicht geachtet wird: Das Phantom im gleichnamigen Stück, ein unterhalb des Theaters lebender Mann, versteckt seine Hässlichkeit hinter einer Maske. Eines Tages lässt er seine Angebetete hinter seine Maske blicken. Die Traumfrau erschrickt und distanziert sich vom Phantom, insbesondere weil sie zugleich einen anderen Mann liebt. Daraufhin inszeniert das Phantom wutentbrannt ein Inferno.

Ein anrührendes Beispiel für einen liebevolleren Umgang mit einem Schambehafteten stellt der Film *Der Elefantenmensch* (Hauptdarsteller: Anthony Hopkins) dar, der auf einem authentischen Fall beruht. Im London der zweiten Hälfte des 19. Jahrhunderts wird der körperlich deformierte John Merrick im Zirkus als Monster präsentiert und von seinen Mitmenschen misshandelt und gedemütigt. Sie nennen ihn den Elefantenmenschen. Denn eine unheimliche, unbekannte Krankheit hatte ihm Gesicht und Gestalt völlig entstellt und ihm das Aussehen eines Elefanten verliehen. John Merrick wird zur vielbestaunten Attraktion einer Wanderschau, bis ihn ein junger Arzt aus der entwürdigenden Zirkuswelt befreit. Er entdeckt unter dem verunstalteten Gesicht des Elefantenmenschen eine sehr menschliche und äußerst sensible Persönlichkeit. Der Fall des Elefantenmenschen galt in der Medizin des viktorianischen Zeitalters als schlimmstes Beispiel für eine krankhafte Deformierung des menschlichen Gesichts. Mel Brooks' Film erzählt die erregende Geschichte von der Entwicklung dieser seltsamen Krankheit. Er zeigt die Reaktionen der Menschen auf den Anblick des vermeintlichen Ungeheuers und zeichnet die enge menschliche Beziehung zwischen dem Arzt und seinem ungewöhnlichen Patienten nach, die von Harmonie und tiefem menschlichen Verständnis geprägt ist.

Die Geschichte *Die Schöne und das Biest* offenbart uns, wie liebevolle Annahme das ungeliebte, hässliche Biest wandeln kann. Wir können dieses Märchen als Sinnbild der Erlösung verstehen, nicht nur für den Umgang mit anderen Menschen, sondern auch für den Umgang mit *den* Teilen in uns, die wir bisher abgelehnt oder derer wir uns geschämt haben. Nicht umsonst sagt man: »Jeder muss sich selber austrinken wie einen Kelch!«

Unabhängig von der Scham, die nach äußeren Maßstäben verständlich ist, gibt es auch eine unangemessene, falsche Scham. *Falsche* Scham beruht auf irrigen Annahmen. Hierzu einige Beispiele:

- Jemand schämt sich wegen seiner angeblich zu kleinen Nase, die aber von anderen als schön empfunden wird.
- Der Klassenbeste schämt sich wegen seiner Noten, weil er glaubt, dass seine Klassenkameraden keine Streber mögen.
- Der rigide Erzogene schämt sich seiner sexuellen Gefühle, weil er glaubt, dass diese nicht in Ordnung sind.
- Der verliebte Teenager schämt sich seiner Liebe, weil er befürchtet, für sie verspottet zu werden.
- Der einfache Arbeiter schämt sich seines Standes, weil sein Vater eigentlich wollte, dass er studiert.

Falsche Scham lässt sich auflösen, indem die dahinterstehenden Glaubenssätze aufgelöst werden, zum Beispiel durch Infragestellung. Nasenbeispiel: »Kann ich wirklich wissen, dass meine Nase zu klein ist?« – Auch gesellschaftliche Moralismen müssen dabei hinterfragt werden. Ehe-Beispiel: »Kann ich wirklich wissen, dass es ehrenrührig ist, meinen Partner zu verlassen?« – Natürlich war in vielen alten Schamgesellschaften ein Verlassen des Partners geächtet, weil es die natürliche Ordnung des Stammes durcheinanderbrachte, aber dies muss heute nicht mehr so sein.

In vielen Fällen kann ein »Coming-out« die (Er-)lösung herbeiführen.

Beispiel: In die Lebensberaterpraxis kommt ein Patient wegen Impotenz. Er flüstert sein Problem dem Lebensberater zu und wird dabei sogar rot. Therapie: Der Lebensberater nimmt den Klienten bei der Hand und geht mit ihm in das volle Wartezimmer. Dort lässt er ihn laut die folgenden Worte wiederholen: »Ich leide momentan unter Impotenz!« Verblüffendes Ergebnis: Der Klient lernt, zu seiner Beeinträchtigung zu stehen mit der Konsequenz, dass seine Potenz binnen kurzer Zeit wiederhergestellt ist. Wir erkennen an diesem Beispiel: Das Akzeptieren einer Behinderung ist oftmals der erste Schritt, um über sie hinauszugehen.

Eine Kompensation von Scham stellt der Exhibitionimus dar, der »Vorzeigetrieb«. Auch hier soll etwas »öffentlich demonstriert« werden – selbst wenn es nur die Überwindung der Schamgrenzen ist. Bei jeder Form von Exhibitionismus finden wir eine dahinterstehende Scham, die dadurch überlagert werden soll. Verschiedene Beispiele dazu:

- Der *selbstdarstellerische* Exhibitionist ist jemand, der möglicherweise als Kind wenig Bewunderung fand und seine Scham als Seminarleiter, Trainer oder Performance-Künstler überwindet. Manchmal zeigt sich diese Kompensation auch in einem hysterischen Charakter, dem tiefe Schamgefühle zugrunde liegen (Beispiel: der Popstar Madonna).
- Der *verbale* Exhibitionist hatte früher nichts zu sagen, empfand Scham wegen seines Ausdrucks und sucht nun öffentliche Anerkennung als Poet, Redner, Kolumnist etc.
- Der *sexuelle* Exhibitionist ist ein Mensch, der sich üblicherweise seiner Sexualität schämt und die Erlösung von seinem Schamdruck sucht, indem er sich an öffentlichen Plätzen zeigt. Möglicherweise findet er im Swingerklub eine gesellschaftlich gebilligte Lösung für seine Scham: »Was dort alle tun, kann ja nicht so schlimm sein!«

Die Grenzen zwischen echter und falscher Scham sind fließend. Sie hängen insbesondere damit zusammen, was unter »echt« und »falsch« verstanden wird. Nehmen wir als Beispiel den vorehelichen Geschlechtsverkehr. Er ist in westlichen Kulturen erlaubt, manchmal sogar attraktivitätssteigernd (»man wünscht sich einen sexuell erfahrenen Partner«), in vielen orientalischen Kulturen jedoch streng verboten bis hin zur Todesstrafe.

Immer wieder müssen wir zwischen gesunder und

ungesunder Scham unterscheiden. Gesunde Scham stellt das Gegengewicht zu ungesunder Schamlosigkeit dar, also der unangebrachten Übertretung gesellschaftlicher Normen. Natürlich ist nicht jede Schamlosigkeit gesund. So wird der Flitzer im Fußballstadion ebenso wie der Schlamper beim Opernball als peinlich empfunden.

Wenn der Einzelne beginnt, in der Rückbesinnung das rechte Maß seines Ausdrucks zu finden, wird er in Einzelfällen zwischen gesellschaftlich oktroyierter Scham und dem Ausdruck seines Herzens unterscheiden müssen. Historisch überliefert sind Symbolfiguren wie die »Jungfrau von Orleans«, Mystiker wie Giordano Bruno, Reformer wie Martin Luther oder große Liebende wie »Romeo und Julia«, die öffentliche Ächtung in Kauf nahmen, um – für sie fragwürdige – Schamgrenzen zu überschreiten.

Dort, wo Scham zu Isolation und Regression führt, verfehlt sie ihren Zweck. In diesem Sinne kann die Schamüberwindung der Selbstbesinnung, der Unabhängigkeit von der öffentlichen Meinung und der Besinnung auf eigene Stärken und Werte dienen.

Scham kommt auch im schuldbasierten Umfeld vor, ist dort aber meistens nicht von der öffentlichen Meinung, sondern vom Unrecht abhängig. Auch dort wird das eigene Verhalten durch das Gewissen als moralischem Korrektiv kontrolliert. Das Gewissen eines Menschen, der schuldbetont aufgewachsen ist, macht dabei jedoch keinen Unterschied, ob andere das eigene Vergehen bemerkt haben oder nicht. Als höchstes Gut des Schuldbasierten wird das ruhige Gewissen betrachtet. So erklärt sich, dass in einer Schuldkultur ein Verbrecher sein Gewissen erleichtert, indem er sich der Polizei stellt oder bei einem Priester die Beichte ablegt, was in einer Schamkultur gar nicht notwendig wäre.

Auch wenn wir grundsätzlich sagen können, dass viele östliche Kulturen schambewusst und nahezu alle westlichen Kulturen schuldbewusst geprägt sind, gibt es in jeder Kultur eine individuelle Scham- bzw. Schuldbetonung, was wir alleine daran erkennen, dass in Deutschland die meisten Menschen schuldbewusst, gleichfalls aber auch sehr viele Menschen schambewusst leben.

Schwierig wird es, wenn ein schamorientierter und ein schuldorientierter Mensch zusammenfinden, weil beide völlig verschieden operieren. Der Schambewusste meint, er tut dem anderen etwas Gutes, wenn er Dinge vor der Öffentlichkeit verheimlicht, während der Schuldbewusste oftmals alles, was ihn bewegt, ausbreiten und so seinen Geist klären und sein Gewissen bereinigen möchte.

Beispiel: Eine Ehefrau trifft sich heimlich mit ihrem neuen Liebhaber. Sie, schamorientiert, möchte die Beziehung heimlich aufrechterhalten und weiterführen, um – unterstützt durch die Freuden der Liebe – ihre sehr belastete »Vorzeige-Ehe« ertragen und die Kinder großziehen zu können. Er, schuldorientiert, bekommt Gewissensbisse und möchte den Ehemann in die Beziehung einweihen, um damit sein Gewissen zu erleichtern. Nur unter Billigung des Ehemannes wäre es ihm möglich, die Romanze weiterhin zu pflegen, weil dann klare Verhältnisse herrschten. Sie befürchtet jedoch die öffentliche Missbilligung – nicht nur durch den Ehemann, sondern vor allem durch die eigene Nachbarschaft. Hier kann nur eine klare Kommunikation der unterschiedlichen Bedürfnisse eine angemessene Lösung herbeiführen.

Im Idealfall lernt der Schuldbewusste, sein Gewissen durch die Anbindung an eine größere Kraft (z. B. durch Meditation, Gebet etc.) zu klären, und der Schambewusste lernt eine gelassenere Haltung gegenüber den Menschen, die ihn ablehnen. Die Befreiung von Scham erkennen wir unter anderem an der Unbefangenheit und Offenheit – wohingegen wir die Befreiung von Schuld an der »Unschuld des Herzens« wahrnehmen können.

Nach Schirrmacher* können wir die Grundprinzipien von Scham und Schuld wie folgt differenzieren: In der Schamkultur gilt die öffentliche Wertschätzung, in der Schuldkultur die Befreiung von seelischer oder rechtlicher Schuld als höchstes Gut.

Der Kulturforscher Klaus W. Müller differenziert den Unterschied zwischen Scham- und Schuldorientierung noch weiter, wie die nachstehende Tabelle zeigt:**

* Thomas Schirrmacher: *Scham- und Schuldkultur*. In: *Professorenforum* 3, 3, 2002

** Vgl. Lother Käser, Thomas Schirrmacher u. a. (Hg.): *Scham- und Schuldorientierung in der Diskussion. Kulturanthropologische, missiologische und theologische Einsichten*. VTR Verlag Nürnberg

Thema	Schamorientierung	Schuldorientierung
Quelle der Konditionierung	Großfamilie, Sippe, Stamm	Eltern, Lehrer, Legislative
Ausdruck	Außenstehende überwachen die Einhaltung	Von innen bestimmte Überwachung
Bei Normenverstoß	Störung der inneren Harmonie	Störung der inneren Harmonie
Angst	dass die Tat bekannt wird	vor Strafe durch die Menschen/Gott
Empfinden	Schamgefühl	»Schuldgefühl«
Abwehr	gegen die äußere Wertung	gegen die Schuldhaftigkeit der Tat
Konsequenz (unerlöst)	Rache/Ausstoß	Strafe/Ursache und Wirkung
Entlastung	Wiederherstellung der Ehre	Beichte, Verzeihen, gute Taten

Fatal wird es dann, wenn sich Scham- und »Schuldgefühle« derart mischen, dass man sie nicht mehr auseinanderhalten kann. In solchen Fällen führt die Angst vor öffentlicher Missbilligung zu einer starken Beeinträchtigung des individuellen Gewissens.

Beispiel: Ein kleines Kind malt mit Buntstiften die Kinderzimmertapete an und findet es schön. Dann erinnert es sich, dass die Eltern ihm dies verboten haben, und schämt sich seiner Malerei. In der Konsequenz kann es sein, dass dieses Kind später im Kunstunterricht nicht mehr richtig malen kann, bis diese ungute Verkettung von Scham und Schuld aufgelöst werden kann.

Wenn sich Scham und Schuld in ungelöster Weise ineinander verketten, kann es sein, dass der Betroffene sich ausweglos fühlt. Aufgrund von Scham fühlt man sich schuldig, aufgrund von Schuld schämt man sich. Man verliert den Kontakt zu anderen und vor allem zu sich selbst, weshalb man sich dann noch stärker schämt bzw. schuldig fühlt.

Aufgrund unseres historischen Erbes sind wir oftmals darauf versessen dazuzugehören, und sind häufig sogar dazu bereit, uns selbst zu verraten. Die Gefühle, die ein Mensch hat, der befürchtet, von allen anderen verstoßen zu werden, können ihn so weit von seiner wahren Natur entfernen, dass er sich sogar selbst verrät, nur um dazuzugehören. Unterstützt durch das Schamgefühl, reduziert der Betroffene sein Verhalten auf das gesellschaftlich opportune Maß und erkauft sich die Wiederaufnahme in die Gruppe in Verbindung mit innerlich erzwungener, oft nicht klar gesehener Selbstaufgabe.

Wie bei der Schuld können wir uns auch für jemand anderen oder zusammen mit jemand anderem schämen. Hierzu einige Beispiele: Die Mutter schämt sich für ihr ungezogenes Kind. Dahinter steht die Angst, durch das Kind an gesellschaftlicher Achtung zu verlieren. Der Schüler schämt sich *mit* seinem Freund für einen von seinen Klassenkameraden missbilligten Streich. Viele Menschen der unmittelbaren Nachkriegszeit schämten sich dafür, Deutsche zu sein, auch wenn sie im Ausland gelebt und sich am Krieg selbst nie beteiligt haben.

Eine Lösung von Schamgefühlen erfahren wir, wenn wir unsere menschliche Fehlbarkeit auch dann akzeptieren, wenn wir Missbilligung ernten. Wieder einmal ist die Selbstannahme der Türöffner für die Heilung. Hier verschiedene Möglichkeiten eines Lösungsspruchs:

- »Auch wenn ich mich wegen … schäme, akzeptiere ich mich voll und ganz!«
- »Auch wenn ich Ablehnung erfahren habe, akzeptiere ich mich voll und ganz!«
- »Auch wenn ich mich als minderwertig erfahre, akzeptiere ich mich voll und ganz!«
- »Auch wenn mich andere als hässlich bezeichnen oder gar verspotten, akzeptiere ich mich voll und ganz!«

Eine weitere Hilfe finden wir im menschlichen Mitgefühl, das uns erlaubt, die »Masken der Gesellschaft« zu durchschauen und zu erkennen, dass die Menschen, die jemanden verurteilen oder brandmarken, aufgrund ihrer *eigenen* Grenzen nicht in der Lage sind, ungezwungener mit ihm umzugehen. Indem wir *Mitgefühl* für die Schamgefühle unserer Umwelt aufbringen, finden wir einen Weg, mit anderen so umzugehen, dass wir weder ihre Empfindungen verletzen, noch uns selbst kasteien müssen. Wir entdecken und finden unsere eigene Stimmigkeit und gestalten unseren Ausdruck nach *eigenen* Werten. Dadurch können wir vor uns selbst bestehen und den eigenen Lebensstil verwirklichen, ohne frontal gegen gesellschaftliche Masken und Normen angehen zu müssen. Nicht mehr die Angst vor Entdeckung, sondern Respekt vor den Begrenzungen anderer sind dann der Grund für meine Verschwiegenheiten über mein »secret life«.

Motto: »Alles, was man sagt, sollte wahr sein – aber nicht alles, was wahr ist, sollte man sagen!«

Übung: Notieren Sie drei Ereignisse aus Ihrer Kindheit, in denen Sie sich geschämt haben, und untersuchen Sie, aufgrund welcher Annahmen diese Scham erfolgte.

Das Thema der Schuld in den Weltreligionen

Aktualfähigkeit: Schuldempfinden gegenüber Gott ist die Fähigkeit, eine höherstehende Intelligenz zu akzeptieren.

Die Religion befasst sich mit dem bewussten Verhältnis des Menschen zu übergeordneten Kräften. Während die östlichen Religionen vom ewigen Bestand dieser Welt ausgehen, ohne Anfang und Ende, kennen die monotheistischen Religionen allesamt einen Weltenherrscher, der Himmel und Erde schuf und über uns wacht.

Scham erleben wir nicht nur mit anderen, sondern auch vor einer allmächtigen Instanz: vor Gott. Das Alte Testament berichtet von der Scham, die Adam und Eva aus dem Paradies vertrieben hat. Wenn wir uns an dieses biblische Gleichnis erinnern, erkennen wir die enge Verbindung zwischen Scham und Schuld. Die griechische Mythologie ist dagegen voller Schuld- und Sühnebeispiele.

Das Thema der Erlösung von Schuld durch den Erlöser bestimmt auch einen großen Teil des Neuen Testaments. In diesem Zusammenhang bezeichnet das Christentum Schuld als den Zustand, der durch das Übertreten der göttlichen Gebote entsteht, und bietet zu seiner Lösung die Buße an. Dem christlichen Glauben gemäß führt die Buße über die Erkenntnis der eigenen Schuld zu den rechtschaffenen Werken des neuen Lebens, welche die Abkehr von der bisherigen Lebensführung beinhalten. Wenn wir uns mit der griechischen Originalübersetzung auseinandersetzen, stoßen wir dort auf das Wort »*metanoia*«, das weniger gefühlsbeladen ist und schlicht und einfach »umdenken« (*noein* = denken; *meta* = um bzw. nach) bedeutet.

In der russisch- bzw. griechisch-orthodoxen Kirche wird unter *metanoia* vor allem eine Änderung der Lebenseinstellung verstanden, ein Brückenschlag zwischen dem Menschen und der freiwilligen Gnade, bewirkt durch den heiligen Geist, mit dem der Mensch nunmehr zusammenarbeitet. Umkehr bedeutet dabei, die Vergebung Gottes anzunehmen und sich darum zu bemühen, nicht mehr zu sündigen.

In der katholischen Kirche wird mit der Buße das sogenannte Buß-Sakrament assoziiert, das die Umkehr, Beichte und Versöhnung des Menschen mit Gott impliziert. Wiedergutmachung, Vergebung, Almosen, Nächstendienst, freiwilliger Verzicht und Gebet helfen dabei, die seelische Gesundheit wiederzuerlangen.

In der evangelischen Kirche ist die Vorstellung bestimmend, dass Buße von Gott bewirkt wird. Der Mensch kehrt nicht aus eigenem Entschluss um, sondern allein Gottes Gnade kann Ursache für die Umkehr sein.

Im Judentum umfasst der hebräische Begriff »*schub*« eine allumfassende Umkehr zu Gott. Daher kommt die Formulierung »jemandem einen Schub geben«.

Auch *der Hinduismus* ist schuldorientiert. Er glaubt allerdings nicht an einen strafenden persönlichen Gott, sondern an das Gesetz von Ursache und Wirkung (Karma), wonach jeder mit den Folgen seines Tuns, Denkens und Redens konfrontiert wird. Im Gegensatz zum Christentum kennt der Hinduismus keinen strafenden Gott und ebenso wenig das Gesetz der Gnade. Wohl gibt es dort einen »Herrn des Todes« (Dharam Das), der allerdings ausschließlich dazu da ist, das Verhalten des Menschen zu bewerten und zu richten. Der Hinduismus kennt auch keinen kollektiven Erlöser wie Jesus Christus, sehr wohl aber die Gnade des Gottmenschen (»Guru«), der das Karma des Menschen mildern oder sogar (teilweise) löschen kann.

Angesichts unserer schuldbehafteten Religionen fragen wir uns möglicherweise, ob der Begriff der Schuld irgendwelche Vorteile bietet oder ob wir nicht lieber zu einer östlichen Religionsform konvertieren sollen. *Der Buddhismus* etwa kennt keinen Schuldbegriff, sondern nur die Unwissenheit (Avidya), die aber nichts mit Schuld zu tun hat. Was er kennt, ist gleichfalls das Gesetz von Ursache und Wirkung (Karma), allerdings verspricht er – im Gegensatz zum Hinduismus – ein Ende der Kette der zwanghaften Wiederkehr durch den achtfachen Pfad. Eine Befreiung vom Leiden kann der Mensch durch wahres Wissen und die rechten Gedanken, die rechte Tat etc. erreichen. Götter sind im Buddhismus zwar bekannt, aber von sekundärer Bedeutung. Eine Besonderheit ist darin zu sehen, dass er zu den wenigen Religionen gehört, die andere Heilslehren nicht als Irrglauben bekämpfen und ebenso keine Konvertierung verlangen. Der Buddhist hat zu seiner Lehre ein ebenso kritisches Verhältnis wie der Physiker zur Relativitätstheorie und versteht den Buddhismus eher als Wissenschaft – so wie man auch nicht an Einstein glauben muss, um die Gesetze der Relativität zu nutzen. Das so weitverbreitete »Entweder-oder«- bzw. »Freund-Feind«-Schema ist für den Buddhismus weder von Interesse noch von Belang, was seine Toleranz und die Kompatibilität mit anderen Volkskulten und Religionen erklärt (Shinto-Kultur, Zen, tibetanischer Buddhismus etc.).

Auch wenn der Buddhismus den Ort der inneren Zuflucht zu den Erwachten (Buddhas) anbietet, kennt er doch keine Erlöserfigur, stellt dem Sucher aber konkrete Hilfen für sein Erwachen vom Leiden zur Verfügung, so etwa konkrete Meditationstechniken oder Belehrungen durch buddhistische Lehrer. Auch die Scham ist den Buddhisten eher fremd, wohingegen Reinlichkeit einer spirituellen Tugend gleichkommt. Wenn wir in fernöstlichen, buddhistischen Kulturen Themen der öffentlichen Scham vorfinden – wie z. B. in Japan, China und Thailand –, sind diese nicht religiös, sondern gesellschaftlich bedingt. Dies können wir daran erkennen, dass andere Buddhisten, so zum Beispiel die Tibeter, dieses Thema nicht kennen.

Buddhismus sowie der chinesische Taoismus sind sehr praxisorientierte Religionen. Sie verlangen keinen Gehorsam wie Judentum, Islam und Christentum, sondern bekunden, dass die Religion selbst, nicht der Religionsführer, der Lehrer ist. So weigerten sich Buddha und Laotse, als Gott verehrt zu werden. Der Taoist kennt die Formulierung »ungehorsam gegenüber dem Tao« nicht, er kennt nur die »Disharmonie mit dem Tao«, die er versucht, wieder in Ausgleich zu bringen. Überhaupt ist das Tao ursprünglich kaum an Schuld oder Scham interessiert, sondern vielmehr an Ausgleich und Harmonie.

Auf der anderen Seite fehlt dem Buddhismus wie dem Taoismus das Bedürfnis, nach einem hochgesteckten Ziel zu streben: Jede Form von »höheren Himmeln«, wie wir sie beispielsweise aus dem Islam oder aus der Jenseitslehre Swedenborgs (1., 2. und 3. Himmel) kennen, entfällt. Stattdessen wird gefordert, »zu sein, wer man ist«. Doch kann der Begriff der Schuld auch etwas Gutes haben? Was bedeutet er eigentlich?

Dazu müssen wir uns mit der eigentlichen Bedeutung und dem Sinn von Schuld auseinandersetzen und nicht mit dem, was Religion und Gesellschaft daraus gemacht haben. Fündig werden wir, wenn wir uns auf die Sprachwurzel des Schuldbegriffs besinnen, die auf die westliche Antike verweist.

In den westlich-antiken Religionen des Mittelmeerraums finden wir die sogenannten Schicksalsgöttinnen vor, die das menschliche Schicksal überwachen. Bei den Slawen hießen sie Zorya, bei den Römern nannte man sie Parsen und bei den Griechen Moiren. Sie werden häufig als die drei Spinnerinnen dargestellt: in Griechenland als Klotho die Weberin, die den Lebensfaden spinnt, Lachesis die Zuteilerin, die dessen Länge bemisst, und Atropos die Unabwendbare, die den Lebensfaden abschneidet. Sie stehen auch für Gegenwart, Vergangenheit und Zukunft – in dieser Reihenfolge. Der »Gesang der Moiren« berichtet davon, dass Lachesis von jenen Dingen singt, die waren (und aufgrund derer sie den Lebensfaden bemisst), Klotho von denen, die sind, und Atropos über die Dinge, die sein werden. Auch in der germanischen Mythologie gibt es drei Schicksalsgöttinnen, die der Gattung der Nornen angehören. Hier heißen sie Urd (das Gewordene), Verdandi (das Werdende; unser Wort »werden« ist von Verdandi bzw. Werdandi abgeleitet) und Skuld (das Werdensollende). Sie lenken die Geschicke der Menschen und Götter, indem sie die Fäden des Schicksals spinnen und weben, während ihre Schwestern in der Gestalt schneeweißer Schwäne auf dem Wasser des Quells schwimmen. Archetypisch stellen die Schwäne die »Hüter des Unbewussten« dar, die mit den Schicksalsgöttinnen kommunizieren und dabei sicherstellen, dass nicht zu viel, aber auch nicht zu wenig aus dem Unbewussten ins Bewusstsein des einzelnen Menschen vordringt. Darum sagt der Volksmund auch, wenn viel passiert: »Mein lieber Schwan!«

Es wird berichtet, dass Urd und Werdandi dem Neugeborenen Glück und Begabung in die Wiege legen, während die Dritte, Skuld, um den Menschen zur Entwicklung anzutreiben, eine Grenze setzt. Sprachgeschichtlich lässt sich nachvollziehen, dass Begriffe wie »Schuld« oder »Skala« aus dem Namen dieser Schicksalsgöttin, Skuld, resultieren. Schuld zeichnet sich also aus »durch das, was werden soll« und ist daher immer an ein Ideal gekoppelt. Somit verweist Skuld immer auf ein Ideal. Skuld ist unser treuer Begleiter, wenn wir angesichts von Schuld oder »Schuldgefühlen« nicht stagnieren wollen, sondern uns die Frage stellen: »Wozu fordern sie mich auf?«

Wer daher spräche, ich bin mir keiner Schuld bewusst,
also habe ich nichts zu bereuen, der wäre entweder ein Gott
oder ein Tier.
Ist der Sprechende aber ein Mensch, so weiß er
vom Wesen der Schuld noch nichts!

(H. Häfner:
Grundlinien einer daseinsanalytischen Gewissenspathologie)

»Schuldgefühle« – Sinn und Unsinn

Aktualfähigkeit: »Schuldgefühl« ist die Fähigkeit, uns von unseren wahren Gefühlen zu trennen.

Trennen wir erst einmal Schuld und »Schuldgefühl«, so erkennen wir: Schuld ist ein Grundthema *jedes* bewussten Menschen, der darauf eine Antwort sucht. Laut Platon ist jeder schuld, »der gewählt hat«. Er geht davon aus, dass der Mensch mit der Freiheit des Denkens und Handelns das Maß verloren hat und dass Götter, Moral und Gesetze Versuche sind, das rechte Maß wiederherzustellen. Jeder Mensch sei sowohl an seinem *Tun* als auch an seinem *Sein* schuldig. Er gerate immer wieder in Konflikt darüber, ob er das Maß einhalten oder überschreiten soll, wobei das Überschreiten Schuld bedeute. Ohne die Freiheit zur Grenzüberschreitung gäbe es keine Schuld. Tiere sind instinktgebunden, können weder Scham noch Schuld empfinden. Für sie bestimmen Instinkte das rechte Maß. Die Schuldfähigkeit entsteht also erst mit dem Austritt des Menschen aus dem Tierreich.

Die Freudianer sehen in der Schuld die Einwirkung des Über-Ichs auf das Ich. Eng mit der Schuld verbunden ist die Schuldangst, also die Angst, infolge eines Seinszustands oder einer Tat die Liebe des anderen bzw. Gottes zu verlieren. Hierbei müssen wir fein unterscheiden zwischen Schuldbewusstsein (verurteilt das Tun) und dem »Schuldgefühl«, das letztendlich irrational ist und im »Schuldwahn« neurotische und unrealistische Züge annehmen kann.

Das Thema der Schuld wird dabei sehr häufig mit Glaubenssätzen verbunden, wodurch Konstrukte entstehen, die wir dann als »Schuldgefühle« bezeichnen. Wir unterscheiden innerhalb des Schuldbegriffs – dargestellt in alphabetischer Reihenfolge:

- *Basis*-»Schuldgefühle« (Schuld-Archetypen) können erwachsen,
  - weil ich ein Mensch, ein Mann, ein Kind bin;
  - weil ich aus dem Paradies vertrieben wurde (Adam und Eva);
  - weil ich wie Gott sein will: Hier finden wir das Eigen-Schöpferische im Menschen, das oftmals direkt mit Schuldbewusstsein verbunden ist (1. Mose 3,5);
  - aus Eigenwilligkeit: weil ich wissen will, tun will, frei entscheiden will.
- *Expansions*-»Schuldgefühle«: Hierbei handelt es sich um das mentale Konzept einer sogenannten »Trieb-Schuld«. Der Ausdruck dessen, was als Trieb im Menschen vorhanden ist, wurde lange Zeit als schuldig erachtet. Expansions-Schuld wird wahrgenommen, weil man sich in der Welt ausdrücken, Erfolg haben oder sexuell ausdrücken will. Es wird vermutet, dass sexuelle Abweichungen (sadomasochistische Praktiken) und Erfolgsunterdrückung aus Expansions-Schuld begangen werden, beispielsweise wenn jemand seine Talente nicht verwirklicht, weil er Angst hat, damit seine

Umwelt zu unterdrücken. Erst wenn der Mensch beginnt, seine (An-)Triebe zum Freund zu machen und höher zu entwickeln, kann eine Schuldlösung entstehen. Jeder ungelöste Trieb, den wir auf lange Sicht immer wieder als unbefriedigend erleben, ist in letzter Konsequenz lediglich als Suche nach dem Urtrieb des Menschen, der Einheit mit sich selbst, zu verstehen. Haben wir diese Einheit einmal erlebt, dient uns der Trieb, auf welcher Ebene auch immer, um in erlöster Form das Selbst auszudrücken.

- *Kriminelle* Schuld wird nach den Gesetzen des Landes geahndet.
- *Metaphysische* Schuld: Dies ist ein relativ neuer Begriff, der sich auf den Verstoß gegen die Solidarität unter den Menschen im Sinne von »wir alle sind eins« bezieht.
- *Moralische* Schuld ist eher ein Verstoß gegen die Liebe und das Gewissen als gegen äußere Gesetze.
- *Politische* Schuld ist zweifelhaft, wie z. B. eine Beteiligung im Dritten Reich.
- *Reale* Schuld möchte erkannt und abgegrenzt, benannt, mit Scham und Reue überwunden werden.
- *Religiöse* Schuld betrifft die innere Trennung des Menschen von Gott bzw. der universellen Kraft. Hierbei erlebt sich der Mensch nicht als »*wegen* der Sünde (Trennung) bestraft«, sondern als »*durch* die Sünde bestraft«, das heißt, die Sünde (das Empfinden der Trennung) ist bereits die Strafe, wie wir am Beispiel von Adam und Eva sehen können.
- *Sexuelle* Schuld: In vielen Religionsformen wird bzw. wurde die Sexualität als die Wurzel aller Sünde ange-

sehen und Keuschheit gefordert. Allein die Tatsache, dass wir sexuelle Gefühle erleben, wird mit Schuldbewusstsein verbunden. So schreibt Thomas Mann über die Bäume im Garten Eden:

»Der östliche Mythos weiß von zwei Bäumen im Garten der Welt. Der eine ist der Ölbaum, der Lebensbaum, der Sonne heilig, das Sonnenprinzip. Der andere ist der Feigenbaum, der Todesbaum, der in die Sexualität hinüberspielt, der Mondbaum mit hundertfach schillernden Beziehungen zu einer Mond-Zauberwelt der Nacht, Fruchtbarkeit, sinnlicher Tiefe.« Hier zeigt sich die Angst des Menschen vor dem Weiblich-Sinnlichen, wie es im Patriarchat gepflegt wurde.

- *Trauma*-»Schuldgefühle«: Traumata (Gewalt, Schmerz) hinterlassen einen psychischen Fremdkörper im Selbst, ein sogenanntes »Introjet«, das »Schuldgefühle« verursacht. Hinter vielen irrationalen »Schuldgefühlen« verbirgt sich ein Trauma-Schuldbewusstsein.
- *Trennungs*-»Schuldgefühle« können entstehen, weil man
  - sich von den Eltern getrennt hat bzw. sich gegen die Eltern auflehnt;
  - elterliche Verbote übertreten hat bzw. möchte;
  - als Teenager seine Sexualität spürt, ausüben will und sich dabei vom vertrauten Rollenverhalten als braver Junge bzw. braves Mädchen trennt;
  - die Identität, die man von den Eltern erhalten hat, verweigert, z. B. wenn ein Kaufmannssohn Priester wird oder umgekehrt;

- glaubt, sich von Gott bzw. der universellen Kraft getrennt zu haben;
- die Sehnsucht verspürt, wie Gott bzw. die Eine Kraft zu sein, dies aber nicht vermag;
- sich selbst vergöttert, um den Schmerz zu übertünchen, nicht wie Gott bzw. die Eine Kraft sein zu können.

Begleiterscheinungen des Schuldbewusstseins, die je nach Realitätsnähe entweder aufgelöst oder verantwortet werden müssen, können sein – in alphabetischer Reihenfolge:

- Aggressionsneigungen;
- eigene oder fremde Haltungen, mit denen man nicht einverstanden ist;
- Persönliche Vorlieben und Abneigungen;
- Fantasien, für die man sich schämt;
- Taten, die eine Verletzung bewirkten, also sogenannte schuldhafte Handlungen (reale Schuld);
- unstimmige Charakterzüge;
- unstimmige Werte;
- verborgene und verdrängte Wünsche.

Wir müssen stets differenzieren zwischen »Schuldgefühlen« und realer Schuld. Man erlebt sich als schuldig am anderen oder an sich selbst (bei Selbstverletzung). Dabei wirkt sich insbesondere eine *übernommene* Schuld fatal aus: Wer vergewaltigt wurde, erlebt oft die reale Schuld des Täters als »Schuldgefühl« des Opfers, weil das feindlich verfolgende Über-Ich des Stärkeren »Schuldgefühle«

erzeugt. Man spricht hier häufig von »Introjet«. Doch kann es auch ein reales Schuldbewusstsein des Opfers geben, wenn es davon ausgeht, durch Unterwerfung unter das Gewaltsystem oder dessen Billigung die Tat selbst ermöglicht oder gar dazu eingeladen zu haben.

Schuldwahrnehmungen, die im Zuge der Umsetzung zu konstruktiven Gedanken, Taten, Handlungen führen, können als hilfreiche Impulse erkannt, umgesetzt und dann losgelassen werden. Die japanische Bewegung des Naikan (siehe das Kapitel *Dankbarkeit*) geht davon aus, dass die Erkenntnis der eigenen Schuld bereits die Kraft zum Handeln in sich trägt.

Dort aber, wo die Schuldwahrnehmung nicht zu einer konstruktiven Handlung drängt, sondern nur zu Abwehr und Selbstgeißelung, verfehlt sie ihren Sinn und muss deshalb losgelassen werden. Möglicherweise ist es nur eine Frage der persönlichen Disposition, ob wir in der Ausrichtung auf ein Ideal Schuld als Instrument der Gewissensprüfung akzeptieren oder ob wir unter Verzicht auf den Schuldbegriff danach trachten, in Harmonie und Einklang mit dem Weltengesetz, unserer Bestimmung (Dharma), mit dem, der wir sein sollen, zu kommen.

Im Zuge unserer geistig-seelischen Entwicklung treten beim bewussten Menschen immer stärker das Empfinden von innerer Stimmigkeit und die Sensibilität gegenüber unmäßigem Verhalten in den Vordergrund seines Wirkens. Dies geschieht aber nicht auf der Grundlage gesellschaftlicher Normen, sondern einer *inneren* Gerichtetheit, die sich unabhängig von der Religionszugehörigkeit – und sogar beim Atheisten – im Zuge fortschreitender Sensitivität entwickeln kann. Je mehr wir seelisch erwachsen werden, desto weniger glauben wir an einen strafenden Gott, der nichts anderes im Sinn hat, als seine Kinder zu bestrafen, und lernen, so verantwortungsvoll und liebevoll mit uns und unseren Mitmenschen umzugehen, wie es uns angesichts der Situation möglich ist. Wir entwickeln dabei ganz nebenbei reife und individuell stimmige Wertmaßstäbe, an denen wir uns orientieren und die uns Kraft und Rückgrat geben – und zwar über das hinaus, was Gemüt und Verstand uns in Extremsituationen vorschlagen. Wir werden seelisch sattelfest!

»Schuldgefühle« als Ausdruck falschen Denkens erkennen und loslassen

Bevor wir uns mit dem Loslassen von »Schuldgefühlen« beschäftigen, wollen wir noch einmal auf die Unterscheidung von »Schuldgefühlen« und realer Schuld zurückkommen. Nachdem wir aus religiöser Sicht den Begriff der Schuld definiert haben, sollten wir ihn auch nach menschlichen Maßstäben beurteilen.

Strafrechtlich bedeutet Schuld einen Verstoß gegen ein Verbot. Ausschlaggebend ist an dieser Stelle die Vorwerfbarkeit – also die Idee, der Täter hätte gesetzesmäßiger handeln können –, nicht der entstandene Schaden.

Beispiel: So wird ein Busfahrer, der unschuldig in einen Unfall verwickelt wird, bei dem fünfzig Menschen ums Leben kommen, nicht verurteilt, während ein Einbrecher, der erfolglos versucht, in ein fremdes Haus einzubrechen, Strafe erfährt, selbst dann, wenn kein Schaden entstanden ist. Es gilt die lateinische Regel »nulla poena sine culpa«: keine Strafe ohne Schuld.

Zivilrechtlich ergibt sich die Schuld aus dem Unterschied zwischen der zu erbringenden und der tatsächlichen Leistung. Diese kann in Geld, Arbeitszeit, einer Lieferung oder sonstigen Leistungen liegen. Hierzu ein paar Beispiele: Jemand bestellt im Restaurant ein Essen für 20,– Euro. In dem Fall schuldet er dem Restaurantbesitzer diesen Betrag. Ein Angestellter schuldet seinem Arbeitgeber, solange er beschäftigt ist, im Ausgleich zu seinem Gehalt die monatlich vereinbarte Arbeitszeit. Der Tischler schuldet seinem Auftraggeber den von ihm bereits bezahlten Tisch. Der Steuerberater schuldet seinem Mandanten die von diesem bezahlte Steuererklärung.

Erkennen wir also: Reale Schuld hat mit »Schuldgefühlen« erst einmal überhaupt nichts zu tun, sondern mit dem Gesellschaftssystem, in dem wir leben und das auf »Vereinbarungen« beruht, die es schlicht und einfach einzuhalten bzw. zu erfüllen gilt. Da mittlerweile auch in Form von Eheverträgen Details über das Zusammenleben vereinbart werden können – z.B. die wöchentlichen Stunden der Hausarbeit für die Hausfrau, die Pflichten des Ehemannes –, findet das Prinzip von Leistung und Gegenleistung sogar in den intimen Lebensbereichen eine rechtliche Grundlage. Denkbar wäre auch eine andere Form des freiwilligen Miteinanders, wonach jeder sich so verwirklicht, wie es ihm entspricht, ohne auf Gegenleistung zu achten. Leider hat sich diese Form des Umgangs zumindest im öffentlichen Bereich bisher nicht durchsetzen können.

Kümmern wir uns nun um das, was wir »Schuldgefühle« nennen. Dem aufmerksamen Leser wird aufgefallen sein, dass ich diesen Begriff durchgängig in Anführungszeichen gesetzt habe.

Der Verhaltensforscher Konrad Lorenz stellte einmal die Frage: »Woher hat der Dackel sein (schlechtes) Gewissen?« Vom Menschen natürlich, von der Erziehung durch den Menschen. Somit erfahren wir, dass es so etwas wie »Schuldgefühle« im rudimentären Sinn gar nicht gibt, selbst wenn uns dies immer wieder eingeredet wird. Wenn wir genau hinsehen, erkennen wir, dass es »Schulddenken« gibt und dass hinter dem Schulddenken weitaus wirklichere Gefühle stecken, die wir aber meistens nicht wahrhaben wollen. »Schuldgefühle« werden im Kopf gezüchtet und entsprechen einem mentalen Konzept, nicht der Gefühlsebene. Machen wir uns also bewusst, dass »Schuldgefühle« nicht auf wahren Gefühlen, sondern auf einem mentalen Konstrukt beruhen.

Wir erleben Schuld als (einprogrammierte) negative Selbstgespräche. Immer bezieht sich hierbei die Schuld auf eine bereits geschehene Vergangenheit. Der Standardsatz des Schuldorientierten lautet: »Hätte ich doch nur!« oder auch: »Ich Idiot!«

Erleichterung von der Schuld erfahren Sie, wenn Sie dieses negative Selbstgespräch bemerken und sofort umformen. Hierfür ist es hilfreich, zu erkennen, dass hinter der Schuld ein »echtes« Gefühl und ein echtes Bedürfnis stehen, die den Ausweg aus der Schuld zeigen und die berücksichtigt werden müssen.

Beispiel: Ich denke gerade, dass ich etwas falsch gemacht habe, und fühle mich hilflos, elend, ängstlich, bedauernd und brauche Mitgefühl, Wärme, Beistand, um etwas Konstruktives daraus machen zu können, da ich etwas getan habe, von dem ich jetzt wahrnehme, dass dabei andere Bedürfnisse auf der Strecke geblieben sind oder dass es »weniger als vollkommen« war.

Manche Menschen sind so erzogen, dass sie die Schuld ihrer gesamten Umwelt auf sich nehmen. Dieses Muster ist oft in der Kindheit entstanden, als man durch Selbstbezichtigung die Missbilligung der Stärkeren vermeiden wollte, und erweist sich häufig als äußerst fatal.

Beispiel: Peter zieht um. Sein Freund hilft ihm, fährt dabei aber, da die Toreinfahrt zu schmal ist, eine Beule in das fast neue und nur teilkaskoversicherte Auto. Daraufhin bekommt Peter einen Wutanfall, ohrfeigt sich selbst und brüllt: »Wie konnte ich nur so blöd sein, mir ein so breites Auto zu mieten!«

Der Mechanismus, auf Unvollkommenheiten mit »Schuldgefühlen« zu reagieren, kann so tief konditioniert sein, dass man sogar einem technischen Versagen mit »Schuldgefühlen« begegnet.

Beispiel: Der Computer stürzt ab und löscht wertvolle Daten, obwohl man für alles gesorgt hat. Statt zu überlegen, was jetzt zu tun sei, rauft man sich die Haare und schreit: »Ich Idiot, warum bin ich denn so blöd, mir einen Computer zu kaufen!«

Viele »Schuldgefühle« sind erworben. In diesem Fall gehören sie gar nicht zum eigenen Verantwortungsbereich, wirken aber trotzdem genauso destruktiv, wie wenn man selbst etwas Ungutes getan hätte.

Beispiel: Eine Frau, die als junges Mädchen von ihrem Onkel sexuell missbraucht worden war, empfindet Schuld dafür, dass es überhaupt zu dieser Tat gekommen ist. Sie injiziert die Schuld des Onkels. Im späteren Leben zeigt sich das etwa, indem sich die Frau sexuell-unattraktiv kleidet, ihr Äußeres vernachlässigt oder sich (unbewusst) sexuelle Freuden untersagt. Die »Schuldgefühle« sollen nicht nur die wahren Gefühle und Bedürfnisse, sondern auch den nahen Familienangehörigen überdecken und damit schützen. Oftmals ist die ursächliche Schlüsselerfahrung stark verdrängt. Die Erinnerung würde die Frau überwältigen und bei ihrer praktischen Lebensverrichtung behindern.

Beispiel: Ein Jude, dessen ganze Familie im KZ umgekommen ist, bzw. ein Familienangehöriger, der als einziger einen Bombenangriff überlebte, empfindet Schuld dafür, am Leben geblieben zu sein, und macht sich später das Leben schwer – beispielsweise büßt er, indem er ein Versager wird. Auch hier finden wir hintergründig ein Gefühl von Entsetzen, Bedauern und Trauer sowie ein Bedürfnis nach Verbundenheit, das durch das »Schuldgefühl« überlagert wird. Erst wenn die wahren Gefühle erinnert und das existenzielle Bedürfnis (anderweitig) gestillt ist, kann sich das »Schuldgefühl« auflösen.

Was verdrängt wird, bleibt bestehen,
was wiederbelebt wird, verschwindet!
Werner Erhard

Wer schuldbesessen ist, sperrt sich selbst ins Gefängnis, zerrt sich selbst aufs Schafott, macht sich klein, abhängig, schwach. Bei »Schuldgefühlen« stellt sich immer die Frage, wem diese letztlich dienen. Oftmals verhindern »Schuldgefühle« sogar die notwendige Trauer, die zu einer Umkehr einlädt.

Beispiel: Mancher Mörder, der im Gefängnis sitzt, hat »Schuldgefühle«. Doch erst wenn er von seinem Schulddenken Abstand nimmt, kann er seine wahren, darunter verborgenen Gefühle wahrnehmen, so etwa das Gefühl der Trauer. Wenn er dann erkennt, dass seine Tat aus einer Enge, einem nicht erlösten Bedürfnis heraus begangen wurde, können 50 Prozent der Umkehr geschehen. Kommt er dann auch noch in Kontakt mit den Bedürfnissen seines Opfers, werden die anderen 50 Prozent der Wandlung eingeleitet, und er wird so eine Handlung nie wieder tun.

»Schuldgefühle« müssen aufgelöst und umgewandelt werden, da sie einen Seinszustand einfrieren und den Prozess der Erlösung (Einlösung) verhindern. Wenn sie nicht dazu dienen, das Leben meinem Wohle und dem anderer zu führen, haben sie ihren Zweck verfehlt.

Da »Schuldgefühle« auf hintergründige Themen verweisen, fordern sie uns auf, zu ebendiesem Hintergrund vorzudringen. Der erste Schritt dafür ist die Selbstannahme: »Obwohl ich diese und jene ›Schuldgefühle‹ habe, akzeptiere ich mich voll und ganz!« Oder: »Obwohl ich dieses oder jenes getan, gesagt oder gedacht habe, akzeptiere ich mich voll und ganz.« In einem zweiten Schritt sollten Sie sich wertfrei folgende Fragen stellen:

- »Welches Gefühl liegt hinter meinem ›Schuldgefühl‹ verborgen?« – Ist es Bedauern, Bedrückung, Angst? Beschreiben Sie das Gefühl und fühlen Sie es, ohne es zu bewerten.
- »Welches unerfüllte Bedürfnis steckt hinter dem ›Schulddenken‹? Was bedaure ich wirklich?« – Echte Bedürfnisse sind, wie wir bereits erfahren haben, immer positiv. (Eine Liste der echten Bedürfnisse haben

Sie bereits im Kapitel über Abhängigkeiten erhalten.) Hinter dem »Schuldgefühl«, dass man jemandem Leid zugefügt hat, steckt in vielen Fällen schlicht und einfach das Bedürfnis nach Verbundenheit. Dieses kann so stark sein, dass jemand sogar fremde Schuld auf sich nimmt, nur um diese Verbundenheit zu erleben. So sind Täter und Opfer nicht selten schicksalhaft aneinandergekettet, bis diese Schuldverkettung gelöst wird.

- »Wie kann ich bestmöglich für das unerfüllte Bedürfnis sorgen?« – Dies bedeutet erst einmal für sich selber da zu sein, um die eigene Mitte, das eigene Wesen und die innewohnende Vollkommenheit wieder zu spüren bzw. zu erlauben.
- »Wie kann ich jetzt dazu beitragen, den Schaden wiedergutzumachen?« – Erst wenn Sie sich selber genährt haben, finden Sie in sich von selbst die Kraft und Positivität, sich fürsorglich um Außenstehendes zu kümmern.

»Schuldgefühle« können aus einer fernen Vergangenheit herrühren. In diesem Fall kann es hilfreich sein, die ursprüngliche Situation, welche die »Schuldgefühle« ausgelöst hat, noch einmal zu erleben und mit den eben aufgelisteten Fragen zu behandeln.

Im praktischen Umgang mit Schuld und »Schuldgefühlen« sollten Sie Ihre Aufmerksamkeit darauf lenken, sich stets so stimmig wie möglich zu verhalten – und dies jeden Tag, immer wieder neu. Mehr als Ihr Bestes kann keiner von Ihnen verlangen. Die Gewissensprüfung muss sich also auf Ihre individuelle Stimmigkeit richten – nach bestem Wissen und Gewissen, nach den

Maßstäben und Werten, die Sie sich erarbeitet haben. Hierbei haben auch Ihre eigenen Bedürfnisse einen hohen Wert.

Wenn Sie regelmäßig Ihre Gewissensprüfung – nach eigenen Maßstäben – vollziehen, zum Beispiel jeden Abend, und Unstimmigkeiten sofort spüren und auflösen, sind Sie nicht mehr so anfällig für die Brandmarkung von außen. Wenn Ihnen dann jemand Schuld zuweist, etwa indem er Sie kritisiert, brauchen Sie nicht mehr zu rebellieren, zum Gegenschlag auszuholen oder sich schamhaft zurückzuziehen. Vielmehr prüfen und erkennen Sie ganz klar, ob die Kritik nach Ihren Maßstäben sachlich gerechtfertigt ist. Falls ja, korrigieren Sie Ihr Verhalten und bedanken sich dafür, dass der andere Ihnen geholfen hat, besser zu werden. Empfinden Sie die Kritik nicht als gerechtfertigt, brauchen Sie dem anderen auch nicht böse zu sein, denn er hat sich ja einfach nur geirrt. Dies können Sie zum Zwecke der Verbundenheit kommunizieren, müssen es aber nicht. Die Form der Kritik braucht Ihnen ohnehin keine »Schuldgefühle« einzujagen, denn sie ist die Höflichkeit oder Unhöflichkeit des anderen und damit dessen Angelegenheit.

Einen weiteren Schlüssel für den Umgang mit »Schuldgefühlen« finden Sie, wenn Sie in die »Energie der Unschuld« gehen. Dies ist die Position, in der das »Herzdenken« das rationalen Denken übernimmt und der herkömmliche Verstand zu schweigen beginnt. Das Geplapper im Kopf hört auf und damit auch das »Schulddenken«, welches Ursache für so viele unnötige Konflikte war.

Die Unbefangenheit von Menschen, die »reinen Herzens sind« – und dies ist automatisch jeder, der ein offenes Herz und einen bewussten Geist in sich vereint – war immer wieder Thema der Literatur. Symbolfiguren wie »Hans im Glück« oder Parzival aus dem Versroman von Wolfram von Eschenbach wird oft unterstellt, sie seien weniger intelligent als andere, und doch werden sie als Auserwählte präsentiert. Womöglich finden wir gerade in solch einfachen Denkhaltungen genau jene Energie der Unschuld, von der Jesus spricht, wenn er uns dazu auffordert, »wie die Kinder« zu werden – also nicht naiv wie ein Kind, sondern mit kindlicher Unschuld im Herzen die Welt zu erleben.

Wie uns *Der kleine Prinz* von Saint-Exupéry oder das Mädchen in *Des Kaisers neue Kleider* deutlich machen, ist diese Unschuld häufig gepaart mit einer spontanen Weisheit, die die besondere Persönlichkeit von solchen literarischen Figuren ausmacht.

Wenn wir unseren Blick auf die großen Zen-Meister richten oder auf einen Ketzer wie Meister Eckhart, auf Osho oder Ramana Maharshi, die in keine Norm passen, fordern uns diese vielleicht ebenso wie der kleine Prinz dazu auf, unser bisheriges Schuld- und Schambewusstsein zu hinterfragen und das wahrzunehmen, was gemäß eigener Werte, Maßstäbe und Gewissensprüfung für uns von zentraler Bedeutung ist.

Folgender Brauch eines afrikanischen Volksstammes leistet einen sehr schönen Beitrag zum Thema »Erlösung von Schuld und Scham«. Wenn sich dort ein Stammesangehöriger ungebührlich benommen hat, wird er in die Mitte eines Kreises geholt, wo jeder ihn sehen kann. Dann spricht jedes Stammesmitglied über das Gute, was dieser Mensch bisher vollbracht hat, und stärkt so dessen Selbstwert und Ansehen – auch das vor sich selbst. Dadurch kommt der »Täter« wieder mit seinem wahren Wesenskern in Berührung und fühlt sich bekräftigt, in Zukunft sein Bestes zu geben.

Sobald wir die Handlungs- und Denkimpulse, zu denen uns Schuld und Scham führen, auf sinnvolle Weise nutzen, lassen uns Schuld und Scham auch los. Sie haben ihren Sinn erfüllt und wir können »ledigen Gemütes« durchs Leben gehen.

Widerstand

Aktualfähigkeit: Widerstand ist die Fähigkeit, nein zu sagen.

Widerstand kommt im Leben immer wieder vor, aber es liegt an uns, wie wir damit umgehen, ob wir an ihm wachsen, reifen, weise werden oder wie Don Quixote gegen Windmühlen kämpfen. Bereits unsere Geburt begann mit einem Widerstand, der uns von außen entgegengebracht wurde. Wir werden durch Geburtswehen in unser Leben gepresst. Viele Menschen behaupten, dass durch die Geburtswehen die Seele in den Körper einmassiert wird.

Wenn sich ein Mensch vehement gegen das wehrt, was das Leben von ihm erwartet, wenn er, ohne nachzudenken, alle gutgemeinten Ratschläge in den Wind schlägt, wenn er sich weigert, die Medizin zu nehmen, die ihm der wohlmeinende Heilpraktiker verschrieben hat, wenn er sich weigert, seine Projekte anzunehmen, wenn ein Schüler sich weigert, seine Hausaufgaben zu machen, dann sagt man: Dieser Mensch ist im Widerstand.

Wir kennen also äußeren und inneren Widerstand. Wann immer wir erleben, dass der Mensch selbst im Widerstand ist, nützt es nichts, gegen seinen Widerstand frontal anzugehen. Wie oft hat die Ehefrau ihrem Mann geraten, sich eine Jacke anzuziehen, doch er sitzt im Garten und zieht sich lieber eine Erkältung zu, als dem Rat zu folgen. Das Phänomen bei einem widerstandsorientierten Menschen ist: Je mehr man auf ihn einredet, desto stärker wird sein Widerstand. Er empfindet jeden Ratschlag als »Schlag«.

Den Ursprung eines widerstandsorientierten Menschen finden wir darin, dass diesem Menschen einst sehr viel äußerer Widerstand entgegengesetzt wurde und er diesen Widerstand inzwischen internalisiert, also sich zu eigen gemacht hat.

Für einen Widerstandskämpfer bei der »Résistance« (der französischen Widerstandsbewegung im Zweiten Weltkrieg) oder im Dritten Reich oder innerhalb der Familie im Kampf gegen die allzu strengen Eltern war es vielleicht wichtig, in den Widerstand zu gehen. Wenn so jemand aber als Erwachsener *und* in Friedenszeiten gegen jeden und alles in Widerstand geht, lebt er eine unangemessene Rigidität. Angesichts von innerem Widerstand müssen wir uns fragen:

- »Wogegen richtet sich mein Widerstand eigentlich wirklich?« – Der äußere Widerstand, den ich zeige, ist hierbei Sinnbild für einen inneren Widerstand, der auf einem früheren Erlebnis beruht!
- »Was will ich mit meinem Widerstand vermeiden?«
- »Wo möchte bzw. soll meine Energie wirklich hinfließen?« – Indem ich mich auf den stimmigen Fluss meiner Energien konzentriere, bin ich mehr mit dem Strom beschäftigt und weniger mit dem Staudamm, der diesen Strom eindämmt.

Jedem Widerstand liegt ein (unerfülltes) Bedürfnis zugrunde, das geachtet werden möchte, damit der Widerstand sich auflösen kann. Dies kann ein Bedürfnis nach Anerkennung, Selbstbestimmung, Selbstfindung, Kreativität etc. sein.

Im Rider-Tarot finden wir die Position des Widerstands in der Karte *Neun der Stäbe*. Die Haltung des Widerstandskämpfers auf der Karte ist starr, die Schultern sind hochgezogen, er trägt einen Verband um den Kopf, was eine Verletzung andeutet. Durch sein ständiges Angehen gegen Widerstände hat sich dieser Mann von seiner Ganzheitlichkeit und Lebensintegration getrennt und sieht mit seinen Augen auch dort Feinde, wo ihm das Leben eigentlich freundlich gesinnt ist. Die hinter dem Mann stehenden Stäbe können, je nachdem, wie sich der Mann dazu stellt, anrückende Feinde (Widerstände) oder eigene Kraftquellen sein. Diese Karte zeigt einen Mann, der im Leben und bei anderen auf sehr viel Widerstand gestoßen ist. Doch anstatt den Widerstand anzunehmen und durch ihn hindurchzugehen, wie durch Geburtswehen, hat er den Widerstand stets nur bekämpft.

In einem anderen Tarot, dem Crowley-Tarot, offenbart die Karte *Neun Stäbe*, wie wir Widerstände in »Stärke« umwandeln können: Die für den Kampf gegen das Außen aufgebrachte Energie möchte zu einer inneren Kraft werden. Ein Mensch, der seine innere Stärke spürt, muss sich nicht mehr gegen Widerstände behaupten, sondern er lernt, sie als Wachstumschancen zu nutzen. Analog dazu ist die Nummer neun der Trumpfkarten (IX) *Der Eremit*, der das innere Licht sowie eine widerstandsfreie

Haltung gegenüber dem Sein gefunden hat. Der Eremit lehrt uns, den Widerstand der äußeren Welt zu nutzen, um erst einmal die Kraft und die Wahrheit in sich selbst zu finden. *Merksatz:* Jeder Widerstandslose ist unwiderstehlich.

In der chinesischen Elemente-Lehre gilt das Wasser als das stärkste der fünf Grundelemente. Wasser ist ohne Widerstand, aber nichts formt einen Kiesel so stark wie Wasser. Wasser ist formlos und doch ist es das Wasser, das den Kontinenten die Form gibt. Wasser ist demütig und sammelt sich stets am tiefsten Punkt. Und doch beugt sich selbst der Mächtigste zum Wasser herab, um es zu trinken. Wir erkennen am Beispiel des Wassers, wie wichtig es ist, unnötige *innere* Widerstände aufzugeben.

Dies soll aber nicht bedeuten, jedem äußeren Widerstand aus dem Weg zu gehen. Vielmehr gilt es dort, wo wir äußere Widerstände nicht vermeiden können, sich diese zum Freund zu machen. Widerstand verdient unseren Respekt. Er hat uns etwas Wertvolles beizubringen. Meistens sind wir zu starr, und der Widerstand möchte uns »massieren«, beweglicher machen.

Wollen wir einen anderen Menschen überzeugen und er geht in den Widerstand, kann es sein, dass wir zu dogmatisch sind. Vielleicht haben wir zu starre Vorstellungen darüber, was der andere lernen, erfahren, tun sollte, und wollen ihm diese »hineindrücken« – kein Wunder, dass er in Widerstand geht.

Wie wertvoll es ist, gerade dann, wenn es unumgänglich ist, durch äußere Widerstände hindurchzugehen, offenbart uns die nachfolgende *Geschichte von der Steinpalme.*

Es war einmal eine Palme, die wuchs auf einem steinigen Boden. Der Boden setzte den Wurzeln der Palme sehr viel Widerstand entgegen, so dass sie im Gegensatz zu den umliegenden Palmen, die auf weichem Sand standen, sehr viel Kraft aufwenden musste, damit ihre Wurzeln um den Stein herumwachsen und in die Tiefe gelangen konnten, wo das wertvolle Wasser war. Die Steinpalme klagte über ihren harten Weg und den vielen Widerstand, der ihr vom Leben entgegengesetzt wurde. Eines Tages kam ein großer Sturm. Er fegte alle Palmen hinweg, die seichte Wurzeln hatten. Nur die Steinpalme blieb erhalten aufgrund ihrer starken und tiefen Wurzeln. So finden wir in der Steinpalme ein Symbol für die innere Stärke, die sich durch Widerstand entwickeln kann.

Die Palme war so klug, trotz des äußeren Widerstandes (dem Steinboden) *nicht* in inneren Widerstand zu gehen. Sie vermied es, trotzig zu denken: »Also gut, wenn das Leben so schwer ist, dann weigere ich mich weiterzuwachsen!« Sie tat, gemessen an den Herausforderungen, das Bestmögliche und ahnte nicht, welche gewaltigen Kräfte ihr dabei zuwachsen würden. Äußerer Widerstand darf vorkommen, aber wir sollten deshalb nicht in innerem Widerstand arretiert bleiben.

Sehr viele Menschen befinden sich in innerem Widerstand gegen das Positive. Sie wissen zwar ganz genau, was sie *nicht* wollen, aber sie sperren sich komplett gegen die Öffnung für das, was sie wollen. Wenn sie beim Arzt sind und dieser stellt die Frage, wie er helfen kann, sagen sie »Ich möchte keine Kopfschmerzen mehr haben«, anstatt zu antworten: »Ich möchte, dass mein Kopf frei und klar ist.« Bei der Partnerschaftsberatung sagen sie »Ich will nie wieder erleben, dass mein Mann so böse zu mir ist« statt »Ich wünsche mir eine harmonische Ehe«.

Nun müssen wir uns stets dort abholen, wo wir stehen. Dies bedeutet, erst einmal mit dem zu gehen, gegen das wir keinen Widerstand hegen. Wenn wir wesentlich mehr Kapazitäten »gegen das Falsche« als »für das Richtige« haben, dann müssen wir erst einmal mit den vorhandenen Kapazitäten arbeiten. Wieder einmal ist Selbstakzeptanz der erste Schritt, um das Festhalten am Widerstand zu lockern: »Obwohl ich Kopfschmerzen habe, akzeptiere ich mich voll und ganz« oder »Obwohl mein Mann immer wieder mal böse zu mir ist, akzeptiere ich mich voll und ganz«! Erst in der Akzeptanz dessen, was ist, öffnet sich der Blick für die Vision, kann der Widerstand gegen das, was ist, losgelassen werden und der Klient erkennen, was er wirklich will.

Unabhängig vom Widerstand gegen das »höhere Gute« gibt es auch die allgemein als positiv bewertete »Widerstandskraft«, die rein biologischer Natur ist. Ebenso wie die Tiere verfügen wir über Milz und Lymphsystem, die zwischen eigenem und fremdem, gefährlichem und nützlichem Eiweiß unterscheiden. Gegen feindliche Viren und Bakterien geht der Körper, wenn er gesund ist, in den Widerstand, er feuert aus allen Rohren. Wenn Paulus schreibt »Widersteht dem Bösen!«, erreicht er den Menschen auf seiner rudimentären Ebene. Doch je mehr wir so leben, wie es uns guttut, und automatisch destruktive Lebensweisen vermeiden, desto weniger muss unser körperliches oder geistiges Immunsystem schwere Geschütze auffahren. Je mehr wir uns dem Positiven öffnen, umso mehr können wir vom Widerstand gegen das, was wir nicht wollen, zur Öffnung für das, was wir wollen, übergehen. *Sinnbild:* Eine Rose, die sich nicht öffnet, weil sie in Widerstand gegen eine vermeintlich böse Außenwelt ist, kann nicht blühen.

Viele Menschen verbinden mit dem Aufgeben von Widerstand einen Gesichtsverlust. Dies ist aber nur dann möglich, wenn jemand eine Maske getragen hat. Wer authentisch mit sich und anderen umgeht und über eine angemessene Selbstwahrnehmung verfügt, kann Widerstand eher loslassen, vielleicht sogar mit einem Lächeln. Davon erzählt die folgende Geschichte.

Auf einer Brücke kommen sich zwei Landarbeiter entgegen. Beide mit einem großen Pferdekarren, mit dem sie die Ernte einfahren. Jeder will in seine Richtung, doch die Brücke ist so schmal, dass sie jeweils nur von einem überquert werden kann. Mit funkelnden Augen und wild gestikulierenden Händen brüllt der eine: »Geh mir aus dem Weg, sonst mache ich das, was ich letzte Woche schon einmal gemacht habe, als mir jemand wie du entgegenkam!« Voller Furcht setzt der andere zurück und lässt unseren Mann passieren. Kurz bevor sie sich trennen, fragt er: »Nun, da ich dich vorbeigelassen habe, sage mir bitte, was du letzte Woche getan hast, als dich der Kollege nicht vorbeigelassen hat.« »Nun«, entgegnete der andere schmunzelnd, »da habe ich *ihn* vorbeigelassen!«

Zum Seilziehen gehören immer zwei, lässt einer von

beiden los, fällt der andere um. Nachfolgend ein Beispiel, das sich in einer Kneipe tatsächlich zugetragen hat:

Peter sitzt in der Kneipe und will ein Bier trinken. Es kommt ein Schläger auf ihn zu, rempelt ihn an und beleidigt ihn. Als Peter fragt, was los ist, droht der andere mit Prügeln. Daraufhin bäumt sich Peter auf, schaut den Mann streng an und sagt: »Es gibt zwei Möglichkeiten: Entweder wir tragen die Sache hier an Ort und Stelle aus und ich verlasse diesen Raum nicht eher, als bis einer von uns beiden im Krankenhaus liegt, oder – es gibt auch noch eine andere Möglichkeit.« – »Und die wäre?« fragt der Schläger. »Du gibst mir jetzt ein Bier aus, wir trinken ein Bier zusammen, und die Sache ist erledigt!« Daraufhin bestellt der Schläger zwei Bier und erzählte Peter, was der eigentliche Grund für seinen Frust ist: Seine Handballmannschaft hatte gerade eine empfindliche Niederlage hinnehmen müssen, außerdem ist ihm die Frau weggelaufen. Was als Krieg begann, endete mit einer Kameradschaft.

Genau darin liegt die Bedeutung von »Widerstand loslassen«: Man hat sich in einen Konflikt verrannt, beiden Beteiligten schwillt der sprichwörtliche Kamm, die Gesichter werden rot, die Stimmen laut – und dann lässt einer von beiden seinen Widerstand los. Man kommt seinen wahren Bedürfnissen auf die Spur und unterstützt sich gegenseitig, anstatt sich zu bekriegen. Beide gewinnen.

Manche Menschen leben, oft ohne es zu wissen, in einem inneren Konflikt mit der Einen Kraft bzw. Gott, was sich im äußeren Leben als »Widerstand gegen alles«

zeigt. Wo sich die Faust zum Himmel streckt, lebt der Mensch im Konflikt mit der ganzen Welt. Der Lebenslehrer Chuck Spezzano führt sogar nahezu alle Konflikte eines Menschen auf den Widerstand gegen die Eine Kraft bzw. Gott zurück, im Sinne von: »Chef, ich weiß es besser als du!« Vielleicht war das, was wir biblisch den Sündenfall nennen, nichts anderes als der Widerstand eines unserer höchsten Engel gegen Gott? Der Forscher Prof. Dr. J. J. Hurtak spricht vom »gefallenen Verstandes-Programm«, das für die Hölle auf Erden – wann immer wir diese erleben – verantwortlich ist, von einem Widerstand gegen höhere Gedankenformen, gegen Quellsamen des Lichtes, also gegen jene Rückverbindung, die wir suchen. Wir missverstehen dieses Sinnbild, wenn wir es moralisieren. Es ist der Widerstand gegen die *eigene* höhere Intelligenz, die viele Menschen zermürbt. Wenn ein Pferd nicht mehr die Ohren spitzt und dem lauscht, was sein Reiter von ihm will, verliert es seine Orientierung, wird desorientiert und verirrt sich im Gebüsch, den Dornen oder läuft vor ein Auto.

In der Psychologie versteht man unter Widerstand einen Abwehrmechanismus gegen die Intervention des Therapeuten, gegen das Leben oder gegen den Fortschritt generell. Freud unterteilte den Widerstand in einen reifen und einen unreifen Widerstand und erklärte, dass dieser zwangsläufig vorkomme, und zwar so lange, bis der Betroffene eine Entwicklungsstufe erreicht, auf der er Probleme und innere Konflikte konstruktiv angehen kann. Hierbei wird Widerstand nicht »negativ« bewertet, sondern lediglich als Gradmesser für die Offenheit und als Hinweis für die richtige Behandlungsmethode, der in der Therapie ebenso wie im Umgang mit sich selbst zu berücksichtigen ist. Es ist nicht sinnvoll, einen Widerstand zu brechen, da man sonst einem gebrochenen Menschen gegenübersteht. Eltern begehen manchmal den Fehler, ihr Kind zu brechen, wenn es in der Trotzphase ist, oft mit fatalen Folgen. Beim Kind wie beim Erwachsenen sollten wir Widerstand besser mit den folgenden Prinzipien begegnen:

- »Obwohl ich hier und da noch Widerstand habe, akzeptiere ich mich voll und ganz!«
- »Obwohl der andere im Widerstand ist, akzeptiere ich mich voll und ganz!«

Widerstand kann auf verschiedene Weise zum Ausdruck kommen, wobei die Grenzen fließend sind. Die nachfolgenden Beispiele (in alphabetischer Reihenfolge) können dabei helfen, mit Widerstand umzugehen, der uns von *anderen* Menschen entgegengebracht wird. Natürlich dienen sie auch als Schlüssel der Selbsterkenntnis und für den Umgang mit sich selbst, sofern man dazu bereit ist.

Abdämpfen: Man begibt sich in eine Art inneren Nebel, um eine natürliche Reaktion nicht spüren zu müssen. Hier ist es sinnvoll, den Nebel wegzuatmen und der Frage nachzuspüren, welche Emotionen hinter dem Nebel verborgen sind. Weite Informationen zu dieser Methode liefert Steven Wolinsky in seinen Werken über die Quantenpsychologie.
Autoaggressiver Widerstand: Gründe von Autoaggres-

sion sind entweder Selbsthass oder Fremdhass. Anstatt herauszufinden – und sich dann dazu zu bekennen –, wem die Aggression ursprünglich galt und welchen wahren Sinn sie verbirgt, beginnt man, sich selbst fertigzumachen. Jede Autoaggression beinhaltet den Widerstand, etwas wahrzunehmen, was man verdrängt hat, was bedrohlich erscheint oder was man an sich oder anderen nicht mag. Hilfreich sind bei Autoaggression Fragen wie: »Wogegen richtet sich meine Energie wirklich?« und »Was lehne ich an mir oder am Leben ab?« – *Auflöseformel:* »Auch wenn ich dieses und jenes ablehne, akzeptiere ich mich voll und ganz!« Niemand muss einer Norm genügen, sondern es reicht völlig aus, sich selbst liebevoll zu begleiten.

Bedürfnis-Widerstand: Widerstand gegen das Gewahrwerden von ureigenen Bedürfnissen, Trieben, Wünschen, beispielsweise weil diese in der Vergangenheit als nicht opportun angesehen wurden. Hier ist es wichtig, einen Verbündeten bzw. Therapeuten zu suchen, mit dem die eigenen Bedürfnisse erforscht und besprochen werden können, ohne dass dafür Sanktionen oder Liebesverlust zu erwarten sind. *Auflöseformel:* »Obwohl ich Widerstand dagegen habe, meine wahren Bedürfnisse zu spüren und erfüllt zu bekommen, akzeptiere ich mich voll und ganz!«

Deckung: Man übernimmt selbst die Verantwortung für eine erlittene, unschuldige Misshandlung, um den Angreifer zu decken. Die gesunde Selbstachtung und Empörung sind verdrängt, beispielsweise weil man sich den »Schutz des Stärkeren« sichern möchte. Dabei verinnerlicht man häufig unbewusst auch die negativen

Verhaltensmuster des Peinigers (sog. Introjet). Hierzu einige Beispiele: Man wird vom Klassenstärksten zusammengeschlagen und behauptet später, dies habe daran gelegen, dass man so blöd in der Gegend herumgestanden sei. Oder man wird bei Diskussionen vom Lehrer permanent niedergemacht und glaubt daraufhin in Innersten, dass man zu dumm für diese Welt sei, selbst wenn man später drei Professorentitel hat. Oder aber die Ehefrau wird vom Mann geschlagen und sagt vor Gericht aus, dass er ja eigentlich ein guter Kerl sei und nur leider wieder einmal betrunken gewesen wäre.

»Deckung« äußert sich im Gespräch dadurch, dass man sich dagegen wehrt – also Widerstand dagegen zeigt –, ein erlittenes Thema anzuschauen, zu klären und zu erlösen. Bei der Auflösung ist es wichtig, dass der Betreffende nicht (noch einmal) vergewaltigt wird, sondern den Rahmen erhält, mitzuteilen, was seine momentanen Bedürfnisse sind. Häufig wird die Erfüllung von Bedürfnissen gerade vom Aggressor erwartet. Dann muss die Erwartung aufgelöst werden, dass dieses Bedürfnis – ewta nach Frieden, Stärke, Anerkennung – vom Aggressor befriedigt werden kann oder muss. Indem der Betroffene lernt, seine Bedürfnisse zu spüren und die Verantwortung für deren Erfüllung in die eigenen Hände zu nehmen, ist eine Ablösung von der Fehlidentifikation möglich. Dort, wo es sich um eine (noch) bestehende Beziehung zwischen Aggressor und Opfer handelt, muss gegebenenfalls die Beziehung auf eine neue Ebene gestellt werden: nicht mehr zwischen Täter und Opfer, sondern auf die Basis gegenseitiger Wertschätzung.

Gefühls-Widerstand: Der Widerstand dagegen, (ganz bestimmte) Gefühle zu erleben, weil diese einen in Schwierigkeiten bringen könnten. In diesem Fall kann es hilfreich sein, sich mittels Filmen oder Therapie (z. B. mittels der AUM-Meditation der Humaniversity in Egmont/Holland) diesen Gefühlen zu nähern, damit sie ihre Bedrohlichkeit verlieren. *Faustregel:* Was immer mich bei jemand anderem aufgebracht werden lässt, ob positiv oder negativ, hat mit mir zu tun. Wir erkennen dies beispielsweise auch am Klatsch: Worüber tratschen und klatschen wir am liebsten? Oder: Welche Fernsehfilme sehe ich mir am liebsten an? Einen Horrorfilm oder eine Schnulze? – Indem ich ausgelagerte Gefühle wieder in mir fühle und sie dort fließen lasse, entfaltet sich meine emotionale Intelligenz, meine Bewusstheit durch Gefühle.

Intellektualisierung: Statt bei dem zu bleiben, was man fühlt, und sich damit persönlich engagiert, rutscht man in den Kopf ab und beginnt zu abstrahieren. *Beispiel:* Statt dem Gesprächspartner bei einem Flirt einzugestehen, dass man sich durch ihn angeregt fühlt, fachsimpelt man über das Wesen der Liebe, zitiert Erich Fromm, Bornemann oder Casanova. Statt zu lieben, spricht man von Theorien über die Liebe. Dahinter steckt fast immer die Angst vor Zurückweisung der eigenen Gefühle und vor der betreffenden Situation. Hilfreicher als Intellektualisierung ist es, zu schweigen, in den Bauch zu atmen, zu fühlen, was man fühlt, und dies gegebenenfalls in Form von Ich-Botschaften mitzuteilen: »Ich fühle Unsicherheit und Aufregung, wenn ich dich erlebe, weil ich dich als attraktiv empfinde und gar nicht weiß, was ich damit machen soll!« Das ist ehrlich, direkt, man wird greifbar.

Judas-Widerstand: Dies ist die Position der bewussten oder unbewussten Hinterlist, wie wir sie aus der griechischen Mythologie (das trojanische Pferd) kennen, nur mit dem Unterschied, dass diese Hinterlist nicht gegen Feinde, sondern generell angewendet wird. Der falsche Glaubenssatz der Judas-Position lautet: »Ich bin nicht vertrauenswürdig – und der andere auch nicht!« Die Karte *Sieben der Schwerter* im Rider-Tarot zeigt sehr gut, worum es hier geht: Ein Mann stiehlt sich mit den Schwertern (Argumenten) seiner vermeintlichen Widersacher davon. Den Extremfall eines Judas-Widerstands finden wir im Film *Der Feind in meinem Bett* (von Joseph Ruben) beschrieben. Judas-Widerstand ist Verrat an der Intimität, nicht nur zum anderen, sondern auch zu sich selbst. Er ist heuchlerischer Widerstand, der »Beinchen stellt«, da er seinen Unmut angesichts einer Meinungsverschiedenheit nicht offen zeigt, sondern gute Miene zum – für ihn – unangenehmen Spiel macht und sich dann wundert, wenn letztlich er selbst über das gestellte Beinchen fällt. – *Beispiel:* Der Ehemann möchte, dass seine Frau mit ihm auf den Fußballplatz geht, um gemeinsam die Fußballspiele seiner Heimmannschaft anzusehen. Sie macht willig mit, obwohl sie eigentlich nicht mag, beschwert sich aber anschließend heimlich im gemeinsamen Freundeskreis, treibt üble Nachrede und verzerrt die Angelegenheit schließlich auch noch zu ihren Gunsten. Hintenherum telefoniert, spricht oder mailt sie mit Drittparteien und übertreibt zudem, um Bestätigung zu heischen und die Position ihres Partners zu untergraben. So behauptet sie, er würde sie *zwingen* mitzugehen, stellt Zusammenhänge übertrieben dar, lächelt aber wieder freundlich, sobald er nach Hause kommt. Dadurch übt sie auf ihren Mann, der eigentlich ihr Geliebter und Verbündeter sein sollte, versteckt Druck aus. In diesem Fall wird die Beziehung schon aufgrund der geistigen Gesetze belastet.

Wann immer sich jemand beschwert, beschwert er *sich*, wann immer er jemanden heimlich blamiert (engl. *to blame someone*) blamiert er *sich*. In diesem Fall sollte er sich, zumindest geistig, entschuldigen und in seinem Bewusstsein das stimmige Bild von seinem Partner wiederherstellen. Dies bedeutet natürlich nicht, sich alles gefallen zu lassen. Eine Beichte oder eine aufrichtige Bitte um Rat bei einem kompetenten Vertrauten ist erlaubt, solange sie der Wahrheitsfindung, der Stimmigkeit und dem Herausfinden der Selbstverantwortung dient und nicht dem Bestreben, den anderen oder die Beziehung schlechtzumachen. Wenn man Schwierigkeiten dabei hat, etwas zu bewältigen, brauchen Sie mindestens einen Menschen, mit dem Sie offen reden können. Piero Ferrucci dokumentiert in seinem Buch *Nur die Freundlichen überleben* eine wissenschaftliche Untersuchung, bei der mehrere depressive Frauen gebeten wurden, sich einmal pro Woche einem Freund oder ciner Freundin anzuvertrauen und dort ungefiltert zu sprechen, auch Kümmernisse, Besorgnisse oder Eheprobleme anzusprechen. Bei den meisten Frauen verschwanden die Depressionen in relativ kurzer Zeit, während sich zugleich die bestehenden Beziehungen stabilisierten. Doch dies sollte, wie bereits erwähnt, der Beziehungs*hei-*

lung dienen, nicht um jemanden oder etwas schlechtzumachen. Gerade beim Judas-Widerstand ist es hilfreich, die Bösartigkeit und Hinterlist der eigenen Gedankenformen zu wittern und auf sie *nicht* einzusteigen. Denn der Judas-Widerstand erregt die Aufmerksamkeit der zerstörerischen Kräfte im anderen, in den Drittparteien und bei sich selbst. Er wirkt immer kontraproduktiv. Wann immer wir der Versuchung widerstehen, »Judas zu spielen«, und uns auch angesichts einer Position von Schwäche und Ohnmacht in Lauterkeit üben, werden wir ein Wunder erleben. Das Wunder wird sich zeigen in vertieftem Vertrauen bei der Suche nach einer gemeinsamen Lösung. Man fühlt sich rein und stimmig in sich selbst und steht vor sich und anderen gerade – was für eine Freude!

Offener Widerstand: Hierbei geht man frontal gegen berechtigte oder unberechtigte Befehle oder Hinweise, Normen, Regeln, Vorschläge an, macht den anderen, der vielleicht mit einem gutgemeinten Ratschlag kommt, nieder. Offener Widerstand entsteht immer dann, wenn ein Bedürfnis nicht gesehen oder erfüllt wird. Indem das Bedürfnis aufgedeckt wird, ist ein offenes Gespräch mit dem anderen möglich. *Beispiel:* Der andere hat ein Bedürfnis nach Autonomie, Respekt und Selbstbestimmung. In diesem Fall hilft es bereits, seinen gutgemeinten Ratschlag als Frage zu formulieren: »Ich hätte da einen Verbesserungsvorschlag, möchtest du ihn hören?« Verneint der andere, ist seine Ablehnung zu respektieren, denn des Menschen Wille ist sein Himmelreich (Ausnahme: unmündige Kinder, Erziehungsbefohlene).

Projektion: Man projiziert eigene Emotionen, Verhaltensmuster usw. auf einen anderen, um sich mit diesen nicht konfrontieren und bei sich auflösen zu müssen. *Beispiel:* »Alle Männer sind primitiv!« – Allein diesen Gedanken zu haben, ist schon primitiv, was man sich aber nicht eingesteht. Projektion geschieht durch Wertungen, Eigenschaftswörter, mit denen *andere* belegt werden. Hierbei ist es der Projektion egal, ob sie positiv oder negativ ist. *Faustregel:* Alles Positive, was man draußen auf die Welt projiziert, hat eine Resonanz im (nicht gelebten) Positiven in der eigenen Psyche. Wer beispielsweise Schönheit im Außen bewundert, sollte sie auch in sich suchen und finden. Alles Negative, das man im Außen sieht (z. B. »den bösen Nachbarn«), verweist auf etwas eigenes Ungelöstes. Indem der eigene Balken entfernt wird, verschwindet oft auch »der Splitter im Auge des anderen«. Ein Beispiel für eine Auflösung: Indem ich anhand des Gedankens, »der Nachbar sollte nicht so egoistisch sein«, erkenne, dass mich sein Egoismus möglicherweise auf meinen eigenen Egoismus verweist, kann ich die Projektion loslassen. Der andere darf sein, wie er ist. Ich erkenne, dass mir das negative »Sich-Auslassen« über den Partner weniger Gewinn bringt als die positive Arbeit mit mir selbst. Für die Projektionsrücknahme hat sich ergänzend die Selbsterfahrungsmethode *The Work* von Byron Katie* als hilfreich erwiesen.

Projektive Interaktion: Man identifiziert sich damit, dass der andere dieses oder jenes tut, und versucht, ihn dahingehend zu beeinflussen. Diese Form nennt man auch »projektive Identifikation«. Der andere soll »für ei-

* Nähere Informationen unter: www.thework.com

nen« ein ganz bestimmtes Thema erfüllen. Innere Konflikte werden dabei in die jeweilige Beziehung ausgelagert, schlimmstenfalls wird der andere auf die Funktion reduziert und degradiert. *Drei Beispiele:* Die Eltern wollen von ihrem Sohn, dass er dafür sorgt, dass sie stolz auf ihn sein können, sie zu Ansehen kommen, er ihre Wünsche nach Reichtum, einem akademischen Titel oder was auch immer erfüllt. Eine Ehefrau versucht, aus ihrem Mann – einem einfachen Angestellten – einen Topmanager zu machen, weil sie selbst unerträgliche Armut in ihrer Kindheit erlebt hat, womit sie nie mehr konfrontiert werden möchte. Ein Mann ist darauf versessen, dass seine Frau sich herausputzt, stylt, ins Fitness-Studio geht, weil er selbst als Kind wegen seiner Hässlichkeit ausgelacht wurde und nun über seine Frau bewundert werden möchte.

Der Widerstand besteht darin, dass der Manipulierende nicht bei sich selbst beginnen und hinschauen möchte und deswegen will, dass der andere auf eine ganz bestimmte Weise funktioniert. Für den Manipulierenden wie für den Manipulierten liegt die Auflösung darin, dass ganz klar erkannt wird, wohin manipuliert wird, was die wahren Beweggründe für die Manipulation und wo ihre Wurzeln sind. Manipulierende wie Manipulierte sind beide nicht glücklich, auch wenn sie sich das vorgaukeln. Deshalb ist es wichtig, dass der Manipulierte die Manipulation durchschaut und seine Freiheit und Unabhängigkeit von den Reaktionen des anderen wiedergewinnt. Ebenso muss der Manipulierende erkennen, dass es keinen Vorteil bringt, wenn er den anderen im Käfig seiner Vorstellungen gefangen hält. Gemeinsame Freude kann erst erwachsen, wenn beide Vögel ihre Federn spreizen und frei fliegen.

Reaktionsbildung: Bei der Reaktionsbildung treffen entgegengesetzte Impulse aufeinander, weil man Widerstand dagegen hegt, sein ursprüngliches Gefühl zu zeigen. *Vier Beispiele:* Jemand lächelt, um seinen Hass zu überspielen. Man gibt sich mitleidsvoll, um seine Geringschätzung nicht zu zeigen. Ein Mann gibt sich schroff, weil er die Liebesgefühle nicht spüren will. Eine Frau nimmt ihren fremdgehenden Ehemann vor dem äußeren Gerede besonders in Schutz, weil sie ihre verletzte Weiblichkeit nicht spüren will.

Im Falle der Reaktionsbildung ist es hilfreich, sich auf das *echte* Gefühl zu besinnen bzw. dieses zu erfragen. Oftmals liegt dieses hinter mehreren vorgelagerten Gefühlen verborgen. *Beispiel:* Die Ehefrau, die ihren Mann in Schutz nimmt, bekundet erst einmal Empörung über das Gerede der Leute. Bei teilnahmsvollem Hinterfragen offenbart sie jedoch, dass sie insgeheim traurig ist, weil die Ehe besser sein könnte. Das echte Gefühl ist der Schlüssel zur Wahrheit und zeigt den Ausweg an: Bewusst gespürte und auch kommunizierte Trauer konnte in unserem Beispiel die Veränderung herbeiführen.

Ritualismus: Man vollzieht irgendwelche Rituale oder Handlungen, um ein Geschehen abzuwenden. Dies ist oft verbunden mit Aberglauben und steht in keinem Zusammenhang mit echten Bußübungen wie Rosenkranzbeten, Meditation, Besinnung, Verzeihen usw. *Beispiel:* Man überkreuzt die Finger beim Meineid oder klopft dreimal auf Holz. In dem Fall ist zu lernen, echt und authentisch zu werden und Verantwortung für die eigene Lebensgestaltung, ebenso auch für die eigenen Meinungen, Abneigungen, Wünsche, Hoffnungen, Bedürfnisse zu übernehmen und die Kraft aus der eigenen Geisteshaltung zu ziehen statt aus dem Aberglauben. Der Widerstand richtet sich in diesem Fall gegen das, was ist, und kann durch Annahme der menschlichen Bedingungen und der Wahrnehmung des eigenen vollkommenen Bewusstseinskerns gelöst werden.

Scham: Scham ist oft der Grund dafür, dass Wichtiges nicht gesagt wird und Energien unterdrückt werden. Im Falle von Scham gilt es, den richtigen Weg zu finden, die Scham zu überwinden und bei den richtigen Leuten zur rechten Zeit Öffnungen zu finden. Details über Scham finden Sie in den vorangegangenen Kapiteln.

Sublimierung: Bei der Sublimierung wird das ursprüngliche Verhalten überstiegen. *Drei Beispiele:* Die Frau geht abends zum Kirchengottesdienst bzw. der Mann zum Gebetskreis, statt sich mit dem Partner einen gemütlichen Abend zu machen. Der Mönch lebt zölibatär. Der ehemalige Geschäftsmann wandelt sich zum Esoterik-Freak.

Erst durch näheres Hinterfragen finden wir heraus, ob der Betreffende im Widerstand gegen seine eigene Natur lebt oder einem Thema ausweicht, das ihm unangenehm ist. Dort, wo unbefriedigende Ersatzhandlungen vorgenommen werden, gilt es, Wege zu finden, die ursprünglichen Antriebe stimmig zu leben, da Ersatzhandlungen noch nie wirkliche Erfüllung gebracht haben.

Therapie-Resistenz: Hier handelt es sich um den Widerstand gegen jede bzw. eine bestimmte Form der therapeutischen Intervention. In dem Fall ist zu prüfen, ob der

Widerstand mit der Person des Therapeuten oder der Therapiemethode zu tun hat oder ob es sich um einen Widerstand gegen ein »Therapiert-werden« generell handelt. Eventuell ist die Therapiemethode zu wechseln oder der Therapeut, manchmal muss auch der Therapeut am Patienten lernen, wie es nicht geht. In der Praxis legt die Psychotherapie angesichts von Widerstand Wert darauf, den Patienten nicht in eine bestimmte Richtung, die eine plausible Erklärung zuließe, zu drängen. Die Gefahr ist groß zu denken: »Wenn ich den Patienten bzw. den anderen nur dazu bringen könnte, dass er dieses Verhalten unterlässt, gegen das er Widerstand hat!« Doch dies würde bedeuten: Operation gelungen – Patient tot. Um eine intrinsische Motivation zu erlauben, wird stattdessen jene Richtung weiterverfolgt, in der sich ein Widerstand aufzeigt. Dort werden verdrängte Inhalte vermutet, die auf dem Weg *von selbst* bewusst werden können und die mit der Grundproblematik in ursächlichem Zusammenhang stehen. Manchmal sind Menschen auch »aus-therapiert«. Sie haben sich für einen anderen Weg entschieden, und weder Therapeut noch Patient sollen sich ein Problem daraus machen. Das Leben ist der beste Therapeut, den es gibt – es heilt jeden (früher oder später).

Widerstand gegen Träume: Widerstand gegen Träume, die Lösungen bzw. Hinweise preisgeben, sind oftmals gepaart mit Einschlafstörungen oder Alpträumen. In diesen Fällen hilft eine bewusste Zusammenarbeit mit dem Unterbewusstsein, um die Traumkraft als Hilfe sowie Hinweise für die eigene Lebensbewältigung zu nutzen. Hierzu gehören gegebenenfalls: Abendspaziergang vor dem Schlafengehen, Schlafraum gut lüften, Autosuggestion vor dem Einschlafen (»Ich werde heute gut einschlafen und wertvolle Träume erleben«), eventuell auch Imaginationstraining, wie in meinem Buch *Selbsthypnose* dargestellt.

Über-Ich: Das »Über-Ich« setzt sich gemäß Freud aus den Normen, Gesetzen, Verhaltensmaßstäben und Verboten, die man von außen übernommen hat, zusammen. Das »Über-Ich« hat sich in seiner Funktion als Widerstand wie eine Denkhaube über den Betreffenden gestülpt und verhindert, dass das »universelle Es« durch ihn wirken kann. Wir erkennen es an Redewendungen wie: »Man sollte«, »Das tut man nicht«, »Ich hätte das nicht tun sollen«. Es ist die Positur, die Franz Kafka in seinen Briefen an seinen Vater beschreibt. Durch Ablösungen, beispielsweise mittels Familienaufstellungen, bekommt das wahre Ich die Kraft, mehr und mehr durchzuscheinen. *Auflöseformel:* »Auch wenn ich fremde Autoritäten in mir trage, akzeptiere ich mich voll und ganz.« *Geheimtipp:* Nachprüfen, wie das Über-Ich aussehen würde, falls es eine Gestalt hätte, und sich einen Tag lang so kleiden bzw. so sprechen. Ein Klient machten zu diesem Zweck mit seinem besten Freund, der von dem Vorhaben wusste, einen Tag lang eine Bergwanderung, und zwar in den Kleidern seines Vaters und die Sprache seines Vaters sprechend. Das extremste Beispiel fand sich bei einem Klienten, der sich bei einer systemischen Aufstellung als Über-Ich Adolf Hitler aussuchte. Indem er sich für einige Minuten wie Hitler verhielt und sich dann von dieser Identifikation bewusst löste, wurde er von seiner Idee geheilt: »Feind erkannt – Feind gebannt!«

Unbewusster Widerstand: Man boykottiert unbewusst, beispielsweise die eigene seelische oder körperliche Heilung. Hier liegt die Wurzel des Widerstands im Unbewussten verborgen und muss aufgedeckt werden, bevor es weitergeht. *Beispiel* (Heilpraktikersitzung): In der Kinesiologie beim sogenannten »Armtest« testet der Indikatormuskel auf die Behauptung »ich will gesund werden« schwach, allerdings auf die Aussage »Ich will krank bleiben« mit stark. Hier behilft man sich erst einmal, indem man den Klienten die folgende Auflöseformel sprechen lässt: »Auch wenn ich krank bleiben bzw. das ungesunde Muster behalten möchte, akzeptiere ich mich voll und ganz!« Nachfolgend muss herausgefunden werden, was die *positive* Absicht des Boykotts ist und wie sich diese positive Absicht auf einem besseren Weg erreichen lässt. Dazu *zwei Beispiele:* Der Betreffende will unbewusst krank bleiben, weil er dann Zuwendung bekommt. In dem Fall wäre herauszufinden, wie der Betreffende Zuwendung auch dann bekommen kann, wenn er gesund wird. Wenn unbewusste Widerstände nicht entdeckt werden, lebt der Mensch in Konflikt. – Der Sohn eines berühmten Vaters kämpft ebenso wie er um gesellschaftliche Anerkennung, will aber unbewusst ein Außenseiter bleiben, da er einen Widerstand gegen gesellschaftliche Normen hat. In dem Fall kann es sein, dass der Sohn seinen eigenen gesellschaftlichen Aufstieg unbewusst boykottiert, etwa indem er sein Geld verspielt, um ein Außenseiterdasein führen zu können.

Verantwortungslosigkeit: Hierbei handelt es sich um Menschen, die nicht bereit sind, die Verantwortung für ihr Handeln zu tragen. Indem sie erkennen, dass sie mit der Verantwortung auch die Macht abgeben, wächst die Bereitschaft, in sich die »Antwort« (Ver-Antwort-ung) für ihre Lebenssituation zu finden. Wenn sie erleben, dass sie für das, was sie erleben, nicht verurteilt und auch nicht in gesellschaftliche Normen (»man sollte«) gepresst werden, offenbart sich der Blick für individuell stimmige Lösungen. Indem sie sich ihrem Schicksal stellen, erleben sie das Wunder, dass die Realität immer gnädiger ist, als wir befürchten.

Verlagerung: Der ursprüngliche Impuls wird auf jemand anderen verlagert. Hier ist es hilfreich, den Impuls dorthin zu führen, wo er hingehört, also zu seinem Ursprung, weil er nur dort erlöst werden kann. *Beispiele:* Man ist wütend auf den Ehepartner, gibt aber stattdessen dem Hund einen Tritt. Man ist sauer auf den Kollegen, greift aber stattdessen den Therapeuten an. Man hat einen Hass auf seinen Vater und meidet daraufhin alle Männer. Man wird vom Tanzpartner verschmäht und macht sich an dessen besten Freund heran. Man wird von den Mitmenschen abgelehnt und verlagert seine Liebe auf Tiere oder Pflanzen. Man fühlt sich sexuell abgelehnt und beschließt daraufhin, sich an der platonischen Liebe zu ergötzen.

Verleugnung: In diesem Fall wird die Realität anders erinnert, als sie (gewesen) ist. Dies kann bewusst oder unbewusst geschehen. Ein Beispiel für eine unbewusste Leugnung wäre: Ein Mädchen, das misshandelt wurde, leugnet ihre eigene Misshandlung und erinnert sich daran, in dieser Zeit mit Murmeln gespielt zu haben, weil jede andere Erinnerung für die Psyche des Mädchens unerträglich wäre. Ein Beispiel für eine bewusste Leugnung wäre: Petrus leugnet seine Jüngerschaft zu Jesus. Hier erkennen wir, wie oft Leugnung mit Angst zusammenhängt.

Im Falle von Leugnung müssen wir uns fragen: »Was befürchten wir, was könnte passieren, wenn etwas anderes wahr wäre als das Geleugnete.« Erst dann, wenn die Wahrheit ans Licht kommen kann, ohne eine Bedrohung für die eigene Psyche bzw. durch den anderen darzustellen, wird sie sich offenbaren. Natürlich kann ich auch fragen: »Was verleugne ich vor mir selbst, und warum tue ich das?« Ich kann es dann zwar weiterhin tun, bin mir aber meiner Beweggründe bewusst und kann die Folgen leichter absehen.

Verneinung: Bei der Verneinung werden Ereignisse nicht durch das Gegenteil ersetzt, sondern einfach nur verneint. *Drei Beispiele:* Das Kind sagt: »Ich habe nichts von der Schokolade genommen!« (Weil es Angst vor der elterlichen Strafe hat.) Der weibliche Teenager sagt: »Ich empfinde überhaupt nichts für diesen Typen!« (Weil sie befürchtet, von den Klassenkameradinnen ausgelacht zu werden.) Das sitzengelassene Mauerblümchen sagt: »Ich mache mir nichts aus Partys, Tanzen usw.«

Verneinung und Verleugnung hängen oft eng zusammen. Hinter der Verneinung liegt ein verneintes Bedürfnis verborgen. Indem die Verneinung und zugleich das dahinterstehende Bedürfnis (nicht ausgelacht werden = Ansehen) akzeptiert werden, ist es dem Betreffenden möglich, später mit der Wahrheit herauszurücken. Hilfreich ist es in vielen Fällen, dem Betreffenden das Gegenteil auf liebevolle Weise nahezulegen, und dabei auch sein Bedürfnis zu berücksichtigen. Dies führt in den meisten Fällen dazu, dass der Widerstand schmilzt. *Beispiel:* »Falls aber alle stolz auf dich wären, wenn du diesen Typen bekommst, würdest du ihn eher wollen – oder?«

Widerstand hat dort seine Berechtigung, wo wir uns nicht anders zu helfen wissen, beispielsweise bei Übergriffen von außen. Bevor wir uns zum »Duckhansel« oder zum Sklaven der Meinung anderer Menschen machen oder uns zwangstherapieren oder zwangsbeglücken lassen, ist es sinnvoll, etwas dagegenzusetzen. Das Hexagramm 38 des I-Ging drückt dies sehr schön mit den folgenden Worten aus:

> Oben das Feuer, unten der See: So behält der Edle bei aller Gemeinschaft seine Besonderheit. Der Gegensatz, der im Allgemeinen als Widerstand erscheint, hat innerhalb eines umfassenden Ganzen auch seine guten und wichtigen Funktionen. In der sichtbaren Welt der Dinge ermöglicht der Gegensatz eine Sonderung in Arten, durch die Ordnung in die Welt kommt. Wie Feuer und Wasser sich nie vermischen, so wird der Edle auch durch Verkehr mit anders gearteten Menschen sich nie dazu bringen, dass er sich gemein macht, sondern er wird bei aller Gemeinsamkeit doch seine Eigenart wahren.

Widerstand ist also dort berechtigt, wo wir uns ohne Widerstand »gemein machen« würden, das heißt, wo wir insbesondere nicht mehr wir selbst sein können. Der Widerstand sollte sich aber nie gegen das Leben und seine kosmische Intelligenz richten, sondern nur gegen Einzelinterventionen, bei denen wir uns nicht besser zu helfen wissen, beispielsweise bei einem Gerichtsprozess, den wir durchziehen müssen, oder dort, wo wir Grenzen gegen Forderungen anderer ziehen müssen. Wenn es nicht anders geht, gehört auf einen groben Klotz auch manchmal ein grober Keil. Sobald wir aber einen lockernden geistigen Judogriff gefunden haben, sollten wir – in Einklang mit den Gesetzen der höheren Natur – widerstandsfreie Wege der Selbstdurchsetzung finden.

Solange wir uns in einer Ebene der Polarität bewegen, werden wir ständig mit Dingen konfrontiert, gegen die wir glauben, Widerstand haben zu müssen, während wir gleichzeitig das Bedürfnis verspüren, uns zu öffnen. Mit der Öffnung verbinden wir Sensitivität, Sinnlichkeit, aber auch Verletzlichkeit. Mit dem Widerstand verbinden wir Bollwerk, Schutz, aber auch Empfindungsarmut und ein nicht Teilnehmenkönnen am großen Ganzen. Sobald wir aber aus unserer »inneren Mitte« leben, stehen wir nicht mehr so stark in Resonanz mit den Geschehnissen der Außenwelt, sondern schöpfen aus einer *inneren* Kraft, die es uns erlaubt, das meiste von unserem Widerstand loszulassen und zu blühen – wie die Rosen.

Ein sehr schönes Sinnbild der widerstandsfreien Selbstdurchsetzung liefert der große Yogi Paramahansa Yogananda. Als eines Tages ein Mörder mit einer Waffe auf ihn zukam und ihn umbringen wollte, ging er nicht in Widerstand, sondern verbeugte sich vor ihm und sagte lediglich die drei Worte: »Ich segne dich!« In dieser Sekunde zog es dem Mörder den Boden unter den Füßen weg. Er fiel vor Yogananda wie von einer höheren

Kraft gesteuert auf die Knie und bat ihn um Vergebung. Dieses Sinnbild offenbart die Kraft der Widerstandslosigkeit, wenn wir sie mit einer inneren Rückverbindung leben. Jesus sagt in diesem Zusammenhang: »Segnet eure Feinde, segnet die, die euch fluchen!« Er beschreibt damit ein geistiges Gesetz der Widerstandslosigkeit und das Beispiel von Yogananda offenbart, wie es wirkt.

Ein weiteres Sinnbild für widerstandsfreie Selbstdurchsetzung liefert uns der fernöstliche Kampfsport, und zwar insbesondere das Ju-Jutsu. In der Übersetzung bedeutet dieses Wort »sanfte Kunst« oder auch »Wissenschaft von der Nachgiebigkeit«. Ju-Jutsu entstand aus dem Bedürfnis der Samurai, auch beim Verlust ihrer Waffe weiterkämpfen zu können. Wie der Name verrät, geht es beim Ju-Jutsu um das Siegen durch Nachgeben, also genau um diesen Weg der Widerstandslosigkeit, den wir suchen. Es wird hierbei nicht dem Widerstand des Gegners der eigene Widerstand entgegengesetzt, sondern die Kraft des Gegners gegen ihn selbst gerichtet. Verfügt der Gegner über eine Kraft mit dem Faktor »9« und man selbst nur über die Kraft »1«, so wird der Gegner mit der Kraft »9 + 1 = 10« besiegt.

Die Legende erzählt, dass vor einigen hundert Jahren die beiden größten Ju-Jutsu-Kämpfer, die die Erde je gesehen hatte, aufeinandertrafen. Ihre Schüler wetteten, welcher der beiden Meister der größere sei. Drei Tage und drei Nächte standen die beiden Krieger einander wortlos und still gegenüber. Dann verbeugten sie sich gleichzeitig und gingen auseinander – der Kampf war beendet. An diesem Gleichnis erkennen wir: Wenn zwei Menschen eins mit der Einen Kraft (Gott, dem Tao) sind, erübrigt sich jeder Kampf von selbst. Wer zuerst angreifen würde, wäre aus der Ordnung gefallen und deshalb unweigerlich der Verlierer.

Die Methode des »Nachgebens, um zu siegen« hatte der Begründer des Ju-Jutsu aus der Natur abgeschaut. Die Entstehungsgeschichte des Ju-Jutsu erzählt uns, dass ein japanischer Arzt auf einer Studienreise durch China in verschiedenen Klöstern am Nahkampfunterricht teilnahm. Er stellte allerdings fest, dass er zu schwach war, um seine Gegner zu besiegen. Nach seiner Rückkehr nach Japan ging der Arzt an einem stürmischen Herbstabend spazieren und entdeckte, wie schwere Eichen im Sturm zerbrachen. Die danebenstehenden Weiden jedoch, die jedem Windstoß leicht federnd nachgaben, um sich dann wieder unversehrt aufzurichten, wurden vom Wind verschont. Aufgrund dieser Beobachtung gründete der Arzt eine Nahkampfschule, die er, basierend auf seiner Beobachtung, »Weidenschule« (Yoshin-Ryu) nannte. Aus dem altehrwürdigen japanischen Ju-Jutsu wurde in Deutschland im 20. Jahrhundert die moderne Selbstverteidigungsmethode Jiu-Jitsu entwickelt. Und so können wir auch heute noch aus dem »Weidengleichnis« die Kunst des »Siegens durch Nachgeben« bzw. des »Siegens durch Widerstand-Loslassen« lernen.

Esoterisch gesehen, ist Widerstand der entscheidende Grund, warum ein Leben nicht im Fluss ist. Byron Katie sagt in dem Zusammenhang: »Wann immer du dich mit der Realität anlegst, verlierst du immer – aber nur zu 100%.« Eigener innerer Widerstand entsteht hier aufgrund unserer Vorstellungen und Erwartungen, wie das Leben sein sollte. Wann immer wir das lebendige Potenzial für eine Vorstellung opfern, wann immer wir uns rechtfertigen (sich ein Recht anfertigen), wann immer wir anklagen, jammern, negativ denken oder im Widerstand sind gegen das, was ist, trennen wir uns selbst vom Leben.

Die Lösung für den Umgang mit eigenem, innerem Widerstand liegt erst einmal darin, ihn überhaupt zu spüren – nicht im Außen, sondern vor allem in sich selbst. Widerstand ist für den sensitiven Menschen körperlich spürbar. Er fühlt sich unangenehm an, vielleicht so, wie eine schlecht geölte Maschine sich anfühlt oder als ob man auf der Bremse steht. Manch einer spürt Widerstand auch an einem verkrampften Nacken, hochgezogenen Schultern, einem verschlossenen Herzen, Härte um die Mundwinkel, hochgestellten Haaren auf der Haut, Rändern um die Augen. Jeder wird hier seine eigene Analogie finden, wie sich Widerstand gegen das Leben für ihn selbst anfühlt.

Die Erkenntnis »Aha, ich bin gerade im Widerstand« führt zu der Frage: »Möchte ich gerade im Widerstand sein?« Oft ist dies schmerzhaft, manchmal aber auch sinnvoll. In vielen Fällen kann ich meinen Widerstand ganz einfach dadurch loslassen, dass ich ihn erkenne und wertfrei wahrnehme: »Aha, ich bin gerade im Widerstand!« Löse ich innerlich den Widerstand, zeigt sich das geänderte (positive) Verhalten automatisch an meinem äußeren Verhalten.

Hierbei geht es nicht darum, den Forderungen von Einzelpersonen oder den Vorschlägen, Meinungen, »Erziehungsversuchen« von Partnern, Kollegen, Chefs blind nachzukommen, sondern darum, sich mit der »höheren Intelligenz« zu verbinden und zu erkennen, was die »Botschaft hinter der Botschaft« ist, was das Leben mir »günstigstenfalls« mit der widerstandbehafteten Situation sagen will. In Verbindung mit meiner (höheren) Bewusstheit finde ich dann auch die richtige Antwort, die die Widerstandsbremse lockert, und diese Antwort kann oft ganz anders ausfallen, als meine Umwelt das von mir erwartet. Wenn sie ganzheitlich und zugleich stimmig ist, werde ich erleben, dass der (innere) Widerstand von mir abfällt und ich nun die rechte Tat, das rechte Wort, den rechten Gedanken bewege.

Gerade bei religiös-spirituellen Partnerschaften ist hier eine besondere Bewusstheit gefordert – beispielsweise wenn beide Partner unterschiedlichen Religionsformen oder Glaubensbekenntnissen angehören –, welche die individuellen Bedürfnisse wahrnehmen und kommunizieren muss, um vom Widerstand in den Fortschritt gehen zu können.

Beispiel: Er ist Angehöriger eines spirituellen Ordens der indischen Sikh-Tradition, die davon ausgeht, dass man neben einem tugendhaften Leben täglich drei Stunden meditieren sollte, möglichst in einer spirituellen Gemeinschaft von Gleichgesinnten (»zwei oder drei in meinem Namen«), um Klarheit für dieses und Glück für das nachtodliche Leben zu erwirken. *Sie* glaubt, dass es genügt, ihr Tagwerk achtsam zu verrichten und sich stets des inneren Selbst gewahr zu sein. Meditationserfahrungen ordnet sie der Ebene der Phänomene zu, die angesichts der ewigen Gültigkeit des Einen Selbst unbedeutend ist. Wenn *er* abends zu seinem Meditationskreis geht, duldet *sie* es, doch viel lieber hätte *sie* es, wenn *er* abends mit ihr kuscheln würde, wandern ginge, im Garten helfen oder mit ihr den Sonnenuntergang beobachten würde. In einem solchen Fall, bei dem die Fronten so weit auseinanderliegen, ist es nur allzu natürlich, dass *er* in Widerstand geht, wenn *sie* ihr Unverständnis über sein Verhalten ausdrückt. *Er* fühlt sich in seinem Glaubensbekenntnis und seiner Lebensrichtung bedroht. Bei einem näheren Hinspüren fühlt *er* deutliches Unbehagen darüber. *Ihm* ist wichtig, dass seine Andersartigkeit und seine Prioritäten respektiert werden. Zugleich spürt und ehrt *er ihre* Frustration sowie *ihr* Bedürfnis nach Romantik und Zweisamkeit. Um nicht künstlich ihren Widerstand aufzubauschen, konzentriert er sich auf das Gemeinsame. Er spricht sie an und sagt: »Du Schatz, wir haben beide das gleiche Bedürfnis, nämlich das nach Verbundenheit. Du erfährst dies im Zusammenhang mit der Natur, ich in der Gemeinschaft von Gleichgesinnten. Zugleich gibt es noch die Verbundenheit unter uns. Was wäre jetzt eine Lösung, in der jeder das Empfinden hat, dass seine Bedürfnisse erfüllt werden und wir beide gewinnen?«

Dies ist konstruktiv gedacht. Aus diesem Vorschlag ergibt sich beispielsweise, dass *sie* einmal in seine Meditationsgruppe mitgeht und *er* sich einen besonderen Abend freihält nur für *sie* und die gemeinsamen Sonnenuntergänge. Es wäre eine Lösung, bei der das universelle Selbst, das beide Partner auf unterschiedliche Weise erleben, auf allen Kanälen zu den jeweils entsprechenden Kanälen finden kann. Voraussetzung dafür ist es natürlich, die Dogmatik loszulassen, der andere »sollte« so und so sein, sollte das eigene Glaubensbekenntnis unterstützen, mit einem meditieren oder in die Natur gehen – schließlich hat jeder das Recht, so zu sein, wie er »ist«, und sich zu dem hinzubewegen, zu dem er bereit ist. Fatal und zerstörerisch wäre es, wenn der tugendhafte Er sie als unspirituell brandmarken würde, nur weil sie nicht zu seiner Meditationsgruppe geht. Dies wäre genau jenes »stinking thinking« bzw. ein arrogantes und liebloses Tun, das wir von den Kreuzrittern kennen: »Und willst du nicht mein Nächster sein, dann schlag ich dir den Schädel ein!« Sicherlich kommen beide Partner auch auf ihrem eigenen spirituellen Weg besser voran, wenn sie »Liebe vor Rechthaben« ergehen lassen und erleben, welche Wunder das Leben dann zaubert, wenn beide in der Unschuld sind und offen dafür, dass die Wahrheit sich durch das Leben zeigen möge.

Konstruktiv und positiv mit Widerstand umzugehen, bedeutet: Sei nicht gegen das Falsche, sondern besser für das Gegenteil – also nicht gegen die Faulheit, sondern für den Fleiß, nicht gegen die Dummheit, sondern für die Intelligenz, nicht gegen die Sklaverei, sondern für die Freiheit. Immer ist Liebe die Antwort, da sie – mehr als der Verstand – den Weg offenbart, wie der Widerstand zu behandeln ist!

Soweit es um störende Verhaltensmuster, Kindheitsbelastungen, Lebensumstände, Traumata geht, können Sie davon ausgehen, dass die Belastung immer durch einen Widerstand aufrechterhalten wird, nämlich durch den Widerstand gegen genau dieses Negative. Indem Sie bereit sind, das, was Sie ablehnen, kurz zu erleben, sich darin auszudehnen und dann Ihre Aufmerksamkeit umzulenken auf das, was Sie wirklich wollen, können Sie früher oder später jede Belastung auflösen.*

Wenn Sie Widerstand konstruktiv und nicht konfrontativ angehen, nutzen Sie den Gegenwind des Widerstandes, um Ihr Surfbrett zum Wind richtigzustellen, und fahren nun volle Kraft voraus. So hilft der Schmerz des Widerstands, Vorstellungen und Festgebackenes zu lockern – auf stimmige Weise – und wir verbinden uns mit der kosmischen Intelligenz. Sie und das Leben sind sich wieder einmal ein Stück näher gekommen.

Letztendlich erkennen Sie: Wann immer Sie Ihren inneren Widerstand loslassen, löst das Eine Gesetz, das Tao, die Probleme, Schwierigkeiten, Auseinandersetzungen für Sie. *Merksatz:* Je weniger ein Ich beteiligt ist, umso eher bringt *das* Gesetz von selbst die Dinge in Ordnung. Hierbei müssen Sie gar nicht wissen, »wie« das geschehen soll. Allein das Loslassen der »Ich-Beteiligung« (Widerstand) reicht schon aus, um das *Eine* Gesetz, das Tao, in voller Kraft wirken zu lassen.

* Nähere Informationen in: Kurt Tepperwein: *Praxisbuch Mental-Training*. Ariston Verlag München

III
Tugend und innere Qualitäten

Wie können innere Qualitäten (Tugenden) bei der Lebensmeisterung helfen?

Der Begriff »Tugend« wird häufig falsch verstanden. Viele Menschen missverstehen Tugend als Fortführung einer rigiden Erziehung, wie sie diese vielleicht im Elternhaus erlebt haben: »Sei tugendhaft, sei brav, leb dich nicht aus, sondern tue, was die Leute sagen« usw. Dies aber ist mit Tugend nicht gemeint. Wenn wir betrachten, was das Wort »Tugend« eigentlich bedeutet, erkennen wir, dass es von *»taugen«* herrührt und den Besitz der positiven Eigenschaft »Tauglichkeit« meint.

Das, was wir unter Tugend verstehen, hat im letzten Jahrhundert einen Wertewandel durchgemacht, den wir uns bewusst machen sollten. Dann entdecken wir, dass es nicht darauf ankommt, alte Tugenden, die früher einmal bedeutsam waren, überzubetonen, sondern darum, »moderne Tugend« anzunehmen und aus ihr Kraft zu schöpfen. Dies hat mit der gemeinhin verstandenen »Sittlichkeit« erst einmal nichts zu tun, sondern vielmehr mit Lebensbewältigung (engl. *coping*), die durch innere Qualitäten erst möglich wird. Da die Entwicklung von Tugend in der positiven Psychologie eine bedeutsame Rolle einnimmt, wollen wir ihr den dritten Teil dieses Buches widmen. Tugend nützt uns aber nur, wenn wir uns damit identifizieren können und wollen, nicht als etwas Aufgesetztes. Bevor wir dazu kommen, welche *modernen* Tugenden uns in unserem Leben unterstützen, wollen wir uns zuerst einmal anschauen, wie Tugend *bisher* gehandhabt wurde, um mit dieser Gegenüberstellung unsere eigene Position dazu zu finden.

Christliche Tugend: Seit Paulus kennen wir die drei christlichen Tugenden: »Liebe, Glaube, Hoffnung« (1 Korinther 13,13). Sie werden seit alters her propagiert, aber ihre Bedeutung für den einzelnen Menschen wurde lange Zeit nicht verstanden.

Frauliche Tugend: Die drei sogenannten fraulichen Tugenden sind durch das Patriarchat geprägt und konzentrieren sich auf das alte Idealbild der auf männliche Notwendigkeiten reduzierten biederen Hausfrau. Sie lauten: »Häuslichkeit, Sparsamkeit, Keuschheit.« Dies entspricht dem Sittenkodex viktorianischer Prüderie, die bis zu Beginn des 20. Jahrhunderts westlichen Frauen kein Recht auf eine eigenständige Sexualität und Lusterfüllung zugestand, vielleicht weil die Männer sich weniger für die Lust der Frau als vielmehr für die Bestandssicherung zuständig erklärten. So harmonisierend Häuslichkeit und Sparsamkeit auch sein mögen – eine Zwangsfixierung auf die sogenannten fraulichen Tugenden wird dem Anspruch des modernen Menschen sicherlich nicht mehr gerecht. Angesichts des allgemeinen Werte- und Tugendwandels ist es kein Wunder, dass gerade Frauen gegen die Tugend schlechthin rebellieren. Allerdings liegt die Lösung darin, sich für neue Tugenden zu öffnen, solche, die keine gesellschaftliche Doktrin, sondern eine persönliche Erfüllung ermöglichen. Hierzu zählt anstatt der Keuschheit sicherlich auch die Freiheit, die eigene

Sexualität zu entdecken, zu leben und weiterzuentwickeln.

Ritterliche Tugenden: Zur Zeit der Minne gab es bei uns die drei ritterlichen Tugenden, die die höflichen (»höfischen«) von den unhöflichen Menschen unterschieden. Sie lauteten: »Staete (Aufrichtigkeit), Masze (Bescheidenheit, Mäßigkeit) und Trüewe (Aufrichtigkeit, Treue).« Ritterliche Tugend verdient ein »Recycling«, denn sie kann für den, der das möchte, ein wertvoller Beitrag sein, sich an das, was in ihm edel und wertvoll ist, zu erinnern.

Bürgerliche Tugend: Die fünf bürgerlichen Tugenden gehen historisch auf die Etablierung der Tugend zur Steigerung des gesellschaftlichen Ansehens des Bürgertums, das bis dahin als dem Adel und dem Militär untergeordnete Klasse galt, zurück.* Als bürgerliche Tugenden galten: »Fleiß, Ordnung, Reinlichkeit, Pünktlichkeit und Sparsamkeit.« Hier war noch kein Platz für individuelle Selbstentfaltung vorhanden.

Preußische Tugend: Zu Beginn des 19. Jahrhunderts wurde die Sitte in Europa durch den Aufstieg Preußens zur politischen und gesellschaftlichen Macht unter Friedrich Wilhelm I. und seinem Nachfolger, Friedrich dem Großen, bestimmt. Die preußischen Tugenden waren sehr stark durch den Protestantismus geprägt und hatten die Aufgabe, ein damals modernes Gegengewicht zum ehemaligen katholischen Sittenkodex darzustellen. Zu den preußischen Tugenden zählen: »Gerechtigkeit,

* Otto Friedrich Bollnow: *Wesen und Wandel der Tugenden*. Ullstein Verlag Berlin

Gottesfurcht, Gradlinigkeit, Ordnungssinn, Pflichtbewusstsein, Redlichkeit, Sparsamkeit, Tapferkeit, Unbestechlichkeit, Zurückhaltung, Zuverlässigkeit und Vaterlandsliebe.« Dies ging bis zur Selbstverleugnung: »Wer je auf Preußens Fahne schwört, hat nichts mehr, was ihm selbst gehört.« Wir erkennen, dass die preußischen Tugenden damals ihren Sinn gehabt haben, aber ihr Beitrag sich mehr auf den gesellschaftlichen Nutzen als auf die seelische Entfaltung des Einzelnen konzentrierte.

Soldatische Tugend: Zu den Tugenden der Soldaten gehören auch heute noch laut zentraler Dienstvorschrift der Bundeswehr »Gehorsam, Hilfsbereitschaft, Kameradschaft« – alles Tugenden, die verständlicherweise mehr an der Einbettung des Menschen im Kollektiv als an der Selbstentfaltung des Individuums interessiert sind.

Im Zuge unserer kollektiven Weiterentwicklung und Individualisierung der Persönlichkeit haben sich auch unsere Tugenden verändert. Moderne Tugenden im Sinne der positiven Psychologie dienen heute einem erweiterten Zweck, nämlich der Selbstentfaltung des Menschen. Tugend im Sinne der positiven Psychologie wird daher sehr stark danach bemessen, ob sie intrinsisch motivierend und individuell hilfreich ist. Bei den nachfolgend aufgeführten Tugenden Achtsamkeit, Akzeptanz, Selbstdurchsetzung, Aufmerksamkeit, Mitgefühl, Dankbarkeit, Intuition, Kreativität und Meditation handelt es sich um Urprinzipien, die schon immer waren und immer sein werden. Ihre Zeit für eine Inbesitznahme durch den modernen westlichen Menschen ist mittlerweile gekommen.

Allem Mystizismus entkleidet, zeigen sie uns im Rahmen der positiven Psychologie ihre praktische Anwendbarkeit. Nun mag der eine oder andere einwenden, Intuition oder Meditation seien keine Tugenden, sondern »innere Qualitäten«. Doch die Grenzen sind fließend. Ein Mensch, der über Intuition verfügt und meditiert, wird Entscheidungen treffen, die jenseits der Grenzen des Verstandes liegen und innerer Zentriertheit entstammen. Damit erfüllt der Einzelne auch seinen Beitrag zur Höherentwicklung des Kollektivs. Jeder Einzelne kann sich in das Urprinzip einloggen, das ihm am meisten sympathisch ist, und daraus Nutzen ziehen. Es wäre mein Wunsch, dass jeder Einzelne sich durch die nachfolgenden »befreienden« Tugenden inspirieren lässt – frei von den Belastungen einer althergebrachten, oft missverstandenen und rigiden Tugendhaftigkeit. Ich möchte den Leser dazu einladen, ganz pragmatisch, den dritten Teil dieses Buches nun auf sich wirken zu lassen und das, was in ihm widerhallt, auszuprobieren.

Nun mag es den Leser geben, der glaubt, er wäre nicht mit Tugend gesegnet, da er stets so gelebt hätte, wie es ihm »Spaß gemacht« hat. Ich möchte dem entgegnen, dass alles, was ein Mensch tut, aus einem echten inneren Bedürfnis geschieht. Sogar der Kriminelle tut nichts anderes, als zu versuchen, seine Bedürfnisse zu erfüllen. Was den Kriminellen allerdings von dem Menschen, der sich seiner Tugend bewusst ist, unterscheidet, ist die Strategie der Bedürfniserfüllung. Gleichfalls sind viele Kriminelle nicht mit ihren wirklichen Bedürfnissen in Kontakt und demzufolge auch nicht mit den Werten, den inneren Qualitäten, der innewohnenden Tugend und der Rückendeckung, die dadurch angeboten wird. So sollen die nachfolgenden Tools nicht diskriminieren, sondern dazu einladen, intelligentere Strategien zu finden, um zu bekommen, was Sie brauchen, um sich gleichzeitig wohl zu fühlen. Machen wir es ganz pragmatisch: Wir tun, was wirklich funktioniert – ohne falschen Moralismus. In diesem Sinne: Viel Freude beim dritten Teil *Tugend und innere Qualitäten*.

Achtsamkeit

Eine Legende erzählt, dass die Götter und Heiligen sich trafen, um von ihren Wunderkräften zu berichten. Ein Gott sagte: »Ich kann mit meinem Astralkörper durch das ganze Weltall fliegen!« Ein zweiter Gott sagte: »Ich kann allein durch meine Berührung Mensch und Tier heilen!« Und so ging die Reihe der Erzählungen fort, bis Buddha an die Reihe kam. Gefragt, was er denn Besonderes könne, antwortete er: »Wenn ich esse, esse ich, wenn ich schlafe, schlafe ich. Dies ist das größte Wunder!« Daraufhin sagten die anderen Götter: »Was soll denn daran wunderbar sein, das kann doch jeder!« Doch Buddha antwortete: »Nein, das kann kaum einer. Wenn ihr esst, dann geht ihr in Gedanken schon zur Türe hinaus, und wenn ihr geht, dann denkt ihr an die Sorgen von morgen. Kaum einer tut wirklich, was er tut.« Dies machte die anderen Götter sehr nachdenklich.

Achtsamkeit bedeutet, sich voll und ganz auf die Wahrnehmung zu konzentrieren, »zu tun, was man tut«, sich der eigenen Gedanken und Worte bewusst zu sein. Achtsamkeit ist gleichbedeutend mit dem Innehalten des bewertenden Verstandes und einem völligen Aufgehen im Jetzt.

Achtsamkeit bedeutet zu leben, ohne sich durch das ständige Geplapper des Verstandes aus der inneren Mitte und Zentriertheit bringen zu lassen. Es geht um mehr als einfach nur darum, nach links und nach rechts zu schauen, wenn man über die Straße geht. Achtsamkeit ist ein Lebensstil, der den Bettler krönt und den Reichen adelt, und kann in jedem Beruf, in jedem Stand, bei jedem Bildungsstand und zu jeder Zeit ausgeübt werden.

Um eine Sache achtsam auszuführen, ist es nicht notwendig, guter Laune zu sein, verliebt oder glücklich. Die Achtsamkeit macht sich selbst zum Geschenk. Jeder Mensch, der einmal achtsam eine Arbeit erledigt hat, wird feststellen, dass er am Ende der Arbeit ein Gefühl von Zufriedenheit verspürte, mehr noch, dass diese achtsame Tätigkeit seinen Geist regenerierte. »Mit der Seele im Lotussitz sitzend«, aber mit den Händen bei der Arbeit – so werden auch einfache Tätigkeiten wie Malern, Putzen oder Fegen zum Vergnügen.

Wann immer Sie während Ihrer Arbeit ein Missempfinden verspüren, genügt es völlig, kurz innezuhalten und zu bemerken, dass Sie gerade nicht bei der Sache sind (sonst hätten Sie das Missempfinden nicht), und wieder langsam, aber bewusst damit zu beginnen zu tun, was Sie tun. Wenn Achtsamkeit Ihre Haupttugend ist, werden Sie es genießen, zu tun, was Sie tun, was immer es ist, und darin Ihren Weg finden, Ihre Persönlichkeit in Einklang mit der höheren Gesetzmäßigkeit zu bringen – einfach indem Sie tun, was Sie tun.

Wir können achtsam essen, reden, leben, zuhören, arbeiten etc. Dabei sind wir innerer Zeuge des Geschehens, sind uns aller Gedanken, Gefühle, Handlungen etc. gewahr, ohne uns damit zu identifizieren oder zu werten. So zeigt sich Achtsamkeit als Ausdruck des friedvollen, in sich ruhenden Geistes. Für den, der sich diese Tugend zu eigen macht, bedeutet sie eine, das ganze Leben durchdringende Geisteshaltung. Der Buddha kennt vier Grundlagen der Achtsamkeit (*satipathana sutta*): Achtsamkeit *erstens* auf den Körper und das, was ihn ihm vor sich geht, *zweitens* auf Gefühle und Empfindungen, *drittens* auf den Geist und eventuelle Gedanken und *viertens* auf Objekte, welche im Geist erscheinen.

Achtsamkeit ermöglicht, *erstens* in Kontakt mit seinem Wesenskern zu kommen und zu bleiben, *zweitens* ein Leben in innerer Harmonie mit sich und seiner Umgebung, *drittens* die Auflösung von Vorstellungen und Interpretationen, *viertens* das Erfahren der »Fülle des Augenblicks« und *fünftens* »Ruhe und Stabilität in den Augenblick hineinbringen, um tief in die Vernetztheit einer Vielzahl von Lebenserfahrungen hineinzublicken und sie zu verstehen«*.

Mit Hilfe von Achtsamkeit können wir die eigene körperliche und emotionale Befindlichkeit wahrnehmen, ohne in Selbstmitleid abzurutschen: Es ist das völlige Einswerden mit dem Gegenstand der Wahrnehmung. *Ergebnis:* Intrapersonelle und intraobjektive Kompetenz, das heißt die Fähigkeit, die Grenzen der eigenen Persönlichkeit zu übersteigen und »für das Ganze« zu denken, zu leben, zu arbeiten etc.

An der Tugend der Achtsamkeit erkennen wir, wie eine einzige Tugend, konsequent gelebt, das ganze Leben verändern kann. Etwas mit Achtsamkeit zu betreiben, bedeutet, genau dies zu tun, was man tut, mit allen Sinnen und nichts anderes.

* Jon Kabat-Zinn: *Im Alltag Ruhe finden. Meditationen für ein gelassenes Leben*. Fischer Verlag Frankfurt a. M.

Tipp: Gehen Sie doch einmal mit Achtsamkeit durch eine Türe oder auf einer Wiese und erleben Sie, was für eine wundervolle Erfahrung dies ist. Es gibt einen bedeutenden buddhistischen Lehrer, der durch seine Bücher über die Achtsamkeit bekannt wurde, sein Name ist Thich Nhat Hanh.* In seinen Werken beschreibt er, dass es bereits ein ekstatisches Gefühl sein kann, eine Tasse Tee achtsam zu trinken oder den Duft von frisch geschnittenem Gras achtsam wahrzunehmen. Eine besondere Disziplin ist das achtsame Gehen, wie es von Thich gelehrt wird. Achtsames Gehen erweist sich als ein universelles Heilmittel gegen alle Arten von Missempfindungen, so dass ich an dieser Stelle nur darauf verweisen kann.

Erkennen wir an dieser Stelle: Wir können jede Handlung, jedes Wort achtsam ausführen und dadurch die gesamte Qualität unseres Lebens verbessern.

* Vgl. Thich Nhat Hanh: *Schlüssel zum Zen. Der Weg zu einem achtsamen Leben*. Herder Verlag Freiburg

Akzeptanz

Akzeptanz kommt aus dem Lateinischen (*acceptare*) und ist gleichbedeutend mit »empfangen«, »annehmen«. Als die mittlere der drei Tugenden »Toleranz, Akzeptanz, Liebe« reicht sie der Liebe die Hände. Im Gegensatz zur Toleranz, in der das Element des (Er-)Duldens noch sehr stark betont ist, liegt im Akzeptieren eine eigene Entscheidung und Öffnung, ein zustimmendes Werturteil. Der Unterschied wird deutlich, wenn wir folgende Sätze vergleichen:

- Ich *toleriere,* dass der Nachbar sonntags nachmittags Schlagzeug spielt.
- Ich *akzeptiere,* dass der Nachbar Schlagzeug spielt.
- Ich *liebe,* dass der Nachbar Schlagzeug spielt.

Idealerweise wird die Akzeptanz durch Einsicht gebildet und nicht durch Druck, Unwissenheit oder gar Resignation im Sinne von: »Na, dann akzeptiere ich es eben mal.«

In jedem Augenblick haben wir die Wahl zwischen Verbundenheit, Stabilität und Lebensfreude einerseits und Unglücklichsein, Anderswollen und Verwirrung andererseits. Das Geheimnis der Wahl finden wir in der Akzeptanz. Dort, wo wir das, »was ist«, akzeptieren, insbesondere uns selbst, fühlen wir Verbundenheit. Dort, wo wir das, »was ist«, nicht akzeptieren, erleben wir das, was Stephen Wolinsky die »Verwirrungstrance« nennt und wie folgt beschreibt:

> Man fühlt sich selbst ohnmächtig gegen das »böse Schicksal«, das einem gerade nicht die goldenen Äpfel vom Baum fallen lässt. Und um diese Machtlosigkeit zu »bewältigen«, werden Gefühle der Isolation und Entfremdung geschaffen. Man »fühlt sich selbst unverstanden und einsam«, denn um das Gefühl der Macht und Kontrolle aufrecht zu erhalten, muss man ständig Verwirrung in anderen und der eigenen Welt erschaffen. Dies bedeutet: Mangelnde Stabilität, Regeln werden ständig neu erlassen und täglich verändert, jeden Augenblick ist alles anders und die Umwelt hat nur die Wahl, diesen »Eiertanz« mitzutanzen und selber dabei verwirrt zu werden oder sich zu distanzieren.*

In Verwirrungstrance zu leben bedeutet, zu agieren wie diese Jongleure, die rotierende Teller auf Stäben balancieren, vier gleichzeitig: Was für ein anstrengender Balanceakt.

Wie viel einfacher und auch stimmiger ist es dahingegen, das Leben *anzunehmen*. Wenn Ihr Geliebter Ihnen Spargel schenkt und keine Rosen, dann genießen Sie den Spargel und verlangen Sie nicht, dass es Rosen sein sollen. Und wenn er Ihnen später Rosen schenkt, genießen Sie den Duft der Rosen, ohne an den Geschmack von Spargel zu denken. Wenn es Ihnen gelingt, anzunehmen,

* Stephen Wolinsky: *Die dunkle Seite des inneren Kindes*. Lüchow Verlag Stuttgart

»was ist«, gehen Sie noch einen Schritt weiter: Betrachten Sie das, was Ihnen vom Leben gegeben wird, stets als »erste Wahl«. In dem Augenblick, in dem Sie das können, haben Sie das Geheimnis des Glücks in der Tasche.

Beispiel: Wenn Sie Elfriede zur Freundin haben, verschwenden Sie besser keinen Gedanken daran, wie es wäre, stattdessen Simone zur Freundin zu haben, sondern konzentrieren Sie sich besser darauf, aus der Beziehung mit Elfriede das Beste für Sie beide herauszuholen.

Beispiel: Wenn Sie temperamentvolle Kinder haben, freuen Sie sich über ihre Lebendigkeit und ärgern Sie sich nicht darüber, dass es keine »stillen« Kinder sind.

Überall ist Freude verborgen hinter dem, was Ihnen »gegeben« wird. Ihr Ego wird im »Glücklichsein mit dem, was ist« schmelzen, aber dieser Verlust wird durch die ständig wachsende Freude an dem, »was ist«, mehr als wettgemacht. Akzeptieren ist insbesondere bei Problemen, störenden Mustern, Belastungen etc. der erste Schritt, um etwas zu ändern. Einverstanden zu sein mit dem, was Sie bekommen, zu akzeptieren und daraus das Beste zu machen, ist das Geheimnis wahrer Lebenskunst. Akzeptanz bedeutet in letzter Konsequenz: *Die eigene Göttlichkeit akzeptieren* – nichts anderes!

Zehn goldene Tipps machen das Leben leichter:

- Akzeptieren Sie die *Wahrheit*: Geben Sie es auf, zu lügen. Dann ist Ihr Gedächtnis entlastet, und Sie müssen sich nicht mehr daran erinnern, wann Sie *wem was* erzählt haben.

- Akzeptieren Sie das *Unkontrollierbare*: Geben Sie es auf, alles, vor allem den anderen, zwanghaft kontrollieren zu wollen. Erleben Sie stattdessen unkontrollierbare, orgiastische Gefühle des Eins-Seins mit »allem, was ist«. Entlassen Sie hierbei insbesondere den anderen aus Ihrer geistigen Zwangsjacke – so haben Sie unkontrollierbar schöne Stunden mit ihm, wie immer sich diese zeigen mögen.
- Akzeptieren Sie die *Veränderung*: Geben Sie es auf, sich an etwas oder jemanden oder auch an einen Zustand zu klammern. Sie können sowieso nichts dauerhaft besitzen.
- Akzeptieren Sie die *Eigenverantwortung*: Gehen Sie stimmig und verantwortungsbewusst mit Ihrem Leben um. Dann sind Sie selbst die stimmige *Antwort* auf alles, was Ihnen geschieht, und werden sich im Rückblick noch einmal über Ihr stimmig gelebtes Leben freuen können.
- Akzeptieren Sie die *Wahrheit* hinter dem Schein: Entdecken Sie die Eine Kraft hinter allem, was Ihnen begegnet – und Sie sind von den »Sonderspielchen« und »Trancen« der Unwissenheit befreit.
- Akzeptieren Sie das *Leben*: Geben Sie es auf, die Dinge künstlich zu spiritualisieren – genießen Sie das Leben, »wie es ist«, und entdecken Sie dabei die »Liebe zum Leben« täglich neu.
- Akzeptieren Sie das *Selbst*: Seien Sie Ihrem wahren Selbst treu im Leben, in der Trennung, im Tod, und entdecken Sie dabei die Treue zu sich selbst als Anker der Stabilität.
- Akzeptieren Sie die *Eigenart* des Einzelnen: Lassen Sie

alle Vorstellungen, Projektionen und Wünsche los, wie der andere sich verhalten sollte – er tut es doch nicht.

- Akzeptieren Sie die *Fülle*: Seien Sie glücklich mit dem, was Ihnen »gegeben« wird – und leben Sie dadurch in der besten aller möglichen Welten.
- Akzeptieren Sie Ihre »Göttlichkeit« und die »Göttlichkeit« in allen Dingen. Genau dies ist die Essenz der Akzeptanz.

Übung: Beschreiben Sie einmal Ihren Ist-Zustand mit zehn Begriffen und finden Sie heraus, was *gut* daran ist.

Beispiel: Ich habe einen Job als Unternehmensberater: *Positiv:* Ich kann vielen Unternehmern helfen.

Beispiel: Ich habe zwei Kinder. *Positiv:* Ich erhalte Aufmerksamkeit, Liebe und kann meine väterlichen bzw. mütterlichen Qualitäten entfalten.

Beispiel: Ich wohne in der Fußgängerzone von Fürstenfeldbruck. *Positiv:* Alle Geschäfte sind gut erreichbar und ich habe eine gutgewachsene Innenstadt, in der ich mich wohl fühle.

Die einzige Wurzel deiner Sünde ist,
Dass deine »Göttlichkeit« du stets vergisst.
Erni Sandhaas

Die Geschichte vom Steinmetz

Die nachfolgende Geschichte kann uns den Wert der Akzeptanz für unser eigenes Leben nahebringen:

Es war einmal ein Mann, der seine Arbeit hasste. Er war Steinmetz und musste den ganzen Tag arbeiten, um sein Einkommen zu verdienen. »Was für eine schreckliche Art zu leben« dachte er, »Oh, wäre ich nur reich, um den ganzen Tag faulenzen zu können.« Sein Wunsch wurde so stark, dass er eines Tages in Erfüllung ging. Der Steinmetz hörte eine Stimme, die sagte: »Du bist, was du sein möchtest.« Er wurde reich und konnte sofort alles haben, was er immer ersehnt hatte: ein schönes Haus, köstliche Speisen, Sinnesvergnügungen usw.

Er war glücklich, bis er einen König mit seinem Gefolge vorbeiziehen sah und dachte: »Er ist mächtiger als ich. Wie gerne wäre ich an seiner Stelle!« Erneut vernahm er die Stimme und wurde wie durch Zauberhand zum König. Nun war er der mächtigste Mann des Reiches. »Wie erregend Macht doch ist!« Alle gehorchten ihm. Einige Zeit empfand er dies als höchstes Glück, aber es war nicht von Dauer. Immer mehr ergriff ihn eine entsetzliche Unzufriedenheit. »Ich will mehr, ich will!«, dachte er.

Er sah die Sonne am Himmel und dachte: »Die Sonne ist noch mächtiger als ich. Ich will die Sonne sein.«

Und er wurde zur Sonne: groß, stark, strahlend. Er herrschte über Erde und Himmel. Nichts konnte ohne ihn existieren. Aber dann bemerkte er, dass die tiefer liegenden Wolken ihn daran hinderten, die Landschaft zu sehen. Sie waren leicht und beweglich. Anstatt eine feste Gestalt am Himmel zu bilden, konnten sie unendlich viele Formen annehmen und bei Sonnenuntergang glühten sie in den betörendsten Farben. Sie hatten keinerlei Sorgen und waren frei. Wie beneidenswert. Sein Neid währte nur kurz. Abermals hörte er die Stimme: »Du bist, was du gerne sein möchtest!«

Und sofort war er eine Wolke. Es war angenehm, frei in der Luft zu schweben, beweglich und pflaumenweich zu sein. Er genoß es die unterschiedlichsten Formen anzunehmen, bald war er schwer und dunkel, bald prächtig und weiß, dann wieder so fein wie Stickerei. Doch früher oder später kondensierte die Wolke zu Regen, die gegen einen Granitfelsen schlugen. Was für ein Aufprall. Der Fels war schon seit Urzeiten da gewesen, hart und massiv. Und nun zerplatzten die kleinen Wassertropfen auf dem Stein und rannen auf die Erde, wo sie aufgesaugt wurden, um für immer zu verschwinden. »Wie herrlich wäre es, ein Fels zu sein«, dachte der Mann.

Umgehend wurde er zu einem Fels. Einige Zeit erfreute er sich an seinem Leben als Fels. Endlich hatte er die Standfestigkeit gefunden. Jetzt fühlte er sich sicher. »Schließlich suche ich nach Sicherheit und Festigkeit, und niemand wird mich von der Stelle bewegen«, dachte er. Die Regentropfen prallten von dem

Fels und sickerten an seinen Seiten hinab. Das war eine wohltuende Massage, ein Geschenk. Die Sonnenstrahlen wärmten und streichelten ihn – wie wunderbar. Der Wind erfrischte ihn. Die Sterne wachten über ihn. Er hatte Vollkommenheit erlangt.

Nun, noch nicht wirklich. Eines Tages sah er, wie eine Gestalt am Horizont auftauchte und sich ihm näherte. Es war ein Mann mit einem großen Hammer, ein Steinmetz. Er fing an, den Hammer gegen ihn zu schleudern. Schlimmer noch als der Schmerz war seine Bestürzung: Der Steinmetz war sogar stärker als er und konnte sein Schicksal selbst bestimmen. »Wie sehr wünsche ich mir, ein Steinmetz zu sein«, dachte er. Also wurde der Steinmetz wieder ein Steinmetz, wurde wieder zu dem, der er immer war. Doch dieses Mal wurde er glücklich. Steine zu bearbeiten war eine Kunst, das Geräusch des Hammers klang wie Musik, und die Müdigkeit am Ende des Tages vermittelte ihm das Gefühl, gut gearbeitet zu haben. Während dieser Nacht hatte er im Schlaf die prächtige Vision einer Kathedrale, die seine Steine mit aufzubauen halfen. Ihm schien, als könnte er nichts Besseres sein als das, was er war. Das war eine großartige Offenbarung, die ihn, wie er wusste, nie mehr verlassen würde. Er empfand eine tiefe Dankbarkeit.*

In unserer Geschichte macht der Steinmetz eine wesentliche Veränderung durch. Von rastloser Unzufriedenheit

* Adam J. Jackson: *Die zehn Geheimnisse des Glücks*. Droemer / Knaur Verlag München

im Sinne von »Ich will das, was ich nicht habe« zur Dankbarkeit im Sinne von »Ich bin dankbar für das, was ich habe«.

Assertivität (Selbstdurchsetzung)

Bei »Assertivität« handelt es sich um einen eingedeutschten Begriff, der sich schwer übersetzen lässt. Er entstammt dem Englischen (*to assert*) und steht für »sich durchsetzen, behaupten, erklären, fürsprechen«. Dabei geht es nicht so sehr darum, sich gegen *andere* durchzusetzen, sondern eher um *Selbst*durchsetzung.

Selbstdurchsetzung ist, wie der Name bereits sagt, das Potenzial, dass das (universale) *Selbst* sich in einem Menschen durchsetzt – und nicht Neurosen, Aberrationen, Komplexe, fehlerhafte Gedankenmuster etc. Es ist die Gabe, dem Selbst zum Durchbruch zu verhelfen im Hier und Jetzt. Wie dies geschieht, erkennen wir, wenn wir das Wort etwas anders betonen, nämlich Selbstdurch*setzung*. Es geht demnach darum, dass wir bereit sind, uns vom Selbst durchsetzen zu lassen, so wie Wasser von Tee durchsetzt ist, mit dem es in Berührung gekommen ist. Ein sehr schönes Sinnbild für die Selbstdurchsetzung bietet die Salzkristalllampe: Das Licht (Ihres Selbst) durchstrahlt die Materie (den Salzkristall).

Im praktischen Leben bedeutet Assertivität, dem Selbst die Treue zu halten, auch dort, wo die Dinge anders laufen, als Sie es sich vielleicht vorgestellt haben. Es ist die Positur des Menschen, der vom inneren Licht, der inneren Stimme, dem inneren Empfinden herausgeführt ist und aus dem Selbst heraus lebt.

Ihr Selbst kreiert aus Ihrer inneren Mitte heraus Strahlkraft, die Sie erlauben können. Sie erleben sich dann als *in sich* zentriert. Sie strahlen das aus, was Sie wirklich sind, statt an Persönlichkeitsfacetten zu kleben. Sie stehen zu sich selbst, nicht aber zu Ihren Vorstellungen. Damit Sie erkennen, was Ihnen entspricht, müssen Sie immer wieder nach innen lauschen, hinspüren und versuchen, Ihre Stimmigkeit zu treffen.

Im alten Griechenland kannte man nur eine einzige Sünde, nämlich, den Punkt verfehlen (griech. *hamartia*). Gemeint ist hier der innere Punkt, das Selbst. Auch das hebräische Alte Testament verwendete noch diese Analogie für den Begriff der Verfehlung: Das hebräische *Chat'at* bedeutet ebenfalls: »Das Ziel verfehlen!«

Assertivität bedeutet, das Ziel (das Selbst) nicht zu verfehlen, sondern zu treffen und auch durchzusetzen. Da Ihr Selbst zugleich das Selbst aller Menschen ist, berühren Sie mit dieser Zielausrichtung auch den inneren Kern eines jeden Menschen, der mit Ihnen zu tun hat. Dies tun Sie unaufdringlich und frei von Manipulation oder Absichtsdenken, allein dadurch, dass sie sind, wie sie sind. Der andere muss dies nicht gut finden, doch wenn Sie frei vom »Wahn des Ich« sind, finden Sie auch dann noch die gemeinsame Stimmigkeit, wenn der andere überreagiert. Ich denke bei diesem Thema auch an einen bekannten Buchtitel *Sei nicht nett, sei echt,* in dem es neben der gewaltfreien Kommunikation ebenfalls um die Assertivität geht.

Viele Menschen folgen einem falsch verstandenen spirituellen Ideal der Friedfertigkeit. Sie glauben, auf einem spirituellen Weg zu sein, würde bedeuten, immer nachzugeben und – »um des lieben Friedens willen« – von sich selbst abzurücken. Doch dies ist keine Nächstenliebe, sondern »Verrat am Selbst«. Etwas anderes ist Assertivität: die Durchsetzung des Selbst, aber nicht gegen den anderen, sondern zum gemeinsamen Wohl. Assertivität beinhaltet die Kraft, den eigenen Standpunkt, das, was Ihnen wichtig ist, zu spüren, zu kommunizieren und sinnvoll durchzusetzen. Es beinhaltet auch, Grenzen dort zu setzen, wo ein anderer Grenzen übertritt, sowie die Bereitschaft, dem anderen einen Impuls zu geben, der das Selbst auch bei ihm durchsetzt, wenn die Situation es erfordert.

Assertivität beginnt bei Ihnen und erfordert daher in besonderem Maße, zu sich selbst zu stehen. Aus ihr erwächst das Vertrauen: »Auch wenn ich nicht immer den beabsichtigten Erfolg habe, kann ich mich auf mich selbst verlassen!« So erfordert die Liebe zur Assertivität, jene Bereiche ausfindig zu machen, die bei Ihnen zuverlässig sind, und aus diesen heraus Ihr Leben geschehen zu lassen. Die inneren Ressourcen mögen bei jedem ein wenig anders gelagert sein: Der Erste verlässt sich auf seine Instinkte, der Zweite auf sein Gefühl und der Dritte auf seine Einsichten und dies ist völlig in Ordnung so.

Wir sind auf der Welt, um dem »Stimmigen« zum Durchbruch zu verhelfen, in uns und um uns herum. Wie? Indem wir so leben, wie es für uns selbst stimmig erscheint, und dabei bereit sind, ständig weiterzuwachsen, uns zu öffnen, zu reifen.

So gehört zur Assertivität auch das fortwährende Hinspüren, das Wahrnehmen, ob Sie gerade Ihr Selbst durch sich wirken lassen oder »auf einem Trip« sind. Wann immer Sie spüren, dass Sie gerade nicht bei Sinnen sind, sollten Sie innehalten, sich sammeln und die Voraussetzungen schaffen, damit das Selbst sich durchsetzen kann.

Im Umgang mit der Außenwelt bedeutet Assertivität, mit anderen mitzudenken und ganzheitliche Lösungen durchzusetzen, die das Vollkommene im anderen ebenso wie den vollkommenen Kern berücksichtigen und manifestieren. Es genügt nicht, die Wahrheit zu wissen. Wir müssen ihr gleichfalls Ausdruck verleihen und sie dort, wo wir hingestellt werden, auch durchsetzen, zumindest soweit wir selbst betroffen sind.

Übung: Erinnern Sie sich an mindestens eine Lebenssituation, in der Sie das Stimmige durchgesetzt haben. Wie ist diese Lebenssituation verlaufen? Nach welchen Gesetzmäßigkeiten? Was erfahren Sie aufgrund dieser Lebenssituation für die gegenwärtige Praxis Ihrer Assertivität?

Aufmerksamkeit

Aufmerksamkeit hat die Aufgabe, wichtige und unwichtige Informationen voneinander zu trennen. Hierbei sollte das Bewusstsein entscheiden, was wichtig und was unwichtig ist, da sonst die Wahl aufgrund von konditionierten Reizreaktionen erfolgt. Dies erfordert allerdings, dass man sich überhaupt bewusst wird, wofür unsere Aufmerksamkeit gerade beansprucht wird.

Bevor wir unsere Aufmerksamkeit steuern können, müssen wir uns deshalb erst einmal darüber bewusst sein, was unsere Aufmerksamkeit in Beschlag nimmt und nach welchen Gesetzen dies geschieht. Nur so können wir es bemerken und bewusst erkennen, was Aufmerksamkeit verdient und was nicht. Da unser Unterbewusstsein seine Aufmerksamkeit nicht überall hinlenken und nicht alle Reize verarbeiten kann, wählt es nach den folgenden Gesetzmäßigkeiten aus:

Neuartige Reize werden automatisch stärker mit Aufmerksamkeit bedacht als bereits bekannte. Die Tageszeitung von heute, das neue Fernsehprogamm oder die neue Mode ist spannender als Dinge von gestern. Die positive Psychologie nennt diesen Mechanismus »Orientierungsreaktion«.

Wird einer Information nicht ***innerhalb von fünf Sekunden*** Aufmerksamkeit geschenkt, geht sie fast immer verloren. Deshalb ist es vorteilhaft, im »Hier und Jetzt« bewusst zu sein, damit bedeutsame Informationen, die im Augenblick auftauchen, herausgenommen und bewusst verarbeitet werden können. *Merksatz:* Die leise Geste zählt, Aufdringliches ist nicht immer wichtig und Wichtiges nicht immer aufdringlich.

Emotionsauslösende Informationen erhalten automatisch stärkere Aufmerksamkeit als nicht-emotionale. Es hängt mit unserem animalischen Erbe zusammen, dass Emotionsauslösung als Maßstab für die Wichtigkeit eines Reizes gewertet wird, und zwar unabgängig davon, ob diese Reize angenehm oder unangenehm, positiv oder negativ, wirklich wichtig oder eigentlich bedeutungslos sind. Je emotionsgeladener ein Reiz ist, desto eher wird unser Stammhirn dazu verführt, seine Aufmerksamkeit dorthin zu richten. Auf diesem Prinzip bauen auch die Schlagzeilen der »Low-mind-Presse« und die Junk-Mails aus dem Internet auf. Im Rahmen der Aufmerksamkeit nach Qualität zu filtern und Ablenkungen zu negieren, entspricht nicht unserem Überlebensmechanismus und muss im Zuge des bewussten Umgangs mit Aufmerksamkeit erst noch geübt werden.

Im Zuge unserer menschlichen ***Konditionierung*** fördern oder filtern persönliche Bedürfnisse, Interessen, Einstellungen und Motive bewusst oder unbewusst die Aufmerksamkeit: Der Gigolo wird überall attraktive Frauen, der Autonarr überall besonders schöne Autos und der Geschäftsmann überall Geschäftsgelegenheiten sehen. Leider gilt dies auch im Negativen: Der Erfolglose wird überall versagen, der Kranke überall Krankheiten und der Ängstliche überall Angstauslöser wahrnehmen. Darum ist bewusste Aufmerksamkeitssteuerung und -umlenkung so wichtig.

Auch wenn wir uns dessen nicht bewusst sind: Unser Bewusstsein verarbeitet auch die Reize, auf die wir unsere Aufmerksamkeit nicht richten. Meditation (siehe letztes Kapitel) ist eine Möglichkeit, sich dessen gewahr zu werden, was unser ***Unterbewusstsein*** alles okkupiert, und mentalen sowie emotionalen »Junk« zu löschen.

Erfolgen zwei Reize kurz hintereinander, wird der zweite Reiz nicht oder nicht in dem Maße wahrgenommen wie der erste. Die positive Psychologie spricht hier von einer ***»psychologischen Refraktärphase«***, die das Bewusstsein benötigt, um die Aufmerksamkeit für einen neuen Reiz zu öffnen. Der erste Reiz muss bereits verarbeitet sein, bevor sich die Aufmerksamkeit dem zweiten Reiz öffnen kann. Der Grund dafür ist offenbar ein Engpass im menschlichen Verarbeitungssystem, der sogenannte »Flaschenhalseffekt«. Das Gesetz der Refraktärphase wurde im Jahre 1952 von Welford bestätigt: Die Versuchspersonen konnten, nachdem sie einen ersten Reiz erlebt hatten, auf den direkt folgenden, zweiten Reiz nur ungenügend reagieren. Aus diesem Grund sind sämtliche Actionfilme auf dem Prinzip aufgebaut, dass nach einer bestimmten Zeit der ultimativen Spannung entspannende Szenen folgen müssen. Im biologischen Bereich dient für das Gesetz der Refraktärphase der Mann als Sinnbild, der nach dem Liebesakt eine Refraktärphase braucht.

Ist die Aufmerksamkeit auf eine ganz bestimmte Sache gerichtet, blendet unser Bewusstsein automatisch alles andere aus, was nicht zu dieser Sache gehört (Ausnahme: Ein Primär-Reiz wird angesprochen.). Die positive Psychologie bezeichnet das Gesetz der Ausblendung auch als das Gesetz der *»Unaufmerksamkeitsblindheit«*. Bekannt in diesem Zusammenhang sind die Versuche von Mack und Rock mit einer geometrischen Aufgabenstellung sowie der Versuch »Gorilla in unserer Mitte« von Simons und Chabris: Bei letzterem Experiment wurden Testpersonen dazu aufgefordert, sich genau auf ein Handballspiel zu konzentrieren und die Tore zu zählen. Während des Spiels ließen die Wissenschaftler einen Menschen im Gorillakostüm über das Handballspielfeld gehen. Bei späterem Hinterfragen stellten sie fest, dass sich nur wenige der Testpersonen daran erinnern konnten, den Gorilla gesehen zu haben.

Statistiken offenbaren, dass etwa 50% der Menschen ein länger dauerndes, eigentlich sehr auffälliges, aber unerwartetes Ereignis nicht wahrnehmen, wenn sie mit einer elementaren Beobachtungsaufgabe beschäftigt sind. So kann es geschehen, dass ein Mann mit einer Leiche über der Schulter quer über den Marienplatz geht und keiner bemerkt es. Unwahrscheinliche Beobachtungen werden einfach nicht wahrgenommen. Dieses Gesetz nennt die positive Psychologie *»Unwahrscheinlichkeitsblindheit«*. Indem wir unsere Aufmerksamkeit darauf richten, hinter die Filter unseres Denkens zu gelangen, werden uns auch Dinge, für die wir bisher »unwahrscheinlichkeitsblind« waren, zugänglich.

Das Gesetz der *»wechselseitigen* Aufmerksamkeit« besagt: Wir erzeugen die Aufmerksamkeit des anderen dann, wenn wir selbst in unserer Aufmerksamkeit gegenüber dem anderen erregt sind. Die praktische Anwendung dieses Gesetzes beschrieb einmal ein Klient, der sich äußerst ungern im Auto anschnallt: Wenn ihm die Polizei begegnete und er – unangeschnallt im Auto sitzend – einfach unauffällig vor sich hinschaute, wurde er nicht angehalten. Sobald er aber nervös wurde und eilig versuchte, den Gurt anzulegen, wurde er angehalten und musste Strafe bezahlen. Ein anderer Klient mit Dschungelerfahrung berichtete: Wenn er im Urwald unterwegs war und etwas über sich rascheln hörte, ging er einfach normal weiter, als sei nichts geschehen. Der Tiger, der möglicherweise über ihm in den Baumwipfeln hockte, ließ ihn unbehelligt, sofern er ihn nicht direkt mit seiner Aufmerksamkeit (Blickkontakt) konfrontierte. Schaute er jedoch nach oben, fühlte sich der Tiger durch seinen Blick gestört und griff an. – Damit erklärt sich das Gesetz: »Du wirst es erst sehen, wenn du es glaubst!«

Objekte können sich sogar direkt durch das Zentrum unserer Aufmerksamkeit bewegen und werden trotzdem nicht »gesehen«, sofern wir ihnen keine ***spezielle*** Aufmerksamkeit entgegenbringen.

Wir sind in der Lage, die Schallwellen, die uns erreichen, um 60% zu verstärken oder zu dämpfen. So gelingt es uns beispielsweise, auf einer lauten Cocktailparty die Stimme unseres Gegenübers zu verstehen oder sogar eine weit entfernte Musik zu hören. Die positive Psychologie spricht hier vom ***»Cocktailparty-Effekt«***. Dieser Effekt offenbart uns, was für ein »wendiges« Organ unser Ohr ist. Indem wir unser Hören bewusst wählen, gelingt es uns, immer mehr den Hintergrund, die Wahrheit hinter dem Getöse der Welt, wahrzunehmen. Auch hier zählen die leisen

Gesten: Wichtiges ist nicht immer laut, Lautes nicht immer wichtig.

Erotische Blindheit: Die Forschungen des amerikanischen Psychologen David Zald von der Yale-Universität* haben ergeben, dass Darstellungen, die mit einer sexuellen Erregung verknüpft sind, die Aufmerksamkeit des Betrachters so stark fesseln, dass er alle anderen Reize vorübergehend übersieht. In einem großangelegten Experiment zeigten sich Versuchspersonen nicht mehr dazu in der Lage, ein eigentlich leichtes Memory-Spiel durchzuführen, sobald erotische Reize zwischengeblendet wurden, obwohl sie ihre Aufgabe klar kannten. Man spricht hier auch von einem »**Aufmerksamkeitsgaffen**«, das übrigens auch durch bedrohliche oder angstmachende Bilder erzeugt wird. Gehirnforscher haben festgestellt: Der Reiz braucht so lange, um sich im Stammhirn auf- und abzubauen, dass die Großhirnaktivitäten und die geregelte Aufmerksamkeit angesichts erotischer oder angstmachender Reize über längere Zeit hinweg ausgeschaltet sind. »Beim Verarbeiten von Informationen gibt es eine Art Engpass, und wenn eine bestimmte Art von Reizen die Aufmerksamkeit fesselt, kann das diesen Engpass sozusagen verstopfen und nachfolgende Informationen kommen nicht mehr durch«, so David Zald. Ein Großteil unserer Werbung baut auf diesem Prinzip auf, um unsere Aufmerksamkeit gezielt auf das zu lenken, was sie beachtet haben will. So lässt sich unter anderem auch die Suchtgefahr beim Internet-Surfen erklären. Emotional aufwühlende Motive – egal, ob negativ oder positiv – be-

* *Psychonomic Bulletin & Review*

lagern unsere Aufmerksamkeit und benebeln oftmals den Blick für das Wesentliche. Interessanterweise lassen sich jedoch Menschen, die relativ angstfrei sind, meditieren oder über eine ausgeprägte Bewusstheit verfügen, weitaus weniger ablenken.

Die Aufmerksamkeit zu steuern, bedeutet die bewusste oder unbewusste Konzentration der Wahrnehmung. Hierbei verfügt Aufmerksamkeit über eine aktive, dynamische und eine passiv-rezeptive Komponente. Aktive Aufmerksamkeit bedeutet, das Bewusstsein auf ein ganz bestimmtes Äußeres zu richten. Wildlebende Tiere verfügen nicht über die Gabe, ihre Aufmerksamkeit bewusst steuern und gegebenenfalls umlenken zu können.

Beispiel: Leider finden in Südchina immer noch »Pferdekämpfe« statt. Hierbei werden zwei Hengste in eine Arena geführt. Dann bringt man eine läufige Stute hinzu und belässt sie dort, bis die Hengste erregt sind. Die Hengste folgen daraufhin ihrem Trieb, den vermeintlichen Widersacher anzugreifen, und kämpfen so lange gegen den anderen Hengst, bis einer von beiden blutüberströmt stirbt. Sie haben keine Wahl zu erkennen, dass sie nur Bestandteil einer grausamen Pferdewette sind.*

Wir Menschen dagegen haben die Wahl, anders zu reagieren als diese Pferde. Um das zu können, müssen wir uns allerdings darin üben, unsere Aufmerksamkeit bewusst zu steuern. Ansonsten übernimmt das Stammhirn diese Aufgabe, und wir verhalten uns ähnlich wie diese Tiere.

* BILD-Zeitung vom 13.7. 2006

Unsere Gewohnheiten spielen hierbei eine ganz besondere Rolle. Denn unser Unterbewusstsein orientiert sich bei der Ausrichtung unserer Aufmerksamkeit sehr stark an unseren Gewohnheiten. Gelingt es uns, diese zu verändern, das heißt, neue, positive Gewohnheiten aufzubauen und schädliche zu unterlassen, erfahren wir automatisch auch eine positive Ausrichtung unserer Aufmerksamkeit, und zwar auch dann, wenn wir gerade nicht bewusst sind.

Aktive Aufmerksamkeitszuwendung bedeutet Zuwendung (Orientierung) und Auswahl (Selektivität) dessen, worauf ich meine Aufmerksamkeit richten möchte, sowie Unaufmerksamkeit gegenüber anderem – vergleichbar dem Zoom einer Kamera. Sobald ich den Zoom meiner Kamera verändere, erlebe ich plötzlich eine völlig andere Welt. Das Gesetz lautet also: Wo immer ich meine Aufmerksamkeit hinlenke, dahin fließt auch die schöpferische Energie. Richte ich meine Aufmerksamkeit auf Probleme und Schwierigkeiten, werde ich ein Leben lang Probleme und Schwierigkeiten haben, lenke ich sie auf Möglichkeiten und Öffnungen, werde ich ein Leben lang Möglichkeiten und Öffnungen erleben. Ihre Aufmerksamkeit bestimmt, in welcher der vielen möglichen Welten Sie leben: in einer Welt der Erfüllung oder einer des Mangels, in einer Welt des Friedens oder in einer des Kriegs.

Beispiel: Sie halten einen Vortrag und Ihre Seminarteilnehmer bzw. Kollegen geben unterschiedliches Feedback: »Deinen Vortrag fand ich klasse, aber deine Kleidung ist unmöglich!« – Was bleibt bei Ihnen hängen? Worauf richten Sie Ihre Aufmerksamkeit? Worauf steigen Sie ein?

Beispiel: Ihr Partner ärgert sich über Sie. – Was sehen bzw. erleben Sie geistig? Einen Trennungsgrund oder die Chance, einander noch tiefer zu berühren? – Sie entscheiden!

Woran Sie denken, davon bekommen Sie mehr. Einen einfachen Beweis liefert das »autogene Training«: Durch regelmäßige bewusste Lenkung der Aufmerksamkeit auf Arme, Beine, Sonnengeflecht etc. werden diese Bereiche entspannt, der Körper besser durchblutet, das Immunsystem gestärkt etc.

Die Aufmerksamkeitssteuerung lässt sich auf vielerlei Weisen verwenden:

- Bei der Problemlösungs-Meditation richte ich meine Aufmerksamkeit auf die Idee einer Lösung, aber nicht auf das Problem. Die Lösung wird sich automatisch nach einer gewissen Zeit von selbst offenbaren.
- Richte ich meine Aufmerksamkeit auf das Bewusstsein eines Tieres, einer Pflanze oder eines Menschen, kann ich auf nonverbale Weise mit ihm kommunizieren.
- Richte ich meine Aufmerksamkeit auf mein Unterbewusstsein, kann ich unbewusste Vorgänge besser verstehen und auf sie Einfluss nehmen.
- In der Achtsamkeits-Meditation richte ich meine Aufmerksamkeit auf das, was ich gerade tue.
- Bei der Heilung konzentriere ich meine Aufmerksamkeit auf den zu heilenden Körperbereich und auf den Heilstrom, den ich dorthin lenke, jedoch nicht auf die Krankheit.

- Richte ich meine Aufmerksamkeit auf mein höheres bzw. hohes Selbst, empfange ich Lösungen von einer umfassenderen Intelligenz – weit mehr, als mein Verstand dies vermag.
- Beim Rosenkranzgebet konzentriere ich meine Aufmerksamkeit über einen längeren Zeitraum auf die göttliche Energie. In der *Vollkommenheitslehre* beschreibt Ernest Holmes den »goldenen Schlüssel«, der einfach darin besteht, seine Aufmerksamkeit immer wieder auf Gott bzw. die universelle Energie ausgerichtet zu halten.
- In der Mantra-Meditation richte ich meine Aufmerksamkeit auf eine übernatürliche Kraft bzw. Gottheit, mit der ich dadurch verschmelze.

Das »Richten der Aufmerksamkeit« ist ein Zauberstab. Wo immer Sie diese hinrichten, dort manifestiert sich Ihr Leben. Am Anfang wird der Einfluss Ihrer bewussten Aufmerksamkeit noch gering sein und der Einfluss der alten Gewohnheiten noch stark. Aber mit zunehmender Bewusstheit wird es Ihnen möglich sein, Ihr Leben mit Hilfe der gerichteten Aufmerksamkeit so zu steuern, dass es Ihnen wie ein Wunder erscheint.

Sämtliche Yogasysteme arbeiten mit der Steuerung der Aufmerksamkeit. Fast alle übernatürlichen Kräfte, die Yogis besitzen, haben ihre Wurzel in der Steuerung der Aufmerksamkeit. Hoch entwickelte Yogis können sogar Wasser in Wein verwandeln oder Gegenstände aus dem Äther manifestieren, einfach indem sie ihre Aufmerksamkeit darauf richten. Doch auch Sie können mit dem Richten der Aufmerksamkeit kleinere und größere

Wunder erleben, auch wenn Sie kein hoch entwickelter Yogi sind.

Auch das Gebet (siehe Kapitel gegen Ende des Buches) ist nichts anderes als die Lenkung der Aufmerksamkeit, in diesem Fall auf die universelle Kraft bzw. Gott. Das Versprechen lautet: Wenn Sie die Aufmerksamkeit beherrschen, dann beherrschen Sie die (Ihre) Welt – nicht *gegen* die anderen, sondern im sinnvollen Konzert *mit* »allem, was ist«.

Das gesamte Mentaltraining besteht aus nichts anderem als dem Richten der Aufmerksamkeit. Wenn Sie Ihre Aufmerksamkeit auf ein Ziel richten, das Ihnen wichtig ist, und Sie die Aufmerksamkeit darauf so lange gerichtet halten, bis sich ein Gefühl von Freude und Dankbarkeit einstellt (in der Regel ca. 1 bis 2 Stunden), dann wird das Gewünschte automatisch von Ihnen angezogen, wie von einem Magneten. Wenn Sie Ihre Aufmerksamkeit auf die Veränderung einer Gewohnheit lenken und Sie vollziehen diese Veränderung mindestens 21 Tage lang, wird die positive Veränderung in Ihrem Leben begünstigt.

Eine hilfreiche Methode der Aufmerksamkeitssteuerung ist es, »zu fühlen, ohne zu denken«. Unser Bewusstsein hat nämlich eine Schwäche: R. Pauli wies bereits im Jahr 1924 experimentell nach, dass es uns unmöglich ist, gleichzeitig einen optischen und einen taktilen Reiz wahrzunehmen. Später erweiterte man die Versuche und erkannte, dass unser herkömmliches Bewusstsein auch nicht in der Lage ist, gleichzeitig zu fühlen und zu denken. Der biochemische innere Magnet, der das Gedankenkarussell angestellt hat, wird automatisch ausgeschaltet, wenn wir ins Fühlen gehen. C.H. Newman wies in Versuchen nach, dass sich »reines Fühlen« hervorragend eignet, um umfassendere Bewusstseinszustände zu erreichen.* Dies erklärt auch den großen Wert projektionsfreier Sexualität (Tao-Syoga, Tantra etc.) als Regeneretikum und Torweg zum reinen Sein.

Unsere größten Erlebnisse sind nicht unsere lautesten,
sondern unsere stillsten Stunden.
Jean Paul

* www.omweb.com/osho/devageet

Bodhichitta (Mitgefühl)

Es gibt in der buddhistischen Lehre einen Begriff, der sich nur sehr schwer übersetzen lässt, aber genau die Qualität beschreibt, welche uns bis zum positiven Kern, zur Nabe unseres Lebensrades, führen kann. Dieser Begriff lautet »Bodhichitta«. Wörtlich übersetzt bedeutet er »Erweckungsgeist« (von *Bodhi* = Erwachen, Bewusstheit, Intelligenz und *Chitta* = Bewusstsein, Geist, Gedanke). Bodhichitta wird definiert als »die selbstlose Entschlossenheit, das Ziel der Erleuchtung nicht aus Eigennutz, sondern zum Wohle aller Wesen zu erlangen«. Im Mahayana-Buddhismus wird Bodhichitta eingesetzt, um sich und alle Lebewesen an ihre »wahre Natur« zu erinnern. Ein wesentlicher Aspekt von Bodhichitta ist deshalb »Mitgefühl«. Aus diesem Grund werden beide Begriffe oftmals gleichgesetzt, obwohl Bodhichitta wesentlich mehr beinhaltet als Mitgefühl. Der Hintergrund für Bodhichitta liegt in der Suche nach dem Glück, die den historischen Buddha ebenso beschäftigte wie heute den modernen Menschen.

Diese Suche nach dem Glück ist so alt wie die Menschheit selbst. Viele Menschen haben aber inzwischen aus der Suche eine »Jagd nach dem Glück« gemacht. Sie haben versucht, das Glück an etwas Äußerem festzumachen: Wohlstand, Schönheit, Ansehen, Sinnengenuss und so weiter. Mit Hilfe des Mentaltrainings ist es ja tatsächlich möglich, die eigene Selbstwirksamkeit zu steigern. Doch immer wieder gehen Menschen mit den Kräften des Mentaltrainings unvollkommen um, da sie diese ausschließlich zum Eigennutz einsetzen. Nach einer gewissen Zeit äußerer Erfolge wirken diese Menschen dann aber doch nicht so glücklich, wie sie gerne wären. Und so versuchen sie, mehr zu haben, statt mehr zu sein: Noch mehr Wohlstand, noch mehr Schönheit, noch mehr Ansehen, noch mehr Sinnengenuss. Das neue Auto muss her, die Zweitfreundin, der Ehrenposten oder das noch bessere Essen. All dies wäre wunderbar, wenn es sich – als Ausdruck der natürlichen Ordnung – von selbst manifestieren würde und nicht aus Frustration oder Geltungsdrang angestrebt wäre.

Angesichts der Erfahrung, dass Wunscherfüllung allein nicht glücklich machen kann, scheiden sich die Geister: Die einen spüren frühzeitig, dass etwas Umfassenderes auf sie wartet, und kehren um. Diese Umkehr finden wir in der Karte *Acht der Kelche* im Rider Tarot: Das Bild zeigt einen Wanderer, der seinen acht Kelchen (Trophäen), die siegreich hinter ihm aufgereiht stehen, den Rücken kehrt und sich auf die Suche nach etwas anderem begibt. Das Bild auf der Karte erinnert ein wenig an Lot, als dieser sich von Sodom und Gomorrha abwandte.

Ebenso gibt es Menschen, die ihre Gier nach dem »Mehr« nicht loslassen können. Sie haben nie genug. Sie hoffen immer noch, durch ein Mehr an Materie ihr Glück zu mehren, und spüren nicht die Dekadenz, die in ihrer Sucht verborgen liegt. Doch daran ist nicht die Materie schuld, sondern der falsche Umgang mit ihr, der »Stoffwahn«.

Wir finden diese Maßlosigkeit, wenn wir etwa lesen, dass wieder ein Mensch an einer Überdosis Drogen gestorben ist oder dass Elvis Presley sich mit Blaubeer-Pfannkuchen zu Tode gegessen haben soll. Es ist die Positur des Kaisers Nero, eines Napoleon Bonaparte oder eines Adolf Hitler. Solche abschreckenden Beispiele für Unmäßigkeit verweisen auf einen falschen Umgang mit der Polarität der Welt, mit Erfolg und Misserfolg, Glück und Unglück, Sieg und Niederlage, Freude und Leid.

Viele Menschen beklagen sich, wenn sie große Dinge im Leben gewonnen und dann wieder alles verloren haben: »Wie gewonnen, so zerronnen!« Ein Witz soll das verdeutlichen: Peter fragt Karl, was er für ein kummervolles Gesicht mache. Und Karl antwortet: Du, stell dir vor, vor vier Wochen habe ich im Lotto mit fünf Richtigen und Zusatzzahl gewonnen. Und vor drei Wochen beim Preisausschreiben. Vor zwei Wochen habe ich das große Los gezogen. Und seitdem – wie abgeschnitten!«

Bodhichitta bedeutet, zu erkennen, welch große Gnade darin liegt, dass wir in der Lage sind, Siege wie Niederlagen, Erfolge wie Versagen zu erleben. Wenn wir Erfolg haben, ist es oftmals so, dass sich unser Ego bestärkt fühlt und wir »anhaften«, auch wenn wir es nicht bemerken. Nur wenige Menschen können angesichts großer Erfolge demütig bleiben und ihre Erfolge der Einen Kraft zuschreiben. Doch wird das Ego ohne Verantwortung für das Ganze gelebt, so birgt dies bereits die Gefahr des Abstiegs in sich.

Würden wir nur siegen, hätten wir nur Erfolg (so wie man gemeinhin Erfolg versteht), wäre unsere Anhaftung für uns wie für andere unerträglich. Spätestens im Sterben täten wir uns schwer, den Körper loszulassen. Aus dem Missverständnis heraus, er wäre die Quelle aller Freuden, würden wir am Körper kleben, anstatt das Glück in uns selbst – im Leben wie im Tod – zu finden.

Das Festhalten an der Idee, die ganze Welt sei nur für uns da, weil wir uns für den »König des Universums« halten, nennen wir gemeinhin Stolz. In fast allen Weltreligionen gilt diese Art von Stolz als die Schlimmste aller Untugenden, da wir uns durch den Stolz höher stellen als Christus, die Götter, Buddhas, Bodhisattvas oder als die Schicksalsgöttinnen.

Ein Sinnbild für Stolz war in früheren Kulturen die Vorstellung von einem großen König, der seine Macht verliert. In matriarchalischen Kulturen war es üblich, jeweils zur Wintersonnenwende den amtierenden König zu töten und einen neuen auf den Thron zu wählen.

Wir sollten also angesichts von Niederlagen und Versagen nicht zerbrechen, sondern die Chance, die in Sieg und Erfolg gleichfalls wie in der Niederlage und dem Versagen liegt, dazu nutzen, eine darüber hinausgehende Qualität zu entwickeln. Stets stellt sich Ihnen die Frage (und dies unabhängig von Erfolg oder Versagen): »Wer bin ich wirklich? Wem bin ich verpflichtet? Reichen meine Identität und meine innere Verpflichtung über den Erfolg und das Versagen hinaus oder bleiben sie dort stehen?«

Wir leben in einer Natur, die uns in wunderbarer Weise offenbart, dass einmal im Jahr sämtliche Früchte und Blätter losgelassen werden müssen, damit sich im nächsten Jahr ein neuer Frühling zeigen kann. Religionen, die an die ewige Wiederkehr der Seele glauben, gehen davon aus, dass wir durch unsere Handlungen unsere Bestimmung für das nächste Leben aufbauen. Sie gehen weiter davon aus, dass dort, wo wir die Naturgesetze durch Stolz und Unachtsamkeit übertreten haben, unser inneres, unbestechliches Selbst eine ausgleichende Erfahrung im nächsten Leben wünscht, um die innere Harmonie wiederherzustellen. So wählt man beispielsweise bewusst für das nächste Leben eine niedrigere Kaste oder einen kränklicheren Körper.

Natürlich gibt es auch das andere Extrem: Um von Anhaftungen frei zu werden, legten in früheren Zeiten viele Menschen das Gelübde der Armut, des Gehorsams und der Keuschheit ab. Die Mönche des Mittelalters geißelten sich selbst und in manchen Hindu-Kulten ist es heute noch üblich, seinen Körper mit Speeren zu durchbohren. Die Idee, das Vergnügen zu meiden und das Missvergnügen zu suchen, kann jedoch weder frei von Anhaftungen (und Depressionen) machen noch führt sie zur Erfahrung von dauerhaftem Glück.

Einen sehr schönen Hinweis bietet uns in diesem Zusammenhang der historische Buddha. Er verließ den Königshof, um als Entsagender das Wesentliche zu finden. Erst gab er sich der Askese hin. Früher hatte er »an der Lust angehaftet« und jedes Leid vermieden, nun suchte er das Leid und entfloh der Lust. Doch im Laufe der Zeit erkannte er, dass Entsagung von weltlichem Genuss und Konzentration auf das Leiden allein keine Befreiung kreieren. Dies war lediglich ein »Festhalten am Schmerzhaften«. Buddha entdeckte, dass er in einen Zustand »jenseits von Freude und Leid« kommen musste.

Unter einem Bodhibaum erlebte er den Zustand des Erwachens als die Fähigkeit, zu dem Einen Geist, der hinter der Welt der Erscheinungsformen wirkt, vorzudringen: also zum (heiligen) Geist hinter dem »Rad des Schicksals«.

Das Gefangensein im Wandel der sich ständig verändernden Ereignisse wird sehr schön mit der zehnten Tarotkarte *Das Rad des Lebens* dargestellt, die uns auch den Ausweg offenbart. Margarete Petersen schreibt hierzu:

> Kreisend, kein Stillstand, kein Anfang, kein Ende
> Kreisend entkommst du nicht
> Kreisend, festhaltend im Glück, festhaltend im Leid …
> Das Auftauen der blinden Liebe macht sehend
> Subtile Verschiebungen der Umlaufbahn.*

Wer das dauerhafte Glück sucht, muss sich auf seinem Weg dem stellen, was für ihn ein Objekt des Missvergnügens ist, muss eine Einstellung dazu gewinnen, und zwar nicht nur ohne das Leid zu suchen, sondern auch ohne ihm zu entfliehen. Die Lösung finden wir, indem wir eine neue Einstellung zu *allen* Wechselfällen des Lebens gewinnen, denn nur dann verlassen wir die Umlaufbahn des ewig wiederkehrenden Wechsels von Freude und Leid: Unser Bewusstsein verschiebt sich – zur Mitte hin, in die Nabe, die von diesem Wechsel nicht mehr betroffen ist, ihn aber wahrnehmen kann.

Das Ego liebt den Tag, so wie das Unbewusste die Nacht liebt. Im Licht kann ich mit Hilfe der Sinnesein-

* Margarete Petersen: *Tarot*. Königsfurt Verlag Krummwisch

drücke die Oberfläche der Welt erkennen. In der Nacht dagegen wirken die Dinge, die hinter der Oberfläche verborgen sind, auf mich ein. Dies gilt für die Welt des Traumes ebenso wie für einen Waldspaziergang im Dunkeln. Kinder sehen sogar in der Nacht Geister und fürchten sich vor ihnen. Und möglicherweise haben wir Erwachsene unser Ego deswegen so stark gemacht, weil wir nicht jedes Mal, wenn es Nacht wird, unseren Geistern begegnen wollen.

Frei von Anhaftung, Ego und Angst lösen sich alle Spukgestalten auf, und wir erleben uns selbst im Mittelpunkt: in der Nabe im Rad des Schicksals. Dort, wo wir uns erlauben, in uns selbst einzusinken, erleben wir eine neue Positionierung, die es uns möglich macht, die Freuden und Schrecken der menschlichen Existenz anzuschauen, ohne an ihnen zu haften.

Zwar gäbe es die Möglichkeit einer anderen Welt, einer Welt des ewigen Frühlings, in der alles blüht, wächst und gedeiht, ohne jemals unterzugehen. Doch es dient unserem eigenen Seelenheil, dass wir in einer Welt leben, in der es ebenso Verlust, Leid und Niederlage gibt, und zwar solange wir diese für unser Seelenheil benötigen. Es ist unsere eigene Seele, die das Negative als letzte Notbremse benutzt, bevor uns Erfolg arrogant und blind für unseren Nächsten macht. Aber es gibt einen Schlüssel, um nicht wie der oben erwähnte alte König in den matriarchalischen Kulturen ständig aufs Neue dem Lauf der Zeit geopfert zu werden – einen Schlüssel, der Erfolg und Demut in sich vereint. Ebendieser Schlüssel liegt in unserer Fähigkeit, Mitgefühl zu entwickeln.

Ohne Mitgefühl kapseln wir uns in Erfolg wie in Misserfolg ein. Das Ego liebt weder das Mitgefühl noch die Ebenbürtigkeit. Es möchte größer sein als alle anderen. Wenn es das aber nicht kann, dann möchte es kleiner sein als alle anderen. Wer allerdings dazu bereit ist, mit allen lebenden Wesen zu fühlen, vermeidet die Verhärtung und die Arroganz, die mit dem Anhaften am Ego einhergehen. Durch diesen Schlüssel kann Erfolg in Verantwortung für das Ganze stabilisiert werden und behält seinen Sinn.

Mitgefühl bedeutet jedoch nicht Mitleid. Selbst wenn wir unser eigenes Leiden oder das einer anderen Person wahrnehmen, bleiben wir nicht darin verhaftet, sondern richten unser Mitfühlen auf die Transformationschance, die uns und allen Wesen die Verbindung mit unserer »göttlichen« Natur, unserer wahren Wesensnatur, anerbietet.

Auch wenn Mitgefühl nicht dem Eigennutz, sondern dem Erwachen aller Wesen dienen soll, ist es jedoch empfehlenswert, diesen liebevollen Umgang zuerst auf sich selbst anzuwenden, denn wir können erst dann anderen etwas geben, wenn wir selber uns damit genährt haben.

Die Praxis des Gebens und des Nehmens

Um Bodhichitta zu lernen, haben die Tibeter vor Tausenden von Jahren die Bewusstseinstechnik des Gebens und des Nehmens entwickelt, die sie »Tonglen« nennen. Eigentlich ist Tonglen mehr als eine Technik. Tonglen ist eine Lebenshaltung, die sich jedoch in einer ganz konkreten Technik ausdrückt. Tonglen ist ein tibetisches Wort und setzt sich zusammen aus »loslassen« (*tong*) und »annehmen« (*len*).

Worum geht es beim Tonglen? Genetisch sind wir so programmiert, dass wir das Vergnügen suchen, an ihm festhalten und dem Missvergnügen ausweichen, mehr noch, vor ihm weglaufen. Dies ist verständlich und entstammt unserem animalischen Erbe. Jedes Trüffelschwein tut nichts anderes, als das Vergnügen zu suchen und vor dem Missvergnügen zu fliehen. Nun sagt Tonglen nicht, dass Vergnügen schlecht sei und Missvergnügen gut. Tonglen zeigt lediglich auf, dass Sie eine Alternative haben, mit den Wechselfällen des Lebens umzugehen.

Werden wir praktisch: Es gibt Situationen, in denen können Sie das vergnügenbringende Objekt, das Sie wünschen, nicht haben. Es steht Ihnen nicht zur Verfügung. Beispielsweise wenn Sie morgens in Castrop-Rauxel zur Arbeit müssen, lieber aber in der Karibik im Sand liegen würden. Und es gibt Umstände, da können Sie

Situationen des Missvergnügens nicht vermeiden, beispielsweise wenn Ihnen ein Krankenhausaufenthalt oder ein unangenehmes Gespräch bevorsteht.

Es gibt Menschen, deren Gesellschaft wir gerne aufsuchen, weil sie uns vergnüglich erscheinen, weil die Begegnung mit ihnen uns Lustgefühle bereitet und sie uns Vorteile bringen. Und es gibt Menschen, vor denen wir zurückweichen, weil sie uns langweilen, weil die Begegnung mit ihnen uns Unbehagen bereitet und wir im Kontakt mit ihnen Nachteile befürchten.

Uns ist heutzutage gar nicht mehr bewusst, wie viel Kraft und Energie wir dafür aufbringen, um das von uns zu stoßen bzw. weit von uns zu weisen, was wir nicht mögen, und ziemlich heftig an dem zu haften, was wir mögen – und den Rest der Welt zu ignorieren. Der extremste Fall einer solchen Praxis zeigt sich im Mord, wo ein Mensch der Illusion unterliegt, Probleme lösen zu können, indem er das, was er nicht mag, umbringt. Doch damit beseitigen wir keineswegs die Quelle unseres Schmerzes, die ausschließlich in einer Fehleinstellung zu Freude und Leid liegt.

Denken wir an Goethes Faust, so erkennen wir unsere eigene Verführbarkeit durch das Vergnügen sowie unsere Angst vor dem Missvergnügen. Im Extremfall zeigt sich dies an der Sucht, wenn wir am »Stoff« kleben und uns das Suchtmittel sprichwörtlich »die Seele aus dem Leib saugt«. Dabei wissen wir doch alle, dass ein Suchtmittel niemals die Art langanhaltender Erleichterung verschafft, die man wirklich braucht, um dauerhaft glücklich zu sein.

Solange wir keinen Schlüssel für eine Umwandlung

von Freude und Leid zur Verfügung haben, sind wir darauf angewiesen, das Vergnügen zu suchen und das Missvergnügen zu meiden. Dies ist zwar opportun, doch macht uns genau das auch erpressbar. Wir hängen dadurch fest – so wie Insekten an Klebestreifen, die zuvor in Zuckersirup getaucht wurden, festhängen und elend zugrunde gehen. Der Zyklus »Vermeiden von Missvergnügen und Festhalten am Vergnügen« ist endlos und hält uns in der Illusion des Getrenntseins vom Ganzen gefangen, weil wir permanent ausweichen müssen, dem Diktat des Außen gehorchen und uns nie auf uns selbst besinnen können.

Problematisch sind im Leben jedoch nie die Geschehnisse und Umstände der Welt, an die wir uns klammern bzw. vor denen wir fliehen, sondern unsere Art, damit umzugehen. Es sind alte Muster der Sucht und des Ausweichens, die uns Probleme bereiten. Wir können sie aber mittels Tonglen durchbrechen und somit unsere inneren Gefängnistüren öffnen.

Tonglen bietet unserem verengenden Suchtverhalten dazu eine Erweiterung der Perspektive an. Tonglen sagt nicht, dass es schlecht sei, das Vergnügen zu suchen und das Missvergnügen zu meiden, sondern es bringt zum Ausdruck, dass es eine Alternative gibt, die man ausprobieren kann. Tonglen zeigt Ihnen, wie Sie sich selbst transformieren können und nicht nur sich, sondern Ihre Umwelt gleich mit.

Hierfür steht uns mit Tonglen eine Technik zur Verfügung, mit deren Hilfe wir scheinbar »negative« Energien wie Ablehnung, Unlust, Wut, Schmerz und Negativität im Feuer unseres Herzens wandeln können. *Ergebnis:*

Sie gehen dichter an die Erfahrungen heran, statt ihnen auszuweichen, und erleben dabei das Wunder: Je dichter Sie an eine unangenehme Erfahrung herangehen, umso kraftvoller ist Ihre Möglichkeit, diese zu konfrontieren.

Beispiel: Eine Klientin berichtete, dass sie einst eine psychisch gestörte Frau zu betreuen hatte. Die chaotischen Energien dieser Person ängstigten sie, und so machte sie stets einen großen Bogen um diese Frau und versuchte, sich von ihr fernzuhalten. Doch je mehr sie auf Distanz ging, desto bedrohlicher empfand sie das »nicht normale« Verhalten ihrer Schutzbefohlenen. Klar. Denn je mehr wir vor einer Erfahrung weglaufen, desto größer und gefährlicher gebärdet sie sich. Letztendlich entschied sich die Klientin, todesmutig, genau für die entgegengesetzte Bewegung: Sie ging auf die Patientin zu, umarmte sie und sprach liebevoll zu ihr. Dabei erlebte sie das Wunder, dass sie sich in der Nähe dieser Frau nun sogar wohlfühlen konnte und dass die zu betreuende Person im Laufe der nächsten Woche starke Unterstützung in ihrer psychischen Heilung erfuhr.

Die Technik des Tonglen basiert auf der Kraft unseres Herzens und ist vergleichbar mit dem Gesetz des Feuers: Dem Feuer ist es egal, ob es weißes oder schwarzes Holz verbrennt, es haftet am Brennstoff. Und so ist das Feuer unseres Herzens in der Lage, Energien zu wandeln. Dabei ist die Absicht von Tonglen nicht das Märtyrertum, sondern die »Verfügbarmachung von Wohlsein« unabhängig von den Umständen.

Tonglen wird nicht verhindern, dass Negatives in der

Welt ist, aber es verändert die Art und Weise, damit umzugehen. Wir können in einer Welt, in der es Krankheit und Gesundheit, Armut und Reichtum gibt, Wohlsein erfahren – und dieses letztlich in die ganze Welt aussenden. Nun die Technik:

Sich öffnen in der Freude wie im Leiden

Wenn wir leiden, können wir uns öffnen, statt uns zu verschließen. Das mildert unser Leiden. Wir tun dies, indem wir angesichts des Leidens denken: »Nicht nur ich leide, sondern viele andere Menschen leiden. Andere fühlen auch diesen Schmerz. Und wenn ich schon leide, dann wünsche ich, dass andere Menschen von diesem Schmerz erlöst werden oder zumindest Erleichterung erfahren!« Dies bewahrt Sie davor, im eigenen Leiden zu versinken. Sie nutzen das Leiden, wenn es schon da ist, als Vehikel für Ihre Bewusstheit.

Wenn wir große Freude genießen, dann ist damit gleichfalls die Gefahr der Isolation von anderen gegeben. Wir nennen dies auch Hochmut, der das Risiko eines nachfolgenden Absturzes in sich birgt. Sie können dem Hochmut entgegenwirken, indem Sie erfahrene Freude anderen weihen, also praktiziertes Wohlwollen üben: »So wie ich möchten auch andere diese Freude genießen. Möge auch anderen Menschen diese Freude zuteilwerden.« Denken Sie dabei an all die Menschen, die diese Freude derzeit nicht haben, und wünschen Sie ihnen alles Gute. Wenn Sie etwas Gutes essen, denken Sie beispielsweise an jemanden, der dieses Essen derzeit nicht genießen kann, und wünschen Sie ihm diesen Genuss. Dies bewahrt uns vor der Krankheit, die Ramana

Maharshi als »Wahn des Ich« ansieht, nämlich die Idee, alle Konsumgüter als »Mein« zu betrachten.

Die Inspiration für das folgende Ritual stammt von Julie Henderson.* Essen Sie drei leckere Kekse. Beim ersten Keks sagen Sie: »Diesen Keks esse ich für all die Menschen, die in ihrem Mitgefühl weiterentwickelt sind als ich. Möge mir ihr Segen zuteilwerden.« Lassen Sie ihn dabei langsam auf der Zunge zergehen. Beim zweiten Keks sagen Sie: »Diesen Keks esse ich für all die Menschen, die noch nicht so weit entwickelt sind. Möge mein Mitgefühl ihnen zum Segen werden!« Und den dritten Keks essen Sie für sich selbst: »Diesen Keks esse ich für das vollkommene Selbst in mir. Möge es meinen Körper, meine Seele, meinen Geist durchstrahlen und in voller Güte durch mich wirken.«

Beginnen sollte man mit Tonglen bei sich selbst. Für den Erwachten ist Tonglen gedacht, um die Welt, in der er lebt, zu transformieren. So können wir angesichts von Freude wie von Leid mitfühlend und offen bleiben.

Das Ritual mit dem Keks war die Vorübung. Steigen wir nun näher in die Praxis des Tonglen ein.

Tonglen mit sich selbst – den eigenen Körper wahrnehmen

Zu Beginn der Übung ist es hilfreich, wenn Sie den eigenen Körper spüren, mit Ihrem Bewusstsein in Ihren Körper hineinschlüpfen und wahrnehmen, wie sich Ihre Organe, Ihre Knochen, Ihre Atmung etc. anfühlen – ohne

* Vgl. dazu Julie Henderson: *Die Erweckung des Inneren Geliebten*. Ansata Verlag Interlaken

dabei zu werten. Nehmen Sie wahr, was Sie wahrnehmen. Wenn unangenehme Körpergefühle Sie bedrücken – Emotionen, Wut, Ärger, Depressionen oder zwanghafte Gedanken –, dann beobachten Sie all diese, ohne zu bewerten, was Sie wahrnehmen. Erinnern Sie sich aber zugleich daran, dass Sie diese Gefühle nicht sind.

Das Aufblitzen von Alaya/Wahrnehmen von Allverbundenheit

Dann beginnen Sie mit der Bewusstseinsausdehnung, indem Sie an etwas denken, das Ihr Herz öffnet. Lenken Sie beispielsweise Ihre Aufmerksamkeit auf etwas Schönes, um sich für die Wahrheit, für Ihr wahres Sein zu öffnen. Wenn Sie in der Praxis der Selbst-Erinnerung geübt sind, wird Ihnen das in Sekundenbruchteilen gelingen, weshalb die Tibeter auch von einem »Aufblitzen von Alaya«, einem »Aufblitzen von Wahrheit« oder auch von einem »Fühlen von Bodhichitta« (Erwachensgeist) sprechen. Am Anfang Ihrer Tonglen-Praxis kann es sein, dass Sie nur für diese erste Phase die gesamte Übungszeit benötigen. Das ist erst einmal völlig in Ordnung. Nachfolgend einige Hilfen, die Sie in der Öffnung unterstützen können. Denken Sie beispielsweise an Folgendes:

Denken Sie *an ein hilfreiches Naturbild*: Viele Menschen finden in ihrer Phantasie oder Erinnerung ein inneres Asyl, einen Lieblingsort, zu dem sie geistig Zuflucht nehmen, wann immer sie Schutz und Kraft brauchen. Dieser Ort kann sein: ein Bild, welches Weite, Erleuchtung, Essenz ausdrückt und in Ihnen ein Wohlgefühl auslöst, oder auch ein Ort oder Gegenstand in der Natur, eine

Lagune, ein Sandstrand, ein wunderschöner Ozean, eine Insel in der Karibik, ein Ort in den Bergen, ein Urlaubsort, ein wogendes Weizenfeld, eine Waldlichtung, ein Ort aus der Kindheit, ein Platz, an dem eine besonders schöne Erfahrung gemacht wurde, ein Sonnenaufgang am Meer oder auch ein Spaziergang unter dem Sternenhimmel. Finden Sie Ihren Ort!

Oder denken Sie *an einen spirituellen Meister*, Heiligen, Lehrer, den Sie sehr verehren, oder an ein Vorbild, das in Ihnen eine positive Atmosphäre schafft. Dies kann Jesus Christus sein, der Dalai Lama, Mutter Maria oder auch ein von Ihnen verehrter Verwandter. Ihr eigenes Empfinden entscheidet.

Oder denken Sie *an einen erfüllten Zeitpunkt* in der Vergangenheit, bei dem Sie besonders glücklich waren: an einen Augenblick der Erleuchtung, der Einheitserfahrung oder des Erwachens, an den Moment einer großen Liebe, einer wundervollen Begegnung oder an einen, als Sie sich eins mit Ihrem Körper, mit »allem, was ist«, fühlten.

Wer in der Meditation geübt ist, kann auch *andere Hilfsmittel* nutzen, um sich an den Augenblick der Vollkommenheit zu erinnern, so zum Beispiel:

- Dem Klang einer langsam verhallenden Klangschale folgen
- Sich seines wahren Selbst erinnern
- Die Lücke zwischen zwei Atemzügen wahrnehmen und sich ihr überlassen
- Dem inneren Klang lauschen
- In die eigene Mitte gehen

- Das innere Licht wahrnehmen
- Konzentration auf das Innere einer Kerzenflamme oder auf ein Mandala
- Hingabe an die kosmische Ordnung

Zur Einstimmung können Sie auch an jemanden oder etwas denken, der oder das »Wärme im Herzen« bzw. Mitgefühl in Ihnen auslöst, wie zum Beispiel an

- einen alten Menschen, der der Pflege bedarf
- Tiere, die in einem Zoo gefangen sind und sich nach Freiheit sehnen
- jemanden, der Ihnen Gutes getan hat und dessen Wohlsein Sie wünschen
- eine berührende »Herz-zu-Herz-Begegnung«
- ein weites Herz, eine Herzausdehnung, einen Hohlkörper, den »reinen Raum«, ein Hologramm o. Ä.

Die obige Einstimmung hat den Zweck, in Ihnen eine Herz-Öffnung zu erzeugen. Es genügt, wie gesagt, ein kurzes Aufblitzen dieser Qualität. Das Aufblitzen sorgt gewissermaßen für ein Umschalten zwischen Ego (Konsumentenbewusstsein) und Selbst (Transformationsbewusstsein).

Konzentration auf den Atem

Der Atem strömt in uns ein und aus, und so wie der Atem zu uns kommt und von uns geht, kommen und gehen Angenehmes und Unangenehmes zu und von uns. Der Atem selbst ist neutral. Ob Sie arm sind oder reich, glücklich oder unglücklich, beeinträchtigt nicht die Tatsache, dass Sie atmen. Der Atem urteilt und verurteilt nicht. Der Mörder hat ebenso einen Atem wie der Heilige.

Um in die Qualität der *Atembeobachtung* zu kommen, ist es hilfreich, den Atem ein- und ausströmen zu lassen, ohne ihn voranzutreiben oder zu unterdrücken.

Nachfolgend lernen Sie die *Porenatmung*: Stellen Sie sich vor, dass Sie durch die Poren ein- und ausatmen. Wenn Sie dies können, kommen wir zur *Qualitätsatmung*: Fügen Sie dem Atem eine Qualität hinzu. Am leichtesten ist es, wenn Sie mit *Ruhe* beginnen. Atmen Sie *Ruhe* ein und aus. Erleben Sie, wie dadurch alles in Ihnen mit Ruhe angefüllt wird und auch Ruhe um Sie herum entsteht.

Das Aufnehmen des Unangenehmen

Wir haben bereits erkannt, dass Widerstand die Gefahr in sich birgt, uns von der Quelle zu trennen. Indem Sie bereit sind, das Unangenehme zu erfahren, ja sogar einzuatmen, treten Sie in Kontakt mit etwas, das größer ist als die Quelle dieses Widerstandes.

Sie werden nachfolgend lernen, wie Sie Unerwünschtes unbeschadet mit dem Atem aufnehmen, in sich umwandeln und mit dem Ausatmen in Form einer positiven Qualität zurückgeben können. Damit wandelt sich Ihre Identität: Sie sind nicht länger ein kleines Kind (Konsumentenhaltung), dass auf Angenehmes angewiesen ist, sondern identifizieren sich mit der »erwachten Seele« (Bodhisattva), die in sich die Dinge wandeln kann. Das erste Objekt der Umwandlung allerdings sind Sie selbst, indem Sie das Unangenehme in sich wandeln und sich selbst dadurch befreien.

Die tibetische Tradition rät, erst einmal »neutrale« negative Qualitäten wie heiß, dunkel, schwer einzuatmen, später »pauschale« Qualitäten wie Abscheu, Beengtheit, Bitterkeit, Feststecken, Frust, Klaustrophobie, Scham, Verkrampfung, Verzweiflung, Zorn etc. Viele Lehrer raten dazu, sich vorzustellen, wie beim Einatmen schwarzer Rauch in das Herz einzieht. Trungpa Rinpoche empfahl, sich vorzustellen, dass man in einem Raum voller Menschen Kohlenstaub einatmet. Doch bevor wir dies können, sollten wir mit etwas noch Leichterem beginnen: unserer momentanen Befindlichkeit.

Beginnen Sie erst einmal bei sich selbst. Spüren Sie einmal, ob sich um Sie herum oder in Ihnen ein ungutes Gefühl befindet. Am leichtesten ist es, mit Schwere zu beginnen. Atmen Sie Schwere ein und geben Sie diese in einer »inneren Bewegung« in Ihr Herz. Spüren Sie, wie diese dadurch durchlässig wird. Erlauben Sie, dass die Schwere Sie durchdringt. Wenn es Ihnen schwerfällt, Atem und Schwere zu verbinden, können Sie auch erst einmal Schwere fühlen, während Sie zugleich Ihren Atem beobachten. Dann beginnen Sie, die Schwere mit dem Einatmen zu verbinden, und erleben Sie, wie sich durch die innere Hingabe der Schwere in Ihnen Spannungen lösen. Paradoxerweise werden Sie durch das Annehmen der Schwere nicht belastet, sondern können vielmehr recht gut mit ihr leben.

Nachdem wir die Schwere-Übung erfolgreich absolviert haben, wollen wir nun mit Hilfe von Tonglen einen inneren Konflikt lösen. Gibt es etwas an Ihnen, mit dem Sie in Konflikt sind? Dies kann eine körperliche Schwierigkeit sein, aber auch eine Missempfindung oder auch ein Verhaltensmuster, das Sie an sich nicht mögen. Atmen Sie genau das, was Ihnen widerstrebt, ein und stellen Sie sich dabei vor, dass Ihr »erwachtes Herz« genau dieses annehmen und in Liebe auflösen kann. Vielleicht erhalten Sie das Sinnbild eines »schwarzen Loches« im Weltall oder eines inneren Feuers, das all das Ungeliebte verbrennt.

Sehen Sie das, was Sie einatmen, als heilende Kraft an, welche Barrieren und Herzpanzerungen auflöst und Weite freilegt. Erleben Sie so das Wunder, dass Sie durch Tonglen nicht beschmutzt oder belastet, sondern befreit und gereinigt werden können.

Das eben praktizierte Annehmen von sich selbst nennen die Buddhisten »Maitri«. Maitri ist tibetisch und bedeutet: Bedingungslose Liebe und Freundschaft mit sich selbst. Tonglen ist kein Instrument, sich zu bestrafen, sondern Ausdruck von genau dieser Selbstliebe. Es geht also nicht darum, zu verurteilen, sondern darum, sich rundum, mit allem Gelösten und Ungelösten, anzunehmen und dadurch die Dinge zu wandeln.

Im Falle von Krankheit sollten Sie allerdings nicht die Krankheit einatmen, sondern den emotionalen Schmerz, der die Krankheit in Ihnen auslöst. Ebenso bei Armut: Atmen Sie das Leiden ein, das die Armut in Ihnen auslöst, aber nicht den Mangel.

Wenn Widerstand gegen diese Übung hochkommt, dann nehmen Sie einfach diesen Widerstand wahr – ohne ihn negativ zu bewerten, und atmen Sie dann den Widerstand ein und die Lösung des Widerstandes aus.

Das Aussenden des Positiven

Dieses ist die dritte Phase. Wieder beginnen Sie mit sich selber. Rufen Sie ein Gefühl darüber in sich hervor, was es heißt, »Sie selbst« zu sein. Empfinden Sie Mitgefühl und Akzeptanz sich selbst gegenüber. Stellen Sie sich sowohl im Ein- wie im Ausatmen vor, dass Sie in Frieden sind. Dann spüren Sie hin: Welche Qualität würden Sie selbst momentan am dringendsten benötigen? Nehmen wir einmal an, dies sei »Leichtigkeit«. Für viele Menschen ist es am einfachsten, mit der Leichtigkeit zu beginnen. Konzentrieren Sie sich darauf, Leichtigkeit zu empfinden, während Sie Ihren Atem beobachten. Dann imaginieren Sie, dass sie beim Ausatmen Leichtigkeit in alle Zellen atmen. Sie können auch andere Qualitäten wählen wie beispielsweise kühl, hell, leicht oder auch Feiern, Frische, Frieden, Freude, Gesundheit, Humor, Kraft, Liebe, Vergebung, Weite, ja sogar die Energie von »einem köstlichen Essen« oder »erfüllter Sinnlichkeit«, die Ihnen guttut. Sie beatmen also zuerst einmal sich selbst, indem Sie aus Ihrem Selbst heraus zugunsten Ihrer Persönlichkeit die positiven Qualitäten ausatmen. Später beziehen Sie andere Menschen in Ihre Positivität ein.

Das Verbinden von Aufnehmen und Aussenden

Nachdem Sie beide Qualitäten kennengelernt haben, konzentrieren Sie sich einmal auf die ungelöste Qualität, die Sie belastet, nehmen Sie diese innerlich auf, lösen Sie sie beim Einatmen in sich auf und konzentrieren Sie sich beim Ausatmen auf die positive Qualität, die Sie sich wünschen. Also beispielsweise »Schwere einatmen – Leichtigkeit ausatmen«. Achten Sie dabei darauf, dass Einatmen und Ausatmen in etwa gleich lang dauern.

Sollten Sie sich emotional überwältigt fühlen, ist es hilfreich, zur reinen, wertfreien Atembeobachtung zurückzugehen und liebevoll und sanft »zu fühlen, was Sie fühlen, ohne zu denken«, das heißt, bewusst bei dem zu bleiben, »was ist«, ohne in die Furcht vor Schmerz oder in mentale Bilder abzudriften.

Sollten Sie spüren, dass Sie Schwierigkeiten mit dem Aufnehmen und Aussenden von Qualitäten haben, dann gehen Sie wieder einen Schritt zurück zur Porenatmung oder zur Selbsterinnerung. Beginnen Sie in diesem Fall von da aus von vorne.

Wenn es Ihnen schwerfällt, den ganzen Zyklus auf einmal durchzuziehen, empfehlen viele Tonglen-Lehrer (z.B. Geshe Kelsang Gyatso), zuerst für eine Weile den einen, dann den anderen Bestandteil des Zyklus zu praktizieren, bis man sie alle zusammenfügen kann.

Tonglen mit anderen

Wenn Sie erfahren haben, dass Sie durch Tonglen Ihre eigenen Themen lösen können, wächst in Ihnen die Bewusstheit, Freude und Sicherheit, Äußeres umzuwandeln.

Machen Sie Tonglen zuerst mit einer Person, die Sie mögen und die Ihr Mitgefühl verdient oder weckt. Dies kann Ihre Mutter sein oder ein guter Freund, Ihr Partner oder Ihr Kind. Spüren Sie einmal hin: »Was ist das wahre Bedürfnis dieses Menschen, das mit seinem Lebensglück zusammenhängt? Worin besteht seine Belastung und was würde ihm helfen?« Atmen Sie all das, was diesen Menschen belasten mag, ein und das, was ihm hilft, aus, also zum Beispiel: »Liebeskummer einatmen – Daseinsfreude ausatmen!« Sehen Sie vor Ihrem geistigen Auge, wie dieser Mensch einen Seufzer der Erleichterung ausstößt und sein wahres Selbst immer mehr beginnt, durch ihn zu scheinen.

Wenn Sie dies können, machen Sie Tonglen später auch mit einem Menschen, den Sie nicht mögen oder der lieblos mit Ihnen umgeht. Dies kann beispielsweise ein unangenehmer Kollege sein oder der scheinbar böse Nachbar, ein ehemaliger Widersacher oder ein schwieriger Lehrer. Besonders hilfreich ist Tonglen auch bei Partnerschaftskonflikten. Beginnen Sie in einem ersten Durchgang erst einmal mit sich selbst: Konzentrieren Sie sich dabei auf die negativen Empfindungen, die Sie gegenüber der Person haben, und anschließend auf die positiven Empfindungen, die Ihnen helfen würden, mit diesem Menschen besser umzugehen. Also zum Beispiel: »Feindseligkeit einatmen – Freundschaftlichkeit ausatmen«. Wenn Sie selbst mit diesem Menschen in Frieden sind, lenken Sie in einem zweiten Durchgang Ihre Empathie zum anderen. Es hat ja einen Grund, warum der andere so ärgerlich ist, und das hat weniger mit Ihnen als vielmehr mit ihm selbst zu tun. Welche negative Energie belastet den anderen und welche Qualität würde der andere dringend brauchen, damit er aufatmen, loslassen, glücklich sein kann? Versetzen Sie sich dafür in den anderen hinein und versuchen Sie, sein Leiden zu empfinden und das, was sein Leiden lindern könnte, also zum Beispiel: »Isolationsgefühl einatmen – Verbundenheit ausatmen!«

Sie können die beiden Durchgänge in einem Durchgang zusammenfassen. In diesem Fall bringen Sie alle negativen Gefühle gegenüber dieser Person mit dem Einatmen in Ihr Herz, denn schließlich sind es *Ihre* Gefühle. Üben Sie Tonglen mit allem, was Sie an dieser Person abstößt. Denken Sie: »Wie ich möchte diese Person glücklich sein!« Mit dem Ausatmen senden Sie dieser Person all das zu, was diese sich möglicherweise ersehnt. Stellen Sie sich dabei vor, dass diese Person ihre eigene Essenz spürt. Denken Sie, falls es Ihnen möglich ist: »Ich liebe dich, mögest du glücklich sein!« Andernfalls denken Sie: »Ich tue mein Bestes, möge sich die Situation entspannen!«

Wenn Sie in der Lage sind, Tonglen mit Widersachern zu betreiben, und in der Praxis geübt sind, können Sie ebenso *kollektives Tonglen* versuchen: Stellen Sie sich alle leidenden Wesen der ganzen Welt vor. Atmen Sie deren Ungeliebtes ein und – während Sie ausatmen – stellen Sie sich vor, dass alle Wesen frei von diesem Ungeliebten sind. Hierbei ist es wichtig, dass Sie Tonglen stets für andere *und* für sich selbst machen, sich also selbst in das Tonglen einbeziehen. Stellen Sie sich also vor, dass alle anderen – *inklusive* Sie selbst – frei von Leiden sind.

Spätestens dann, wenn Sie derart in Tonglen geübt sind, können Sie auch *Spontan-Tonglen* praktizieren, und zwar wann immer die Situation für Sie herausfordernd ist.

Wenn Sie von Negativität überrascht werden, ist es mitunter hilfreich, sich zuerst darauf zu konzentrieren, welche *Bedürfnisse* der andere haben könnte, und erst dann mit der Tonglen-Atmung anzufangen. So erweist sich schon zu Beginn der Praxis das Negative als das verkleidete, nicht verfügbare Positive.

Beispiel: Wenn Ihr Nachbar Sie anschreit, wäre der Reflex normal, zurückzuschreien (animalisches Erbe). Mit der Tonglen-Praxis erkennen Sie, dass das positive Bedürfnis – das, wonach er sich eigentlich ersehnt – »Frieden« ist und das Negative, das er aussendet, »Aggression«. In diesem Fall atmen Sie für Ihren Nachbar Aggression ein und Frieden aus. Sie werden dabei das Wunder erleben, wie sehr diese Praxis Sie stabilisiert und Ihre Beziehung zu Ihrem Nachbarn entlastet.

Tonglen ist für viele Menschen im Alltag schwieriger als in einer Meditationsgemeinschaft. Dies liegt daran, dass wir es in freier Wildbahn gewohnt sind, auf die althergebrachte Weise zu reagieren, und dass der Tonglen-Reflex nur schrittweise eintrainiert werden kann. Und doch ist es genau der Alltag, in dem sich der Wert dieser Technik bewährt.

Zusammenfassung der Tonglen-Praxis:

1. Selbsterinnerung: ein Gefühl von Weite und Offenheit aufblitzen lassen
2. Sich einstimmen: mit der Porenatmung beginnen
3. Fokussieren (Wohlwollen):
   a) Einatmen: alles Leiden, was ich bzw. diese Person bzw. dieser Moment erfährt
   b) Ausatmen: alles, was zur Heilung dieser Person bzw. dieses Moments beiträgt
   c) Herzensweite: immer wieder die Weite des Herzens spüren
   d) Zurückkehren ins reine Sein

Anwendungsbeispiele in alphabetischer Reihenfolge:

- *Ablehnungs*-Tonglen: Wenn Sie Schmerz, Ablehnung, Konflikt erfahren, können Sie diesen Konflikt lösen, indem Sie denken: »Wie ich möchte auch dieser Mensch Glück erfahren!« Dadurch verbinden Sie sich mit dem anderen, anstatt sich von ihm zu trennen.
- *Augenblicks*-Tonglen: Das gesehene Leiden bzw. Problem des Augenblicks beatmen. *Tipp:* Beobachten Sie im Alltag wertfrei, wann Sie sich öffnen bzw. verschließen – so etwa im Gespräch, am Telefon, beim Lesen eines Briefes, beim Schauen eines Films etc. – und erkennen Sie dabei, wann Sie offen bleiben und wann Tonglen angebracht ist.
- *Bottompusher*-Tonglen: Hier üben Sie Tonglen mit der Person, welche die Emotionen schürt – sie wird so zu Ihrem »Spezialtrainer« Ihrer Bewusstheit.
- *Eigen*-Tonglen: Hierbei fühlen Sie sich entweder direkt oder Sie stellen sich selbst als Person vor und wie Sie sich selbst gegenüberstehen. Denken Sie während der Tonglen-Praxis: »Möge ich glücklich sein! Möge ich frei sein vom Leiden!«
- *Einzelpersonen*-Tonglen: Für Partner, Eltern, Freund, Chef etc. Stellen Sie sich vor, Sie seien die andere Person: »Was fühlt, wünscht, fürchtet diese? Wie erlebt sie Sie? Was bekäme sie gerne von Ihnen?«
- *Emotionen*-Tonglen: Hier beatmen Sie die unangenehme Emotion, egal ob eigen oder fremd.
- *Erinnerungs*-Tonglen: für die Vergangenheit, schmerzhafte Erinnerungen, Kindheit, Jugend, Krieg etc.
- *Hilfsbedürftigen*-Tonglen: für Obdachlose, Bettler, Kranke, Unterdrückte etc.

- *Kranken*-Tonglen: In diesem Fall ist es wichtig, nicht die Krankheit einzuatmen, sondern den Wunsch, das emotionale Leiden zu lindern und dass die Krankheit für den anderen ein Weg zum Erwachen wird.
- *Meditations*-Tonglen: Hier empfiehlt es sich, vorher eine Liste der Personen, Augenblicke oder Umstände zu erstellen, denen das Tonglen zugute kommen soll.
- *Neigungen*-Tonglen: für unliebsame Muster, Fixierungen, Begehren, Gewohnheiten. Hier erleben Sie viele Wunder, sobald Sie den Mut haben, Ihre Neigungen zu transformieren, anstatt sie blind auszuagieren.
- *Obdachlosen*-Tonglen: Hier können Sie insbesondere das Gefühl des Zumachens einatmen und ein Gefühl von Weite und Akzeptanz ausatmen.
- *Psycho*-Tonglen: für Irritation, Hemmung, seelische Belastung etc.
- *Rassen*-Tonglen: für eine bestimmte Menschenkategorie, Rasse, Volk etc. Rassen-Tonglen können Sie für Täter- wie für Opfervölker machen, für Vertriebene, Kasten etc.
- *Schwierigkeiten*-Tonglen: In diesem Fall können Sie die Schwierigkeit einatmen, die Lösung ausatmen und so Problemlösungen erfahren.
- *Sterbenden*-Tonglen (»Sukhavati«): In diesem Fall atmen Sie das Festhalten am Körper und den belastenden Mustern ein und Furchtlosigkeit, Heiterkeit, Offenheit und Geistesklarheit aus.
- *Straßen*-Tonglen: Gehen Sie die Straße entlang und spüren Sie, wie offen Sie bleiben können.

- *Stau*-Tonglen (beim Verkehrsstau oder vor der Ladenkasse): Statt sich genervt oder gelangweilt zu fühlen, schauen Sie sich um. Erkennen Sie, dass andere den gleichen Schmerz des Feststeckens empfinden. Atmen Sie dann den Ärger, Zorn, die Empörung, Nervosität, Ungeduld ein und Gelassenheit und Heiterkeit aus. Eventuell finden Sie sogar ein nettes Wort für die Wartenden.
- *Sucht*-Tonglen: für die Sucht nach Alkohol, Zigaretten, Drogen, Arbeit, Internet etc. In diesem Fall spüren Sie zuerst Mitgefühl mit sich selbst (»Maitri«), atmen Sie nicht die Sucht, sondern die Belastung aufgrund der Sucht (Schwere, Dumpfheit etc.) ein und die Freiheit, Weite etc. der Suchterlösung aus.
- *Täter*-Tonglen: für Missetäter, kriminelle Politiker etc.
- *Tier*-Tonglen: Haustiere, Tiere in freier Wildbahn, Schlachtvieh etc. Stellen Sie sich dabei nicht vor, Sie seien das Tier, sondern lediglich, dass Sie den Schmerz des Tieres einatmen und die Freude, das Glück, die Freiheit ausatmen.
- *Wohltäter*-Tonglen: für jemanden, der Ihnen Gutes getan hat. Denken Sie hierbei: »Wenn ich ihn doch nur von meinem Leiden befreien könnte.«

Tonglen erweist dort seinen besonderen Wert, wo wir in irgendeiner Weise spüren, dass wir unser Bewusstsein verengen, dass wir uns von unseren Mitmenschen isolieren oder zumachen. Viele Menschen fühlen dies am Hautwiderstand (es stellt ihnen zum Beispiel die Nackenhaare hoch), an ihrer Dissoziation (sie driften gedanklich ab) oder an ihrer Emotion. Bereits beim leisesten Ansatz von Isolation von dem, »was ist«, können Sie Tonglen machen und daraus binnen weniger Augenblicke großen Nutzen ziehen.

Beispiel: Bei einer Diskussionsrunde fühlen Sie ein Unbehagen. Sie fühlen sich vom ziemlich dominanten Diskussionsleiter zurückgewiesen oder nicht in Ihrem vollen Potenzial gesehen und akzeptiert. In diesem Fall spüren Sie Ihre Befremdung und beginnen mit Tonglen. Sie atmen »Zurückweisung« ein und das Gegenteil davon – »Verbundenheit« – aus. Sie nehmen das Gefühl der Zurückweisung – das Gefühl zwischen Ihnen und dem Diskussionsleiter – mit dem Einatmen in sich an, unabhängig davon, ob dieses nun mit Ihnen oder dem anderen zu tun hat, und atmen das Gefühl von Verbundenheit aus.

Sie können dann erleben, dass binnen weniger Minuten der Diskussionsleiter beginnt, anders über Sie zu sprechen oder Sie anzureden, obwohl Sie äußerlich gar nichts getan haben.

Das Gleiche können Sie auch tun, wenn Sie sich zum Beispiel befremdet fühlen, weil Sie in der Kirche einen Vortrag vom Pfarrer als dogmatisch empfinden. In diesem Fall atmen Sie »Dogmatismus« ein und »geistige Weite« aus. Wann immer eine Schwingung nicht so ist, wie sie für Ihr Wohlsein gut wäre, bringen Sie einfach eine bessere hinein.

Um Tonglen zur täglichen Praxis zu machen, sollten Sie über eine gewisse psychische Stabilität verfügen. Auch ist es hilfreich, Tonglen in einer erfahrenen Gruppe zu praktizieren und jemanden zu haben, mit dem Sie sich austauschen können.*

Bodhichitta ist *ein* möglicher Weg, um Positivität und Bewusstheit »in den Ausdruck zu bringen«. Hierfür erweist sich Tonglen als eine geeignete Methode. Doch auch diese Praxis hat ihre Grenzen, da sie sowohl an einzelne Eigenschaften gekoppelt ist als auch an den Atem. Sie reicht sehr weit und kann Ihnen äußerst umfassend helfen. In letzter Konsequenz wird jedoch auch das »Ich«, das Tonglen macht, verschwinden und der Bodhichitta in Ihnen die Transformation von selbst erwirken, ohne dass Sie dafür etwas tun müssen. Für denjenigen, der sich ausschließlich auf der allerhöchsten Ebene bewegt, mag es genügen, das Eine Herz in allem zu sehen und zu spüren, was ist. Er wird möglicherweise keine Qualitäten wie Enge und Weite mehr benötigen, um diese Qualität zu verkörpern. Doch solange uns in dieser Welt noch irgendetwas stört, ist Tonglen ein geeignetes Hilfsmittel, um den bewertenden Verstand zu übersteigen und die innere Transformationskraft wahrzunehmen.

Übung:

1. Erstellen Sie eine Liste zum Thema »Liebe und Dankbarkeit« und führen Sie all die Menschen, Verstorbenen, Meister, Tiere, Pflanzen etc. auf, die Ihnen viel bedeuten oder die viel für Sie getan haben.

* Nähere Informationen über Tonglen erhalten Sie unter anderem in *Das Herzjuwel der Erleuchteten* von Dilgo Khyentse (Theseus Verlag), *Bodhichitta. Das erwachte Herz* von Pyar Troll (Kamphausen Verlag) und in dem Buch *Tonglen* von Pema Chödrön (Arbor Verlag).

2. Erstellen Sie eine Liste zum Thema »Mitgefühl« mit allen Menschen, Situationen, eigenen Themen, bei denen Sie den Wunsch verspüren, das Leiden zu lindern.
3. Erstellen Sie eine Liste zum Thema »hilfreiche Bilder« mit Bildern bzw. Erinnerungen von Weite, Erleuchtung, Essenz – wie etwa dem weiten blauen Himmel, dem Blick eines Astronauten auf die Erde, der Erinnerung an einen Spaziergang am Ufer des Meeres, Ihres Lieblings-Urlaubsortes, erlebter Stille etc.

Mein Herz ist von Natur aus offen und mitfühlend. Aber da ich schmerzliche Gefühle und Situationen fürchte, richte ich Barrieren auf, um mich zu schützen. Um die Barrieren aufzulösen und mein Herz zu öffnen, bin ich bereit, mich zu dem Schmerz, den ich fühle, zu bekennen und ihn ganz anzunehmen. Und will ihn auflockern durch liebende Güte und Mitgefühl. Indem ich mich offen und mitfühlend meinem eigenen Schmerz stelle, kann ich mein Herz gänzlich für andere öffnen. Mögen alle fühlenden Wesen sich des Glücks und der Wurzel des Glücks erfreuen. Mögen sie alle frei sein von Leiden und der Wurzel des Leidens.*

* Zitat eines Bodhisattvas; Vgl. dazu auch das Buch *Tonglen* von Pema Chödrön.

Dankbarkeit

Jede der in diesem Buch beschriebenen Tugenden für sich genommen kann Ihnen helfen, zu Ihrer ursprünglichen Positivität, zu Ihrem reinen Sein durchzubrechen. Dies gilt insbesondere auch für die Tugend der Dankbarkeit. Unter Dankbarkeit verstehen wir »die Anerkennung von empfangenem Wohlwollen«. Für die Entwicklung Ihrer Dankbarkeit ist es völlig unbedeutend, wie viel jemand anderes tatsächlich für Sie getan hat und ob Ihnen jemand Steine oder Blumen in den Lebensweg gelegt hat. Ausschließlich Ihre *Bewertungen* entscheiden darüber, ob Sie Ihr Leben, Ihre Mitmenschen, Ihre Vergangenheit und Ihre Gegenwart voller Dankbarkeit erleben oder ob Sie sich frustriert, verbittert, irritiert und demotiviert fühlen.

Soweit es um die Dankbarkeit der anderen Menschen Ihnen gegenüber geht, können Sie diese nicht erzwingen oder manipulieren, indem Sie diese Personen beschenken oder mit Komplimenten überhäufen. Die Dankbarkeit anderer ist unabhängig davon, wie viel Sie ihnen geben oder nicht, und hängt allein von deren Haltung ab, ist also die Angelegenheit der anderen. Deshalb kann und sollte man Dankbarkeit nicht fordern oder erzwingen, sondern selber dankbar sein – auch den scheinbar undankbaren Menschen, die einen umgeben – und genau diesen Menschen Dankbarkeit vorleben und ihnen ein Leitbild sein.

Beispiel: Eine Klientin beklagte sich darüber, dass ihre fast erwachsene Tochter ziemlich undankbar und nie mit ihr zufrieden sei. Was immer sie ihr schenken würde, für die Tochter wäre dies nie genug. Erst in der Lebensberatung erkannte sie, dass die Dankbarkeit ihrer Tochter nicht ihre Angelegenheit ist. Sie entschied sich, fortan nicht mehr aus einem Schuldbewusstsein heraus zu geben oder um Dankbarkeit zu erwirken, sondern aus Freude am Schenken, ohne Dank zu erhoffen.

Das Problem mit der Dankbarkeit liegt stets beim Betreffenden selbst. Wer zur Dankbarkeit nicht in der Lage ist, ist deshalb nicht böse – doch er belastet sich dadurch selbst. Die Sprache drückt diesen Zusammenhang aus mit der Redewendung »sich beschweren«. Wer undankbar ist, ist nicht glücklich, auch wenn er viel hat. Und wer dankbar ist, ist glücklich, auch wenn er wenig hat.

Die hilfreichen Überzeugungen, die mit der Entwicklung von Dankbarkeit einhergehen, sind:

- Ich habe etwas erhalten und freue mich darüber.
- Ich hatte keinen Anspruch auf das empfangene Wohl und habe es doch bekommen.
- Ich bin bereit, das Wohl, das ich empfangen habe, zu erwidern.

Viele Menschen scheuen sich, Dankbarkeit zu empfinden oder auszudrücken. Dahinter stecken subtile Strategien, die leider nicht funktionieren, und keineswegs hilfreiche Überzeugungen wie:

- Wenn ich »danke« sage, ordne ich mich dem unter, dem ich danke, und mein Stolz wird verletzt.
- Durch meinen Dank verliere ich den Rechtsanspruch auf weitere Leistungen.
- Indem ich bei den anderen durch Undankbarkeit und Beschwerden »Schuldgefühle« erzeuge, zwinge ich sie zu weiteren Leistungen.

Manche undankbare Menschen haben schon sehr früh gelernt, wie sie andere für sich beschäftigt (und mitunter auch gebunden) halten können, indem sie andere anklagen. Sie geben als Grund für eine Misere stets Außenstehendes an: eine schlechte Erziehung, ein schwieriges Milieu, ungeeignete Eltern, falsche Lehrer usw. Doch indem sie jemandem die *Schuld* geben für etwas, das bei ihnen nicht funktioniert, geben sie auch die *Macht* dorthin ab.

Beispiel: »Geschieht der Mutti recht, wenn ich mich erkälte, sie hätte mir ja eine warme Mütze anziehen können!«

Es liegt an mir, ob ich meine Eltern, Partner, Kinder, Verwandten, Kollegen zu Kanälen der Fülle mache, indem ich sie ehre und dankbar bin für das, was ich von ihnen erhalten habe, oder ob ich sie zu Feinden mache, indem ich sie anklage für all das, was sie mir nicht gegeben haben.

Im Gegensatz zum obigen Beispiel kann Dankbarkeit sehr viel Positives bewirken:

- Wenn ich Dankbarkeit empfinde, manifestiere ich dadurch, dass ich etwas Wertvolles erhalten habe. Jesus sagt in *Markus 11,24*: »Alles, was ihr bittet in eurem Gebet, glaubt nur, daß ihr's empfangt, so wird's euch zuteilwerden.«
- Wenn ich Dankbarkeit empfinde und ausdrücke, gewinne ich dadurch einen wertvollen Verbündeten. Denn dadurch hat die Freude, die er zu mir ausgesendet hat, eine Chance, in mein eigenes Herz zurückzukehren.
- Durch Dankbarkeit ziehe ich unweigerlich Erfolg an, da Dankbarkeit eine Haltung der Fülle ist. Auch Sie würden doch einem dankbaren Menschen etwas lieber geben als einem undankbaren – oder?
- Indem ich in anderen durch meine Dankbarkeit ein Gefühl von Fülle stimuliere, ziehe ich automatisch deren Wohlwollen in mein Leben. – Hierzu wieder ein praktisches *Beispiel*: Stellen Sie sich vor, ein Vater hat drei erwachsene Söhne, die mittlerweile ihr eigenes Leben führen. Der erste Sohn schreibt dem Vater immer wieder Briefe, in denen er ihn dafür anklagt, dass er so streng und unberechenbar gewesen ist. Der zweite lässt gar nichts mehr von sich hören – ihm ist sein Vater inzwischen gleichgültig geworden. Der dritte Sohn aber schreibt dem Vater Briefe der Dankbarkeit, in denen er sich an das viele Schöne, das sie gemeinsam in der Kindheit unternommen haben, erinnert. Was glauben sie, zu welchem Kind die meiste positive Energie des Vaters fließt? Selbst wenn der Vater allen drei Söhnen das gleiche Maß an Liebe und Aufmerksamkeit zukommen lassen wollte, wäre doch

der dritte Sohn am meisten beschenkt, weil er sich am meisten dem positiven väterlichen Energiestrom öffnen kann.

Erkennen wir: Wir selbst öffnen unseren Kanal der Fülle dort, wo wir in der Lage sind, Dankbarkeit zu empfinden. Wir selbst sind die Beschenkten, wenn wir uns als dankbar erweisen. Wie Seligman in seinen Forschungen nachwies, »liegen die Übeltäter, die Lebenszufriedenheit aushöhlen, darin, die guten Seiten Ihrer Vergangenheit nicht genügend zu wertschätzen und die schlechten überzubewerten«.* Dankbarkeit vergrößert die Wertschätzung der guten Vergangenheitserfahrungen und sieht den Geber aller Gaben in einer höheren Quelle. Sie richtet den Menschen aus auf das Höchste. Die eigene Lebensgeschichte neu zu schreiben unter dem Aspekt der Dankbarkeit, schwächt die Macht der negativen Bewertungen, uns verbittert, frustriert und entmutigt zu machen, und öffnet uns für das Glück, das wir empfangen.

In einem großangelegten Versuch ließ Seligman jeden Seminarteilnehmer einen Menschen mitbringen, der ihm in seinem Leben wichtig gewesen war, dem er aber nie richtig gedankt hatte. Jeder würde als Ausdruck seines Dankes eine kurze Laudatio als Zeichen seiner Anerkennung langsam, laut und mit Blickkontakt vorlesen, dabei insbesondere ein besonderes Erlebnis erwähnen und der betreffenden Person eine Dankbarkeitsurkunde überreichen. Anschließend würde man über das Testimonial diskutieren. Seligman berichtet nach Abschluss

* Martin E. P. Seligman: *Der Glücks-Faktor*, S. 124 ff.

des Experiments: »Die Wirkung des Dankbarkeitsabends war so dramatisch, dass ich von da an von seiner Erfahrung überzeugt war.«*

Die Kraft der Dankbarkeit offenbart auch die folgende Geschichte:

> Eines Tages bat eine Lehrerin ihre Schüler, die Namen aller anderen Schüler in der Klasse auf ein Blatt Papier zu schreiben und ein wenig Platz neben den Namen zu lassen. Dann sagte sie zu den Schülern, sie sollten überlegen, was das Netteste ist, das sie über jeden ihrer Klassenkameraden sagen können, und das sollten sie neben die Namen schreiben. Es dauerte die ganze Stunde, bis jeder fertig war, und bevor sie den Klassenraum verließen, gaben sie ihre Blätter der Lehrerin.
> Am Wochenende schrieb die Lehrerin jeden Schülernamen auf ein Blatt Papier und daneben die Liste der netten Bemerkungen, die ihre Mitschüler über den einzelnen aufgeschrieben hatten.
> Am Montag gab sie jedem Schüler seine oder ihre Liste. Schon nach kurzer Zeit lächelten alle. »Wirklich?«, hörte man flüstern. »Ich wusste gar nicht, dass ich irgendjemandem was bedeute!« und »Ich wusste nicht, dass mich andere so mögen!« waren die Kommentare.
> Niemand erwähnte danach die Listen wieder. Die Lehrerin wusste nicht, ob die Schüler sie untereinander oder mit ihren Eltern diskutiert hatten, aber das

* Ebenda

machte nichts aus. Die Übung hatte ihren Zweck erfüllt. Die Schüler waren glücklich mit sich und mit den anderen. Einige Jahre später war einer der Schüler in Vietnam gefallen und die Lehrerin ging zum Begräbnis dieses Schülers. Die Kirche war überfüllt mit vielen Freunden. Einer nach dem anderen, der den jungen Mann geliebt oder gekannt hatte, ging am Sarg vorbei und erwies ihm die letzte Ehre.

Die Lehrerin ging als Letzte und betete vor dem Sarg. Als sie dort stand, sagte einer der Soldaten, die den Sarg trugen, zu ihr: »Waren Sie Marks Mathe-Lehrerin?« Sie nickte: »Ja.« Dann sagte er: »Mark hat sehr oft von Ihnen gesprochen.«

Nach dem Begräbnis waren die meisten von Marks früheren Schulfreunden versammelt. Marks Eltern waren auch da, und sie warteten offenbar sehnsüchtig darauf, mit der Lehrerin zu sprechen.

»Wir wollen Ihnen etwas zeigen«, sagte der Vater und zog eine Geldbörse aus seiner Tasche. »Das wurde gefunden, als Mark gefallen ist. Wir dachten, Sie würden es erkennen.« Aus der Geldbörse zog er ein stark abgenutztes Blatt, das offensichtlich zusammengeklebt, viele Male gefaltet und auseinandergefaltet worden war. Die Lehrerin wusste ohne hinzusehen, dass dies eines der Blätter war, auf denen die netten Dinge standen, die seine Klassenkameraden über Mark geschrieben hatten. »Wir möchten Ihnen so sehr dafür danken, dass Sie das gemacht haben«, sagte Marks Mutter. »Wie Sie sehen können, hat Mark das sehr geschätzt.«

Alle früheren Schüler versammelten sich um die Lehrerin. Charlie lächelte ein bisschen und sagte: »Ich habe meine Liste auch noch. Sie ist in der obersten Lade in meinem Schreibtisch.« Chucks Frau sagte: »Chuck bat mich, die Liste in unser Hochzeitsalbum zu kleben.« – »Ich habe meine auch noch«, sagte Marilyn. »Sie ist in meinem Tagebuch.« Dann griff Vicki, eine andere Mitschülerin, in ihren Taschenkalender und zeigte ihre abgegriffene und ausgefranste Liste den anderen. »Ich trage sie immer bei mir«, sagte Vicki und meinte dann: »Ich glaube, wir haben alle die Listen aufbewahrt.«

Die Lehrerin war so gerührt, dass sie sich setzen musste, und weinte. Sie weinte um Mark und für alle seine Freunde, die ihn nie mehr sehen würden. Im Zusammenleben mit unseren Mitmenschen vergessen wir oft, dass jedes Leben eines Tages endet und dass wir nicht wissen, wann dieser Tag sein wird. Deshalb sollte man den Menschen, die man liebt und um die man sich sorgt, sagen, dass sie etwas Besonderes und Wichtiges sind.*

Dankbarkeit ist eine Ursache: Wenn ich Dankbarkeit pflege, muss positives Schicksal auf mich zukommen.**

Tipp: Setzen Sie sich jeden Abend vor dem Schlafengehen kurz hin und notieren Sie drei Ereignisse des Tages, für die Sie dankbar sein können.

Übung für Paare: Wenn Sie in einer festen Beziehung

* Entdeckt bei: Saarland Community, Quelle: www.sol.de

** Ergänzender Literaturhinweis in diesem Zusammenhang: Kurt Tepperwein: *Verwirklichen* (Goldmann Verlag München); vgl. dazu insbesondere das Kapitel *Dankbarkeit*.

sind, gehen Sie jeden Abend kurz in die Stille und finden Sie eine (neue) Sache, für die Sie heute Dankbarkeit Ihrem Partner gegenüber empfinden, und teilen Sie diese mit Ihrem Partner.

Diese Übung können Sie übrigens auch stillschweigend mit Blick auf die Beziehung zu Ihren Eltern, Ihrem Kind, Ihrem spirituellen Vorbild bzw. Meister, mit Blick auf Ihre Arbeit, Ihren Körper usw. machen. Auch die Dankbarkeit funktioniert nach dem Gesetz der Aufmerksamkeit: Wohin Sie Ihre Aufmerksamkeit »geben«, davon bekommen Sie mehr.

Ob Sie das Leben als wunderschön oder als abscheulich empfinden, liegt an Ihren Bewertungen, daran, ob Sie Ihr Ego oder Ihr Selbst durch sich wirken lassen, und vor allem an Ihrer Dankbarkeit. Menschen, die sich beklagen, dass der Becher nur halbleer ist und nicht halbvoll, vergessen völlig, darüber dankbar zu sein, dass überhaupt ein Becher vorhanden ist. Wie reich sind wir doch, dass wir durch einen Körper erfahren dürfen, was es heißt, zu leben. Dankbarkeit macht das Leben wunderschön, egal wie es ist. Denken wir nur an Wittgenstein, der als ein wirklich schwieriger Charakter galt. Doch auf dem Sterbebett erkannte er sein Leben voller Dankbarkeit an und sprach zu den Umstehenden seine letzten Worte: »Sag ihnen, es war wunderschön!«

Undankbarkeit ist eine »Strategie«, die nicht funktioniert und uns in Illusionen verstrickt hält. Wie entsteht sie? Im Laufe des Heranwachsens haben wir oftmals Strategien entwickelt, die sich darum drehen, was wir von anderen *nehmen* können. Wir nehmen zahllose Dinge als selbstverständlich an, ohne überhaupt zu würdigen, wie sehr uns geholfen wird. Anderes degradieren wir mehr und mehr zu einer Funktion, die unseren Zwecken dienlich sein soll. Um diese Ichbezogenheit und Selbstsucht beibehalten zu können, unterdrücken wir die Regungen unseres wahren Selbst, welche erst durch eine Neubewertung spürbar werden können.

Da wir es in den meisten Fällen seit unserer Kindheit gewohnt sind, das Leben mit den Augen der Nichtdankbarkeit anzuschauen, ist es sinnvoll, das Leben noch einmal zu betrachten und neu zu bewerten. Es ist nicht so, dass die Vergangenheit für das Jetzt von Bedeutung wäre. Doch wir können die Erfahrungen der Vergangenheit für eine Neuorientierung nutzen. Wir können aus der Vergangenheit lernen. Umgekehrt können wir das Jetzt nicht nutzen, wenn wir uns im Laufe der Jahre an Fehlbewertungen gewöhnt haben, die das Leben als arm, gemein und hinterhältig erscheinen lassen. Der Wert der Vergangenheitserinnerung kann darin liegen, dass wir uns – statt uns zu beschweren – unsere Beziehungen zu unserer Vergangenheit sowie zu unseren Mitmenschen anschauen und dann Neubewertungen in unserem Gehirn vornehmen, die uns das Leben aus einer etwas anderen Perspektive zeigen und unser wahres Selbst ein wenig mehr durchscheinen lassen. Und um diese soll es im folgenden Kapitel gehen.

A wonderful world	**Eine wundervolle Welt**
I see trees of green, red roses too I see them bloom for me and you.	Ich sehe das Grün der Bäume, rote Rosen auch, ich sehe sie blühen für mich und dich.
I see skies of blue and clouds of white. The bright blessed day, the dark sacred night.	Ich sehe das Blau des Himmels und die weißen Wolken, den hellen gesegneten Tag und die dunkle, geheimnisvolle Nacht.
The colors of the rainbow so pretty in the sky. Are also on the faces of people going by.	Die Regenbogenfarben, so wunderschön im Himmel und auch auf den Gesichtern der vorbeigehenden Leute.
I see friends shaking hands, saying how do you do. They're really saying »I love you«.	Ich sehe Freunde, die Hände schütteln, fragen, wie es ihnen geht. Sie sagen wirklich: »Ich liebe dich!«
I hear babies cry, I watch them grow. They'll learn much more than I'll never know.	Ich höre Babys schreien, ich sehe ihnen beim Wachsen zu. Sie lernen viel mehr, als ich jemals wusste.
And I think to myself, what a wonderful world.	Und ich denke für mich selbst, was für eine wundervolle Welt.
(Louis Armstrong)	

Sag morgens mir ein gutes Wort,
bevor du gehst zuhause fort,
es kann so viel am Tag geschehn,
wer weiß, ob wir uns wiedersehn.
Sag lieb ein Wort zur guten Nacht,
wer weiß, ob man noch früh erwacht.
Das Leben ist so schnell vorbei
und drum ist es nicht einerlei,
was du mir hast zuletzt gesagt
und was du mich zuletzt gefragt.
Drum lass ein gutes Wort
das letzte sein, bedenk, das letzte
könnt für immer sein.«

Verfasser unbekannt

Drei Fragen, die Ihre Welt verändern

Menschen, die sich tief mit dem Sinn des Lebens und des Sterbens befasst haben, bestätigen die Erkenntnis, dass in der Dankbarkeit ein entscheidender Schlüssel für ebendiese Sinnerfahrung liegt. Viele Menschen haben Angst vor dem Tod und vor dem, was diesem Leben folgt, ohne jemals richtig gelebt zu haben. Doch der Tod ist nur die Abschlussprüfung des Lebens. So wie wir leben, so sterben wir auch. Im Tod zeigt sich, welche geistige Haltung wir erarbeitet haben, ob wir dieses Leben in tiefer Dankbarkeit loslassen können – dies wäre ein leichtes Sterben – oder ob wir zänkisch und unzufrieden über unseren Lebensverlauf sind – dies wäre ein schweres Sterben.

Menschen mit Nahtoderfahrungen berichten*, dass angesichts des Todeserlebnisses der Lebensfilm noch einmal in Höchstgeschwindigkeit abläuft. Das wahre Selbst des Menschen, das keine Lüge kennt, nimmt dabei aus den Ereignisbildern eine Bewertung des abgelaufenen Lebens vor, die in einer Erfahrung von Dankbarkeit oder von Bedrückung endet. Die Dankbarkeit bezieht sich hierbei nicht so sehr auf das, was der Mensch gehabt hat – denn das muss er ja beim Tod unweigerlich loslassen –, son-

* Raymond Moody: *Leben nach dem Tod. Die Erforschung einer unerklärlichen Erfahrung*. Rowohlt Verlag Reinbek

dern eher auf das, was er im Laufe des Lebens aufgrund seiner Handlungen, Worte, Gedanken geworden ist. Hat der Mensch Frieden geschlossen mit allem, was war, und allen Personen, die ihm im Laufe des Lebens begegnet sind, erlebt er das Loslassen seines physischen Körpers als eine orgiastische Erfahrung. Doch viele Menschen mit einer Nahtoderfahrung berichten auch immer wieder, dass sie sich an der Schwelle zum Jenseits entschieden hätten zurückzukommen in die physische Welt, da sie mit einigen Ereignissen und Bewertungen, insbesondere auch über sich selbst, noch nicht zufrieden waren und noch einiges gutzumachen hätten.

Die enge Verknüpfung vom Sinn des Lebens und des Sterbens und dem Thema der Dankbarkeit bewegte ein Leben lang auch einen Japaner namens Yoshimoto Sensei. Geplagt von der Frage nach dem Sinn des Lebens, unterzog er sich einer sehr strengen buddhistischen Disziplin namens »Mishirabe«. Ohne Essen, Trinken und Schlafen fragt sich der Mishirabe-Übende Tag und Nacht: »Wohin gehe ich nach dem Tod?« Der Sinn dieser Übung bestand nicht darin, über mögliche nachtodliche Lebensformen zu fantasieren, sondern Momente des jetzigen Lebens zu erforschen, in denen man Liebe erfuhr. Ein Mishirabe-Übender soll in sich selbst die Erfahrung des tiefen Vertrauens in die eigene Wesensart aufspüren und der umfassenden, unendlichen Natur allen Seins begegnen. Yoshimoto verfügte damals über ein großes Wissen. Es war jedoch vorwiegend eine Ansammlung von Erkenntnissen *anderer* Menschen und gründete weniger auf *eigenen* Erfahrungen. Er unternahm drei vergebliche Versuche, mit Hilfe der Mishirabe-Übung Befreiung zu erlangen, und erkannte schließlich: »Mein Verhalten war noch voller Stolz. Die Zeit war noch nicht reif für echte Einsicht.«*

Erst Jahre später erfuhr Yoshimoto sein endgültiges Erwachen aus der Natur des Leidens, doch die Frage »Wohin gehe ich nach dem Tod?« erschien ihm zu schwer und unpraktisch für moderne Suchende. Nach jahrelanger Forschung ersetzte er die obige durch die nachfolgenden drei Fragen und nannte seine Methode »Naikan«, was so viel bedeutet wie »Innenschau«:

1. »Was hat .... in dieser Zeit für mich getan?«
2. »Was habe ich für .... in dieser Zeit getan?«
3. »Welche Schwierigkeiten habe ich .... in dieser Zeit bereitet?«

Statt der oben gewählten Formulierung können wir alternativ auch einsetzen: »Woran *erinnere ich mich,* was die Person … für mich getan hat, was ich für die Person … getan habe, welche Schwierigkeiten ich der Person … bereitet habe?« Die dritte Frage verlangt von mir, mich in die andere Person hineinzuversetzen. So wird mir klar, worin die Schwierigkeit lag, die ich ihr gemacht habe.

In einem strukturierten Prozess wird der Naikan-Übende aufgefordert, diese drei Fragen auf Lebensabschnitte oder Personen seines Lebens zu beziehen. Meis-

* Kassettenaufnahme eines Vortrags von Yoshimoto über die Entstehung von Naikan, deutsche Übersetzung von Prof. Akira Ishii.

tens beginnt man dabei mit der eigenen Mutter, also: »Was hat meine Mutter für mich getan? Was habe ich für meine Mutter getan? Welche Schwierigkeiten habe ich meiner Mutter bereitet?« Um zu präzisen Ergebnissen zu kommen, wird hierbei auch noch der Zeitraum eingeschränkt, also etwa in diesem Fall: »Was hat meine Mutter für mich getan, als ich zur Grundschule ging?« Später kann man sich natürlich auch mit den Lebensabschnitten des Erwachsenenalters befassen, also zum Beispiel: »Was hat mein Exfreund Karl für mich getan in der Zeit, als wir zusammengewohnt haben?« Wir benutzen dabei ein Kodierungssystem, das uns zu eigen ist, etwa Autos, in denen wir als Kind mitgefahren sind, Schulen, die wir besucht haben, Wohnorte, Arbeitsplätze, Partner, Leute, die wir gekannt haben, usw.* Mit Hilfe dieser Technik ist es insbesondere möglich, jede Form von seelischem Schmerz, ausgelöst durch große Enttäuschungen des Lebens, loszulassen und in Wohlbefinden zu wandeln.

In den offiziellen Naikan-Schulen übt der Naikan-Praktizierende hinter einem Wandschirm für sich alleine. Ein erfahrener Sensei (Lehrer) kommt immer wieder, um sich Themen und Zeiträume anzuhören, die der Übende zum Gegenstand seiner Kontemplation gemacht hat, und um ihm das Essen zu bringen. Klienten mit entsprechenden Problemen bekommen Sonderthemen wie Lügen, Spielen, Trinken, Sucht etc. zur Bearbeitung. Im Idealfall werden je 20% der Zeit für die ersten beiden und 60% der Zeit für die letzte der drei Fragen aufgewendet. Selbstüberhe-

* David K. Reynolds: *Die stillen Therapien. Japans Wege zum persönlichen Wachstum*. Synthesis Verlag Essen

bung oder Klagen werden bei Naikan als unpassend und egozentrisch eingestuft. Insbesondere die mögliche vierte Frage »Welche Schwierigkeiten haben andere *mir* bereitet?« wird bewusst *nicht* gestellt, und gerade dies macht den »Naikan-Effekt« aus: Eine Umstrukturierung der Vergangenheitssicht vollzieht sich beim Klienten, verbunden mit einem neuen Selbstbild und einer Neubeurteilung seiner derzeitigen sozialen Beziehungen. Die Vergangenheit wird nicht gedanklich verändert, aber die Bewertungen werden umgestaltet, anders gewichtet, in einem anderen Licht gesehen.

Die Idee von Naikan ist, dass Ihr lauteres, wahres Selbst, das im Laufe des Lebens durch die Verdrehungen und Verzerrungen des »Mind« überlagert wurde (und beim Tod sich ohnehin meldet), wieder durch Sie in Erscheinung treten kann. Bitterkeit bei der Besinnung weicht einem Hervortreten des wahren Selbst, begleitet von Reue und Bedauern. Nach einer anfänglichen Bedrückung erkennt der Klient, dass die anderen ihn ja trotz seiner Unfreundlichkeiten geliebt und umsorgt haben, was in ihm unweigerlich ein Gefühl von Freude und Dankbarkeit auslöst.

Die ersten Naikan-Übungen fanden in japanischen Gefängnissen statt. Dabei praktizierten die Strafgefangenen vor den leeren Wänden ihrer Zelle. Die Gefängnisse verzeichneten bei den Insassen, die kein Naikan praktizierten, eine bis zu 64% höhere Rückfallquote als bei Naikan praktizierenden Strafgefangenen.*

* Vgl. Claudia Müller-Ebeling und Gerald Steinke: *Naikan. Versöhnung mit sich selbst.* Kamphausen Verlag Bielefeld

Naikan-Regeln für die Selbstanwendung

- Es ist wichtig, dass ich mich an konkrete Tatsachen erinnere. Es kommt tatsächlich nur darauf an, welche Fakten ich finde, dass ich sie mit den Fragen prüfe und den inneren Kommentar abschalte.
- Es ist gut, meine Erinnerungen aufzuteilen in Personen und Zeiträume.
- Wenn ich ohne Sensei arbeite, lege ich mir eine Liste an mit den Themen, an denen ich arbeiten möchte.
- Es ist hilfreich, Naikan zusammen mit einem Freund zu machen. Beim Austausch von Naikan sollte allerdings zuerst der eine den Prozess komplett durchziehen und erst dann der andere.
- Um in die Energie des Zeitraums zu kommen, kann es hilfreich sein, sich gedanklich in die Zeit von einst zu versetzen, das heißt, alle Sinne zu aktivieren.
- Naikan-Themen: Am besten fange ich mit den frühesten Erinnerungen an: ab der Geburt und meiner Mutter, dann mein Vater. Ich kann auch Naikan bezogen auf meinen Körper, meine Talente, Geld, Chefs und meine (Ex-)Beziehungen durchführen.
- Naikan eignet sich auch gut als Gruppenmeditation (Wortmeldungen reihum).
- Die mögliche vierte Frage »Welche Schwierigkeiten haben die anderen mir bereitet?« wird *nicht* gestellt. Gerade dies macht den »Naikan-Effekt« aus.

Die Philosophie des Naikan

- Es geht nicht darum, weniger Schwierigkeiten zu machen oder mehr zu geben, sondern zu nehmen, was gegeben wird – also um die »Kraft der Dankbarkeit«.

- Es geht nicht darum, auf das »Ego« einzuwirken oder es zu bekämpfen, sondern es zu ignorieren. Das Ego zählt bei Naikan zu den Illusionen und ist einfach nicht zu beachten.
- Wenn Gefühle aufkommen, geht es nicht darum, sie zu analysieren, sondern durch Innenschau ihre Realität zu prüfen.
- Es geht nicht darum, dass meine Vita von anderen verstanden wird. Mein Leben zu verstehen, ist ausschließlich *meine* Aufgabe und stellt sich erst nach den Übungen automatisch ein – oder auch nicht.
- Es geht nicht darum, diejenigen um Verzeihung zu bitten, denen ich Schwierigkeiten gemacht habe, beziehungsweise denen zu vergeben, die mir weh getan haben, denn laut Naikan ist die Trennung zwischen »Täter« und »Opfer« eine Illusion.
- Aufkommende Reue wird wertfrei akzeptiert und trägt die Kraft zum Handeln in sich.
- Statt sich mit »Schuldgefühlen« zu geißeln, kann man Versäumnisse als Teil des Lebens weitertragen.
- Um Fehlinterpretationen zu erkennen, muss ich wieder auf die Stufe des reinen Beobachters zurückkehren, reiner Zeuge sein, beschreiben.
- Keine Deutung, keine Interpretation, kein Rat – deshalb kein Widerstand.

Wer weiß denn, ob alle Seelen im Fegefeuer losgekauft werden wollen?

Martin Luther: *Wittenbergsche These 29*

Die Vorteile der regelmäßigen Dankbarkeitsübung (Naikan) für Sie

- Ich erkenne, dass ich dafür verantwortlich bin, *wie* ich meine Geschichte sehe.
- Ich erkenne, dass völlig andere Wahrnehmungen in mir entstehen, wenn ich das Prisma bzw. den Zoom anders einstelle.
- Ich erkenne, dass ich damit nicht das Objekt meiner Geschichte bin, sondern dass ich sie als Subjekt konstruiere.
- Die drei Fragen rücken die Geschehnisse in ein anderes Licht.
- Ich fühle mit allen Zellen, dass ich alles bekommen habe, was möglich war, weil alle das gegeben haben, was sie vermochten.
- Ich stelle schlichtweg fest, dass ich mich mit meinen bisherigen Bewertungen irrte, dass meine Mutter, mein Vater bzw. mein Lover mich tatsächlich lieben oder liebten, und zwar genau so, wie diese Personen es vermögen oder vermochten, dass ich geliebt bin.
- Ich sehe, wie viel Nahrung überall ist, sobald ich es aufgebe, mich wie ein gekränktes Kind zu verhalten, das einen Keks verweigert, weil es das ersehnte Eis nicht bekommt.
- Naikan ermöglicht mir die Rückkehr aus meiner egozentrischen Absonderung in das große Ganze.
- Naikan aktiviert ein Bewusstsein, das sich nicht vom Nervensystem begrenzt sieht, sondern es als sein Werkzeug erkennt.
- Im Naikan führen uns drei Fragen zu der Erkenntnis, wie wir Wahrnehmung in Bewusstsein umsetzen.

- Die Naikan-Erfahrung bietet mir Abschied, Lösung, Öffnung und vor allem Dankbarkeit, dass die anderen mich trotz meiner Fehler mögen.

Naikan-Weisheiten

- Naikan ist der Weg vom »Was« zum »Wie« des Erinnerns.
- Nicht die Fakten prägen unsere Persönlichkeit, sondern wir benutzen die Fakten, um für unsere Zwecke eine Geschichte zu konstruieren.
- Wie wäre es, wenn die Geschichte, die ich über mich und mein Leben geglaubt habe, nicht wahr wäre? (Finden Sie eine heilere Geschichte!)
- Es ist immer nur mein kleines Ich, das die Liebe anders will, als ich sie bekomme.
- Der Einzelne ist allein verantwortlich für sein Denken und Handeln, weder Umwelt noch Gene noch Eltern werden als mitverantwortlich zugelassen.
- Wir konstruieren unsere Welt selber durch unsere Bewertungen. Die Tatsachen werden Tag für Tag stets aufs Neue von den Wächtern meiner Wirklichkeit (Mind) so vorgefiltert oder verändert, dass sie zu mir »passen«.
- Meine Wirklichkeiten bergen einen hilfreichen sowie einen blockierenden Aspekt.
- Wortloses Verstehen ist das Zeichen dafür, dass etwas erkannt wurde.
- Es wird kein Ego abgebaut, das Ego ist einfach nicht von Interesse.
- Wir verhalten uns oft so, als wären die anderen für uns geboren.

- Beziehungen zu Menschen sind das Wichtigste, dort beginnt unsere Heilung.

Das Leben ist unendlich kostbar und zerbrechlich – aber nicht nur das Leben, sondern auch unsere Beziehungen. In unseren Beziehungen weben wir an einem äußerst feinen und empfindsamen Gewebe. Dankbarkeit ist ein Schlüssel, um die Knoten in diesem Gewebe zu vermeiden.*

Wenn du fragst: »Wo ist mein Platz in dieser Welt?«,
dann lass dich fragen: »Wer hat Platz in meinem Herzen?«
Wenn du fragst: »Wo finde ich Liebe?«,
schlage ich vor: »Sei Liebe!«

* Informationen über die Naikan-Schule in Deutschland unter: www.naikan.de

Intuition

Das Wort »Intuition« kommt aus dem Lateinischen und bedeutet so viel wie »Eingebung« und ist die erlernbare Fähigkeit, Sachverhalte, Sichtweisen, Gesetzmäßigkeiten oder Richtigkeit auf intuitive Weise wahrzunehmen. Hierzu zählen:

- Instinkte, verbunden mit der Begabung, auf Anhieb Entscheidungen zu wittern, lauschen, riechen, schmecken, fühlen, »aus dem Bauch heraus« zu treffen, ohne die Zusammenhänge dabei zu verstehen;
- Umfassende Einsicht in Zusammenhänge auf einem nicht logischen oder nicht auf die Logik beschränkten Weg, so etwa die Entdeckung des Benzolrings im Traum;
- Offenheit für »Serendipität«: Hier geht es um die Offenheit für glückliche Zufälle, die gar nicht das ursprüngliche Ziel des Suchers waren, oft verbunden mit intelligenten Schlussfolgerungen. Der Ausdruck »Serendipity« wurde erstmals von dem englischen Autor Horace Walpole im Jahre 1754 verwendet. Er bezieht sich dabei auf das persische Märchen mit dem englischen Titel *The Three Princes of Serendip*, in welchem drei Prinzen viele unerwartete Entdeckungen erleben. Bekanntes Beispiel für »Serendipity« ist beispielsweise die Entdeckung des Penicillins.
- Die Wahrnehmung zukünftiger Entwicklungen mit

all ihren Optionen und Potenzialen in Form von Ahnungen.

Forschungen haben gezeigt, dass die Intuition fast immer zu besseren Lösungen führt als die logische Analyse.

Beispiel: Wenn Sie Ihren Verstand fragen, ob Sie Else oder Anna heiraten sollen, wird er Ihnen eine Reihe von Argumenten für Else und eine Reihe von Argumenten für Anna geben. Else hat vielleicht die schöneren Beine, aber Anna kann besser kochen. Ihr Verstand kann nicht wissen, wie sich die Dinge entwickeln und welcher Partner letztendlich gut für Ihr Schicksal ist.

Das Gleiche gilt für Ihre Lebensziele und für alle Fragen, die Sie sich stellen. Auch Ihr Gemüt wird Ihnen da nicht weiterhelfen können, denn Ihr Gemüt ist lediglich an angenehmen Gefühlen interessiert. Diese aber können wechseln. Um Ihre Ziele richtig ausrichten und die für Sie stimmigen Entscheidungen »treffen« zu können, benötigen Sie eine Instanz, die über Argumente und Bequemlichkeiten hinausgeht. Ihre Intuition weiß mehr als Ihr Verstand!

Es gibt eine ganze Reihe von Möglichkeiten, sich Informationen aus Quellen unabhängig vom Denken zu beschaffen. Einige davon wollen wir in diesem Kapitel erwähnen:

- Körperreaktion: Kinesiologie, Ruten, Pendeln, Körperpendeln, instinktive Gewissheit;
- Hellhören, Hellriechen, Hellfühlen;
- Innere Symbole zur Entscheidungsfindung, wie bei-

spielsweise die »Intuitionsampel«, deren innere Verankerung ich etwa in meinem Buch *Praxisbuch Mental-Training* beschrieben habe;
- Telepathischer oder medialer Kontakt: das können Verstorbene, aufgestiegene oder lebende Meister sein, Urprinzipien, aber auch das eigene höhere oder ältere Selbst;
- Tiefere Wahrnehmung.

Im Rahmen der Intuition gibt es Wahrnehmungsformen, die lediglich dem Finden einer Ja-Nein-Antwort dienen. Auch ein einfaches Tier, wie etwa ein Hase, hat diese Wahrnehmung, wenn er einen Impuls bekommt, nach rechts zu laufen und nicht nach links – weil links der Fuchs sitzt, der ihn gefressen hätte.

Intuition und Absichtslosigkeit

Bevor Sie Ihre Intuition befragen, sollten Sie sich wirklich bewusstmachen, ob Sie derzeit absichtslos sind. Wann immer ein Gedanke, eine Vorstellung oder eine Erwartung sich vor die »reine Intuition« schiebt und diese verzerrt, verfälscht oder ins Gegenteil verkehrt, sind Fehlergebnisse möglich. Sie befragen nämlich in diesem Fall Ihre Vorstellung und nicht Ihre Intuition. Um ein »reiner Kanal« für die Intuition zu sein, müssen Sie die Intuition »durch sich durchlassen«, ohne ihr als Ego im Weg zu stehen. Sie können Ihre Absichtslosigkeit (und damit Neutralität) unter anderem durch die Beantwortung folgender Fragen überprüfen:

- Würde eine Entscheidung für die eine oder die andere Richtung in Ihnen ein Gefühl von Freude oder Unlust erzeugen?
- Befürchten Sie unangenehme Konsequenzen, wenn es zu einem ganz bestimmten Ergebnis käme?
- Hoffen Sie auf etwas sehr Schönes bei einer ganz bestimmten Lösung?
- Sind Sie gerade in einer »Tagtrance«, oder sind Sie hellwach und klar?
- Haben Sie irgendwelche Vorstellungen, wie die Lösung aussehen könnte?
- Sind Sie gleichermaßen bereit, die Alternative durchzuführen, die Ihre Intuition Ihnen rät?

- Haben Sie ein Eigeninteresse an einer ganz bestimmten Variante?
- Sind Sie wirklich bereit, als »Ich« zurückzutreten und »es« durch Sie wahrnehmen zu lassen?
- Wer ist es überhaupt, der etwas wissen will – Ihr Verstand, oder ist es Ihnen ein Herzanliegen?
- Wenn Sie für andere testen: Geht es Ihnen wirklich um die Sache, oder wollen Sie nur beweisen, wie großartig Sie sind?

Mental vorauserleben, dass die eigene Intuition funktioniert

Es kann sein, dass Sie Ihrer Intuition nicht vertrauen oder diese nicht spüren können. In diesem Fall probieren Sie es einmal aus, sich vorzustellen (mental vorauszuerleben), dass Sie eines Tages zurückblicken und dankbar dafür sind, dass Ihre Intuition zuverlässig funktioniert hat.

Übung: Stellen Sie sich vor, dass Sie in naher Zukunft eine Entscheidung treffen. Sehen Sie sich vor der Entscheidung sitzen. Und dann erleben Sie, wie Sie in dieser Situation eine absolut zuverlässige Intuition und Inspiration haben und die richtige Lösung entdecken und ebenso verwirklichen.

Indem Sie sich immer wieder vorstellen, wie Ihre Intuition funktionieren wird, werden Sie erleben, dass Sie dann auch in der Praxis tatsächlich funktioniert.

Intuition mit Hilfe der Körperreaktion

Dies ist die einfachste Möglichkeit der Entscheidungsfindung: Sie befragen Ihren Körper und bitten ihn, eine angemessene Reaktion zu zeigen. In diese Sparte fallen die Kinesiologie, der Armtest, wie ich ihn immer wieder in meinen Seminaren demonstriere, aber ebenso das Pendeln und das Ruten. Auch der Umgang mit der Einhandrute hat sich bewährt, insbesondere beim Austesten von Lebensmitteln, Wohnraumentstörung und vielem anderen. Es würde den Rahmen dieses Buches sprengen, all die Geheimnisse des Rutens hier auszubreiten. Bei Interesse empfiehlt sich der Besuch eines Rutenkurses bei einem ausgebildeten Lehrer.* Eine weitere beliebte Form des Austestens ist das »Körperpendel«. Die Idee dabei ist, dass Sie Ihr Unterbewusstsein bitten, Ihren Körper leicht nach vorne kippen zu lassen, wenn die Antwort »Ja« ist und ihn nach hinten kippen zu lassen, wenn die Antwort »Nein« ist. So können Sie beispielsweise beim Einkaufen unauffällig Ihren Körper befragen, ob die Ware gut für Sie ist.

Nach meiner Erfahrung hat es sich bewährt, den Körper vor einer solchen Befragung zu »eichen«. Sie sollten mit Ihrem Körper sprechen und sich angewöhnen, in ihn

* Zum Beispiel bei Layena Bassols in München, www.layena-bassols.de

hineinzufühlen, bevor Sie mit dem »Körperpendel« testen. Dies bedeutet, auch Ihre Körperreaktionen zu zähmen. Am zweckmäßigsten wäre es, wenn Sie Ihrem Körper nicht vorgeben, wie er mit Ihnen reden soll, sondern ihn danach fragen. Sagen Sie beispielsweise Ihrem Körper: »Bitte, wenn du mich hörst, gib mir ein Zeichen für Ja.« Spüren Sie dann in sich hinein.

Es kann sein, dass Ihr Körper auf seine ganz eigene Art antwortet, beispielsweise indem er nicht nach vorne fällt, sondern eine leichte strömende Energie schickt, die an den Beinen vorne hinunter und an der Körperrückseite hinten hochströmt, verbunden mit leichtem Druck auf den Ballen und leichter Erhebung bei der Ferse – dann wäre dies das Signal für »Ja«. Ein »Nein« würde er in diesem Fall wahrscheinlich genau umgekehrt ausdrücken: mit einem Strömen nach oben an der Vorderseite der Beine und einem Strömen der Energie nach unten an der Körperrückseite, beides verbunden mit einem leichten Druck auf die Ferse. Was immer das Körperzeichen sein soll, fragen Sie Ihren Körper wiederholt: »Habe ich das richtig verstanden?« – und zwar so oft, bis die Zeichen eindeutig sind, die er Ihnen gibt. Auch während Sie testen, sollten Sie Ihren Körper immer wieder bitten »Gib mir ein Ja«, »Gib mir ein Nein«, damit Sie eingestimmt sind.

Es kann allerdings auch sein, dass Ihr Körper Ihnen Signale völlig anders geben möchte, etwa über das Empfinden von Wärme und Kälte, oben und unten – wie immer Ihr Körper mit Ihnen spricht, akzeptieren Sie es und probieren Sie im Alltag aus, welche Antworten Sie erhalten und ob diese zuverlässig sind.

Übung: Eichen Sie Ihr Körperpendel und lassen Sie sich von Ihrem Körper sagen, ob verschiedene Lebensmittel für Sie gut sind.

Instinktsicherheit

Nicht jeder Mensch ist für instinktive Wahrnehmung gleichermaßen begabt. Zudem ist Instinktsicherheit nicht exakt identisch mit intuitiver Wahrnehmung. Instinktsicherheit haben wir aus dem Tierreich gelernt. Es riecht brenzlig, wir springen auf, weil wir ein Feuer vermuten. Auch eine Situation kann brenzlig riechen. Je mehr wir unsere Sinne pflegen und bewusst wahrnehmen, desto spürbarer wird unsere instinktive Wahrnehmung. Instinkte erkennen wir daran, dass sie sich nur *einmal* melden – und dann nicht wieder. Haben wir einen Impuls unserer Instinkte überhört, dann beschäftigen sich diese damit, wie mit der neuen Situation umzugehen ist – sie melden sich in der gleichen Sache aber kein zweites Mal. Hinterher sagen wir dann: »Ich habe es doch gewusst (aber nicht danach gehandelt)!« Es braucht Mut und häufig auch Fassung, den eigenen Instinkten zu vertrauen und nach ihnen zu handeln, insbesondere dann, wenn der Verstand eine andere Lösung erwartet oder man Angst davor hat, die anderen mit seiner Handlung zu enttäuschen.

Nicht jeder ist, wie gesagt, gleichermaßen instinktbegabt, aber jeder sollte prüfen, ob es sein Weg ist, den Instinkten zu folgen, oder ob eine andere Wahrnehmung für ihn zuverlässiger ist. Wenn Sie Ihren instinktiven Impulsen folgen und Sie liegen immer wieder daneben, dann sind die Instinkte nicht Ihr Wegweiser. Unabhängig von Ihren Instinkten können Sie aber Ihre Sinneswahrnehmungen so oder so zur Unterstützung Ihrer Intuition verwenden.

Übung: Rufen Sie sich Alternativen ins Bewusstsein, zwischen denen Sie sich in Kürze entscheiden sollten bzw. wollen, beispielsweise mit der Frage: »Soll ich in die Stadt (A) oder aufs Land (B) ziehen?« Dann stellen Sie sich geistig vor, Sie würden sich für Alternative A entscheiden. Danach stellen Sie sich vor, Sie würden sich für B entscheiden. Stellen Sie sich für jede Alternative folgende Fragen:

- Wenn ich die Alternativen *riechen* könnte, wie würde A riechen und wie B? – Ihre Antwort könnte beispielsweise sein: A riecht wie Abfall, B wie Jasmin – in diesem Fall wäre die Sache klar!
- Wenn ich die Alternativen *hören* könnte, wie würde A klingen und wie B? Klingt A wie ein helles anmutiges Glöckchen und B wie ein verstimmtes Musikinstrument? Auch dann wäre die Entscheidung leicht zu treffen.
- Wie *fühlt* sich A an und wie B? – Fühlt sich A wie ein Reibeisen auf der Haut an und B wie ein zartes Streicheln? – Auch dies wäre eindeutig.

Bei dieser Übung finden Sie möglicherweise auch ihren Lieblingssinn heraus. Instinkte zeigen sich oft als körperlich spürbare Impulse. Je mehr Sie auf diese achten, desto klarer werden diese. Da viele Menschen visuell angelegt sind, wollen wir dem ein eigenes Kapitel widmen.

Symbole, welche die Intuition unterstützen

Wenn Sie visuell begabt sind, lohnt es sich, in Ihrem Unterbewusstsein ein Symbol einzurichten, das Ihnen bei der Entscheidungsfindung hilft. Jedes Symbol hat dabei seine eigenen spezifischen Merkmale. Nachfolgend zwei Symbole, die es sich lohnt auszuprobieren.

Die Waage

Übung: Denken Sie an eine Waage, die Sie einmal in Ihrem Leben gesehen haben, oder erfinden Sie eine. Wie groß ist sie? Wie sieht sie genau aus? Beschreiben Sie diese in allen Einzelheiten, beispielsweise: »Meine Waage ist eine alte Gemüsewaage, wie ich sie als Kind beim Einkaufen gesehen haben. Die Waagschalen sind aus Blech, die Waage selbst steht auf Holz. Ich sehe auf den Eichstrich und achte darauf, dass diese Waage genau austariert ist.« Dann denken Sie an eine Entscheidung, bei der Sie zwei Lösungsmöglichkeiten haben. Legen Sie gedanklich und mit geschlossenen Augen die eine Möglichkeit auf die eine, die andere Möglichkeit auf die andere Waagschale, drehen Sie sich gedanklich um und zählen Sie bis zehn. Sehen Sie die Zahlen eins bis zehn bildhaft deutlich vor sich. Dies ist wichtig, weil es Sie »zwingt«, für einige Augenblicke *nicht* an die Alternativen zu denken, also diese »Lücke« zu erlauben, in der sich die Entscheidung im Gehirn fügen kann. Dann drehen Sie sich um und schauen hin, welche Waagschale mehr Gewicht hat. Dies wird die richtige Entscheidung sein.*

Beispiel: Sie haben einen finanziellen Engpass und fragen sich, ob Sie Ihre Gläubiger mit kleinen Raten vertrösten oder private Insolvenz anmelden sollen. Als Symbol für Ratenzahlung legen Sie auf die rechte Waagschale einen Kontoauszug, auf dem kleine Raten an Ihre Gläubiger abgebucht sind, als Symbol für private Insolvenz sehen Sie die Insolvenzerklärung und legen Sie diese auf die linke Waagschale. Sie drehen sich gedanklich um, zählen bis zehn und lassen die Zahlen groß und in Weiß vor schwarzem Hintergrund erscheinen. Danach drehen Sie sich wieder um und sehen, dass die rechte Waagschale deutlich schwerer wiegt, also die Ratenzahlung die richtige Lösung ist.

Die Weggabelung

Die Weggabelung ist insbesondere dann hilfreich, wenn Sie mehr als zwei Lösungen zur Auswahl haben. Sie lässt sich jedoch auch bei zwei Alternativen anwenden.

Übung: Zuerst einmal sollten Sie die Weggabelung inklusive Richtungsmast mit verschiedenen Richtungsschildern in Ihrem Unterbewusstsein installieren. Dafür denken Sie an einen Ort, an dem Sie bereits einmal eine Weggabelung gesehen haben. Wenn Sie wüssten, wo Ihre Weggabelung steht, wo stünde sie? Welche Farbe haben die Richtungsschilder? Wie groß sind sie? Wie viele verschiedene Richtungen gibt es?

* Phyllis Krystal: *Die inneren Fesseln sprengen. Arbeitsbuch.* Econ Verlag Berlin

Viele empfinden fünf verschiedene Richtungsschilder als ideal, andere bevorzugen lieber drei. Vielleicht möchten Sie die Richtungen auch in unterschiedlichen Farben, Zahlen oder Buchstaben – etwa von A bis E – anzeigen, doch das soll Ihnen überlassen bleiben. Denken Sie immer wieder an die Weggabelung, bis Sie sich diese mitsamt den Richtungsschildern eingeprägt haben. Dann stellen Sie sich eine Frage, für die Sie mehrere Alternativen haben. Am besten notieren Sie diese Alternativen vorher auf ein Blatt Papier. Dann stellen Sie sich vor, Sie schreiben oder hängen diese verschiedenen Alternativen auf die einzelnen Richtungspfeile. Nun wenden Sie sich vom Richtungsmast ab, zählen innerlich bis zehn und schauen, welche der Aufschriften auf den Richtungspfeilen noch klar zu sehen ist, am stärksten leuchtet, am meisten Kraft hat oder (bzw. und) zu Ihnen hinzeigt. Das Zeichen, das deutlich hervorsticht, zeigt den für Sie richtigen Weg.

Wichtig ist es, sich alle Schilder bildhaft vorzustellen und sich wirklich gedanklich abzuwenden, sich dann plötzlich wieder zuzuwenden und sich davon überraschen zu lassen, welches Schild herausragt. Das, was sich spontan und als Erstes zeigt, ist normalerweise die richtige Lösung. Es ist wichtig, sich dann nicht mehr gedanklich einzumischen, da Sie sonst Ihren Impuls, den Sie bekommen haben, verfälschen. Es kann allerdings sein, dass Sie gedanklich erst den einen oder anderen Weg gehen müssen, um nachzusehen, ob er steinig oder leicht begehbar ist und wo er hinführt.*

* Ebenda

Beispiel: Sie wissen nicht, wie Sie Ihr Beziehungsleben führen sollen, ob als Asket (A), mit einem festen Partner (B), mit mehreren festen Partnern (C), mit wechselnden Begegnungen (D) oder ob Sie heiraten und Kinder bekommen sollen (E). Nun stellen Sie sich beispielsweise vor, Sie schreiben auf das Richtungsschild A in Rot »Asket«, auf Schild B in Orange »fester Partner«, auf Schild C in Gelb »mehrere«, auf Schild D in Grün »Abwechslung« und auf Schild E in Blau »heiraten«. Sie drehen sich gedanklich um, zählen bis zehn, schauen dann plötzlich zurück und sehen, wie das rote Richtungsschild zu Ihnen zeigt und stark ist, während die anderen Schilder mager sind und von Ihnen wegleuchten.

Übung: Probieren Sie die eben besprochenen Symbole zur Entscheidungsfindung aus.

Oberflächliches Denken ist eigentlich nur ein Zeichen für mangelnde Wahrnehmung!

Veränderungen in der Energie wahrnehmen

Die nachfolgende Entscheidungstechnik erfordert eine starke Selbstwahrnehmung, wie bereits mehrfach geübt. Sie besteht aus folgenden Schritten:

1. Nehmen Sie Ihre momentane Verfassung wahr und beschreiben Sie diese mit drei Worten (z. B. »ruhig, harmonisch, leicht bedrückt«).
2. Nehmen Sie eine offensichtlich richtige Aussage ins Bewusstsein und spüren Sie, wie Ihre Verfassung sich dadurch verändert, dass Sie daran denken. Beispielsweise: »Ich lebe in Europa!« – Ihr Gefühl könnte sein: »Ruhig, ein leichtes Strömen von oben nach unten.« Dann denken Sie an etwas offensichtlich Falsches, wie beispielsweise: »Ich bin Großwildjäger in Afrika!«, »Heute fallen Ostern und Weihnachten auf einen Tag!« – Spüren Sie nun, wie Ihr Bewusstsein auf diesen Gedanken reagiert. Ihr Empfinden könnte sein: »Zusammenziehen des Gesichts, als ob ich in einen sauren Apfel gebissen hätte.« Benutzen Sie noch einige weitere Beispiele, um sich einzujustieren. Dadurch ist Ihr inneres Empfinden auf Stimmigkeit geeicht.
3. Nehmen Sie die erste Alternative Ihrer Frage in Form einer Behauptung ins Bewusstsein, beispielsweise: »Mein Homöopath ist gut für mich!« Lassen Sie je-

den logischen Zusammenhang mit dem Gedanken los, nehmen Sie diese Information lediglich als »Energie« wahr und erspüren Sie seine Wirkung. Vielleicht spüren Sie, wie Ihr Bewusstsein auf diese Energie mit einem wunderbaren Strömen antwortet, was »Ja« bedeutet. Gut, dann machen Sie die Gegenprobe. Denken Sie beispielsweise: »Ich sollte die Finger von der Homöopathie lassen!« – Wenn sich nun bei Ihnen alles zusammenzieht, was Sie als ein »Nein« deuten können, wissen Sie die Antwort. Kommt zugleich ein »Ja«, könnten beide Alternativen für Sie richtig sein.

Bei fortwährendem Üben werden Sie erleben, dass – während ein anderer Mensch Ihnen etwas erzählt – Ihr Energiezustand Ihnen ebenfalls ein »Ja« oder ein »Nein« widerspiegelt, sobald Sie Ihre Aufmerksamkeit darauf richten. Sie lernen so mehr und mehr, auch im Alltag, wahre und falsche Aussagen zu unterscheiden. Beobachten Sie auch im Alltag, wie Ihre Energie auf ganz bestimmte Aussagen und Situationen reagiert.

Handschriften intuitiv deuten – Lügner durchschauen

Um zu erkennen, ob der andere lügt, stellen Sie sich einfach vor, Sie selbst seien der andere, würden seine Kleidung tragen, sein Aussehen haben. Wie fühlt es sich an, der andere zu sein?

Nachdem Sie dieses erspürt haben, imaginieren Sie, dass Sie die gleichen Worte sagen, die Sie von diesem Menschen gehört haben – und zwar »als er«, mit seiner Stimme, Wortlaut, Betonung. So erfahren Sie, aus welcher Energie heraus diese Worte entstanden sind – und in diesem Fall auch, wie wahrhaftig und wissend der andere ist bzw. war. Für eine weitere Intuitionsübung benötigen Sie einen handgeschriebenen Zettel oder Brief einer fremden Person.

Übung: Fahren Sie die einzelnen Wörter und Zeichen mit einem Bleistift nach und stellen Sie sich dabei vor, Sie seien der andere. Spüren Sie, wie Sie sich selber fühlen, während Sie auf diese Weise *als der andere* schreiben. Wenn Sie es nicht unmittelbar fühlen können, versuchen Sie, es mit drei Eigenschaftswörtern zu beschreiben, beispielsweise: »ordentlich, eingeengt, bürgerlich.« Es ist erstaunlich, wie viel die Handschrift preisgibt. Sie können allerdings auch die Energie des ganzen Zettels auf sich wirken lassen und aufgrund dessen die Energie intuitiv lesen.

Fühlen, ohne zu denken

Die nachfolgende Entscheidungsfindungstechnik hat sich besonders bewährt bei Menschen, die gut »mit dem Herzen fühlen« können.

Übung: Stellen Sie sich eine Frage, die Ihnen gerade wichtig ist. Hierbei ist es ohne Bedeutung, ob es um die Abendgestaltung geht oder um die Partnerwahl. (Am besten beginnen Sie mit etwas Unverfänglichem und tasten sich dann langsam zu den großen Lebensentscheidungen vor.) Notieren Sie alle Alternativen auf verschiedene Zettel. Nehmen wir einmal an, es geht um Ihren nächsten Urlaubsort. In diesem Fall notieren Sie jeweils auf einen Zettel ein mögliches Urlaubsziel: zum Beispiel »Norderney«, »Côte d'Azur«, »Schwarzwald«, »Safari«, »Rom«. Dann nehmen Sie einige tiefe Atemzüge. Mit jedem Ausatmen lassen Sie los, alle Vorstellungen, alle Ideen, alles, was sein sollte. Fühlen Sie in Ihr Herz hinein. Und dann, wenn Sie Ihr Herz spüren, nehmen Sie den ersten Zettel und legen Sie diesen – ohne zu schauen, was darauf steht – auf Ihr Herz. Fühlen Sie, wie sich durch die Energie der Alternative, die auf dem Zettel steht, Ihr Energiezustand verändert. Ist da eher ein Gefühl von »Gebremstwerden«, etwas Dunkles, Abblockendes, oder eher eine freundliche Einladung, etwas Öffnendes? Um ein brauchbares Ergebnis zu erhalten, müssen Sie sich darin üben, »zu fühlen, ohne zu denken«.

Am Anfang kann es sein, dass Sie unsicher sind, denn es geht ja schließlich um »Wahrnehmungsmuskeln«, die neu auszubilden sind. So wie vielleicht viele Menschen lange Zeit nicht wussten, dass es einen PC-Muskel gibt, so leben auch heute noch viele Menschen in Unwissenheit darüber, dass sie über innere Wahrnehmungsorgane verfügen. Durch Trainieren und Lernen wird Ihre Wahrnehmung immer mehr geschult. Mit Hilfe von »Versuch und Irrtum« werden Sie sich immer mehr an eine tiefere Wahrnehmung herantasten können – im Laufe der Zeit werden Sie immer sicherer und fehlerfreier hinfühlen können. Vollziehen Sie diese Übung am besten in zwei Durchgängen:

Übung 1 – Blindversuch: Sie fühlen der Reihe nach jeden Ihrer Zettel, ohne zu wissen, was auf dem einzelnen Zettel steht. Ihre geistigen Sensoren nehmen die Energie allerdings wahr und antworten darauf.

Übung 2 – Versuch mit offenen Augen: Sie lesen jede Variante und fühlen dann. Wichtig ist es in diesem Fall, sich jeder Wertung und Meinung über die Variante zu enthalten. Wenn Sie also beispielsweise prüfen, ob Norderney für Sie der richtige Urlaubsort ist, dann denken Sie einfach »Norderney«, während Sie den Zettel aufs Herz legen, ohne damit irgendeine Vorliebe zu verbinden. Denn es gibt viele Unwägbarkeiten, die Ihr Verstand nicht wissen kann (z. B. Wetter, Urlaubsbekanntschaften, Ereignisse).

Wenn Sie sowohl mit dem Blindversuch als auch mit dem Versuch mit offenen Augen zum gleichen Ergebnis kommen, spricht einiges dafür, dass Sie wirklich hingefühlt haben und Ihre Entscheidung zielsicher ist.

Wahrnehmen bedeutet, »das Wahre nehmen«
ohne vorgefertigte Meinungen!

Vom Denken zur Wahrnehmung kommen

Um eine Sache tiefer in ihrem Warum und Wieso zu erfassen, genügt es nicht, die richtige Lösung zu wissen oder zu fühlen, sondern in diesem Fall ist es notwendig, sie mit allen Sinnen wahrzunehmen, das heißt: »das Wahre zu nehmen«. Die allumfassende Wahrnehmung ermöglicht den Zugang zu einer ganz anderen Dimension als das Verstandeswissen. In dieser Wahrnehmung erkennen Sie, wie unendlich weit die Intelligenz des Bewusstseins – das »*Ich bin*« – dem Intellekt des Verstandes überlegen ist. Sie erfassen komplexe Zusammenhänge praktisch in Nullzeit. Es ist, als ob Sie auf einmal die Augen öffnen und hinschauen. Dazu eine Analogie:

Beispiel: Wenn Sie mit verbundenen Augen eine Versammlung besuchen, können Sie ahnen, ob Leute da sind, was für welche da sind und wie der Raum vielleicht beschaffen ist. Sie können aber auch die Augenbinde abnehmen und sehen, wer da ist und was um Sie herum los ist. In dieser Wahrnehmung erkennen Sie »die Wahrheit hinter dem Schein«.

Wahrnehmung erfordert natürlich eine gewisse innere Reife und Abgeklärtheit, denn solange Sie sich noch bewusst oder unbewusst etwas vormachen – zum Beispiel weil Sie eine unbequeme Wahrheit nicht sehen wollen –, wird Ihre Wahrnehmung getrübt und Ihre Zielorientierung fehlerhaft sein. Auch dazu zwei Beispiele.

Beispiel: Wenn Sie Ihre Wahrnehmung fragen, ob Else oder Anna die richtige Frau für Sie ist, aber insgeheim denken: »Nimm Else, die hat die schöneren Beine«, werden Sie keine objektive Antwort aus Ihrem Inneren erhalten.

Beispiel: Wenn Sie sich fragen, ob Sie in Zukunft eher als Manager oder als Lebenslehrer arbeiten sollen, und sich bereits im Rausch der Macht fühlen, wie toll es ist, Mitarbeiter zu haben, die für Sie arbeiten, und Ihre Umwelt kontrollieren zu können, werden Sie nicht erfahren können, welcher der beiden Wege Ihnen langfristig guttun wird.

Wahrnehmung ist nichts, das Sie erzwingen können. Sie ist ein natürliches Geschenk, das von selbst entsteht, wenn Sie sich ihr öffnen. Sie ist wie eine »vergessene Funktion«, die in Ihnen erwacht. Wahrnehmung ist ein Hinschauen und erfordert natürlich auch ein »Hinschauen wollen«. Darum kann jeder Hellseher auch nur so weit hellsehen, wie es ihn nicht überfordert. Wahrnehmen, das ist ein Erkennen aus der Stille des Verstandes heraus, eigentlich ein Erinnern. Es ist letztendlich das Bewusstwerden der Unendlichkeit des eigenen Seins und das bewusste Erleben, selbst ein ungetrennter Teil des Ganzen zu sein, der sich in seiner Individualität des Ganzen bewusst wird. Die Reise vom Denken zur Wahrnehmung findet in folgenden drei Schritten statt:

1. *Reiner Beobachter sein:* Den ersten Schritt vom Denken zur Wahrnehmung können Sie mit Hilfe der Vipassana-Meditation üben – darauf gehen wir später im

Kapitel *Meditation, Gebet und andere Kraftquellen* noch näher ein. Dabei geht es darum, die Aufmerksamkeit nicht mehr durch die Gedanken lenken zu lassen, sondern die Gedanken zu beobachten. Indem Sie die Gedanken beobachten, sind Sie der Beobachter. Eine neue Dimension von Bewusstsein entsteht. Sobald Sie der Beobachter sind, verlieren die Gedanken ihre Macht über Sie. Es ist das Ende des unbewussten und zwanghaften Denkens. Denn als Beobachter können Sie jederzeit eingreifen bzw. sich enthalten, sobald Sie unstimmige Gedanken bemerken.

2. *In der Tiefe der Gedankenstille verharren:* Sobald Sie der Beobachter Ihrer Gedanken oder Ihres Atems sind, können Sie diese auch loslassen und erleben bewusst die »Gedankenstille«, das, was Osho den »no mind« nennt. »No mind« (engl. = Nichtverstand) ist kein »Dummsein«, sondern ein »Über-die-Grenzen-des-Verstandes-Hinausgehen«, also höchste Intelligenz. Zuerst werden die Lücken nur ganz kurz sein, aber allmählich lernen Sie, jederzeit und bewusst Gedankenstille herzustellen und halten zu können. *Sie* bestimmen, *was, wann, wie* und *ob* überhaupt gedacht wird. Dies geschieht umso schärfer, je tiefer Ihre Stille geht. Es ist eine »innere Funktion«, ein »innerer Muskel«, den Sie mit fortwährender Übung trainieren. Mentales Training besteht also nicht nur darin, einen ganz bestimmten Gedanken denken und halten zu können, sondern meint auch die Übung, sich des Denkens zu enthalten, wann immer es die Situation erfordert. Erst in der Gedankenstille kann sich die Wahrnehmung zeigen.

3. *Die Aufmerksamkeit auf ein Thema richten:* Der dritte Schritt, auf dem Weg vom Denken zur Wahrnehmung zu gelangen, besteht darin, das Bewusstsein auf einen Lebensbereich zu lenken, der Ihnen wichtig ist. Hierbei ist es notwendig, nicht nur absichtslos zu sein, sondern auch über die Grenzen der persönlichen Subjektivität hinauszugehen. Zur Einsicht zu kommen, bedeutet, die Dinge als *der Eine* zu sehen, das heißt, sich selbst als das Ganze zu verstehen. Nur so erleben Sie das Wunder der Ein-Sicht und damit die Unmittelbarkeit des Seins. Indem Sie etwas »einsehen«, erlangen Sie Einsicht in eine Sache so sehr, dass Sie letztendlich die Angelegenheit *als der Eine* (Gott, universeller Geist) sehen.

Die Gabe der Wahrnehmung lässt sich nicht erzwingen, Sie ist ein Geschenk, das Ihnen zuteilwird, für das Sie sich jedoch öffnen können.

Das ältere bzw. höhere Selbst befragen

Dort, wo Ihnen die Einsicht noch nicht direkt möglich ist, möchte ich Ihnen in diesem Kapitel eine Hilfskonstruktion an die Hand geben, mit der Sie Ihrer Intuition näherkommen können. Natürlich ist es optimal, wenn Sie »aus der Einsicht heraus« leben können. Dort aber, wo Vorstellungen dieses behindern oder es Ihnen schwerfällt, vom Denken in die Wahrnehmung zu kommen, können Sie mit Ihrem Verstand und seinen Begrenzungen (»Ich kann das doch nicht wissen«) umgehen, indem Sie sich vorstellen, dass Sie mit jemandem kommunizieren, der die Antwort auf Ihr Anliegen hat. Die bildhafte Vorstellung, mit einer wissenden Person zu sprechen, kann Ihre Fantasie beflügeln, Sie können in einen geistigen Dialog treten und viele Facetten herausarbeiten. Diese »wissende Person« kann

- ein alter weiser Mann,
- ein spiritueller Meister Ihrer Wahl (z. B. auch Jesus),
- das eigene höhere Selbst,
- das höhere Selbst Ihres Partners, Kindes, Kollegen oder ein Krafttier Ihrer Wahl,
- Ihr Traumbewusstsein,
- das eigene ältere Selbst sein.

Gerade das ältere Selbst kann sehr hilfreich sein. Beispielsweise können Sie sich vorstellen, Sie würden als Ihr älteres Selbst ein Jahr später auf die heutige Situation zurückschauen und sie mit den Augen der Zukunft rückblickend betrachten. Was würden Sie Ihrem jetzigen Ich raten? – Sie können aber auch als Ihr älteres Ich einen Brief an Ihr jetziges Ich schreiben. Benutzen Sie dafür ruhig Ihre Intuition und Fantasie und prüfen Sie hinterher, was von diesem Brief für Sie heute brauchbar ist.

Vielleicht kennen Sie das Beispiel von den sieben fetten und den sieben mageren Jahren aus dem Alten Testament: Wie wichtig war es damals für den Pharao, dass ihm von einem Wissenden geraten wurde, Vorratssilos für die anstehenden Notjahre zu bauen. So ein wissender Ratgeber können Sie auch sich selbst sein.

Um in Kontakt mit Ihrem »älteren Selbst« zu kommen, kann es sinnvoll sein, in Trance zu gehen und sich dabei geistig selbst um ein Jahr vorauszuführen oder vorausführen zu lassen. Um dies zu können, empfehle ich Ihnen unterstützend mein Buch *Selbsthypnose*. Es ist in der Regel völlig ausreichend, sich selbst die Suggestion »Ich bin im Monat … im Jahr … (ein Jahr später) und ich bin jetzt … Jahre alt« zu geben, sich dies geistig vorzustellen und innerlich steif und fest zu behaupten, dass dieser Zeitpunkt bereits gekommen sei – und daraufhin Ihren Brief geistig zu schreiben oder zu diktieren!

Beispiel: Ein Klient erlebte und beschrieb, nachdem ich ihn geistig ein Jahr vorausgeführt hatte, Folgendes: »Ich befinde mich im Februar des Jahres … und bin nun fast 51 Jahre alt. Ich stehe unter einem weiten Himmel und sehe den Strand. Meine größte Sehnsucht gilt einer Weite, in der alles mit allem eins ist, und diese auszudrücken, wie ich sie in Indien erlebt habe. Ich bin wieder mit meinem inneren Kanal verbunden. Ich bin mit allem Leben verbunden. Ich bete sehr viel. Ich spüre die andere Ebene, wie sie auf mich herabkommt. Ich bin im Dienst für andere und begleitet von der Liebe Gottes, die mich führt. Endlich darf ich offiziell zu meiner Frömmigkeit stehen, ohne dafür misshandelt oder ausgelacht zu werden. Ich fühle mich sehr verbunden mit Mutter Meera aus Thalheim und bin dankbar, dass ich endlich wieder Gott spüren darf. Ich fühle mich auch mit Jesus verbunden, jedoch frei von kirchlichen Doktrinen und dem Vaterunser. Ich gehe nach wie vor ins Fitnessstudio, ernähre mich gesünder als heute, jogge am Strand und erfahre, was es heißt, zu lieben und geliebt zu werden. Rückblickend auf mein jetziges Ich würde ich Folgendes raten: Wenn die Zeit gekommen ist, den Wohnort zu wechseln, dann finde einen guten und preisgünstigen Platz zum Einlagern deiner Habe und vertraue deiner Führung auf dem Weg.« – Ein Jahr später schrieb mir dieser Klient, dass er seinen Hausstand in einer preisgünstigen Garage lagern würde, und sich sein Leben genau auf diese Weise gefügt hätte.

Wenn es um große Lebenszüge geht, kann es sinnvoll sein, für das »ältere Ich« einen großen Zeitabstand zu wählen, beispielsweise zwanzig Jahre später. *Erkenntnis:* Wenn Sie nicht weiterwissen, bitten Sie Ihr älteres Selbst um Rat!

Übung: Rufen Sie in Gedanken Ihr älteres Selbst. Stellen Sie sich selbst – um zwanzig Jahre gealtert und gereift – vor. Nehmen wir einmal an, Sie würden in den nächsten zwanzig Jahren Ihr Bestmögliches geben, also so stimmig wie möglich leben. Wie würde sich Ihr älteres Selbst dann zeigen? – Nur Sie wissen, wie und wo ihr älteres Selbst im Alter leben wird, in welchem Land, am Meer oder in den Bergen oder in der Stadt. Suchen Sie, wenn Sie möchten, den Ort auf, an dem ihr älteres Selbst lebt. Freuen Sie sich auf den Kontakt mit dieser interessanten Person.

Wenn Sie visuell begabt sind, wird Ihnen möglicherweise in Gedanken ein Bild dessen erscheinen, wie Sie später aussehen werden. Wenn Sie eher kinästhetisch veranlagt sind, werden Sie vielleicht eher fühlen können, welche Eigenschaften Ihr älteres Selbst ausstrahlt. Und sollten Sie eher auditiv veranlagt sein, hören Sie in Gedanken womöglich die Stimme Ihres älteren Selbst. Nehmen Sie diesen liebevollen Kontakt zwischen sich und Ihrem älteren Selbst wahr und stellen Sie dann die Fragen, die Sie heute beschäftigen. Lassen Sie vielleicht auch Ihr älteres Selbst in Gedanken auf die heutige Zeit zurückschauen. Die Weisheit Ihres älteren Selbst kann sich Ihnen auf vielerlei Weisen zeigen. Bedanken Sie sich bei Ihrem älteren Selbst für die liebevolle Unterstützung. Vielleicht genießen Sie auch einige Zeit zusammen. Vielleicht möchten Sie Ihrem älteren Selbst auch etwas schenken oder sich von ihm etwas schenken lassen. Und dann, aber erst dann, wenn das Gespräch für Sie in Gedanken ganz »durchgelaufen« ist, kommen Sie wieder ganz ins Hier und Jetzt.

Zwei Varianten dieser Übung haben sich in meiner Praxis als hilfreich erwiesen:

Variante 1: Stellen Sie vor sich einen Stuhl hin und sehen Sie in Gedanken Ihr älteres Selbst dort sitzen.

Variante 2: Halten Sie sich eine Plexiglasscheibe vor das Gesicht und schauen Sie dort hinein. In der Regel werden Sie Ihr eigenes Gesicht halbverspiegelt wiedersehen. Betrachten Sie dieses Bild einige Minuten lang liebevoll, schließen Sie dann die Augen und stimmen Sie sich auf Ihr älteres Selbst ein.

Vielleicht möchten Sie vor Beginn dieser Übung auch eine Affirmation oder ein Gebet sprechen, mit dem Sie darum bitten, dass Ihnen die richtigen Bilder und Eindrücke gezeigt werden und dass Sie aus diesem gedanklichen Gespräch mit einem guten Gefühl der inneren Gewissheit wieder zurückkommen.

Um in Erfahrung zu bringen, was Ihr älteres Selbst antwortet, können Sie sich beispielsweise vorstellen, Sie seien Ihr älteres Selbst, hätten genau seine Stimme, sein Aussehen, seine Qualitäten. Wichtig ist es, bevor Sie als älteres Selbst antworten, immer wieder in die Stille zu gehen und auf die Antwort zu warten, vielleicht so, als würden Sie einer Stimme lauschen, die sehr weit entfernt am anderen Ende einer Telefonleitung ist.

Statt Ihres älteren Selbst können Sie auch Ihr *»höheres Selbst«* befragen. Das »höhere Selbst« ist der Aspekt von Ihnen, der über allumfassende Liebe und Weisheit verfügt. Die Gefahr beim Konzept des »höheren Selbst« liegt in der Idealisierung; die Chance des »höheren Selbst« ist darin zu finden, dass es sich jenseits unserer Vorstellungen bewegt. Prüfen Sie bitte beide Varianten und schauen Sie, mit welcher Sie besser zurechtkommen.

Übung: Begeben Sie sich in den Pharaonensitz. Die nach oben geöffneten Hände liegen auf den Knien oder dem Tisch. Dann denken oder sprechen Sie in etwa Folgendes: »Ich rufe mein höheres (bzw. älteres) Selbst!« Erzählen Sie Ihrem älteren Selbst von Ihrem Leben, so ehrlich und authentisch wie möglich, und nehmen Sie seine Antwort wahr.

Beispiel: Ein Klient lernte, sowohl das *höhere* als auch das *ältere* Selbst für seine Lebensbewältigung zu nutzen. Wann immer er heute »Beziehungsprobleme« mit seiner Frau hat, bittet er sein »höheres Selbst« und das seiner Partnerin darum, ihm dabei zu helfen, das Problem zu lösen. Wann immer er aber praktische Antworten für seine Berufsgestaltung braucht, erscheint ihm das »ältere Selbst« als realitätsbezogener. Nachfolgend ein Dialog aus einer früheren Sitzung mit diesem Klienten.

Therapeut (T): »Setzen Sie sich hin in eine Position, die sich für Sie bequem anfühlt und in der Sie einige Zeit verharren können. Sie wissen, dass Sie heute Kontakt mit Ihrem älteren Selbst aufnehmen und ihm die Fragen stellen können, die Sie im Moment bewegen. Nehmen Sie einige Atemzüge und lassen Sie bewusst alle Muskeln los. Und während Ihr Körper sich ganz von alleine entspannen wird, können Sie sich auf die Reise begeben zu Ihrem älteren Selbst. Rufen Sie Ihr älteres Selbst jetzt mit Ihren eigenen Worten.« Klient (K): »Ich rufe die bestmögliche Variante meines älteren Selbst!« (Wiederholt dies immer wieder.) K: »Ich fühle eine Präsenz von Weisheit, eine eher weiße Energie, die in meinen Brustkorb einstrahlt, allerdings fühle ich mich im Unterkörper eher dunkel.« T: »Wenn Sie Ihr älteres Selbst sehen könnten, wie sähe es aus?« K: »Sehr durchstrahlt, sehr lichtvoll und vor allem sehr rein! Ich bringe die Farbe Weiß damit in Verbindung« T: »Wenn es eine Stimme hätte, wie würde es klingen?« K: »Sehr fein, aber durchdrungen bis zur Erde, verbunden. Jetzt spüre ich diese Energie auch in meinem Scheitelzentrum!« T: »Gut, dann sagen Sie Ihrem älteren Selbst, wie es Ihnen gerade geht!« K: »Ich bin verzweifelt. Alles, woran ich geglaubt habe, ist zusammengebrochen. Ich bin so verunsichert über mein Leben. Ich fühle Energien um mich herum, die nicht zu mir gehören. Mein Ziel ist unklar, und ich fühle mich dem Leben ausgeliefert. Ich habe Angst, zu degenerieren und im falschen Film zu sein, wie eingehüllt in Dunkelheit. Ich fühle mich alleine, getrennt vom Rest, in Spielen, die ich nicht verstehe.« Älteres Selbst (Ä): »Es ist eine Zeit der Reinigung für dich, und sie ist alles andere als angenehm, sie ist sogar äußerst unangenehm, das kann ich verstehen. Ich liebe dich. Ich habe Verständnis für dich. Es wird Zeit für dich, zum Wesen zu kommen, das heißt, wesentlich zu werden. Es ist wichtig für dich, sich auf sich selbst zu besinnen. Es ist eine Zeit, die deine Liebesfähigkeit ganz enorm fordert, doch sie hat ihren Sinn …«

Zielfindung und Zieldefinition mit Hilfe der Intuition

Nachdem Sie gelernt haben, Ihre Intuition zu befragen und mit deren Hilfe zu positiven Antworten zu kommen, lernen Sie in diesem Kapitel, Ihre Intuition zur Unterstützung bei der konkreten Zielfindung und Zielformulierung einzusetzen. Hierbei ist es wichtig, sich Zielen zu widmen, die Sie als anziehend erleben und denen Sie sich widmen möchten, ohne dass Sie sich oder andere dabei vergewaltigen müssen.

Natürlich ist es im Rahmen der positiven Mentalfokussierung ebenso möglich, Ziele zu definieren und sich mental auf sie zu konzentrieren, auch ohne dazu die Intuition zu befragen. In vielen Fällen ist ja klar, worauf die schöpferische Energie zu richten ist: Haben Sie als Vertriebsleiter Umsatzvorgaben zu erfüllen, muss die Energie darauf gerichtet werden. Wollen Sie eine Spitzenleistung im Sport erreichen, ist dieses Ziel zu fixieren. Haben Sie Beziehungsprobleme, wird die Lösung dieser Probleme Ihre vorrangige Aufgabe sein.

Doch nicht immer sind die Dinge so einfach, wie sie scheinen. Manchmal ist es einfach ungewiss, worin die eigentliche Aufgabe besteht und was das momentan anzustrebende Ziel ist. Hierfür hilft Ihnen besagte Intuition.

Wir bedienen uns dazu einer der bereits gelernten Methoden, beispielsweise der Bitte um Unterstützung durch das ältere bzw. höhere Selbst. Bevor Sie sich aufmachen, Ziele zu definieren und auszugestalten, sprechen Sie etwa folgende Bitte aus: »Liebes höheres bzw. älteres Selbst! Ich bitte um innere Führung und rechte Inspiration, damit ich meine Energien in die richtige Richtung lenke, die jeweiligen Aufgaben erkenne und mich stets stimmig verhalte.«

Übung: Konsultieren Sie Ihr älteres oder höheres Selbst zum Zwecke der Zielfindung und Definition von dem, was für Sie jetzt wichtig ist, und machen Sie sich auf, Ihre Ziele mit Hilfe Ihrer Intuition stimmig zu verwirklichen.

Bezüglich des »Wie« verweise ich auf die verschiedenen Erfolgsbücher, die unter meinem Namen erschienen sind.

Kreativität

Das Wort »Kreativität« stammt vom lateinischen *creare* ab und bedeutet »etwas neu schöpfen, erfinden, erzeugen, herstellen«. Im 19. Jahrhundert wurde das Wort »kreieren« sehr stark mit Musik und Kunst in Verbindung gebracht. Aufgrund der maßgebenden Rolle Frankreichs bei der Gestaltung von Mode im 20. Jahrhundert verknüpfte man den Begriff »Kreation« besonders mit neuen Trends. Und im Zuge einer zunehmenden Distanzierung vom »Ellenbogenmanager« wurde mit der Jahrtausendwende die Kreativität auch zum wertvollen Entwicklungshelfer in Wirtschaft und Wissenschaft: In der modernen Unternehmensberatung und -führung gewinnt die Erforschung »kreativer Prozesse« mehr und mehr an Bedeutung.

Insbesondere in der positiven Psychologie erweist sich Kreativität als außerordentlich sinnvoll. Wenn der Harvard-Professor Jerome Bruner behauptet, »Kreativität bedeutet, über die vorliegende Information hinausgehen«, dann können wir diese Aussage sogar noch erweitern, indem wir erkennen: Kreativität ist die Fähigkeit, über den bisherigen Denkrahmen hinauszudenken und ungewöhnliche, manchmal sogar geniale Lösungen zu entdecken.

Mit der Kreativität ist oftmals ein »Satori«, ein geistiges Beglückungserlebnis, verbunden, das wir immer dann erleben, wenn es uns gelingt, etwas zu denken, das jenseits unserer bisherigen Raumschale des Denkens lag, eine Art geistiger Quantensprung. Ein solches Erlebnis bezeichnen wir auch als »Geistesblitz« und quittieren es mit dem Ausruf: »Heureka!«

Das altgriechische Wort »Heureka« bedeutet auf Deutsch: »Ich habe es gefunden.« Der Ausruf geht auf Archimedes zurück, als dieser das hydrostatische Prinzip entdeckte. Die Geschichte überliefert uns, dass der neue Herrscher von Syrakus, Hieron II., eine goldene Krone in Auftrag gegeben hatte. Es kam ihm jedoch zu Ohren, die Schmiede hätten einen Teil des zur Verfügung stehenden Goldes durch Silber ersetzt und Gold auf die Seite geschafft. Daher bat der König seinen Wissenschaftler Archimedes, die Dichte der Krone zu prüfen. Sollte die Krone größer sein, als sie vom Gewicht her sein dürfte, war Silber beigemischt. Doch wie sollte Archimedes diese Aufgabe lösen? Dafür bräuchte er doch das Volumen, aber wie sollte er dies herausfinden, ohne die Krone zu zerstören?

Archimedes ging grübelnd ins öffentliche Badehaus und bemerkte, wie Wasser aus der Badewanne lief und zwar umso mehr, je weiter er sich hineinsetzte. Da erkannte er: Sein Körper verdrängte das gleiche Volumen an Wasser. Er sprang aus der Badewanne und rannte nackt durch die Straßen von Syrakus und rief: »Heureka! Ich hab's gefunden.«

In seinem anschließenden Experiment legte er einen Behälter, bis zum Rand gefüllt mit Wasser, in eine Wanne. Dann senkte er die Krone in den Behälter hinab und maß anschließend die Menge des übergelaufenen Wassers. Anhand von Gewicht und verdrängtem Wasservolumen konnte er auf diese Weise leicht die Dichte der Krone errechnen – so einfach und so genial.

Grundsätzlich können wir immer davon ausgehen, dass alle genialen Lösungen einfach sind. Wir Menschen gelangen stets vom Primitiven über das Komplizierte zum Einfachen. So bauten wir das Floß, schufen den Turbinendampfer und entdeckten das Surfbrett. In vielen Fällen erkennen wir Genialität als Gipfel unserer Kreativität daran, dass die Kompliziertheit des Denkens erlischt und stattdessen eine einfache, strahlende Lösung aufsteigt.

Kreativität als Tugend der positiven Psychologie kann sich auf vielerlei Weisen zeigen:

- *Anpassungsgabe:* also die kreative und sensitive Anpassung an veränderte Bedingungen, oftmals sogar binnen weniger Minuten.
- *Dogmen und unzutreffende Bewertungen entlarven und durch eine ganzheitliche Betrachtungsweise ersetzen:* Durch diese Gabe kann Lebenszufriedenheit erwachsen und der Betreffende sich freier entfalten. *Beispiel:* Viele Menschen halten sich für »schlecht«, weil sie gesellschaftliche Standards nicht erfüllen, beispielsweise weil sie arbeitslos sind. Indem sie erkennen, dass sie diese Bewertung nicht übernehmen müssen, wächst in ihnen die Bereitschaft zur aktiven und konstruktiven Teilnahme am Leben, ob mit oder ohne Arbeit.
- *Durchbrechendes Denken (»Breakthrough thinking«):* Dies ist der aktive, trainierbare Prozess unkonventioneller Denkstrategien zur Lösung vertrackter Probleme, an

dessen Ende eine überraschende neue Einsicht, ein Durchbruch, steht.

- *Emotionale Intelligenz:* Indem wir das Fühlen aus unserem Verstandeskästchen herausholen und uns erlauben, unsere Gefühle wieder unmittelbar zu fühlen, statt »Gefühle zu denken«, erhalten wir wertvolle Hinweise auf unsere wahren Bedürfnisse. Gefühle werden zu Botschaften, die wir weise – und mit Abstand betrachtet – erleben und prozessieren können.
- *Fehlannahmen sowie falsche Glaubenssätze und Voraussetzungen aufdecken und dadurch neue Lösungen finden:* Wer beispielsweise glaubt, dass er, um das Leben zu genießen, reich sein müsse, entdeckt, dass dies gar nicht notwendig ist. Das Gleiche gilt für den, der meint, besonders schön sein zu müssen, um einen optimalen Partner anzuziehen.
- *Innere Spaltungen erkennen und zur Synthese bringen:* Die Frage, ob man ein sinnliches oder ein spirituelles Leben führen soll, beantwortet sich dann möglicherweise darin, dass man ein sinnlich-spirituelles Leben führt. Die Wahl zwischen Schlitzohrigkeit und Gutartigkeit führt zu einer »gutartigen Schlitzohrigkeit« usw.
- *Umwidmung statt Logik:* Biologen haben inzwischen herausgefunden, dass die Natur nicht logisch denkt, sondern in Umwidmung: Flossen werden zu Beinen, Schuppen zu Federn usw.

Zur Kreativität gehört es, Regeln zu überschreiten, ohne sie zu verletzen: »Creativity is breaking the rules.«* Hierzu eine kleine Geschichte: Ein Beduine zeichnete eine Linie in den Sand und fragte die Umstehenden: »Wie kann man diese Linie verkürzen, ohne sie zu berühren?« Ein Weiser trat hinzu und zeichnete eine zweite, etwas längere Linie in die Sand, woraufhin die erste Linie kürzer erschien. Das Brechen von Regeln bedeutet also gerade nicht ein kapriziöses Anderssein. Es geht tiefer. Es bedeutet auch nicht einfach irgendeinen Regelverstoß. Es bedeutet eine Abkehr von unserer Fixierung. Stattdessen soll aufmerksam gelebt werden. Dann entstehen in einem kaum zu beschreibenden Prozess jene neuen Einsichten, die sich übrigens in aller Regel als eine Regel formulieren lassen. Ausgetretene Pfade müssen verlassen werden. Von den normalen Regeln abzuweichen, macht vielen Menschen Angst davor, die Geborgenheit in der Gruppe zu verlieren. Unsere Bewunderung für die großen Kreativ-Talente dieser Welt hat uns dazu verleitet, zu vergessen, dass jeder Mensch singen, tanzen, spielen, denken und kreativ sein kann. Laut Ellen Langer gehören zu den Eigenschaften einer kreativen Persönlichkeit

- sich frei zu machen von alten, vorgegebenen Denkstrukturen,
- Konzentration auf Prozesse, nicht auf Ergebnisse,
- »im Jetzt zu sein«,
- Abkehr von der bisherigen Fixierung,

* Zitat von Ellen J. Langer; Buchempfehlung: Ellen J. Langer: *Aktives Denken. Wie wir geistig auf der Höhe bleiben*. Rowohlt Verlag Reinbek

- offen zu sein für das Unerwartete, für Überraschungen, Zusammenhänge,
- »Mindfulness« (dieses englische Wort lässt sich am besten mit Bewusstheit, Achtsamkeit übersetzen).

Bis in die Mitte des 20. Jahrhunderts hinein war die Kreativität nur wenigen auserwählten Denkern vorbehalten. Der ehemalige Marineoffizier Alex Osborn war damit nicht zufrieden und suchte eine Methode, welche die Kreativität auch bei normalen Menschen anregt. Er entdeckte eine Technik, die er *»Brainstorming«* nannte, und beschrieb diese 1953 mit folgenden Regeln:*

- Man versammle mehrere Menschen und rege sie an, über ein vorgegebenes Thema bzw. Problem zu reflektieren und freimütig zu sagen, was ihnen dazu einfällt.
- Die Vorschläge werden auf einem Flipchart notiert.
- Verzicht auf Kritik, selbst bei unsachgemäßen Beiträgen.
- Was immer gesagt wird, kommt auf die Liste.
- Während des Brainstormings keine Diskussionen, Meinungen, Analysen oder Interpretationen zu dem Gesagten.
- In Bewegung bleiben, sich nicht mit Details aufhalten.
- Bereits erwähnte Einfälle dürfen »huckepack« genommen, d.h. als Ausgangspunkt aufgegriffen, erweitert, mit einer Wendung versehen werden.

* Vgl. Alex F. Osborn: *Applied Imagination. Principles and Procedures of Creative Problem-Solving*. Scribner Press New York

- Offenheit für Diversifizierungen, d.h. Ideen aus verschiedensten Blickrichtungen.

Erst nach Abschluss des Brainstormings werden die einzelnen genannten Punkte ausgewertet und ausgewählt. In der positiven Psychologie lässt sich Brainstorming nutzen, um kreative Lösungen für den Patienten bzw. Klienten zu finden, zum Beispiel durch die Fragen:

- Welche positiven Interpretationen könnten Sie dem Ereignis geben?
- Welche Lösungen gibt es für Ihre jetzige Problemsituation?
- Was alles könnte der konkrete Sinn Ihres Lebens sein?

In den 1960er Jahren wurde die Entwicklung von Kreativität sehr stark durch das von Tony Buzan erfundene »*Mind-Mapping*« angeregt.* Das englische Wort »Mindmap« bedeutet wörtlich »Gedankenkarte« und offenbart die Beziehung zwischen verschiedenen Begriffen auf eine grafische Art und Weise. Mind-Mapping geht davon aus, dass viele kreative Prozesse aufgrund eines optischen Eindrucks und weniger auf der Basis von reiner Logik verlaufen.

Hierbei wird das zu bearbeitende, zentrale Thema in der Mitte des Blattes positioniert. Man achtet beim Mindmapping auf eine möglichst exakte Themenformulierung. Oftmals wird auch eine bildliche Darstellung des

* Tony Buzan und Vanda North: *Mind Mapping. Der Schlüssel für deinen Lernerfolg. Train Your Brain!* Öbvhpt Verlag Wien

Themas eingefügt. Vom Zentrum aus verlaufen in die verschiedenen Richtungen Haupt-Äste (Hauptkapitel) mit maximal je sieben Unter-Ästen (Unterkapitel) und Unter-Unter-Ästen. Aus Gründen der Übersichtlichkeit wird auf den Ästen immer nur ein Schlüsselwort angeführt. Farben und Bilder bei der Erstellung unterstützen die kreative Arbeitsweise des Gehirns.

Mindmapping gibt es mittlerweile auch als Software und findet seine Anwendung in Schule, Wirtschaft, Wissenschaft und natürlich auch in der positiven Psychologie. Im Gegensatz zum Brainstorming, das unsortierte Begriffe produziert und anschließend auswertet, kreiert Mind-Mapping a priori eine vernetzte Struktur.

Dies hat folgende Vorteile:

- Man merkt sich die Mind-Map fotografisch und kann sie beispielsweise in Prüfungs- bzw. Alltagssituationen in Gedanken systematisch durchgehen;
- Mind-Map bietet eine kompakte Dokumentation hierarchischer Gliederungen;
- Kreativität und Lerneffizienz werden durch den Synergie-Effekt gesteigert, der bei gleichzeitiger Aktivierung sowohl der linken Hirnhälfte (vorwiegend verbal orientiert) als auch der rechten Hirnhälfte (visuell orientiert) entsteht;
- Einfache Handhabung;
- Schnelle und präzise Strukturierung;
- Im Team leicht zu erarbeiten;
- Abbildung von Projekten und Checklisten;
- Eignung für dezentrale Brainstormings (z. B. im Rahmen eines Online-Meetings);

- Wer eine Mind-Map sieht, fühlt sich oft animiert, sie zu ändern und zu ergänzen, und dies viel eher als bei einer listenartigen Anordnung der Stichpunkte, was die Produktivitätsreserven aktiviert.

Im Rahmen der positiven Psychologie wird Mind-Mapping eingesetzt, um die eigenen Lebensthemen (z. B. Beruf, Liebe, Beziehungen, Altersversorgung, Lebenssinn etc.) zu strukturieren und einer Bearbeitung zuzuführen. Viele Jahre nachdem sich Brainstorming und Mind-Mapping etabliert hatten, entschlüsselte der Forscher David Perkins die Geheimnisse von Genialität und Geistesblitz.* Er entdeckte, dass die großen kreativen Lösungen in der Weltgeschichte einem geradlinigen Denken nicht zugänglich waren. Er fand heraus, dass die meisten großen Erfindungen stattdessen nach ein und demselben Schema verlaufen:

1. *Lange Suche:* Der Erfinder brütet über einem Problem. Der Raum ist groß und hält nur wenige Lösungen bereit. Oft gibt es viele falsche Ansätze und Sackgassen.
2. *Geringer erkennbarer Fortschritt:* Man ist nahe daran, aufzugeben. Der Fortschritt ist gering, weil sich die Lösungsindikatoren noch nicht zeigen. Bekanntlich weisen die Indikatoren erst dann in eine klare Richtung, wenn die Lösung bereits gewittert werden kann.
3. *Beschleunigendes Ereignis:* Oftmals tritt von außen ein Hinweis auf, der den Sucher aus der Gedanken-

* David Perkins: *Geistesblitze.* Piper Verlag München

schlucht oder Oase in eine ganz bestimmte Richtung führt.

4. *Heureka-Erlebnis:* Hier entsteht ein plötzliches, schnelles Einrasten der Lösung. Plötzlich sieht der Finder das Problem aus einer völlig neuen Perspektive und entdeckt eine oftmals unerwartete Lösung. Meistens ist das Ergebnis überraschend, weil es gleichbedeutend ist mit dem Entkommen auf einer Fehlspur, dem Entkommen einer »Oase der falschen Verheißung«, einem Ausweg aus einer engen, begrenzenden Gedankenschlucht.
5. *Umgestaltung der Welt:* Das Erlebnis findet seinen Ausdruck, seine Manifestation in der äußeren Welt.

99% Transpiration, 1% Inspiration
Alva Edison

Am Beispiel der Goldsucher in Klondike, einer alten Goldgräberstätte, fand Perkins eine Analogie für diesen Prozess, den er von da an »Klondike-Logik« oder auch »Goldsucher-Logik« nannte. Er entdeckte, dass gerade in Sachen Kreativität und Genialität »ohne Fleiß kein Preis« errungen werden könnte, dabei jedoch der Pfad der Logik verlassen werden müsste, um Raum für den »Geistesblitz« zu schaffen. Seine fünf Phasen umschrieb er daraufhin wie folgt:

1. *Wildnis von Möglichkeiten:* Es gibt sehr viele verlockende Möglichkeiten, wo das Gesuchte sein könnte. Es gibt viele Orte, aber nur wenige wirkliche Lösungen und keine Hinweise auf eine vielversprechende Rich-

tung. In dieser Phase müssen wir »umherschweifen«, das heißt, die Möglichkeiten ausgiebig erkunden und gegebenenfalls durch Ausprobieren systematisieren. Es ist ein weiträumiges Durchwandern, bei dem wir hier und dort suchen, uns aber nirgends lange aufhalten. Zu Phase eins gehören auch Brainstorming und Mind-Mapping, das Sammeln vieler spontaner Ideen. In Phase eins erleben wir viele mögliche Zustände, aber nur wenige brauchbare Lösungen, einen großen Zustandsraum mit seltenen Spuren von Gold bzw. von Lösungen.

- Umherschweifen, Erkunden, Ausprobieren, Systematisieren
- Brainstorming, Mind-Mapping

2. *Spurenloses Plateau:* Es ist eine Phase, die durch einen Mangel an Hinweisen gekennzeichnet ist. Es gibt nur wenige und meistens schwache wegweisende Indizien. Die vorhandenen Spuren führen nicht zwangsläufig zu mehr Gold. Manchmal gibt es auch viele scheinbare Möglichkeiten, die so umgrenzt sind, dass man sich in ihnen verfangen kann. Perkins spricht hier auch von einer »Plateaufalle«. Die Lösung liegt im »Aufspüren«, das heißt, im Fahnden nach Hinweisen, die in eine bestimmte Richtung führen. Der Schlüssel liegt oft darin, dass etwas fehlt, was *nicht* gesagt wird. Darum ist es angesichts eines Plateaus auch wichtig, Ungereimtheiten zu prüfen und einen Weg zu suchen, der vom spurenlosen Plateau herunterführt. Oft landet der Sucher dabei in einer Region benachbarter Möglichkeiten, die aber oft ebenfalls keine Progression bringen.
   - Aufspüren, Fahnden nach Hinweisen

- Ungereimtheiten
- Wurde etwas übersehen bzw. nicht gesagt?

3. *Enge Gedankenschlucht:* Phase drei bezeichnet Perkins auch als »Canyonfalle«. Eine verdächtig leichte Scheinlösung verführt dazu, auf ihr zu beharren. Hier besteht die Gefahr, irrigen Annahmen nachzuhängen, die man für selbstverständlich hält, immer in derselben Röhre zu suchen. Man denkt im Kreis, geht immer wieder dieselben Lösungsansätze durch und sucht Unstimmiges zurechtzubiegen. In vielen Fällen liegt die Lösung jedoch jenseits des naheliegenden Suchgebietes. In dieser Phase müssen wir »umdenken«, etwa indem wir uns fragen: »Von welchen irrigen Annahmen bin ich ausgegangen? Welche Beschränkungen halte ich für selbstverständlich? Ist die Definition des Problems so richtig oder muss sie hinterfragt werden?« Es geht darum, durch einen Wechsel der Perspektive der engen Gedankenschlucht zu entrinnen, manchmal soll dem Problem auch ein neuer Denkrahmen gegeben werden. Indem wir das Problem neu definieren, gewinnen wir eine größere Freiheit.
   - Umdenken
   - Gibt es Fehlannahmen oder unzutreffende Beschränkungen?
   - Ist das Problem richtig definiert?
4. *Oase der falschen Verheißung:* Man hat stark ausgeprägte Lösungsindikatoren gefunden, aber keine Lösung. Man verläuft sich oder ruht in der Nähe einer täuschenden Verheißung, anstatt auf scheinbar weniger aussichtsreiche Wege zu gehen. Der gegenwärtige Ort der Suche (»Schürfort«) wird für zu verlockend gehal-

ten, um anderswo weiterzusuchen. Man bringt den Mut nicht auf, die Oase zu verlassen, sondern bleibt bei den Antworten, die nahe der Oase liegen – und bricht die Suche nach der korrekten Lösung ab. Man macht einen Kompromiss und gibt sich mit dem »Nicht-Stimmigen« zufrieden, lässt »fünf gerade sein«. Perkins spricht in diesem Zusammenhang von der »Oasenfalle«. Die Lösung finden wir, indem wir von dem bisher Gefundenen »abrücken«, um nicht in der Oase der falschen Verheißung steckenzubleiben. Um dies zu können, müssen wir die »Oase der falschen Verheißung« als eine Durchgangsstation erkennen. Praktisches Beispiel: In Klondike lag die Goldmine jenseits des Tales.
– Was ist die falsche Verheißung?
– Abrücken von bisherigen Lösungen
– Erkennen des Bisherigen als Durchgangsstation

5. *Unerwartete Lösung:* Meistens begleitet von einem Heureka-Empfinden.

Perkins behauptet, dass in jedem Lebensbereich die gesuchte Lösung ihr Geheimnis eher preisgibt, wenn man den besonderen Charakter der Situation akzeptiert und wie bei der sogenannten »Klondike-Lösung« vorgeht: umherschweifen, aufspüren, umdenken, abrücken. Dies garantiert zwar nicht den Durchbruch der Kreativität, aber es schafft Raum für sie.

Untersuchen wir einmal anhand des Themas »Beziehungen«, wie sich die »Klondike-Lösung« für die praktische Lebensbewältigung eignet.

Beispiel: Ein Klient, derzeit in einer unbefriedigenden

beruflichen Situation mit wenig Zeit für seine Beziehung, sucht nach einem neuen Beruf und definiert für sich folgendes Problem: »Wo finde ich einen besseren Beruf?«

1. *Wildnis von Möglichkeiten:* Er macht ein Brainstorming darüber, welche Lösungen in Frage kämen, liest die verschiedensten Stellenanzeigen, bewirbt sich im Internet, findet eine Menge an »Beinahe-Jobs«.
2. *Spurenloses Plateau:* Er fahndet nach Hinweisen und Übersehenem und entdeckt, dass es viele weitere Jobmöglichkeiten gibt. Er untersucht, wann er sich bei seiner Arbeit gut fühlt und wann nicht und was ihn befriedigen würde.
3. *Enge Gedankenschlucht:* Er fragt sich, welche Annahme er für selbstverständlich hält, und entdeckt, dass es die ist, dass er einen neuen Job braucht. Er erkennt, dass das Problem neu definiert werden muss und dass es weniger um das »Wo« als vielmehr um das »Wie« bei der Jobfindung geht. Auch stellt er sich infrage, ob er überhaupt kündigen soll.
4. *Oase der falschen Verheißung:* Der Klient überlegt, ob er in diesem unbefriedigenden Zustand bleiben soll, da dieser doch gar nicht so schlimm sei, immerhin sei sein Job doch sicher. Aus einem gewissen Anstand heraus sieht er jedoch, dass es seine Kollegen sind, die ihm in seiner Abteilung das Leben schwermachen, während die Arbeit selber ihm Spaß machen würde.
5. *Unerwartete Lösung:* Er geht zur Geschäftsleitung und fragt, ob er seine bisherige Arbeit im Rahmen eines Home-Office, also von zu Hause aus, machen dürfte,

und bekommt dieses genehmigt. Er hat zwar nach wie vor eine umfassende Arbeitszeit, aber zwischendurch immer wieder Zeit für seine Beziehung und kann sich unbelastet von den Kollegen entfalten.

Übung: Nehmen Sie sich ein Lebensthema Ihrer Wahl und bearbeiten Sie es zuerst mit Brainstorming bzw. Mind-Mapping und dann mit der Klondike-Methode. Themen können sein: Gesundheit, Fitness, Beruf, Beziehung, Familie usw.

Der Zufall begünstigt den vorbereiteten Geist.

Louis Pasteur

Meditation, Gebet und andere Kraftquellen

Das Wort »Meditation« stammt vom lateinischen *Medius* (= die Mitte) ab und bedeutet »in die Mitte gehen«. Gemeint ist die »innere Mitte«, vergleichbar mit dem Atomkern eines Elements. Nun empfindet jeder Mensch seine Mitte woanders, der eine im Bauch, der andere im Herzen und der Dritte im »dritten Auge«, auf der Stirn. Aus meiner Sicht haben alle drei Bereiche – »Head, Heart, Hips« – ihre Berechtigung und beziehen sich auf unterschiedliche Funktionen in der Meditation.

Übung: Fragen Sie sich einmal, wo Ihre Mitte liegt, und konzentrieren Sie sich auf diese innere Mitte, wo immer Sie diese finden. Entdecken Sie dabei eine starke Zentriertheit.

Wenn der Ungeübte versucht, in die Mitte zu gehen und darin zu verharren, erlebt er, dass sein Bewusstsein schnell abgelenkt ist. Im Alltag ist ihm diese Ablenkbarkeit noch nie aufgefallen, weil er an die Funktionen des Weltlichen gewöhnt ist, weil er geübt ist, »zu funktionieren«.

Viele moderne Manager meditieren aus der Absicht heraus, im Alltag besser zurechtzukommen. Sie meditieren vielleicht nur fünf Minuten, dann klatschen sie in die Hände und sagen: »Okay, das war's, jetzt setzen wir uns mit der Realität auseinander.« Dies mag eine wertvolle Hilfe sein, doch Meditation ist mehr. Meditation hat einen eigenständigen Wert. Meditation ist eine immer tiefer gehende Reise in ein unendliches »Erwachen« hinein, in den Kontakt mit der eigentlichen Realität hinein, die diese Welt der Erscheinungsformen gebiert. Meditation bedeutet also nicht, einfach nur den Verstand zu beruhigen, so wie beim autogenen Training.

Wenn der XIV. Dalai Lama öffentlich bezeugt, dass er täglich sechs Stunden meditiert, dann erkennen wir, dass es sich bei dieser Persönlichkeit keineswegs um einen Weltfremden handelt. Seine Werke, Ausarbeitungen und Vorträge über Ethik und Menschsein sowie sein gelebtes Leben zeugen von Weisheit und Praxisnähe.

Meditation bedeutet, mit unserem Kern in Berührung zu kommen. Wenn wir meditieren, dann gewinnen wir eine hohe Qualität an Lebensbewältigung (engl. *coping*) durch die Meditation. Ein bekannter Mönch sagte einmal: »Ich habe heute viel vor, ich gehe lieber erst einmal eine Stunde meditieren!« Dies erscheint als weise, denn: »Je langsamer, umso schneller!«

Wer meditiert, handelt effektiv, weil dies aus einem klaren Geist heraus geschieht. Es ist wie beim Märchen vom Hasen und dem Igel: Wer meditiert, »ist schon da«, wer nicht meditiert wie ein Hase, der hetzt sich ab und kommt doch immer zu spät. Natürlich gibt es auch Menschen, die Meditation betreiben, um der (bösen) Welt zu entfliehen. Doch dies ist nicht die Meditation, sondern ein Missverständnis von der Idee der Meditation als (Ersatz-)Droge.

Je nach Praxis ist das Ziel der Meditation die Stille oder innere Leere, ein Zustand, frei von Gedanken, Konzentration und Klarheit, das Gefühl des Eins-Seins mit dem Ganzen und/oder höheren Bewusstseinszuständen sowie eine Hilfe, um Lebensprobleme durch reine Beobachtung lozulassen. Meditation ist in der Regel begleitet von einem Zustand der »entspannten Aufmerksamkeit« in einer stillen Umgebung ohne Störreize.

Zur Meditation gehören unter anderem auch

- Bildkontemplation
- Mantrameditation
- Atembeobachtung
- Meditatives Gehen: auf einem Pilgerpfad oder wie von Thich Nhat Hanh gelehrt
- Meditatives Arbeiten

Hermann Hesse schreibt über die Meditation in seinem Roman *Das Glasperlenspiel* Folgendes:

> Je mehr wir von uns verlangen, oder je mehr unsre jeweilige Aufgabe von uns verlangt, desto mehr sind wir auf die Kraftquelle der Meditation angewiesen, auf die immer erneute Versöhnung von Geist und Seele. Die wirklich großen Männer der Weltgeschichte haben alle entweder zu meditieren verstanden oder doch unbewusst den Weg dorthin gekannt, wohin Meditation uns führt. Die andern, auch die begabtesten und kräftigsten, sind alle am Ende gescheitert und unterlegen, weil ihre Aufgabe, oder ihr ehrgeiziger Traum, so von ihnen Besitz ergriff, sie so besaß und zu Besessenen machte, dass sie die Fähigkeit verloren, sich immer wieder vom Aktuellen zu lösen und zu distanzieren. Wie unerbittlich wahr es ist, sieht man erst, wenn man den Weg einmal verloren hat.

Für einen großangelegten Versuch hatte der Dalai Lama höchstpersönlich einige seiner Mönche in die USA geschickt:

> Insgesamt acht Mönche aus seinem engsten Kreis entsandte das spirituelle Oberhaupt des tibetischen Buddhismus an die University of Wisconsin in Madison – alles Meditationsprofis mit mindestens 10 000 Stunden Praxis. Sie sollten dem Neuropsychologen Davidson herausfinden helfen, was das Gehirn im Moment der spirituellen Einkehr so treibt. [...] Vor allem in den USA versuchen derzeit Wissenschaftler, dem Gehirn beim Meditieren zuzusehen, mit hochempfindlichen Elektroenzephalographen und modernsten bildgebenden Verfahren wie der Magnetresonanztomographie. Ihre ersten Befunde dürften den Dalai Lama kaum überraschen, belegen sie doch eine These, die praktizierende Buddhisten seit 2500 Jahren vertreten: Meditation und mentale Disziplin führen zu grundlegenden Veränderungen im Gehirn. Bereits vor einigen Jahren sorgte ein indischer Abt mit mehr als 10 000 Stunden Mediationserfahrung in Richard Davidsons Labor für eine große Überraschung. Die Aktivität in seinem linken Stirnhirn war sehr viel höher als bei den 150 Nicht-Buddhisten, die der Forscher zum Vergleich testete. Wie der Wissenschaftler aus anderen Versuchen wusste, steht ein solches Erregungsmuster für eine gute Grundstimmung, einen »positiven affektiven Stil«, wie er es nennt. [...] »Glück ist eine Fertigkeit, die sich erlernen lässt wie eine Sportart oder das Spielen eines Musikinstruments«, lautete Davidsons Schlussfolgerung. [...] Der

Forscher wiederholte den Versuch bei Mathieu Ricard und den sieben anderen vom Dalai Lama geschickten Mönchen – mit demselben Ergebnis. [...] Im Gehirn der Mönche stieg die so genannte Gamma-Aktivität während der Meditation stark an, während sie sich bei den ungeübten Probanden kaum erhöhte. Außerdem waren diese schnellen, hochfrequenten Hirnströme besser organisiert und koordiniert. Und die Wellen huschten über das gesamte Denkorgan. [...] So relaxed ein buddhistischer Mönch wirken mag, sein Gehirn ist während der Meditation keineswegs abgeschaltet. Im Gegenteil: Im Moment der Versenkung herrscht höchste Aufmerksamkeit. »Die Gamma-Aktivität könnte für die extreme Wachheit stehen, die viele Meditierende beschreiben«, sagt Ott. »Die Werte des Mönchs Mathieu Ricard waren jenseits von Gut und Böse.«
Nach dieser Theorie – und Experimente scheinen sie zu bestätigen – sind Gamma-Wellen also eine übergeordnete Steuerfrequenz, welche die Hirnareale synchronisiert und zusammenführt. So entstehen Wahrnehmungen, aber auch Bewusstseinszustände. Jene extrem koordinierten Gamma-Oszillationen, die Davidson bei den Mönchen registrierte, würden unter normalen Umständen nie auftreten, meint Ulrich Ott. Seine Erklärung: »Wenn alle Nervenzellen synchron schwingen, wird alles eins, man differenziert weder Subjekt noch Objekt. Exakt das ist die zentrale Aussage der spirituellen Erfahrung.« [...] Ein weiterer Beleg dafür, dass sich das Bewusstsein und damit die gesamte Persönlichkeit durch Meditation gezielt beeinflussen lassen, meint Davidson, also durch rein mentale Arbeit. »Die

> Verschaltungen in unserem Gehirn sind nicht fixiert. Es muss also niemand als der enden, der er heute ist.« Daran hatte Matthieu Ricard schon vor seinem Besuch in Madison keine Zweifel: »Meditation heißt nicht, unter einem Mangobaum zu sitzen und eine nette Zeit zu haben.« Es sei alles andere als Entspannung. »Es geht um tiefe Veränderungen deines Seins. Auf lange Sicht wird man eine andere Person«, sagt er.*

Meditation bedeutet mehr, als unter einem Baum zu sitzen und vor sich hin zu träumen. Meditation ist äußerste Bewusstheit. Meditation bedeutet, dessen gewahr zu sein, was einen an Gedanken, Gefühlen, Konzepten, Glaubenssätzen berührt, und zu erkennen, dass da eine Lücke ist, eine Wahl, dass man nicht zwangsläufig auf alles Mögliche reagieren muss. Ein Mensch, der nicht meditiert, läuft gerade in der heutigen Zeit Gefahr, sich wie eine Maschine zu verhalten. Warum gerade heute? Weil wir mit Reizen geradezu überflutet werden und glauben, immer schneller funktionieren zu müssen. Oft handeln wir ohne Wahl. Reizreaktion kommt und da ist keine innere Ressource, aus der heraus die Reaktion gewählt werden kann. Keine Intelligenz, wenn wir unter »Intelligenz« kosmische Intelligenz, ganzheitliches Denken verstehen. Hier berühren wir schon den Bereich des Bodhichitta und erkennen: »Ich bin ein anderes Du, ich bin du!«

Der Segen der heutigen, modernen Zeit liegt in der Förderung der Unterscheidungskraft. Erstmals seit Bestehen der Erde ist unser »Mind« in seinem polaren Denken so

* *Süddeutsche Zeitung* vom 23. 3. 2005

stark differenziert (durch Computertechnik, Zugang zu Informationen über das Internet, Global Brain etc.), dass wir möglicherweise den kollektiven Quantensprung jenseits der Grenzen des Verstandes schaffen können.

Wenn wir meditieren, gehen wir nach innen und suchen den Kontakt mit unserem Innersten, den Atomkern, das permanente Atom, das eigentlich nicht existiert und doch existiert. Es ist ein Paradoxon.

Auf dem Weg nach innen werden wir feststellen, dass es zwischen unserem Bewusstsein und unserem Kern Hindernisse gibt, die nicht durchgelassen werden. Am deutlichsten spüren wir dies bei Schlafstörungen: Das Bewusstsein galoppiert in und um Alltagsthemen herum, dabei würden wir es doch so gerne – wie das Pferd in seinen Stall – »heimbringen«, damit wir gut schlafen können. Es sind unbekannte Widerstände, die dieses innere Verschmelzen, diese innere Alchemie verhindern. Sie sind wie Elektronen, die den inneren Kern umkreisen, sodass wir nicht durch sie hindurch zum Kern kommen.

Indem wir tiefer und tiefer sinken und Widerstände, Härten einfach nur wahrnehmen, ohne gegen sie anzugehen oder sie als Widersacherkräfte zu brandmarken, sinken wir immer tiefer hinein in das, was viele Meditationslehrer den »inneren Raum« oder auch den »inneren Himmel« nennen. Am Kern angekommen, erleben wir eine »Umschaltfunktion« (wie bei den Vexierbildern) – auf einmal ist da nicht »Ich«, sondern es ist ein »Es« da, das durch uns wirkt.

Indem wir uns immer tiefer in dieses »Es« fallen lassen, erleben wir die Einheit mit der ganzen Schöpfung:

- Wir erleben uns wie einen Finger an einer Hand, sind aber nun mit der ganzen Hand verbunden und erkennen, dass der andere Finger (das Du) aus derselben Hand wächst.
- Wir erleben uns wie den Bestandteil eines Pilzgeflechts und den eigenen Körper als einen Pilz, der zwar heraussteht, aber unterschwellig mit allen anderen Pilzen verbunden ist.
- Wir sind wie ein Blatt, das sich in den Zweig, den Ast, den Stamm hat sinken lassen und nun erkennt, dass wir alle wie Blätter am selben Baum sind.
- Wir erkennen, dass wir alle zu *einem* Wesen gehören. Wir erleben die Verbundenheit mit »allem, was ist«. Das »Ich« ist verschwunden, aber zugleich können wir es wieder hervorrufen, sobald wir an unseren Körper denken. In dieser Allverbundenheit können wir mit allen Lebewesen kommunizieren, indem wir unser Bewusstsein mit ihnen in Resonanz bringen, wir erleben eine Art Universalsprache. Wer jemals mit Tieren (Pferden etc.) gearbeitet hat, kennt diese Erfahrung. Dies bezieht sich natürlich auch auf Schnecken im eigenen Garten, Haustiere usw.

Viele nennen die Erfahrung, die sie in der Meditation gewinnen, auch »Erwachen« und differenzieren sie zur Erleuchtung. Erleuchtung wird von Mystikern beschrieben als etwas, das in den Kopfchakren geschieht (dargestellt am Heiligenschein), während Erwachen eine Sache des Bewusstseins ist.

Die in der Meditation erfahrene Einheit möchte gefestigt und gelebt werden – in jeder Lebenslage. Fortwährende Meditation ist ein geeignetes Mittel, sich immer wieder dieser Allverbundenheit, der Wahrheit der Einheit allen Seins zu erinnern und es dadurch zu stabilisieren. »Holz hacken, Wasser tragen«, denn wer sich auf seinen Lorbeeren ausruht, trägt sie an der falschen Stelle.

Wenn wir beispielsweise in einem Konflikt sind und darüber meditieren – und zwar in dem Bewusstsein, »der Konflikt, die Gegenpartei und ich sind eins« –, werden wir den Konflikt wesentlich schneller beseitigen, als wenn wir stundenlang darüber diskutieren und die Köpfe heiß rauchen lassen, was wohl zu tun sei.

Zu erleben, wie die Eine Kraft die Dinge regelt, ist Mystik. In diesem Sinne sind Mystik und Wissen identisch. Mystik ist nicht Verstand, sondern Beiseite-Treten des »Mind« und Zulassen der Wirklichkeit, also dessen, »was wirkt«.

Oft sind wir versucht, nachdem wir uns zur Meditation hingesetzt haben, vorschnell aufzustehen und dem Tagesgeschäft nachzugehen, statt die angedachte Meditationszeit auch wirklich so lange zu sitzen, bis wir mit dem Kern in Berührung sind, und in dieser Berührung auch tatsächlich einige Zeit zu bleiben. Wir kommen in eine noch tiefere »Raumschale«, wenn wir sitzen bleiben und nicht eher aufstehen, als bis der Wecker zum Ende der Meditationszeit klingelt bzw. der Gong schlägt.

Viele Meditierende, die regelmäßig die Meditation des reinen Beobachtens (Vipassana) oder Zen betreiben, berichten, dass Ihr Verstand während der Meditation immer wieder den Impuls gibt, aufzustehen und zu gehen. Doch wenn sie einfach sitzen bleiben, den Atem und die Lücke zwischen zwei Atemzügen beobachten, egal was der »Mind« für Kapriolen anstellt, fühlen sie sich danach, als würden sie auf Wolken gehen.

Hilfreich ist es, gemeinsam zu meditieren. Der Raum gemeinsamer Meditation ist ein ganz besonderer. Die gemeinsame Absicht zu meditieren, potenziert sich. »Wenn zwei oder drei in meinem Namen beisammen sind«, ist die Energie um ein Vielfaches stärker. Ein gemeinsames »Gruppenvehikel« bildet sich. Andere nennen es »Buddhafeld«. Schön, dass es weltweit Meditationszentren gibt.

Die Erfahrung des Selbst in der Meditation hilft dabei, sich von »falschen Identifikationen« zu lösen. Verbindet sich Meditation mit dem Gebet, dann erfahren wir die Kontaktaufnahme mit einer größeren, umfassenderen Energie – mehr, als wir selber es sind, und auch mehr, als das reine Sein es uns geben kann. Gebet und Meditation gehen dabei Hand in Hand. Beide brauchen einander.

Meditationserfahrene berichten, dass es jenseits des Erdmagnetfeldes »himmlische Tore« gibt und Wegmarkierungen zu einer Art kosmischen Heimat, die sich jenseits dieser Zeitkrümmungszone befindet. Sie sehen im Film *Sternentor*, der vor einigen Jahren im Kino lief, ein wunderbares Sinnbild für die Möglichkeit umfassender Erfahrungen.

Diese Erde ist ein Planet der Synchronisation und Integration. Wie in der Alchemie ist die Erde der Tiegel des Bewusstseins, in dem erst durch die richtige Zusammenfügung aller Aspekte das Blei zu Gold wird. Wir lernen über das Menschsein Polaritäten zu verstehen und zu übersteigen. Die Erde ist zugleich das Nadelöhr, von dem Jesus sprach. Wenn Jesus sagt »Mein Reich ist nicht von dieser Welt« oder auch »In Vaters Reich sind viele Wohnungen«, bezieht er sich darauf. Viele Religionen der heutigen Zeit sind Lichtreligionen, die sehr mit dem Kosmos verbunden sind. Licht ohne Liebe allerdings macht dogmatisch und hart. Wir erleben dies im Extremfall bei den Menschen, die den Islam missverstanden haben und Selbstmordattentate verüben.

Wer eine Moschee von innen kennt, wird entzückt sein von den wunderbaren Nachbildungen des »inneren Himmels«, die wir in den Moscheen der Welt finden. Doch in erster Berührung mit dem Licht des Kosmos liegt die Gefahr des Dogmatismus nahe, die Idee, die eigene Religion müsse gegen die Ungläubigen kämpfen. Die kosmische Erfahrung, die der gläubige Moslem und die Gläubigen aller Himmelsreligionen spüren, sind wahr. Doch ohne »Bodhichitta« ist spirituelle Energie gewalttätig, ohne Respekt für Andersartigkeit, Einzigartigkeit und für den individuellen selbstverantworteten Weg des Betreffenden. Darum ist Mitgefühl als ergänzende Tugend so wichtig: Jeder hat das Recht, zu sein, wie er ist, und dann aufzuwachen, wenn ER dafür bereit ist!

Gebet ist der Schrei der Seele zum Höchsten. Meditation ist Sein, Gebet ist Werden. Erst wenn Gebet und Meditation zusammenkommen, vereinen sich Sein und Werden, das, was ist, mit der Idee der Hinbewegung. Es liegt an jedem von uns, wie er seine kostbare Lebenszeit nutzt. Es ist sinnvoll, sich auf die Reise zu machen und auf der Reise zu bleiben. Jesus sprach in diesem Zusammenhang das biblische Gleichnis von den klugen und den törichten Jungfrauen an.

Erwachenserlebnisse, Satoris, sind relativ leicht zu bekommen, doch sie taugen letztendlich nur als Zugpferd, als Leuchtsignal, als Wegweiser für die innere Arbeit. Sie sind wie der Same, von dem Jesus sprach: »Nur der Same, der auf fruchtbaren Boden fällt, keimt.« Nur Erwachenserlebnisse, die liebevoll gepflegt werden, bringen solides Weiterwachstum.

Stets müssen wir uns dabei dort abholen, wo wir stehen. Positive Veränderungen kommen selten durch Verbote, Dogmen oder Verdrängung, sondern durch individuelle Bewusstwerdung in Verbindung mit der Gnade einer höheren Macht. Die Gefahr ist groß, dass wir sinnvolle Ratschläge, die von Meistern oder aus Religionen kommen, als Konzepte oder Dogmen missverstehen, ohne erfühlt zu haben, welcher tiefere Sinn dahintersteht. Hier ist jeder von uns Schüler und Meister zugleich, vielleicht zu unterschiedlichen Anteilen. Offenbar bieten Liebe und liebende Annahme die größte Wandlungschance schlechthin– es ist ein Wunder, was um uns geschieht, sobald wir die Umwelt und andere lieben – wie sie sind.

Der Moralismus birgt die Gefahr, den eigenen Kern und die eigene Kernigkeit zu verlassen. Wenn wir etwas tun, weil wir Angst vor Repressionen haben, verlieren wir unsere Authentizität, Berührbarkeit und Freude am Leben. Wenn wir jedoch in der Hingabe an die innere Wahrheit spüren, dass uns gerade eine Wahrheit gesagt wird, und dieser folgen, ist dies dahingegen authentisch und kein Moralismus. Wir können einem Kind tausendmal sagen: »Tust du das, bekommst du jenes« – doch es wird daraus nicht lernen, sondern sich eher gegen diese Bekundung weigern. Aber irgendwann kommt das Kind zu uns und stellt Fragen – und dann können wir mitteilen, was wir erfahren haben, und doch dem Kind weiterhin die freie Wahl lassen. Gerade hier kann uns die positive Psychologie helfen, spirituelle Erfahrungen auf eine für uns selbst stimmige Weise zu leben.

Gebet ist der Kontakt zu einer umfassenderen Intelligenz, und es gibt viele Namen für diese Form der Hingabe. Leider wurde vielen Menschen durch Moralismus der Weg zu dieser Quelle vergällt. Dogmatismus ist eher geneigt, Wut auf diesen »strengen Gott« zu richten, als sich seiner Liebe zu öffnen. Dies ist wirklich schade, denn ein Gott, der Himmel und Erde geschaffen hat, ist sicherlich alles andere als dogmatisch.

Und so ist leider auch der Begriff »Gott« bei so vielen Menschen belastet (»Gott wird dich strafen, wenn du dies nicht tust«), dass jeder selbst prüfen muss, ob er dieses Wort vielleicht durch ein anderes, ihm entsprechendes ersetzen möchte oder sich (vorübergehend) sogar für einen »unpersönlichen Gott« entscheiden möchte. Im Namen Gottes wurde in den letzten Jahrtausenden viel Unrecht vollbracht, was aber nichts mit der universellen Kraft, sondern mit Missverständnissen der einzelnen Menschen zu tun hat. Wenn die Eine Kraft uns geschaffen hat, wird sie sicherlich fernab von masochistischer Selbstquälerei oder fanatischer Zwangsbeglückung Fremder sein.

Es gibt diese Reise in die höheren Himmel, wie sie etwa mit Christi Himmelfahrt oder auch im Traum des Jakob dargestellt ist. Sie ist eine Wahrheit und sie ist beseligend. Wenn wir nur die Erde kosten, fehlt uns etwas. Es ist so, als würden wir nur Rotwein trinken und nicht wissen, was Weißwein oder Champagner ist. In der Tat ist die Herabkunft der Quelle, die wir in Gebet und Meditation erfahren können, mit Wein vergleichbar und kann unsere Positivität verstärken. Nicht umsonst spricht man auch vom »göttlichen Wein« oder vom »Wein der Mystiker«. Viele Depressionen und Alltagslasten können gelöscht oder zumindest gemildert werden, wenn wir diesen göttlichen Wein erfahren. Auch auf einen großen Teil, wenn nicht gar auf alle Psychopharmaka könnten wir verzichten, wenn wir mit diesem Wein in Kontakt sind. Darum verdient es diese Ebene, in die positive Psychologie einbezogen zu werden. Alle Forscher, die sich mit der positiven Psychologie befassten, taten dies von einem spirituellen Hintergrund aus oder gelangten im Laufe ihrer Forschungen zu der unabdingbaren Notwendigkeit von »spiritueller Verbundenheit« (Seligman: »spiritual connectedness«). Forscher wiesen nach, dass es unter den Menschen, die den Holocaust gut überlebten, wie bei den Überlebenden anderer Katastrophen diese eine Gemeinsamkeit gab: Spirituelle Rückverbundenheit, also Religion und Gebet, in welcher Form auch immer sie sich ausdrücken. Wie aber betet man »richtig«?

Im Gebet sprechen wir zu der *Einen* Kraft, wie immer wir sie nennen. Wir können dies verbal tun oder nonverbal. Das dritte Auge ist dabei als ein »Fühlorgan« gedacht – wie die Fühler einer Schnecke. Wir können bei fortwährendem Üben lernen, Gedankenformen zu fühlen. »Mit dem Kopf fühlen, mit dem Herzen denken«, sagte einmal Maria Szepes. Der Weg dahin ist das »innere Gebet«, das mit Hilfe von Gebetsformeln praktiziert werden kann, die wir mit der Zunge der Gedanken still denken oder auch als aktive Stille.

Am Anfang unserer Sitzung denken wir noch Gedanken, ohne zu merken, dass wir dies tun. Wir erleben, dass unser Bewusstsein mit Gedanken, Bildern, Gefühlen involviert ist. Wenn wir sitzen bleiben und beten, ohne auf die Gedanken zu reagieren, kommt der Punkt, an dem wir sie wahrnehmen können wie ein Beobachter: »Da bin ich, und da vor mir sind die Gedanken.« Reine Wahrnehmung. Ist der Beobachter still, beginnt das Fühlen. Gedanken werden gefühlt. Hierfür ist es notwendig, die Gedanken nicht zu bewerten als gut oder böse, sie nicht zu unterscheiden. Wenn wir über längere Zeit mit dem dritten Auge fühlen und in der Stille verharren, erleben wir, was für ein Bombardement diese Gedanken anstellen. Sie fühlen sich an wie Kometen, die auf unseren Schädel einschlagen. Dies haben sie immer getan, aber wir haben es nie gefühlt, weil wir in Gedanken anderweitig beschäftigt waren. In dieser Phase geht es darum, nicht zu unterscheiden zwischen »guten« und »schlechten« Gedanken. Weiße Wurfgeschosse sind ebenso unangenehm wie schwarze. Im Aufgeben der Bewertung liegt das reine Fühlen. Dann die Stille. Wir verharren in der Stille.

Wenn wir darin verharren »zu fühlen, ohne zu denken«, das Bewusstsein im dritten Auge halten und es ertragen, dass die Gedankenformen uns bombardieren, wenn wir wertfrei in der reinen Wahrnehmung bleiben, erleben wir, dass irgendwann das Bombardement weniger wird. Reine Wahrnehmung ohne Bewertung löscht die Gedankenformen, löst sie in nichts auf. Wir erleben das Reich der Stille. Und wir erleben, dass es verschiedene Qualitäten von Stille gibt. Stille kann Tiefe – und noch mehr Tiefe haben. Wir sind beim »no mind« angelangt. Doch dies ist nur eine Zwischenebene. Jenseits der Stille liegt die Fülle, liegt »das Land, wo Milch und Honig fließen«.

Wenn es uns gelingt, einige Zeit in der Stille zu verharren, spüren wir »es«. »Es«, das sind Gedankenformen aus einer anderen Welt, eigentlich sind es keine Gedankenformen, es sind »weiche Wellen«, die in uns hineinfinden, das »Aurum Portabile«, das uns nährt. Es ist ein Zuwarten, wie ein Kind vor der Tür zum Weihnachtszimmer wartet. Warten, warten und auf einmal beginnt »es« zu strömen. Es kündigt sich an mit einem zarten Rhythmus. Wir können also sagen, es gibt drei Welten, die Welt des »Mind«, die Welt der Stille und die Welt dessen, was »hinter der Stille« liegt. Unsere Sehnsucht nach orgiastischem Empfinden stammt daher, weil unsere Seele sich an diese »höhere« Erfahrung erinnert.

Für viele Menschen ist das »goldrote Land« die erste Station ihrer himmlischen Reise. Es ist ein Land von goldrotem Licht. Um mit dieser Energie in Kontakt zu kommen, meditieren viele Menschen frühmorgens und »trinken« das rote Licht, das von der Sonne zu ihnen strömt.

Verharren wir weiter in der Meditation, kommen wir mit sehr viel kraftvolleren Lichtpulsationen in Kontakt. Das Licht ist deutlich heller und pulsierender. Es kann in dieser Erfahrung sein, dass die Gliedmaßen so steif werden, dass sie sich unbeweglich anfühlen, oder der Körper sich anfühlt, als sei er mit glühend-heißem Metall angefüllt. Es ist hilfreich, sich über diesen Zustand keine Sorgen zu machen und ihn möglichst zu genießen. Ganz von selbst wird der Zustand gegen Ende der Meditation abklingen und mit fortwährender Übung wird der Umgang mit diesem Zustand immer spielerischer. Sollte durch die Feinstofflichkeit dieser Erfahrung das Nervensystem belastet sein, erweisen sich hochdosiertes Vitamin B oder auch reines Lezithin als hilfreich.

Mit den Lichterfahrungen kommen allmählich auch Klangerfahrungen einher. Für die Klangerfahrungen ist es notwendig, »die Kunst des Lauschens« zu lernen. Es ist die Positur eines Pferdes, das die Ohren hochstellt, weil es lauschen will, was der Reiter zu sagen hat. Genau so können wir nach innen lauschen.

Meditierende berichten, dass sich die inneren Klangerfahrungen zuerst mit einem feinen Surren melden: wie das Zirpen von Elektrodrähten. Es wird dann stärker. Irgendwann hören wir mit dem inneren Ohr die kleinen Krishna-Glöckchen und sind von ihnen entzückt. Wir fühlen wie Lichtpartikel mit den Glöckchen in uns hineinfinden, die große Glocke und weitere Klangerfahrungen, die unter anderem von den Adepten des Surat-Shabd Yoga ausführlich beschrieben sind.* Wir sind in diesem Zustand tief entspannt, eins mit dem All, in dem wir uns befinden. Der innere Tonstrom bietet das Potenzial höchster Bewusstheit, wenn wir nicht in Gedanken oder Projektionen abschweifen, sondern bewusst mit dem sind, was wir erleben. Reines Sein, ohne dem Prozess voranzueilen oder ihn zu unterdrücken. Wir erfahren in diesem Zustand, wie alle Anwandlungen von Ne-

* Vgl. Kirpal Singh: *Gottmensch*. Kamphausen Verlag Bielefeld

gativität in uns durch den Klangstrom gelöscht werden und unser wahres Sein hervorbrechen kann.

Meditation und Gebet zu praktizieren in einer Form, die Ihnen sympathisch ist, kann sich für Sie als einer der schnellsten Entwicklungsbeschleuniger hin zu einem positiven Leben erweisen. Es lohnt sich deshalb, diese zu lernen und in regelmäßiger Praxis auszuführen.

Natürlich gibt es auch andere Kraftquellen wie Freunde, Orte der Kraft, richtige geistige und körperliche Nahrung, Musik usw. Hierbei ist stets zu prüfen und zu erkennen, ob Sie daraus dauerhafte und harmonische Nahrung bekommen. Den Weg zur wichtigsten Kraftquelle aber wollen wir uns mit der nachfolgenden Geschichte bewusst machen.

Die Kraft in sich selbst finden

Eine Legende erzählt: Vor langer Zeit kamen die Götter am Olymp zusammen, um darüber zu beraten, wo sie die größte Kraft und Weisheit des Universums vor dem Menschen verstecken könnten, bis er reif dafür sein würde, mit dieser Kraft umzugehen. Und so suchten diese Götter nach einem angemessenen Versteck.

Der erste Gott meinte: »Lasst uns diese Kraft auf dem höchsten Berg verstecken!« Doch bald erkannten die Götter, dass der Mensch schon bald Mittel und Wege finden würde, die höchsten Gipfel dieser Welt zu erklimmen. Daraufhin meldete sich ein zweiter Gott und sagte: »Lasst uns die größte Kraft am tiefsten Punkt des Meeres verstecken, dort wird der Mensch niemals hingelangen!«

Doch die Götter erkannten: »Der Mensch mit seinem Forscherdrang wird Geräte und Maschinen entwickeln, die es ihm ermöglichen werden, auch die tiefsten Tiefen der Meere zu erforschen. Er wird nichts unversucht lassen, um dieses Ziel zu erreichen. Nein, das würde nicht ausreichen.« Daraufhin meldete sich ein dritter Gott, der weiseste von ihnen, und sagte: »Es gibt nur eine Möglichkeit, wo wir diese unglaubliche Kraft, den Schlüssel allen Lebens verbergen können, einen Ort, den der Mensch erst dann beachtet, wenn er reif dafür ist, nämlich im Menschen selbst!«

Die Götter erkannten, dass dies der richtige Weg sei,

und so versteckten sie die höchste Kraft des Universums im Menschen selbst und dort ist sie auch heute noch und wartet darauf, von uns entdeckt zu werden.

Nachwort

Sie haben mit diesem Buch ein Werkzeug an die Hand bekommen, das Ihnen ermöglicht, Ihr wahres Selbst und die ihm innewohnende positive Lebensqualität zum Ausdruck zu bringen. Das Wissen jedoch möchte in die Praxis umgesetzt, möchte geübt werden. Um dabei zu bleiben, empfiehlt sich der Erwerb eines Heimstudienkurses oder eines unserer Seminare. Wenn Sie daran interessiert sind, freuen wir uns über eine Kontaktaufnahme unter

IAW Internationale Akademie der Wissenschaften
St. Markusgasse 11
FL 9490 Vaduz
Tel. 004 23 233 1212
Homepage: www.iadw.com